云南楼阁
文学与文化

谢薇 著

中国水利水电出版社
www.waterpub.com.cn
·北京·

内 容 提 要

云南古代楼阁建筑空间形态丰富、艺术特征鲜明。历史上，多民族文化交融，无数骚人墨客、达官显贵、士子书生登临造访，留下了大量诗歌、楹联、碑文、匾额，形成了丰富灿烂、特色鲜明的云南楼阁文学与文化。本书在遗址实地调查、史料考辨、系统梳理的基础上，总结归纳了云南楼阁建筑的成因、特点和文化蕴意，并按照地域分布，介绍和赏析昆明、大理、丽江、红河、文山、玉溪、普洱、楚雄、德宏、怒江、迪庆等云南15个地区的楼阁建筑遗存及代表性楼阁文学作品，解读了其中的文化内涵。

书中所录楼阁文学作品文辞优美、内涵丰富，其中蕴含的家国情怀、爱国报国思想、兴文重教思想、历史哲思、人生感悟、乡愁别绪，昭示了云南各族人民的精神追求和丰富情感，也引导人们追求美好、向上向善。读之品之，既可涵养文学修养，也可陶冶情操。

本书内容丰富，可为政府部门开发旅游文化资源、文物部门保护修缮与重建楼阁建筑等提供参考，也可供科研机构、高等院校等从事建筑设计、历史文博相关研究的人员使用，还可供社会大众阅读欣赏。

图书在版编目（CIP）数据

云南楼阁文学与文化 / 谢薇著. -- 北京：中国水利水电出版社，2023.5
ISBN 978-7-5226-1515-8

Ⅰ. ①云… Ⅱ. ①谢… Ⅲ. ①楼阁－古建筑－建筑文化－研究－云南 Ⅳ. ①K928.74

中国国家版本馆CIP数据核字(2023)第082405号

书　　名	**云南楼阁文学与文化** YUNNAN LOUGE WENXUE YU WENHUA
作　　者	谢　薇　著
出版发行	中国水利水电出版社 （北京市海淀区玉渊潭南路1号D座　100038） 网址：www.waterpub.com.cn E - mail: sales@mwr.gov.cn 电话：（010）68545888（营销中心）
经　　售	北京科水图书销售有限公司 电话：（010）68545874、63202643 全国各地新华书店和相关出版物销售网点
排　　版	中国水利水电出版社微机排版中心
印　　刷	天津嘉恒印务有限公司
规　　格	170mm×240mm　16开本　23.5印张　447千字
版　　次	2023年5月第1版　2023年5月第1次印刷
定　　价	**128.00元**

凡购买我社图书，如有缺页、倒页、脱页的，本社营销中心负责调换
版权所有·侵权必究

前言

自古至今，人们喜欢把楼阁建筑称为石头写成的历史，就是因为楼阁建筑凝聚了一个时代、一个民族的崇高精神和审美感受，是人类智慧和伟大创造力的集中体现。云南楼阁建筑是中华优秀传统文化的组成部分，是云南各民族文化发展的标志，它以独特的空间艺术形式诉说着不同时代云南各民族的物质需求与审美理想，展现了云南各民族所创造的物质文明和精神文明。

云南楼阁建筑的历史，最早可以追溯到青铜器时代的干栏式平台与长脊短檐的屋顶造型。自汉武帝在西南边疆设置益州郡始，中原汉族文化的影响逐渐在云南各地根深叶茂，尤其是在楼阁建筑方面较为突出，如昭通出土的东晋墓室壁画中的望楼，就是典型的中原汉式楼阁建筑。云南南诏、大理国时期兴建的楼阁建筑，其中的梁柱、外挑的斗拱等构件都是唐宋时期汉式建筑的样式。

而今，云南境内的楼阁建筑遗迹大多是明清时期的遗构，呈现出空间形态丰富、地方民族特色鲜明的特点。由于云南地处边境，周边与多个国家、地区接壤，楼阁建筑受多种文化的影响，突显出多元建筑艺术融合的空间形态与文化表现。关于云南楼阁文化的蕴意可参阅本书第二章。

作为中华优秀传统文化之一的云南楼阁建筑，积淀着云南少数民族最深沉的精神追求和独特的精神标识，是云南各族同胞生生不息、发展壮大的丰厚滋养，同时，也吸引了不少当地文人墨客的驻足和歌咏，遗留下大量诗联、碑文、匾额等作品。

自明清以来,云南楼阁文学的体裁类型多是诗歌、楹联、碑文、匾额,仅有少量散文作品。这些作品要么分散载于云南历代各类府志、县志;要么被当代学者收编于各种诗歌作品集中,如张文勋《云南历代诗词选》、石鹏飞《云南近现代诗词选》等;要么流传于民间,还需做进一步的走访调查考证。

云南楼阁文学的题材内容关涉面广,且有其独特性。有把益笃忠贞、诚心报国、维护国家统一和领土完整作为毕生追求的丽江木府土司及诗人、诗联、碑文作品等;有时刻将国家认同、建设和讴歌各民族共有精神家园、对美好生活的向往、将重教兴文作为创作主题的玉溪石屏楼阁诗联作品;有歌咏个人情感、思乡离别之情的隐寓、谪贬文人诗联作品。这些题材内容有助于引导我们以文化人、以文育人。

云南楼阁文学作品全采用汉语进行文学创作,其作者来源丰富:一是大量少数民族(如纳西族、彝族、白族等)作者参与其中,既有如丽江土司木泰、木公、木高、木青、木增、木靖等被后人称为"木氏六公"的诗人作家群,还有纳西族杨超群、和根吉、杨庆远等贫寒出身、苦读成才的作者;二是谪贬至滇的诗人如杨慎;三是隐寓于昆的诗人,如大观楼长联作者孙髯等;四是在云南的朝廷命官,如王继文、岑毓宝、马如龙等诗人。

云南楼阁文学与文化造就了云南崇尚中华文化的良好社会风气,铸就了云南各民族的情感纽带和心灵归属。梳理和赏析这些楼阁诗联、碑文作品,对于强化云南各民族对家庭宗族的身心依附、对故土山河的眷恋守护、对传统文化的认同承续、对家国民族的责任担当是有裨益的。对树立家国一体意识,培养爱国的信仰、报国的本领、护国的意志,弘扬中华优秀传统文化有着极其重要的现实意义。

云南楼阁文学与文化源于其境内各地的楼阁建筑。本书共十七章,依据建造地区的不同,以分建于昆明、大理、保山、丽江、红河、文山、昭通、曲靖、玉溪、普洱、楚雄、临沧、德宏、怒江、迪庆等15个地区的楼阁建筑为文脉和基准,来搭建本书的基本框架。书稿以遗址调查、史料考辨、作者事略考证、文本书写与赏析为主要内容，来彰显云南各族楼阁建筑"文因楼成，楼因文兴"的人文内涵和审美情趣。

本书系云南省社会科学研究基地项目"云南楼阁艺术审美研究"（批准号：JD2018YB05）阶段性成果，本书的出版得到了云南师范大学2017年精品学术文库资助。在此，谨向所有关心支持本书出版的单位和个人表示衷心感谢！

谢薇
2023年春于昆明

目 录

前言

第一章　云南楼阁建筑概述 ············· 1
第一节　云南楼阁建筑的发展分期 ············· 3
第二节　云南楼阁建筑的成因 ············· 6
第三节　云南楼阁建筑的特点 ············· 9

第二章　云南楼阁建筑的文化蕴意 ············· 25
第一节　精神寄托的场所 ············· 25
第二节　科举取士的象征 ············· 37
第三节　旌表功绩的对象 ············· 44
第四节　多种宗教信仰的展现 ············· 45
第五节　自然与民族审美的融合 ············· 50

第三章　昆明市楼阁建筑与文学 ············· 53
第一节　昆明市楼阁建筑遗存 ············· 54
第二节　与昆明市楼阁相关的文学作品及作者 ············· 69

第四章　大理白族自治州楼阁建筑与文学 ············· 109
第一节　大理白族自治州楼阁建筑遗存 ············· 110
第二节　与大理白族自治州楼阁相关的文学作品及作者 ············· 134

第五章　保山市楼阁建筑与文学 ············· 184
第一节　保山市楼阁建筑遗存 ············· 185
第二节　与保山市楼阁相关的文学作品及作者 ············· 192

第六章　丽江市楼阁建筑与文学 ············· 203
第一节　丽江市楼阁建筑遗存 ············· 205

        第二节　与丽江市楼阁相关的文学作品及作者 …………… 213

第七章　红河哈尼族彝族自治州楼阁建筑与文学 ……………… 231
        第一节　红河哈尼族彝族自治州楼阁建筑遗存 …………… 232
        第二节　与红河哈尼族彝族自治州楼阁相关的文学作品
              及作者 ……………………………………………… 244

第八章　文山壮族苗族自治州楼阁建筑与文学 ………………… 263
        第一节　文山壮族苗族自治州楼阁建筑遗存 ……………… 264
        第二节　与文山壮族苗族自治州楼阁相关的文学作品及作者 … 267

第九章　昭通市楼阁建筑与文学 ………………………………… 270
        第一节　昭通市楼阁建筑遗存 ……………………………… 271
        第二节　与昭通市楼阁相关的文学作品及作者 …………… 273

第十章　曲靖市楼阁建筑与文学 ………………………………… 276
        第一节　曲靖市楼阁建筑遗存 ……………………………… 277
        第二节　与曲靖市楼阁相关的文学作品及作者 …………… 282

第十一章　玉溪市楼阁建筑与文学 ……………………………… 290
        第一节　玉溪市楼阁建筑遗存 ……………………………… 291
        第二节　与玉溪市楼阁相关的文学作品及作者 …………… 298

第十二章　普洱市楼阁建筑与文学 ……………………………… 308
        第一节　普洱市楼阁建筑遗存 ……………………………… 309
        第二节　与普洱市楼阁相关的文学作品及作者 …………… 315

第十三章　楚雄彝族自治州楼阁建筑与文学 …………………… 321
        第一节　楚雄彝族自治州楼阁建筑遗存 …………………… 322
        第二节　与楚雄彝族自治州楼阁相关的文学作品及作者 … 327

第十四章　临沧市楼阁建筑与文学 ……………………………… 335
        第一节　临沧市楼阁建筑遗存 ……………………………… 336
        第二节　与临沧市楼阁相关的文学作品及作者 …………… 338

第十五章　德宏傣族景颇族自治州楼阁建筑与文学 …………… 342
        第一节　德宏傣族景颇族自治州楼阁建筑遗存 …………… 343
        第二节　与德宏傣族景颇族自治州楼阁相关的文学作品及作者 … 346

第十六章　怒江傈僳族自治州楼阁建筑与文学 ………………… 351
        第一节　怒江傈僳族自治州楼阁建筑遗存 ………………… 352

第二节　与怒江傈僳族自治州楼阁相关的文学作品及作者 …… 355

第十七章　迪庆藏族自治州楼阁建筑与文学 ………………… 358
　　第一节　迪庆藏族自治州楼阁建筑遗存 ……………… 359
　　第二节　与迪庆藏族自治州楼阁相关的文学作品及作者 ……… 361

第一章 云南楼阁建筑概述

云南的楼阁建筑,既有始建于元明两个朝代的,也有建于清代及近代的。云南楼阁建筑作为中国古建筑的典型代表,体现了中华民族独特的审美情趣,与云南各民族的生活密切相关。文学是人学,是以写人为主的艺术,云南古代至近代的文学创作与云南楼阁建筑有着不解之缘。云南民族文化渗透了云南楼阁建筑,云南楼阁建筑深刻地体现了云南文化,不仅为云南自古至近代文人的文学创作提供了感性的契机和抒怀的舞台,同时也为云南文学文库增添许多脍炙人口、传颂千古的诗联匾额等作品。因而,云南楼阁建筑是研究云南建筑、文学的重要实物资料。

楼是我国建筑体系中单体建筑类型之一,与之有关的文献记载如下:

"隅为楼,楼必曲里。"①

"四方而高曰台,狭而修曰楼。"②

"凡台上有屋,狭长而屈曲者曰楼。"③

---

① 吴毓江撰. 孙启治点校. 1993. 墨子校注. 北京:中华书局:882.

② (清)郝懿行撰. 王其和,吴庆峰,张金霞点校. 2017. 尔雅义疏//十三经清人注疏. 北京:中华书局:494.

③ (清)阮元校刻. 1979. 尔雅注疏卷第五·释宫第五疏//十三经注疏校勘记:下册. 北京:中华书局:32.

"楼，重屋也……从木，娄声。"①

"重屋与复不同，复屋不可居，重屋可居。考工记之重屋谓复屋也。"②

"楼谓牖户之间有射孔，楼楼然也。"③

从上述文献记载看，云南古建筑中的"楼"源于原始的穴居、巢居，是干栏（亦作"阑"）式建筑的纵向延伸，"阑"与"楼"读音接近，有"重檐""重屋"之意。"楼"的下面往往设有台基，其形式修长、挺拔，意即"狭而修曲。"楼，一般多为两层及以上建筑，如丽江福国寺的五凤楼。《史记》载："方士有言黄帝时为五城十二楼，以候神人于执期，……上亲礼祠上帝，衣上黄焉。"④ 故《事物纪原》以此据称："方士言于汉武帝曰：'黄帝为五城十二楼以候神人。'帝乃立井干楼。然则楼盖起于黄帝之时"。说明"楼"的名称始于黄帝的"井干楼"。《周礼·冬宫考工记》云："王宫门阿之制五雉，宫隅之制七雉。"《墨子·备城门》中所载"城上百步一楼"⑤ "三十步置坐候楼"⑥ "百步一木楼"⑦ "二百步一立楼"⑧ 等均指城上军事攻守之城隅，如大理巍山、祥云、鹤庆的城楼、角楼，建水彝族纳楼回新土司衙署里的炮楼，广南壮族土司衙署里的钟楼、鼓楼，大理祥云的过街楼，等等。

阁，文献记载的解释有：

"阁，所以止扉者……从门，各声。"⑨

"楼谓牖户之间有射孔，楼楼然也。台，持也，筑土坚高能自胜持也。"⑩

"阁，庖厨也。"⑪

以上文献记载表明，"阁"的本义是指放在门上防止门自合的长木桩，即"所以止扉者"。这也是阁字从"门"的原因。后来，"阁"演变为一种建筑形式，其含义有两种：一是阁道（复道、栈道），指下部架空的空中通道，即《淮南子·主术训》所言"高台层榭，接屋连阁"⑫，如昆明西山的三清阁、达天阁；二是游憩眺望的多层木构建筑，形式上与"楼"接近。唐代释元应

---

① （汉）许慎撰．（清）段玉裁注．1986．说文解字注．上海：上海古籍出版社：255-256．
② 同①255．
③ （汉）刘熙撰．1985．释名//丛书集成初编．北京：中华书局：89．
④ （汉）司马迁撰．（宋）裴骃集解．（唐）司马贞索隐．（唐）张守节正义．1975．史记：第二册．北京：中华书局：484．
⑤ 吴毓江撰．孙启治点校．1993．墨子校注．北京：中华书局：781．
⑥⑦⑧ 同⑤778．
⑨ （汉）许慎撰．（清）段玉裁注．1986．说文解字注．上海：上海古籍出版社：589．
⑩ （汉）刘熙撰．1985．释名//丛书集成初编．北京：中华书局：89．
⑪ （清）王念孙撰．1983．广雅疏证（附索引）．上海：中华书局：213．
⑫ （汉）刘安撰．2013．淮南子//中华国学经典读本．哈尔滨：北方文艺出版社：178．

《一切经音义》(三十八卷) 所释："楼亦阁也，阁谓重屋也。"[1] 如昆明的大观楼、大理的德化楼、保山的凝秀楼等。

因而，"阁"也源于干栏式建筑，多为两层及以上建筑。明代计成《园冶》云："阁者，四阿开四牖。汉有麒麟阁，唐有凌烟阁等，皆是式。"[2] 在云南各地，迄今仍保留着"阁"的建筑遗迹，如昆明西山的三清阁、达天阁，广南的观音阁，大理的天镜阁、悬崖阁，鹤庆的清凉阁、清虚阁，楚雄的吕阁，曲靖的武侯阁，昭通永善的玉皇阁，等等。

古代早期的楼与阁是有区别的。楼是可以居住的，而阁是不能居住的，这是功能上的区别；楼是屋上直接建屋，两层之间无腰檐，而阁指上下层之间有腰檐，还有平座的楼，这是形式上的区别。此后，由于楼与阁区别不大，楼平面较狭长，而阁的平面一般多方正。后世，"楼""阁"二字互通，人们习惯于将两层以上、带有平座的阁与一般的楼，通称为"楼阁"。

云南古代的楼阁建筑，除了用于城市防御的城楼、炮楼、角楼外，还有用于衙府的钟楼、鼓楼、过街楼，如广南壮族土司衙署里的钟楼、鼓楼，大理祥云的过街楼等；供演戏的戏楼，如梁河南甸傣族土司衙署里的戏楼；宅院、土司衙署中供人居住的后楼、配楼、绣楼，如梁河南甸傣族土司衙署里的后楼、配楼、土司小姐的绣楼；表彰、贞节、守志、长寿、百岁等的牌楼。

第一节 云南楼阁建筑的发展分期

一、穴居、巢居时期

云南古代最早的楼阁建筑源自穴居、巢居。《周易·系辞》云："上古穴居而野处。"[3] 记述了上古时期的原始先民在树上营巢而居的历史。《礼记·礼运篇》的记载也是佐证："昔者先王未有宫室，冬则居营窟，夏则居橧巢。"[4] 说明上古时代是云南楼阁建筑的穴居、巢居时期。

我们可以从考古发现的云南上古原始先民的穴居遗址看出楼阁建筑的端倪。如在楚雄永仁县菜园子新石器时代的 7 座房屋遗址中，有 3 座是半地穴式圆形房屋。大理苍山脚下的马龙遗址中的半地穴式房屋遗址，以坑为居室，

---

[1] (唐) 释元应撰. (清) 庄炘, 钱坫, 孙星衍校. 1985. 一切经音义//丛书集成初编. 北京：中华书局：698.
[2] (明) 计成著. 李世葵, 刘金鹏评注. 2017. 园冶. 北京：中华书局：99.
[3] 郭彧译注. 2006. 周易//中华经典藏书. 北京：中华书局：384.
[4] (元) 陈澔注. 金晓东校点. 2016. 礼记//国学典藏. 上海：上海古籍出版社：251.

四壁用生红土做成墙壁，顶部搭一个挡雨的顶棚。而元谋县大墩子和宾川县白羊村遗址发现的平地起建的木结构房屋，以天然洞穴为建筑主体，中间用树枝、竹子、藤条等材料做柱子，柱子下面铺垫石子。

云南上古原始先民的巢居也是云南古代楼阁建筑的最早雏形。如沧源第五地点的崖画绘制的巢居是以粗大的树干为房屋柱子，树枝上用若干木柱来支撑树顶，房屋造型与现在的树屋相似。中华人民共和国成立以前，独龙族、苦聪人"筑屋于树"的习俗便与此相关联。

二、干栏、井干时期

关于"干栏"，有关文献是这样解释的：

"獠者，盖南蛮之别种……依树积木，以居其上，名曰'干栏'。干栏大小，随其家口之数。"[①]

"南平獠者，东与智州，南与渝州，西与南州、北与涪州接。……人并楼居，登梯而上，号为干栏。"[②] "裸形蛮，在寻传城西三百里为巢穴，……其男女遍满山野，亦无君长，作葛栏舍屋。"[③]

"然边蛮界乡村有獠户即异也。……俗构屋高树，谓之阁栏。"[④]

根据以上文献记载可知，"干栏"又称为"阁栏""葛栏"，不是平屋，而是"人并楼居，登梯而上"的两层楼阁建筑。杨大禹、朱良文编著的《云南民居》认为"干栏"的建筑形式有傣族的"干栏竹楼"[⑤]、景颇族的"矮脚竹楼"[⑥]，傈僳族、独龙族的"千脚落地"[⑦]，哈尼族的"拥戈"[⑧]，德昂族的"刚底雄"[⑨]，佤族和拉祜族的"木掌楼"[⑩]。祥云大波那遗址出土的屋形铜棺、青铜房屋模型，晋宁石寨山遗址出土的多座铜房屋模型，剑川海门口遗址出土的224根房桩柱，均为干栏式楼阁建筑的明证。大理大展屯东汉砖室出土的房屋模型的干栏结构更为典型：该房屋模型分上下两层，上层为三开间的结

---

① （北齐）魏收撰. 2011. 魏书：第六册卷一百一：獠传. 北京：中华书局：2248.
② （后晋）刘昫等撰. 2011. 旧唐书：第一六册卷一百九十七：南蛮传. 北京：中华书局：5277.
③ （唐）樊绰撰. 1998. 云南志//方国瑜主编. 云南史料丛刊：第二卷. 昆明：云南大学出版社：39.
④ （宋）乐史撰. 王文楚等点校. 2007. 太平寰宇记六//中国古代地理总志丛刊. 北京：中华书局：2660.
⑤ 杨大禹、朱良文编著. 2009. 云南民居. 北京：中国建筑工业出版社：63.
⑥ 同⑤69.
⑦⑧ 同⑤71.
⑨ 同⑤74.
⑩ 同⑤76.

构，是日常起居之地，侧面槫上置普柏坊，坊上有华拱式挑头，承筒板瓦庇檐和庑殿房顶，两端各有一个柱头斗拱；下层为栌斗式，是饲养牲畜之所。大理大展屯遗址的房屋模型显示出东汉时期是云南楼阁建筑的干栏时期，其楼阁形式为两层建筑结构。这一时期的楼阁特点是，将竹木桩柱打入地基的土中加固地基，再在地基上搭建平座，然后在平座上建盖一层或两层的楼阁，使用梯子才能进入其内。楼阁具有防潮、防水、防野兽侵袭的优点。

滇西北地区的独龙族、纳西族、白族、彝族，依据独特的地理环境和自然资源，以"井"字形纵横交错的木料为四壁，用稻草等铺成"人"字坡形屋顶，一般用数十根圆木自下而上堆叠成四方形框架，离地二三尺高，并在上面铺设楼板，使楼板与地面之间形成一个低矮的空间，用木梯上下。这是典型的井干时期建筑形制。

三、穿斗、抬梁时期

东汉至唐，内地汉族陆续进入云南境内，带来内地的楼阁建构技艺与布局，使云南许多地区的楼阁建筑风格与中原地区极为接近，楼阁建筑尽展穿斗、抬梁特色。如简单的两层全木构楼阁，但缺点是不够坚固耐用、构造粗糙。1981年12月在大理大展屯发掘的一件陶望楼模型，高57米，三层，方形，重檐式庑殿顶。从功用看，该楼不是用于居住，而是用于瞭望守卫的"望楼"。后来，内地用砖瓦材料建造的穿斗式、抬梁式的楼阁建筑工艺逐渐在云南各民族地区出现，高台建筑逐渐被多层楼阁取代。如昭通后海子东晋壁画中绘制的三座房屋："东壁绘双层楼房一座，四注式顶。西壁也绘双层楼房一座，四注式顶，斗拱是一斗二升。屋脊两端有鸟。门楣上书'龙楼'两字。这两座楼是住宅大门的门楼，从门楼的规模看，这是一个相当大的宅院内的前、后门的两座门楼，所以结构、楼层均大同小异，从门楣上书'龙楼'那座门楼体量规模比东壁那要大一些分析，应当是前门。东壁那座门楼是后门。按这两座门楼的规模，是可以供车马直接驶出驶入的。东壁门楼门口露出一个人头，应为门吏之类人物。……在南壁绘出一座广厦，为四注式房顶，用朱色线条勾成，上面铺满板瓦，柱头二升无坐斗。"① "龙楼""门楼"的出现，说明此时的楼阁形式多样，且承继了汉族楼阁文化中的龙文化精髓。

在中国古代，云南被视为山高路远的"蛮荒之地"，但是生活在这片土地上的各民族，同祖国其他地区的各民族一样，千百年来建造了许多具有民族特色和地方特点的楼阁建筑物。迄今，在云南各地仍然保留完好的这些古代楼阁建筑，成为云南各民族展现本民族文化、风俗、文学、宗教、思想等的

---

① 李昆声. 2001. 云南艺术史. 昆明：云南教育出版社：172-173.

实物资料和文物。对于这些楼阁建筑的形成原因，下文将做分述说明。

第二节 云南楼阁建筑的成因

一、地貌特点

云南的地貌状况据《新纂云南通志》记载："云南地势，高度平均出海面二千公尺以上。西北接连西康、西藏、青海、新疆、帕米尔各高原，居长江、珠江、澜沧江、怒江、红河等流域之上游。河谷深狭，山脉近承昆仑、喜马拉雅山横断耸立，形成太平洋台风之屏障，印度洋季风之要道，北冰洋朔风之尾闾。"① 从这段文字记载看，云南属于低纬度、高海拔的云贵高原西部，河流为南北走向，地形十之九为山所占，崇山峻岭，深沟纵谷，嵯峨纵列，西北连接康藏高原，迤逦而南，倾向东南，渐下渐展，亦渐低下。清人赵元祚《滇南山水纲目》云："山脉变幻难定，必以水为断。"② 云南全境除山峦盘错，起伏间分布着河谷及盆地外，还处于盘江、独龙江、金沙江、澜沧江、怒江、红河六江水系之上游，高黎贡山、怒山及云岭山脉与金沙江、澜沧江、怒江相间而成，各水系之间都有山岭分水，成为滇西地区特有的地形。云南全境山区面积在90%以上，山多而平地少。但山间低平之地散布着的盆地、谷地（坝子）又是滇东南地区独有的地形，既有地壳陷落形成、河流冲击所成，又有湖泊干涸形成，因而形成大大小小的盆地、谷地1400多个。高山峡谷间江河分布，盆地、谷地密布，云南各民族因地制宜，结合云南独特的地理地貌建造了风格各异的楼阁建筑。

二、气候条件

云南的气候情况，古代文献多有记载，如雍正《云南通志》云："省会之区，四时协序，气候尤和，环拱之澄、武、楚、姚诸郡，无祁寒溽暑，大略相同。两迤迢隔，寒热各殊，北鄙风高，故丽江大寒，有长年不消之雪。南维地下，故元江大热，有一岁两获之禾。普洱、镇沅，时有炎蒸瘴疠；鹤庆、永北亦多飞雪严寒。至迤东之曲靖、东川、昭通，较省会为寒，开化、临安、广南、广西，较省会为热。迤西之顺宁、蒙化、景东，则征热；大理、永昌，则征寒。虽有不齐，非甚悬殊，谚云：'四时多似夏，一雨便成冬。'因是以

---

① 李春龙，江燕点校. 2007. 新纂云南通志：二. 昆明：云南人民出版社：514.
② （清）赵元祚. 1999. 滇南山水纲目//方国瑜主编. 徐文德，木芹，郑志惠纂录校订. 云南史料丛刊：第十三卷. 昆明：云南大学出版社：467.

知其概云。"① 其总结了云南各地气候尤和、寒热各殊、四季似夏、炎蒸瘴疠的高原季风特征,也指出云南有高寒的地区、有湿润多雨和干湿明显的亚热带地区。

《新纂云南通志》是这样记述云南气候的:"全省气候寒热不齐,中多和暖善地。沿江低处,炎热异常,夙多瘴疠。……实则一县之间,地低偏热,地高偏寒,各有不同。……云南地高风劲,无日无风,风向每从西南来,因赤道气流也。……夏、秋多雨,全省略同。"② 透露出云南气候"一年有四季,十里不同天"的气候特征。云南各民族在建造楼阁时,不得不考虑通风散热、潮湿、洪水、野兽的侵袭等因素,特殊的气候条件、独特的气候环境造就了云南楼阁建筑形制的丰富多样,如傣族的竹楼,景颇族的矮脚竹楼,傈僳族、独龙族的千脚落地,哈尼族的拥戈,德昂族的刚底雄,佤族、拉祜族的木掌楼,布朗族、基诺族的干栏式竹楼等,都是楼上住人,楼下圈养牲畜,既有效地利用了空间,适应了地域特点,也便于生活和劳作。

三、自然资源

素有"植物王国"称誉的云南,自然资源十分丰富,"拥有高等植物1.7万余种,占全国总量的62.9%,园林植物2500多种,为全国之冠"③。且树木繁多,类型多样,优良、速生,珍贵树种多,其盛产的竹子、木材、茅草、石料、砖瓦等为云南古代楼阁建筑提供了取之不尽、用之不竭的物质材料。如傣族的竹楼、景颇族的矮脚竹楼,所用建筑材料均为竹子;傈僳族、普米族、独龙族、彝族、纳西族等所独有的"木楞房",其楼阁建筑所用材料,除地基用石材外,其余全用木材;怒族的竹篾房屋顶采用茅草盖顶。

云南的高山也为楼阁的建造提供了丰富的石材,如南涧灵宝山寺楼阁建筑全系石料构筑,石柱、石梁、石檩、石坊、石板、石供品、石佛像等均为石材建造。云南的土壤大多为红色的中生代以后地层,表土疏松,宜于植物生长,易于播种,也为楼阁建筑提供了黏土材料。如彝族、哈尼族、汉族、傣族的"土掌房",其墙体均以泥土为料。

四、民族构成

元谋人、丽江人、昆明人、蒲缥人、昭通人、西畴人等古人类化石的出现,说明远古时代的云南早已有人类活动的踪迹。"大约距今四千多年前,在

---

① 转引自方国瑜. 1983. 云南地方史讲义(上). 昆明:云南广播电视大学(内部发行):17.
② 李春龙,江燕点校. 2007. 新纂云南通志:二. 昆明:云南人民出版社:514-515.
③ 张保华. 2005. 云南民族文化概论. 北京:中国社会科学出版社:2.

古滇高原上就活动着氐羌、百濮、百越三大族群，后来与云南当地的土著居民融合，便形成了云南多民族聚居的大体格局。"① 至今，"聚居在云南这块红土地的民族，被人识别归属的就有26个。他们是：汉、彝、白、哈尼、壮、傣、苗、傈僳、回、拉祜、佤、纳西、瑶、藏、景颇、布朗、普米、怒、阿昌、德昂、基诺、水、蒙古、布依、独龙、满"②。这26个民族的地理分布，"如果我们把斜贯云南境内的元江作为一条云南境内腹地与边疆的自然分界线来看，江的东北部为腹地，江的西南部为边疆。在江之东北部地区，是汉、彝、白、壮、苗、纳西、瑶、蒙古等族聚居，杂居和散居的地区；其中白、壮、回、纳西、蒙古等族多住在坝子（小平原）；彝、瑶等族多住在半山和高山；苗族多住在高寒山区；藏、普米族等住在西北部高原上。江之西南部地区，是傣、阿昌、德昂、基诺、傈僳、怒、独龙、景颇、布朗、拉祜、佤、哈尼等族居住的地区。其北部横断山脉纵谷高山地区居住着傈僳、怒、独龙等族，其南部地势扩展到河谷地区，居住着傣、阿昌、德昂等族。山区则居住着景颇、布朗、佤、哈尼等族"③。这么多民族聚居、杂居、散居在云南境内，各个民族的不同文化内涵必然会反映在其建造的楼阁建筑中，形成独特的不同于其他民族的建筑文化特色。

云南山多平地少，江河分布于高山峡谷间，而谷地、盆地又分布于高山、峡谷、江河间，这样独特的地形地貌，决定了楼阁建筑要建于地形不平之处或水面上，就只能依据现有的地形特点来建造，同时，云南"一年有四季，十里不同天"的气候特征，使得云南各民族在建造楼阁时，不得不考虑通风散热、潮湿、洪水、野兽的侵袭等因素。如傣族的竹楼、景颇族的矮脚竹楼、傈僳族、独龙族的千脚落地、哈尼族的拥戈、德昂族的刚底、佤族、拉祜族的木撑楼、布朗族、基诺族的干栏等，都是楼上住人，楼下圈养牲畜，既有效地利用了空间，适应了地域特点，也便于生活和劳作需要，还可就地取材，节省建造费用。被云南各民族称为木楞房的井干式楼阁建筑，所用建筑材料均就地取材，建造简便、费用低廉，因而，千百年来，成为生活在滇西北森林资源丰富的山区、半山区的傈僳族、普米族、独龙族、彝族、纳西族等所独有的"木楞房"，其优点是防寒抗震，但缺点是不防火、不耐用、构造粗糙，浪费木材。而盛行于滇南红河、元阳、绿春、元江等地的"土掌房"，由居住于干旱少雨的高寒山区和河谷地带的彝族、哈尼族、汉族和傣族人民创造，造价低、取材容易、建造简单。它适应当地的地形特点，材料使用滇南

---

① 张保华. 2005. 云南民族文化概论. 北京：中国社会科学出版社：6.
② 同①8.
③ 同①10.

一带土质细腻、干湿适中的泥土，因而冬暖夏凉、防火性能好。其屋顶可作为晒场，弥补了晒场用地缺少的不足。

不论是竹楼、矮脚竹楼、千脚落地、拥戈、刚底、木撑楼、干栏，还是木楞房、土掌房，都是云南特有的地貌、气候、民族等造就的。不同民族有不同的传统建造习俗，各民族都要考虑如何适应本地的地理地貌特点、顺应多变的气候条件、满足居住需求，并通过不断实践，各自建立了一套约定俗成的建造规律。

第三节 云南楼阁建筑的特点

云南的楼阁建筑由于特殊的地貌特色、独特的气候条件、众多的民族构成，而呈现出不同的建筑特点和民族风情。

一、楼阁建筑的选址

由于地处高山峡谷、江河环绕，云南各民族在楼阁建造上，既要适应地貌、气候等自然环境因素，还要考虑实用和美观。于是在选址上，他们充分发挥聪明才智，因地制宜，将楼阁建筑于不同的山势地形、水滨，村寨、城邑、衙署、文庙和书院中，以及桥上或傍依洞穴。它们既保留了部分古代中原楼阁建筑特点，又具有民族创新性。

（一）踞坡

云南丰富多样的地形特点，决定了踞坡楼阁建筑与山脉相融相谐的特色。这些楼阁建筑均建盖在山坡、山腰、半山坡，如安宁曹溪寺位于昆明安宁温泉以西龙山半坡上，石屏秀山寺凌云阁位于石屏城西秀山东坡上，泸西钟秀山奎星阁位于泸西钟秀山腰。这些楼阁体现了坡地楼阁选址的独特性。

坡地最能体现微缓起伏的柔和轮廓线型，初看似不甚稳定，而建楼阁于其上，波浪起伏般的地形曲线顿时汇集于楼阁，形成的视觉焦点、均衡感往往会凸现出来。

（二）临水

水是云南各民族的生活要素之一，早期的云南先民们多是一族一族在临潭、临池、临江、临湖地域生息、繁衍和发展。江河湖畔位置显赫，在此建造楼阁易产生较强烈的审美构图效果：无限延伸，好似与天际相接的广阔江湖平面——水平线条，挺拔矗立的楼阁建筑物——垂直线条，楼阁——静势，湖水——动态，形成了构图规律中线条、态势之间鲜明、强烈的对比，又使大自然的三维空间达到恰如其分的和谐统一。"临水"楼阁建筑不论是水平方向的视域，还是垂直方向的视高，视线都不受遮挡，适宜人们近距离观其细部构造。如昆明大观楼紧邻滇池岸边,抬眼一望,五百里滇池尽收眼底,其无限延伸的广阔湖面、四围的山峰、稻田、村落,散落湖中的小岛,以及点缀其间的帆船等给人一种楼水相伴、相映成趣的和谐统一的图景。这也是古代诗人喜用"浦""岸""畔"等字寄情抒怀的原因吧。

(三)紧临村寨

云南各民族不仅性格豪爽,而且非常注重本民族的道德习俗和教育规范,将楼阁建于村寨旁,既便于在楼阁这一公共场所传播道德礼仪,规范族人的言行,又能够为触犯道德规范、有不良行径的人提供忏悔、认错的场地。如腾冲洞山乡下绮罗村文昌宫文昌殿楼,其正门是精工雕刻的楠木格子门,每扇木门均有镂空细刻的故事,共6个,即"明刑弼教""范公书院""历代文门""提戈取印""孟郊救蚁""裴渡还带"。这就是传播道德规范,教育村民循规守纪的佐证。再如官渡螺峰村孔子楼(凌云阁),以供奉孔子、宣传孔子的儒家学说来规范村民的言行。

建在村寨的阁楼成为本村、本寨状元、举人、进士等树碑立状之地,如官渡秀英村魁星阁,呈贡大古城村魁阁楼,富民款庄李子树村魁阁,嵩明白龙桥村魁阁,宜良玉龙村魁阁,华宁盘溪西南各纳甸村开化寺魁阁,泸水老窝乡老窝圆通寺魁星阁,兰坪通甸乡黄松魁星阁,通过建造魁阁来勉励村寨青少年积极进取,求得功名。从中也可看到,云南各民族非常重视知识文化的教育。建在村寨的阁楼也是村子、寨子进行娱乐活动、地方戏演出、传播本民族文化的场所。如剑川段家登村戏台(楼)、仕登村戏楼、大理古生村戏楼、周城村戏楼等。

建在村寨的楼阁也是村民们宗教信仰的场地,如传播伊斯兰教的昆明市西山区海口镇里仁大村中的清真寺叫拜楼,昭通市八仙营村边清真寺叫拜楼,景东彝族自治县林街村中的清真寺叫拜楼,永平县曲硐乡曲硐村边清真寺叫拜楼等;传播南传上座部佛教的如景谷傣族彝族自治县永平乡迁糯村中的迁糯佛寺大殿楼,钟山乡东那村中的东那佛寺大殿楼,永平镇茂密办事处芒岛村西南边的曼岛寨曼岛寺大殿楼,孟连傣族拉祜族佤族自治县娜允镇芒中村芒中佛寺大殿楼,澜沧拉祜族自治县上允乡下允寨内的下允佛寺大殿楼,西盟佤族自治县勐梭乡南归寨中的南归佛寺大殿楼,昌宁县城西卡斯乡大泺布傣族寨中的大泺布缅寺大殿楼,瑞丽市姐东寨边的奘寺大殿楼,瑞丽市姐相乡大等喊村内的等喊奘寺正殿楼,瑞丽市喊沙寨内的喊沙奘寺大殿楼等;传播藏传佛教的,如维西傈僳族自治县城北康普乡康普寿国寺正殿楼等。

(四)建于城邑

据李元阳《云南通志·建设志》所述,云南全境初建城邑大约在明代。随着城邑的修建,人口的增多,聚居场所的需要,供人们祭祀、礼拜、供奉等的楼阁建筑也在城邑的各种角落兴建起来，而且，这类楼阁建筑多建于人群聚集的城邑，它融合了多个民族的文化和建造理念，呈现出民族文化的多层内涵和特点。

从目前考古发掘的"太和城遗址"看，该遗址在今大理城南10公里的太平村处，城址至今保存完好，东西横贯大理坝子，西依苍山为屏障，东临洱海为天险。在挖掘出的小石碑"北城角"可知，太和城北城墙延伸到了苍山佛顶峰。"这块小石碑的出土，对我们确定太和城的北墙位置是很有价值的。南城墙从苍山佛顶峰南坡起，先向东南至五指山麓，然后向东一直延伸至今洱宾村北。"① 元初郭松年《大理行记》记曰："入关十五里，山壑浓秀，望之蔚然前陈者，乃点苍山之奔冲也，诸峰罗列，前后参从，有城在其下，是曰太和，周十有余里，夷语以坡陀为和，和在坡陀，故谓之太和，昔蒙归义王皮罗阁自蒙舍徙河西，乃筑此城。"② 说明南诏国国王皮罗阁，选择在依山傍水的风水宝地建筑太和城。而"阳苴咩城遗址"中的"阳苴咩城"位置也在今大理城西玉局峰山脚至洱海之滨，郭松年《大理行记》是这样解释"阳苴咩城"的："（太和城）又北行十五里至大理，名阳苴咩城，亦名紫城，方围四五里，即蒙氏第五主神武王阁罗凤赞普钟十三年甲辰岁所筑，时唐代宗广德二年也。"③ 张道宗《纪古滇说》亦云："段思平得之（阳苴咩城），更国号曰大理，始称先帝。蒙、段同四十一主，共历六百有一年，皆都于善阐、大理也。善阐，金、碧为城，昆水为池；大理，西倚点苍山，东挟洱水。点苍之险，洱水之厄，龙首关于邓川之南，龙尾关于越赕之北。"④ 表明不论是阁罗凤建造的阳苴咩城（南诏时），或是到段思平时把阳苴咩城更名为大理城（大理国时），大理两代国王都喜欢把城邑建筑在山清水秀、交通、生活便利的点苍山脚下和洱海之滨。

"龙尾城遗址"中的"龙尾城"，按郭松年《大理行记》的说法："何尾桥之西有关焉，北入大理，名龙尾关，即蒙氏之所筑也，西厄苍山，东属洱水，其高壁危构，岿然犹存。"⑤《明史·沐英传》也载：明初西平侯沐英率军队征服大理国，多次攻城而不破，"乃遣都督胡海由石门间道夜渡河，扳点苍山而上，立旗帜。英乱流斩关进，山上军亦驰下，夹击，擒段世，遂拔大理。分

---

① 张增祺.1999.云南建筑史.昆明：云南美术出版社：128.
②③（元）郭松年.1998.大理行记//方国瑜主编.徐文德，木芹纂录校订.云南史料丛刊：第三卷.昆明：云南大学出版社：136.
④（元）张道宗.2000.纪古滇说//李春龙主编主点.刘景毛副主编主点.正续云南备征志精选点校.昆明：云南民族出版社：13
⑤ 同②.

兵收未附诸蛮，设官立卫守之"①。可见，阁罗凤选择傍依点苍山高壁西山坡、濒临洱海之地构筑龙尾城，不仅占据风水宝地，而且利于抵挡明军长驱直入，使龙尾城成为防御工事堡垒。

《淮南子·原道训》曰："昔者夏鲧作九仞之城，诸侯背之，海外有狡心。"②说的是夏禹的父亲鲧曾建造了九仞高的城郭以防叛乱，但诸侯却仍是背叛了他，海外的人也心存狡诈之念。由此可见，中国筑城而居的历史可以追溯到夏鲧时代。所以，中国筑城而居的历史悠久，筑城以卫君，造郭以居人，此城郭之始也。最初建造城郭主要是为"卫君""居人"，城邑具备政治、军事、经济的价值。明代徐霞客在考察了当时的蒙化城后，在其《徐霞客游记》中给我们传达出这样的一些信息：城邑构建于背靠高山悬崖、前临湖水之滨之地，易守难攻。

明清之际，云南境内城邑兴建府、州、县、乡，规模不一的城池拔地而起，城邑之中，除了供人居住、买卖的屋宇，还有各种楼阁。这些楼阁是为了方便长居于此的云南各族人民相互往来、交流，满足人们祭祀、礼拜、表彰、供奉等需求，以及满足往来于此的外地商人祭拜、社交的需要，由当地城邑里的各族同胞、往来于此做生意的外地商人、云游四方的僧人捐资兴建。华宁盘溪清真寺叫拜楼、菩提寺大殿楼、毛贷街清真寺大殿楼等均是当地各族同胞为祭祀需要而兴建的。鹤庆云鹤楼，又名钟鼓楼，始建于明代正德九年（1514年），是由府官孙伟在衙门前建的一座牌楼，原名安丰楼，后毁于兵燹。清康熙五十一年（1712年），通判佟镇将其重修成一座跨街楼阁，为砖木斗拱结构，共四层，底层为南北通敞的拱门，一条南北向大街穿门而过，楼南拱洞门口东西向横街交叉。光绪二十三年（1897年）楼东民房失火殃及安丰楼，楼被焚。光绪二十七年（1901年），在外地做官的武官丁槐回乡探亲，见此被焚的楼宇，便与兄弟丁泰、丁彦共同捐资重建。丁氏兄弟认为楼名"安丰"中的"丰"与"风"谐音，风助火烧，不吉利，于是采用当地"白鹤云集庆贺"传说，将安丰楼更名为云鹤楼。巍山南社学后阁原为明广西左江道兼提学道宣廷式及弟福建兴化府推官宣廷宾的私宅，明朝灭亡后，宣廷式偕弟宣廷宾在五印山落发为僧，将其私宅低价出售办社学，清康熙八年（1669年），蒙化掌印同知张善化捐金改建。后掌印同知陈文成立义学于内，称南学社。

云南各民族把楼阁建在城邑，既便于在楼阁这一公共场所宣传中央王朝

---

① （清）高宗（钦定）二十四史明史卷一百二十六.列传第十四.光绪癸卯冬十月.五洲同文石印：37-38.

② （西汉）刘安.2013.淮南子//中华国学经典读本.哈尔滨：北方文艺出版社：4.

对边疆民族地区施行政治管理的政策，同时又能彰显各少数民族与国家生息相关的联系。例如巍山拱辰楼"万里瞻天"[①]巨匾，悬挂于拱辰楼北面檐下，为清乾隆五十年（1785年）蒙化同知黄大鹤所书，叙写了明代的"土流合制"和"改土归流"，强化流官职权。"天"指天子，天子代表朝廷，作为朝廷命官的黄大鹤，是天子派来蒙化任职当差的，尽管蒙化远离京城，但黄大鹤心系朝廷，希望自己为朝廷尽职尽忠。该匾实是黄大鹤在蒙化就职的宣言，蕴含封建王朝对边疆民族地区实行特殊管理的政治寓意，也显现了唐代南诏与中原华夏的密切联系。

楼阁建筑是状元、举人、进士等树碑立状之地，如剑川景风阁供乡贤牌位。宜良草甸魁阁、个旧魁星阁、弥勒虹溪魁星阁、华宁尊经阁、禄丰碧城魁阁楼、琅井魁阁楼，通过建造魁阁来勉励村寨青少年积极进取，求得功名，其教育功能是显而易见的。从中也可看到，云南各民族对知识文化教育的重视。

楼阁建筑是城邑各族同胞进行娱乐活动，传播本民族文化的场所。如会泽万寿宫门楼（戏台）、保山腾阳会馆观戏楼等。

城邑楼阁也是各族同胞宗教信仰和朝拜的圣地。如回族同胞行"念、礼、斋、课、朝"五功的华宁盘溪清真寺叫拜楼、开远大庄清真寺宣礼楼、毛贷街清真寺大殿楼等；信仰南传上座部佛教的孟连中城佛寺主殿楼、沧源广允缅寺主殿楼、菩提寺大殿楼等；再如进行礼敬、供养、诵经活动的宁蒗扎美戈喇嘛寺偏殿楼等。

（五）土司衙署内

云南自古以来就是一个多民族聚居的地方，自秦汉起，历代中央王朝为加强对云南民族地区的统治，实施了许多特殊的控制政策，如"边郡政策""羁縻之制"等，影响最大的当属"土司制度"。"土司制度在云南存在五百七十余年，明、清两代是云南土司制度施行的重要时期。"[②]

明代中央王朝在云南设置的土官土司的数量居全国之冠。"有明一代，云南总共设置土司三百三十二家。"[③]为了加强对云南境内少数民族地区的统治，明王朝还"在云南沿边地带的百夷、罗罗、和泥、僮人聚居区及境外的掸、泰、越居住区设置有车里、靖安、麓川平缅、木邦、勐养（刀氏、思氏）、八百者乃、八百大甸、老挝、缅中、缅甸、大古剌、底马撒、底兀剌十四宣慰司，耿马、孟琏、曲靖（安置）、南甸、干崖、陇川、孟密七宣抚司，潞江、

---

① 木基元. 2012. 云南历史文化名城研究. 昆明：云南大学出版社：194.
② 龚荫. 1985. 明清云南土司通纂. 昆明：云南民族出版社：1.
③ 龚荫. 1992. 中国土司制度. 昆明：云南民族出版社：461.

芒市、猛卯、蛮莫、瓦甸、镇道、杨塘八安抚司，猛缅、亏容、户撒、腊撒、麻沙、茶山、里麻、凤溪、施甸、教化三部、安南、八寨等三十三长官司"①。明王朝在云南设置土司，对稳定和发展西南少数民族地区社会生产，增强西南少数民族地区的统治，都有很大作用。② 随着土司制在云南的推行，彰显土司威严，便于土司办公、居住的土司衙署楼阁建筑也兴盛起来，使楼阁具有了多元文化内涵和各民族元素相融的特点及地域特色。

各地土司为便于统治、管辖属下民众，体现其与民同乐的亲民政策，往往将土司衙署与村寨建在一起。同时为眼观四方，监督辖区民众，尽显土司威严，往往选择在靠近村寨的制高点建造土司衙署。如梁河南甸宣抚司署，其"南甸"中的"南"指位于腾冲南部，"甸"指司署郊外坝子，说明梁河土司衙署辖地广阔。它由三代人完成，从1851年到1935年，历时84年。有的选择村寨的制高点作为土司衙署的建造之地，如孟连宣抚司署议事厅。自明至清，刀氏土司在南垒河西岸金山东麓为世族构建了娜允山城，并将娜允城分为上城、中城、下城及芒方岗、芒方冒两个寨子，土司衙署的楼阁建筑就建在上城区的高地上。

即便是朝廷按功授予内地汉族官员担任土司，其衙署仍建在所管辖的民族区域。如新平土司府的李氏汉族土司，其土司衙署建在哀牢山的半山腰，衙署匾额题字"陇西世族"标示李氏土司陇西世家的汉族身份。但其管辖的民众尽是哀牢山当地的彝族、傣族，从另一侧面反映"改土归流"后云南境内汉族土司已牢牢掌控所辖区域的各民族。

（六）文庙内

古代用于祭祀先圣孔子，推行其儒家思想文化，教书育人而兴建的重要礼制性建筑称为文庙，又称孔庙、学宫。云南文庙始于元、盛于明、终于清。元明清三代在云南实施的政治、经济、文化等政策措施虽不尽相同，但在推行儒学兴建文庙方面却是目标一致的，三代皆在云南各府、州、县设立文庙作为祭孔与官学的场所。

云南境内第一座文庙，是元至元十三年（1276年）由云南省平章政事赛典赤·瞻思丁在昆明五华山右建成的云南府文庙，而楼阁在云南文庙的建盖历史，最早的有据可考的记载是云南府文庙里的楼阁建造：建于五华山右，"明景泰年间（1450—1456年）巡抚郑颙建'成德''达才'二坊"③牌楼，

---

① 龚荫. 2011. 中国土司制度史. 成都：四川人民出版社：135.
② 云南省民族研究所. 1986. 大理行记校注. 云南志略辑校. 昆明：云南民族出版社：64.
③ 云南省地方志编纂委员会总纂. 云南省教育志编纂委员会编撰. 1995. 云南省志：卷六十教育志. 昆明：云南人民出版社：123.

后"明天顺五年（1461年）都督木瓒又一次兴建。明弘治十五年（1502年）巡抚何琛建讲堂、聚奎楼，增置号舍。明正德年间（1506—1521年）重修，明嘉靖十年（1531年）建'启圣祠''敬一箴亭'及'视听言动心五箴碑'。明万历元年（1573年）巡抚邹应龙凿泮池，十八年（1590年）知府易以巽重修殿庑；……四十三年（1615年）巡抚周嘉谟、提学张闻廷建'明伦堂'。明末毁于兵燹，迁建于长春观。清康熙二十九年（1690年）总督范承弘以规制未协，同巡抚王继文请仍改建今地，……十二年（1734年）总督尹继善、巡抚张允随、督学吴应权、布政使陈宏谋重修，并易琉璃瓦，……乾隆十四年（1749年）绅士梁昇、杜东辂重修。嘉庆十年（1805年），教谕朵恒、绅士傀士无、刘腾蛟等捐'崇圣殿'，建左右两厢。十七年（1812年），绅士傀士无，余讦吉等复以旧制卑隘，重修大成殿内外门庑"①。

这在景泰《云南图经志书》里有记录："（云南府）文庙在府学之西。中为大成殿，殿前左右为两庑，……外建尊经阁，与殿对峙。又其外则灵（应为'棂'）星门也。"② 元御史郭松年《记》曰："……凡为屋五十有三楹。礼殿奠其中，……内外有门，左右有堂，双亭对峙，跂翼翚飞。别建讲堂，以为师儒授受之所。经始于至元甲戌之冬，落成于丙子之春。"③ 参政支渭兴《重修中庆路庙学记》载："……于是买材募匠，命郎中危毓董其役。栋楹椽瓦腐裂者易新之，赤白漫漶堕落者补治之。自大成殿、宸章阁、两庑、三门、讲堂、斋舍以及献官更衣之所。"④ 国朝吏部尚书彭时《重修儒学记略》亦云："万历元年，巡抚邹应龙凿泮池，周六丈许，上券石桥，迁启圣祠于文庙右，修敬一亭、聚奎楼。"⑤ 景泰《云南图经志书》、郭松年《大理行记》、支渭兴《重修中庆路庙学记》、彭时《重修儒学记略》皆证实了中庆路大成庙始建于元至元十一年（1274年）冬，为云南有文庙（孔子庙）之始。种种文献佐证了元代云南行省就开始在文庙兴建楼阁建筑，后明清多次重修。

此后各地纷纷建造文庙，在庙内建盖楼阁用于纪念孔子，传播儒学，教授学生。如大理府文庙，建于府治南，"元代至元二十二年（1285年），参政郝天挺建，明代正统年代（1436—1449年），知府贾铨重修。景泰年间

---

① 云南省地方志编纂委员会总纂．云南省教育志编纂委员会编撰．1995．云南省志：卷六十 教育志．昆明：云南人民出版社：123．

② （明）陈文纂修．2000．景泰云南图经志书//方国瑜主编．徐文德，木芹，郑志惠纂录校订．云南史料丛刊：第六卷．昆明：云南大学出版社：14．

③ （明）邹应龙修．李元阳纂．刘景毛，江燕，等点校．2011．万历云南通志：中．北京：中国文联出版社：652．

④ 同③655．

⑤ 同③657．

（1450—1456年），知府于璠增修大殿、凿泮池，祭器齐备。成化十五年（1479年），知府蒋云汉制雅乐。正德四年（1509年），知府吴晟重修，功未毕，知府周宽、同知胡瀚继续完成，殿、庑、棂、戟，焕然一新。十年（1515年）地震，殿庑倾圮，知府梁珠修葺，更辟地建尊经阁"①。

而临安府文庙，建于府治西，"元代至元二十二年（1285年）宣抚使张立道建。……明代洪武十六年（1383年）设入学，庙因之。……宣德年间（1426—1435年），知府赖英建尊经阁，……嘉靖十年（1531年），副使戴书建启圣祠。……清代康熙十二年（1673年）知府程应龙修建尊经阁。……雍正四年（1726年），知府栗尔璋建太和元气坊，……乾隆四十三年（1778年），知府盛林基同绅士重修洙泗渊源坊。五十年（1785年），知府何敏，知县周恭先同绅士重建棂星门。五十七年（1792年），总镇定柱复杏坛旧址，知府张玉树同绅士重建'德配天地道冠古今'坊、'圣城由兹'坊、'关贤近仰'坊、清泮池侵占，赋旧规。……嘉庆九年（1804年）江浚源复建大成殿。十五年（1810年），知府王善垲率绅耆重建崇圣祠。十八年（1813年）知府河南钰建大成殿。"②

正德《云南志》载赵傅弼撰《创大理文庙碑》曰："至元乙酉之春，云南诸路行中书省议，恐南方之人逸居无教，风声气习永流于夷犷，由是闻奏朝廷，令各路设教官、建儒学。……卜庙地于省治之东，未营之始，荆榛塞途，坎窞没胫。……乃鸠土工，命梓匠，委前本路经历段兴董其役，遇荆榛而薙之，坎窞而平之，不日而基乃成窨。抡材陶瓦，安础植木。大殿两庑成于乙酉之冬，三门耳墙毕于丁亥之闰。"③这段碑文内容也证实，大理府文庙楼阁建筑始建于元至元二十二年（1285年），比云南府文庙楼阁建筑晚建11年，但仍是云南早期的儒学楼阁建筑之一。

此外，赛典赤还先后在澄江府、永昌府（今保山市）创建四所府级文庙并在其内建造楼阁。文庙楼阁的兴建扩至安宁州、石屏州、嵩明州、邓川州、鹤庆州五所州级文庙，以及河西县一所县级文庙，共计11所文庙，这11所文庙楼阁建筑原貌皆因元末明初或年久失修、或战祸都已荡然无存，这些地区现存的文庙建筑多为明清重建建筑。如石屏州文庙"在州治东。元代至正年间（1341—1368年）建，毁于兵。明代洪武二十二年（1389年）重建。正统五年（1440年），学政王骥，景泰年间（1450—1456年）知州任斌相继重

---

① 云南省地方志编纂委员会总纂．云南省教育志编纂委员会编撰．1995．云南省志：卷六十教育志．昆明：云南人民出版社：124．

② 同①125．

③ （明）周季凤纂修．2000．正德云南志//方国瑜主编．徐文德，木芹，郑志惠纂录校订．云南史料丛刊：第六卷．昆明：云南大学出版社：329-330．

修。万历年间（1573—1620年）知州肖廷对建尊经阁。天启五年（1625年），久雨，大殿倾仆。署州顾庆思拓地重建。清代康熙八年（1669年），知州刘继世建棂星门。四十年（1701年），知州张瑞敏重建尊经阁。四十五年（1706年），知州刘承启重建启圣祠。雍正元年（1723年），阖州绅士重建大成殿，'义路''礼门'两坊。乾隆十五年（1750年），知州王尚楣该棂星门为砖房。二十四年（1759年），知州管学宣率绅士重建明伦堂于学署之前。嘉庆四年（1799年）地震。署州李青云请帑率绅士重修。"[1]

建筑地基的软硬关乎建筑物的稳固，文庙楼阁建盖一般选在山麓，这是云南文庙楼阁建盖的普遍建筑地点。按地质学的相关理论，岩层较坚硬的地方，殿基不易下陷。而平坝内地质属于较软的冲积层，在地质年代，大理、丽江、保山、广南等地的坝子，原是湖泊河谷，历经亿万年的风雨山洪的浸湿、冲击，导致周围高山上的泥土沙石冲移入内，在自然的作用下沉积填平，而人类的疏导引流，使之逐渐呈现为陆地，成为适宜人居之处。但这些冲积层的地基很松软，不宜建造大型建筑。

同时，基址选择在地势较高之处，易于利用地形高差自然排放雨水来保证地基的干燥，使建筑基础更加稳固。这对基础极浅的古建筑而言十分重要，是选址时需着力考虑的因素。

另外，地震发生时震级相同，震源深度越浅，震中烈度越高，破坏越重。震源深度浅的地震，即便震级不大，亦可能造成一定程度的破坏，同样经历同一次较强烈的地震，临水处要比靠山处的灾情严重得多。

因而，在建盖文庙楼阁这类大型建筑时，其基址一般会选择在地震影响小的地方。这也是云南文庙楼阁普遍选址山麓的缘由。例如，宜良文庙楼阁最初选址在宜良县城南雉山，会泽文庙楼阁选址在会泽县城南门外的平头山麓，江川文庙楼阁选址在江川县城北20公里的江城镇北钟秀山南麓，澄江孔庙楼阁选址在金莲山下，景东文庙楼阁坐落于景东县城西的玉屏山麓，丽江文庙楼阁选址在丽江大研镇狮子山麓，凤庆文庙楼阁兴建于凤庆县城南虎山东麓。

（七）书院内

书院是我国古代独具特色的教育组织。"书院"之名最早出现在唐朝。书院初为民办，后改为官办。云南位于祖国西南边疆，又是多民族聚居地，地远偏僻，文化落后，设置书院比其他地区要晚。"云南的书院，始于明代弘治元年（1488年），终于清代宣统年间（1909—1911年），其发展过程可概括

---

[1] 云南省地方志编纂委员会总纂. 云南省教育志编纂委员会编撰. 1995. 云南省志：卷六十教育志. 昆明：云南人民出版社：126.

为：始于明代，盛于清代，终于清代。明代弘治元年（1488年），云南永昌府腾越厅秀峰书院创建；之后，陆续有书院设立，……只记为明代（不明年号）建的7所。全省共为70所。……清代初，书院发展缓慢，……只记明清代所建（不记年号）的57所。清代，云南共新建书院226所（不包括恢复清代以前建的书院），达到鼎盛。"① 云南"明清两代268所书院中，绝大多数属普通教育层次，仅省会的五华、经正两书院的内容与高等教育层次较为接近。"②

云南的书院大多属官办，"五华书院楼阁建筑从创建到历次重修、重建，都由督抚类官员主持"③，五华书院是云南创办较早、层次最高、影响最大的一所书院，"旧址在云南府治西北，为明代嘉靖三年（1524年）巡抚王启建。明代即几建几废。清代雍正九年（1731年），总督鄂尔泰改建于五华山麓，……道光三年（1823年），重修东西廊书舍；四年（1824年）复修东西园书舍。……同治二年（1863年），（叛将）马荣焚毁藏书楼并所藏图书；五年（1866年）提督马如龙重建书院；十年（1871年）巡抚岑毓英、盐道沈寿榕重修并增建东西园书舍栱39间"④。明朝在昆明地区（今为昆明市）共建过7所书院，至清朝增至20所，最有特色的除五华书院外，还有经正书院和育材书院。"经正书院，在省城内贡院右侧报恩寺故址。清代光绪十七年（1891年），总督王文韶、巡抚谭钧培建。"⑤ "育材书院，一名昆明书院，在城南门外慧光寺左。清康熙二十四年（1685年）总督蔡毓荣、巡抚王继文建。四十二年（1703年），康熙帝御书'育材'二字颁赐匾悬于书院；……乾隆十二年（1747年），粮储道官尔劝重修。"⑥

审视云南古代的书院楼阁文化，对于传承书院楼阁文化精髓、剔除糟粕、吸取精华是非常有益的。

儒家士人常把书院看成独立研究学问的安身立命之所，所以云南的书院从其创建之始，就与士人"独善其身"的理念联系在一起。创建书院的目的是超世脱俗的精神追求，体现儒家人文精神的超越性。因而，云南书院楼阁的创建者们总是选择僻静优美的名胜之地作为书院楼阁的首选建址地。如石屏玉屏书院牌坊（楼）在石屏玉屏山下，"为清道光九年（1829年）进士朱騰于咸丰初年捐资创建，是一四合院平房建筑。总面积2463平方米。……书院二门内为牌坊，……牌坊面阔3.72米，进深9.44米，高8.70米。为砖木石结构。牌坊三间，四个柱础上承托着四条昂首鼓目的石

---

① 云南省地方志编纂委员会总纂. 云南省教育志编纂委员会编撰. 1995. 云南省志：卷六十教育志. 昆明：云南人民出版社：129.
②③ 同①130.
④⑤⑥ 同①131.

雕龙柱，雕刻甚精"①。大理巍山文华书院雁塔坊、魁星阁、藏书楼在巍山文华山下，"光绪元年（1875年）创建，光绪二十九年（1903年）成立劝学所，改文华书院为高等小学堂。书院占地4000多平方米，由大门、二门、泮池、雁塔坊、奎星阁、藏书楼及两厢等大小九个院楼组成，现仅存藏书楼、奎星阁、雁塔坊及部分厢房。奎星阁为重檐歇山式建筑，面宽五间、下层四周设围廊，上下层檐下都设七踩斗拱。藏书楼建于高台上，面阔五间20米，深15米，高11米余，重檐歇山顶，翼角出檐甚长，无斗拱，但雕刻构建生动，整个建筑气势宏伟"②。书院楼阁既不同于作为一种统治象征的盘踞城中的学宫，也有别于一般的民间建筑，它映衬自然，构成了一独立整体，成为云南地方风景和建筑的一个重要组成部分。

云南书院楼阁建筑多为严谨规整的建筑，由于重视地形的利用，多依山而建，前卑后高，层层叠进，错落有致；加以庭院绿化，林木遮掩，山墙起伏，飞檐翘角，构成生动景象，与自然景色取得有机结合。如丽江玉河书院，位于"玉泉公园西南角。清康熙十九年（1680年）通判樊经建，乾隆四年知府管学宣重修，为丽江最早的书院。书院为四合院，建筑小巧玲珑，院内奇花异木，虬木蟠枝，古意盎然，又置锁翠桥畔，流水潺潺，花香鸟语"③。书院"坐南朝北，现存门楼、大殿、西厢。大殿为单檐硬山顶，平面呈长方形，面阔、进深皆3间，前有走廊"④。既反映了书院楼阁建筑是沟通天人关系、实施儒家教育宗旨的绝佳场所，也突显了儒家士大夫们在其中把置身宁静闲适的大自然、寄情山水作为作家的生活理想，而自然恬淡的心境和宁静幽美的山水悠然合一，亦体现出儒家之道超越性的一面。

（八）建于桥上

云南境内高山峡谷环绕，河流、湖泊密布，谷箐交错，泉水潺潺。各民族同胞为了满足生产、生活、交通的需要，往往架设许多桥梁。通常，为使所建之桥实用、美观，人们往往会在桥面上搭建楼阁。迄今，云南古代各民族所搭建的古桥楼阁，可谓中国古桥建筑史上少见，亦是云南古代楼阁建筑的一大特色。

桥上楼阁，顾名思义，即古桥上所建的附属该桥的小型单体建筑。这类小型单体建筑为庄严恢宏的严肃建筑——桥梁增添了情趣、丰富了空间，活跃了建筑序列和建筑环境的氛围。作为一种手段和元素的桥上楼阁，在古代

---

① 邱宣充，张瑛华等编著．1992．云南文物古迹大全．昆明：云南人民出版社：367．
② 同①581．
③ 同①681．
④ 丽江纳西族自治县志编纂委员会编．2001．丽江纳西族自治县志．昆明：云南人民出版社：822．

云南各地古桥建筑中被广泛应用。古桥上的楼阁建筑具有实用性，既点缀和美化了景观，同时也增强了古桥的历史感和文化氛围。

桥上楼阁建筑选址的最大特点即古桥上建楼阁。古桥与楼阁的结合灵活多样，根据搭配的需要，有的建在桥的中部，如建水双龙桥。在这座17孔大石桥桥中建有一座高近29米、边长16米的三重檐方形阁楼，层檐重叠，檐角交错。拾级登楼，可远眺万顷田畴、千家烟火。再如建水天缘桥中也建有亭阁。有的楼阁建在桥头或桥尾。如禄丰星宿桥牌楼建在星宿桥的桥头，宛如星宿桥的大门，守卫着古桥，同时也可供人休息、避雨或乘凉。建水双龙桥除在桥中建阁楼外，还在桥尾建有六角攒尖顶阁一座，檐角飞翘，玲珑秀丽。还有的楼阁建在整个桥面上。建水乡会桥是一座三孔石拱桥，桥面由二层楼阁全覆盖，一层为桥面通道，二层供人观景和居住。宾川南薰桥桥上的楼阁也覆盖了整座桥。另外，亭阁还建在梁桥、拱桥、索桥上。如潞江双虹桥、丽江石鼓铁虹桥、金沙江金龙铁索桥、漾濞云龙桥、永平霁虹桥、宾川南薰桥、云龙安澜桥等都在梁桥、拱桥、索桥上建亭阁。

（九）建于祠庙、寺庙、会馆、府邸

云南素有"歌舞之乡"称誉，能歌善舞的各民族同胞从最初的自娱自乐或宗教祭祀之需，发展到建造供歌舞表演和戏剧表演的舞台——戏楼。戏楼，即戏台，古时供演戏用的楼阁式建筑、表演杂技戏曲的楼台。云南境内的一座座戏楼宛如一座座博物馆，记录着云南戏曲百年来的沉浮兴衰，是往昔辉煌演剧活动的凝固华章，亦是当时风光占尽场上人生的无言诉说，同时也是古代建筑能工巧匠尽展聪明才智的精湛建构。云南古代戏楼有的建于祠庙、会馆，有的建于府邸、衙署的戏楼，有着不同的样式、特点、建造规模，其展现出的文化内涵是独特的、丰富多彩的。

云南古戏楼兴建选址有以下特点：

第一，依附于祠庙等礼制建筑或寺庙等宗教建筑来选址建造。历史文献中提及的"变场""歌场""戏场"广泛分布于祠庙中。建于祠庙的戏楼在云南多见，如楚雄市西灵宫古戏台，"此戏台修建于光绪十三年（1887年），位于楚雄市鹿城镇西面碇碟公园的西灵宫内。戏台坐东向西，为土木结构。戏台与西灵宫正殿相对，戏台的背面为西灵宫的大门，整座戏台分上、下两层。下层高约2.5米，为西灵宫入口。上层宽约5米，进深约6米，高约5米，表演区10平方米，戏台顶部飞檐斗拱，华油精美的彩绘，正中挂有一匾，上书'博古通今'"[①]。再如建于宗祠的楚雄市子午镇莫苴旧村王氏宗祠戏台"始建于清光绪十七年（1891年），民国十三年（1924年）重修，……位于楚雄市

---

① 王胜华主编. 2009. 云南古戏台. 昆明：云南大学出版社：186-187.

子午镇莫苴旧村。该戏台为莫苴旧村王氏宗祠的固定设施，土木结构，坐西向东，造型古朴，与王氏宗祠相对。台基高1.4米，台面宽4.5米，纵深6.1米，高4.5米，由八棵木柱支撑，戏台后方有'三星壁'，壁后为演员换服装的后台。……该戏台为现今保存较好的宗祠戏台，戏台与宗祠、两栋二层小楼相连，围成一个四合院，院子面积约160平方米"①。另外，昆明真庆观建筑群盐隆祠戏台、兰坪分江本主庙戏台等也依附建盖于祠庙中。

还有些戏楼建在佛教寺庙中，如宜良万福寺戏楼、剑川兴教寺古戏台、宾川平川观音寺戏台、保山板桥光尊寺戏楼、江川云岩寺戏台、文山县（文山市）寿佛寺戏台等。

不论是建在寺庙还是建在宗祠的戏台，其演戏的娱乐作用得到了强化，祭祀功能则逐渐减弱。

第二，为便于商贸往来、情感交流，云南的古戏台还将建址选在会馆里，在会馆里兴建戏台。如会泽万寿宫戏台，"该戏台位于会泽县城北万寿宫（县城北部西街中段南侧）门之上。万寿宫为江西省道教弟子集资建造，兼做江西会馆，……戏台坐南朝北与江西庙相对。为穿斗抬梁混合式歇山顶建筑，整个小楼为五重檐建筑，檐口成'众'字形向下重叠展开，檐下游装饰性的密集型斗拱挑檐，如仙鹤展翅凌空，遨游蓝天，十分别致。屋顶42只翘首翼角，与戏楼下42根落地柱相对应。前檐开山门，楼层作戏台，前檐三重，悬挂九重捧圣'万寿宫'匾，地面到台口高3米，地面到脊顶高15米，前台表演区宽9米，进深6米，空间高度8米左右，台中用木屏风分隔，后台宽3米，共有四个上下场门。……这座戏台除屋瓦外，全部用木料建造，梁、柱、窗棂、檐口、屏风都经过雕饰彩绘，图案清晰。戏台顶部藻井天花、梁枋上绘有人物、山水图画，柱上雕龙，均工艺精湛，色彩艳丽，装饰华贵"②。其他如会泽钟屏镇云南会馆戏台，亦是修建于会馆中的楼阁建筑。这些建筑一方面反映了会泽往来客商经济活动的文化品位，另一方面亦通过戏台将不同时期容涵于经济活动中的人情世故、经济状况、文化景象——呈现，借古喻今，教化民众，以便天下太平。

第三，云南有独特的土司制度，土司这一特殊群体，为了更好地统治和教化所在辖区的民众，提高民众文化水平，同时也为了彰显土司的绝对权威和文化内涵，喜好在其衙署内建盖戏楼。如梁河南甸宣抚司署戏楼，其正堂正中为土司、印太的专座、左为儿子专座、右为女子专座，侧厢楼为官员看区，地面为百姓看区，这一建造布局，呈现出尊卑、贵贱、高下的建制，体

---

① 王胜华主编. 2009. 云南古戏台. 昆明：云南大学出版社：184-185.
② 同①128-129.

现土司决不可冒犯的尊贵地位和权势。

（十）傍依洞穴

天然洞穴不仅为人类提供最初的庇护所，还为古人建造寺庙楼阁提供了参照，成为创建的灵感源泉。天然洞穴一方面深入大地之内，处于相对隔绝状态；另一方面，它又是通往神秘世界的途径。正因如此，洞穴被赋予了很多宗教内涵和文化隐喻。

高山峻岭加之喀斯特地貌自然形成了各种溶洞，云南各民族同胞因地制宜，傍依溶洞来建盖楼阁，并将楼阁与溶洞融为一体。楼阁上载危崖，下临深谷或湖泊，廊栏左右相连，曲折迂回，虚实相生；楼阁依山建造，绝壁而生，飞檐凌空，并与周围的风物相融，在建筑工艺上打破传统完全对称的布局和模式。

而今保存完好的洞壁楼阁遗存除昆明西山龙门三清阁、达天阁外，还有文山丘北半边寺山门楼，大理南涧石洞寺观音阁、玉皇阁。这些楼阁均依天然洞壁而筑，楼阁就山势以石洞相接，设计奇巧，蔚为壮观。

二、楼阁建造的材料选择

云南境内，天然林木遍布山岭，木材、竹子应有尽有，零落错杂的盆地、谷地红色土壤随处可见，盘错起伏的高山峻岭嵯峨纵列，为楼阁的建造提供了丰富的材料，形成了富有云南民族地域特色、由各种建筑材质构筑的楼阁建筑。以下按楼阁结构类型介绍其材料选择。

（一）木质结构楼阁

木结构楼阁主要是用当地盛产的木材来建造的楼阁。木材由于造价低廉、建造容易、防寒防震，是楼阁建筑的首选建材。但其存在与生俱来的缺陷：长时间遭水浸泡或冲击容易糟朽和垮塌；一旦遇到火灾，极易化为灰烬。因此，古代木结构楼阁难以保存下来。而今，云南境内保存下来的古代木结构楼阁遗存大多是后世重修的，如昆明大观楼，"近华浦，即青草湖之上流与太华山相近，故名大观楼。峙其上二百年前为一片荒坪，人迹罕至，清康熙二十一年楚僧乾印始结茅庵一椽，讲演妙法莲华经，听者甚众。游客亦多，遂成名胜。后巡抚王继文始建大观楼、涌月台、澄碧堂于其畔。……拓茅庵地建楼二层，涌月亭澄碧堂佐之，迨道光八年廉访翟公锦觐增为三层……咸丰丁巳毁于火。"[①] "其后楼渐倾圮。同治八年马如龙捐修，民国二年督军兼省长唐公重修"[②]。此段记载，说明大观楼历史上曾遭遇过火灾，现在的楼阁建筑经过了多次重修。

[①②] 张维翰修. 童振藻纂. 2009. 民国昆明市志//凤凰出版社. 中国地方志集成 云南府县志辑2. 南京：凤凰出版社：330－331.

云南境内的木结构楼阁遗存主要包括：

昆明市：昆明大观楼，晋宁月山玉皇阁，晋宁昆阳文明坊，嵩明魁星阁，宜良草甸魁阁，宜良尊经阁，石林万仙阁。

曲靖市：曲靖城关镇斗阁，宣威城南观音阁，富源胜境关界坊，富源中安镇魁阁，会泽白衣阁。

楚雄彝族自治州：禄丰琅井魁阁楼，禄丰碧城魁阁楼。

玉溪市：江川城北文星阁，通海聚奎阁，元江青龙厂镇文星阁，华宁城北尊经阁。

红河哈尼族彝族自治州：个旧城内凌云阁，开远城内九天阁，蒙自玉皇阁，石屏准提阁，弥勒虹溪书院藏经楼，弥勒虹溪镇南隅魁星阁，泸西城西桃笑山玄天阁，泸西城内钟秀山奎星阁，红河县南隅甲寅乡甲寅文星阁，红河迤萨镇迤萨文星阁、西山阁。

大理白族自治州：喜洲圣源寺观音阁，祥云玉皇阁，永平城北玉皇阁，云龙玉皇阁建筑群木牌坊，洱源九气台真武阁，剑川景风阁，巍山拱辰楼、文化书院魁星阁、玉皇阁。

保山市：保山玉皇阁，保山翠微楼，腾冲和顺乡元龙阁。

丽江市：丽江城北福国寺五凤楼，丽江木府万卷楼、光碧楼、玉皇阁，丽江狮子山北端嵌雪楼，永胜城东灵源箐观音阁。

怒江傈僳族自治州：兰坪通甸黄松魁星阁。

文山壮族苗族自治州：砚山阿猛魁星阁，马关安平镇玉皇阁。

（二）砖木质结构楼阁

云南境内除了用木材作为楼阁建筑材料外，各民族还利用红土制作方形和长方形的砖头作为楼阁建筑的材料，建盖了许多砖木结构的楼阁。保留至今的砖木结构的楼阁遗存主要包括：

昆明市：呈贡大古城魁阁。

昭通市：昭通恩波楼（望海楼）。

红河哈尼族彝族自治州：建水朝阳楼，弥勒弥阳建国楼。

文山壮族苗族自治州：文山平坝镇南端观音阁，广南城东北昊天阁。

大理白族自治州：祥云祥城钟鼓楼，云龙宝丰镇西白衣阁，鹤庆云鹤楼，巍山文笔楼。

保山市：保山打渔村玉皇阁。

临沧市：凤庆城西文明坊。

（三）木竹质结构楼阁

竹子在云南随处可见，云南各族人民也喜欢用竹子配合木材来建造楼阁。竹子与木材一样，造价低、容易建盖，但遇水遇火也易损毁。在云南，木竹结构的楼阁遗存并不多，较为著名的有昭通市威信文阁庙大殿楼等。

（四）青石质结构楼阁

青石是云南高山给云南人民的恩赐，它是云南各族同胞首选的楼阁建筑材料。青石比木材、竹子要坚固、耐用，且有高大、威猛、雄伟、庄严的象征，所以常常被用来建造牌楼。迄今，保留下来的青石结构牌楼遗存如下：

红河哈尼族彝族自治州：弥勒虹溪东门三代一品封典石牌坊，弥勒息宰节孝坊。

大理白族自治州：剑川金华石牌坊。

保山市：腾冲城西宝峰仙境石坊。

丽江市：丽江木府忠义石牌坊。

（五）石木质结构楼阁

云南境内也有用石材和木材两种建材搭建的楼阁，今天，保存下来的这类石木结构的楼阁如下：

曲靖市：富源富乐斗阁。

文山壮族苗族自治州：广南莲城镇西贞节牌坊。

大理白族自治州：宾川城南钟鼓楼。

（六）土木质结构楼阁

选用红土和木材混搭建造楼阁，也是云南楼阁建筑的特色，保存至今的这类楼阁遗存有：

红河哈尼族彝族自治州：建水城北白衣楼。

大理白族自治州：云龙飞龙桥望江楼。

第二章 云南楼阁建筑的文化蕴意

楼阁,作为承载云南建筑文化的一个重要元素,既是云南各民族宗教信仰、精神寄托的场所,同时也是各民族展现其文化观念、传递其文化意识的外显符号,其丰富多彩、深刻隽永的文化意蕴,值得我们做一番探究。

第一节 精神寄托的场所

"以道自重"本是一种普遍现象,但孟子说的"枉道以从势"[1] 的情形却常常发生。原因之一便是"道"是无形的,除了个人的人格之外,"道"是没有其他保证的。为使"道"尊于"势"的观念得到人们的接受,就要提倡"修身养性",为"道"建立内在的保证。接受这一观念的人不在少数。

入世重精神修养是中国古代极显著的文化特色。《淮南子·主术训》云:"上达有道,名誉不起而不能上达矣。取誉有道,不信于友,不能得誉。信于友有道,事亲不说,不信于友。说亲有道,修身不诚,不能事亲矣。"[2] 说明修身是取誉

---

[1] 杨伯峻译注. 2009. 孟子译注. 北京:中华书局:119.
[2] (汉)刘安撰. 2013. 淮南子//中华国学经典读本. 哈尔滨:北方文艺出版社:186.

的手段，修身既与"道"的性格相关，也涉及"道"与"势"之间的关系。修身也与个人在政治上的处境息息相关。为了摆脱困境，人们不得不向外寻找"道"的客观基础，而这一客观基础之一就是楼阁建筑。在云南，楼阁建筑往往成为各民族精神寄托的重要载体，是其表达精神内涵、价值追求的重要场所。这具体体现在以下几方面。

一、益笃忠贞，诚心报国

自明清以来，云南各民族，在中华民族文化发展史上曾发挥过重要作用。除鼓励其子弟学习汉文化，建盖极具汉族民族风格的楼阁建筑外，还把益笃忠贞、诚心报国、铸牢中华民族共同体意识、建设各民族共有精神家园作为本民族的情感纽带和心灵归属，影响子孙后代。同时，中央王朝为了鼓励各民族土司更好地镇守边关，维护边疆的安宁和祖国的统一，要么由皇帝准予建盖牌楼，以此表达其精忠报国、辑宁边境的壮志；要么土司本人用汉字写成诗歌以此明志；要么对表现突出的土司，皇帝亲自题词让人做成匾联，悬挂于楼阁建筑，以兹鼓励，激励子孙后代，如丽江忠义牌坊（牌楼）。该牌坊位于丽江大研古城西南隅木府，又叫石牌坊，是明朝万历年间皇帝批准建造的。建筑所用材料为汉白玉，采自下虎跳峡金沙江边。牌坊结构的宏伟、石雕的精湛远近闻名，其匾额上镌刻着"明神宗赐'忠义'二字"[①]，表达了皇帝明神宗对纳西族木氏土司保家卫国，忠心耿耿的表彰。对朝廷的表彰牢记于心的木氏土司也在其木府门楼悬挂一副对联："凤诏每来红日近，鹤书不到白云闲"[②]，意思是，皇帝的圣旨一到，就似离太阳更近，心里仿佛沐浴着温暖的阳光，如长时间接不到朝廷的诏书，就连白云都会感到悠闲无聊，心中的失落之意就会油然而生。它彰显出木氏土司对明王朝的忠心耿耿和对国家统一的维护，把一个身处边陲之地的家族与皇家泪泪相通的关系尽显于世。忠义牌坊、门楼成为各朝中央政府表彰云南地方土司，以及地方土司显示精忠报国精神的最佳场所。

而木府大院楼阁中的几处题词——"皇帝亲笔题'诚心报国'的金腰带（1383年）、金盾牌（1405年）、金带（1412年）和'辑宁边境'（1543年）、'乔木世家'（1560年）、'西北藩篱'（1574年）、'忠义'（1620年）、'益笃忠贞'（1622年），'位列九卿'（1644年）等匾联"[③]，均由历代大明皇帝亲手书

[①] 丽江纳西族自治县志编纂委员会. 2001. 丽江纳西族自治县志. 昆明：云南人民出版社：865.

[②] 郭大烈，和志武. 1999. 纳西族史. 成都：四川民族出版社：338.

[③] 同②270.

写。"忠义"和"诚心报国"既代表了历代皇帝对木府土司的信任、认可，也是对其诚心报国"益笃忠贞"精神的表彰，并对纳西族木氏土司节制吐蕃"辑宁边境"的"西北藩篱"寄予厚望。

明代冯时可写的传记《明丽江知府木氏雪山、端峰、文岩、玉龙、松鹤、生白六公传》里曾详细记录了六代木氏土司雪山（木公）、端峰（木高）、文岩（木东）、玉龙（木旺）、松鹤（木青）、生白（木增）益笃忠贞、诚心报国的种种事迹：

"木氏世居笮国，……元有麦宗，……后有讳得者，当洪武十五年，颍川西平将天兵捣滇，诸孽咸瓦解就擒缚；而得于天兵未至前，知天命有在，焚元符篆，遂遣使奏间道诣神京，上图籍内附，上嘉之，赐姓木。部所蓄兵骁桀，凡所指竟捷，自是，前定铁桥，后锁石门，南服蒙睑，东克永宁，远而千里之麓川，蜀中之盐井，皆与有征服之功，蒙敕授丽江知府，世守兹土。传子初，累著功勋，诏赐金牌，再赐金带，铸'诚心报国'字。初生土，土生森，森从尚书王骥征麓川，功居最。"① 土司木初、木森护边保国受嘉奖的事迹历历在目。

"森生嵌，嵌生泰，泰生定。定生公，字恕卿，壮年让爵隐于雪山，因取以号雪山。……率众鼓士，有勇知方，数将兵却大敌，世朝嘉之，亲洒宸翰，署'辑宁边境'四字。……君所自砥砺，惟忠孝修持，不愧屋漏念虑，不越穷檐，足智应变，不越经术。公自称亦曰：'我好俭恶奢，好抑忘矜，好功恶伐，其然哉！晚节削稿不为诗，曰：吾承天子命，继守斯土，殚心锐意，夙夜匪懈，期分一人猷念犹恐未及，敢复摘藻雕龙务哉！丽未始有谱牒，公作家乘，丽好野祀，公作庙祀其先，亦忠孝之余也。'"② 这段文字表达了木公土司继守斯土、殚心锐意的心曲。

"公配凤氏，生端峰，讳高，字守贵，又号九江主人。君少以才智，为考所奇，年十八，能挽数钧弓，发无不中，考令往遏吐蕃，屡奏捷。二十一，剿香罗腥胡，立三寨。二十四，御吐蕃毛佉，斩三千余级，添立三寨。二十五，克干陶诸番。君体貌魁奇，意气遒发，屡著武功，考雪山悉出所赐金牌带界之曰：'吾儿真韩白流也。'……君以累著功绩，诏授三品文职，升亚中大夫，玉音褒嘉，有忠孝文武语。"③ 这将木高土司累著功绩、玉音褒嘉之事记录得清晰完整。

"子东嗣号文岩，……嘉靖己未秋，番达入寇，君承父命，帅众遏之，殊

---

① 木光编著. 2006. 木府风云. 昆明：云南民族出版社：38.
② 同①38-39.
③ 同①39.

阙渠魁，番大败遁云。君计曰：番耻于败，东必复来，已而果至。处逸据险，克获优倍。壬戌番仍寇临西，是年仲冬复大举入掠，咸败走之。隆庆戊辰仲夏，毛头番达入寇忠甸等处，君移民如内地，将精卒捍之，俘获不可胜数。捷闻，父端峰大喜，尽出钦赐金牌带畀之。……庚午袭爵，励精为治，暇则弹琴咏诗，操觚染翰，张驰自适，屡蒙先帝褒嘉，君盖矢心自效，署其堂联曰：'翠柏参天秀，丹葵向日倾。'今上乙亥鼠罗大渡吐蕃猖獗，君出兵大挫贼锋，立寨其地，拓疆土若干。……临革呼玉龙君，孜孜戒以保家报国。"①上述文字将土司木东代父木高出征平定边境叛乱、开拓疆土、励精为治的功绩一一尽录。

"子旺嗣，字万春，号玉龙。……壮时承父指，率师往破刀那丁思江口阿西节亘等寨，前后斩获甚多，旧疆克复，其后又克番房及九枝毛头等夷无虑数十捷。天子乃下诏褒美曰：惟尔良守，作矛屏翰。其赐玺书，以勤有位。……君之制番也，不忸于暇，不惕于扰。神速破其谋，严翼夺其气，缓袭带，手经史，而搏挽敌人于股掌之上。部惟令一方息肩，且使全滇安枕，其功烈哉！"②木旺土司领兵收复旧疆，使全滇安枕，其保家卫国、维护国家统一的爱国情怀令人难忘。

"字青嗣，号松鹤，又号长春，……居常以忠君报国为念，暇则游意述作，怡情声律，其所著撰，如飞鹤跨鹤，渺不可即；又如胡马嘶群，悲振万里。"③为我们描绘了一个常以忠君报国为理念的木府土司木青的形象。

"增生而秀异，如琼林玉树，迥出风尘之表，世间浓艳华美，一无所羡。九岁袭父职，即能通世务如夙习。……诸番欺其幼，数以兵入寇。君指挥调度，出入意表，师出无不胜。"④记录了土司木增指挥军队战胜入侵之敌的事迹。

明代张含的《雪山大夫传》中对土司木公慎守封疆、精操戎旅、铸就纳西民族的国家认同感也有载录："此盖木氏守守事事，几二百祀，为臣克忠，为子克孝，积深而报浅焉。……慎守封疆而盘石巩固，精操戎旅而带砺雄威。……乃嘉靖圣天子亲洒宸翰，以'辑宁边境'字赐之。"⑤

与张含同朝代的蔡毅中在《云南木大夫生白先生忠孝纪》中对木增土司维护国家统一、忠心报国的事迹有如下记载："知大夫生而颖异，九岁衰墨临戎，威擒叛逆，事父母以孝闻于神庙中，知大夫治郡有声，为滇南保障，一时有忠诚孝子之称。……松鹤随病卒，孤临大敌，人心摇动。大夫乃集宗人

---

① 木光编著. 2006. 木府风云. 昆明：云南民族出版社：39-40.
②③④ 同①40.
⑤ 同①42.

成长，瑜以祖宗成规朝廷法度俱在，敢有不利孺子而思偾败者不贷，词色爽峻，众皇皇股栗。私相谓曰：幼君英敌不可犯也。于是阁守信地，边堵以宁。……大夫跪泣曰：不肖儿托先君之荫，已有封疆之责矣！吾家世以威武安戢边疆，……可谓忠勤报国，……史氏曰：余纪木大夫之忠孝，而因念边疆之上，不可一日无此臣也。"①

此外，在丽江木府土司们的一些碑记作品里，也有反映益笃忠贞、诚心报国思想的。如木高《万德宫碑记》："下天安，世官永矣，世官永，边土宁矣，边土宁，人民乐矣，人民乐，五谷丰矣。……世官斯土，恒于忠孝，笃于仁爱，忠君报本，育民乐道。……水环仁义，山环忠孝。"② 将忠孝仁义、保国安宁、镇守边关的情怀尽情展露。木高在《大功大胜克捷记》里把益笃忠贞、诚心报国的思想体现得更加明确："功不著不足以成名，德不显不足以立身，盖功忠于君，德孝于亲也。……我严君谓仁者无敌，运筹帷幄，决胜千里，木氏世世代代为明国藩篱，一方重镇，滇南鸡犬不惊，军民安妥，聊有赖欤。以表人臣丹心寝食不忘之意，子子孙孙束此赐'诚心报国'起花金带，世守丽江。"③ 在这篇文章中，作者再次表明作为明国藩篱、一方重镇的丽江，其地理位置的显要，守护边关的重要性不言而喻，其家国休戚与共的共同体理念令人难忘。

另外，在土司木高的诗歌作品里也有此类思想的体现："诚心报国家，男儿佩宝剑。双挥风雨忙，独舞鬼神垫。豪气边疆宁，寒光牛斗掞。石门说钥坚，世作大明詀。"④诗歌洋溢着报效国家、建设各民族共有精神家园的情感。木高的另一首诗歌《太平歌》里的诗句："尽忠圣主宁边境，永镇乌师万里疆。"⑤还有《破房歌》的诗句："归来报我圣主，将与堪舆乐太平。"⑥ 表达了木高为维护国家统一投笔从戎、血溅战袍、天下兴亡、匹夫有责的忠贞与诚心。

二、登高述志，写意寄情

随着云南各地楼阁建筑的拔地而起，高耸入云的楼阁，其俊美高大的形象往往能形成风景景观的中心，或是构成地方城镇的标志性建筑。楼阁成为人们登临观景的场所。对此，云南地方文献中有不少记载。

乾隆《石屏州志》云："刘公堤在城西四里许，刘维世筑堤上起文昌阁，

---

① 木光编著. 2006. 木府风云. 昆明：云南民族出版社：44-47.
② 同①77.
③ 同①78-79.
④⑤ 同①79.
⑥ 同①80.

阁高三台又名三台阁，遥眺龙湖，俯瞰城郭，屏阳山川悉归指顾。"① 来鹤亭后"文昌阁为抬梁式重檐歇山顶，飞檐临空，如振翅腾飞，异龙湖如一块翡翠在青山环抱中，徐霞客、钱沣等曾登临赏景，吟诗征游，至今梁上题刻犹存。"② 这些记载表明文昌阁曾是游人登高赏景、诗人吟诗交游的场所。

万历《云南通志》载：姚安军民府（今楚雄姚安县）"聚远楼，在府治东百武许。景泰间，土舍高清建。弘壮高敞，每登眺，一郡山川，皆在目前"③。

万历《云南通志》曰：顺宁州（今大理凤庆县）"眺阙楼，在治东一里许，飞甍驾空，凭栏远望，有一髪中原之想，知府猛寅颜之曰'眺阙'。瞰川楼，治西南半里，宏敞钜丽，远眺平川，水色山光，交相映带"④。

道光《澄江府志》云：澄江府河阳县（今澄江市）"三清阁，在华藏寺山巅，抚水映于左，凤山舞于右，伏虎现于前。一登眺而湖光山色，千顷平畴，城郭州村悉在顾指间。历任太守每饮酒赋诗其上，荡胸豁目，东山一巨观也"⑤。这在兵备道杨应需所写《华藏寺三清阁碑记》亦有载录："阁在华藏寺之巅，……至则金碧辉煌，槛廊丹腹，徙倚久之，飘飘乎如遗世独立，羽化而登仙。……陟斯巅也，登斯阁也，则晴川如掌，仙湖若镜，即田畴、即水利、即部落、即郊垒，即风土，好尚靡弗，——触目昭然大观。……若夫骚人墨卿之解留衣，嘲风弄月；幽人之餐霞茹芝，抱膝长吟。流连光景之细，又其后者矣，直指邓公登眺观览间，更籍籍称贤侯不休"⑥。该碑记说明了华藏寺三清阁既是人们登眺观景的场所，又是骚人墨客登临观览、寄情抒怀的对象。

道光《澄江府志》还载：澄江府河阳县（今澄江市）"玉皇阁，……一在西街。西街阁楼系正德年间知府唐臣建。宏壮耸拔，四围窗栏，巨观严整，凭栏四望，则千村烟火，万叠山川，悉供一览"⑦。登临玉皇阁远眺，千村烟火、万叠山川尽收眼底，美不胜收。

康熙《江川县志》云：雄文阁为江川孤山寺八阁之一，"在孤山。明天启年间按院朱泰祯建"⑧。另黄以升《雄文阁记》也曾记录与友人登临雄文阁赏月吟诗的情景："皓魄当空，元彝冈扰，挂席而拾海月，扣舷而咏蒹葭，水混

---

① （清）管学宣纂修．2009．石屏州志//凤凰出版社编选．中国地方志集成　云南府县志辑51．南京：凤凰出版社：30．
② 木光编著．2006．木府风云．昆明：云南民族出版社：43．
③ （明）李元阳．刘景毛，江燕点校．2011．云南通志：上．北京：中国文联出版社：329．
④ 同③385．
⑤ 梁耀武主编．1995．府志两种．昆明：云南人民出版社：117-118．
⑥ 同⑤481．
⑦ 同⑤118．
⑧ 梁耀武主编．1995．县志两种．昆明：云南人民出版社：312．

太清，比君山之一点楼明。残夜，梦江上之数峰，偃柯枰而忘归，坐钓矶而未晓。斯亦擅遐陬之大观，备中区而旷览者也。"① 清代胡其糙诗作《雄文阁》曰："阁里新诗宪府裁，群公绩藻和歌来。汉廷谁荐雄文似，自有长扬作赋才。"② 该诗详尽描述了高朋、达官、文人墨客们登阁远眺、相互唱和诗赋的情形。

《石屏县志》曾载："民国十三年（1924年）秋，里人陈钧在（秀山寺）大雄宝殿西侧建凌云阁。阁楼占地180平方米。为三重檐，飞檐凌空。气势壮观。……凌云阁下有长方池塘，中塑假山。前面翠竹千竿，四围树林荫蔽。登楼一望，烟村绿野，山色湖光尽收眼底。"③

《腾越州志》云：腾冲市"毗卢寺在城西南五里，寺建于万历四十年。乾隆三十四年，蒋日杞重修。殿高极顶，凡历级而登者三；殿旁有楼，有叠水河瀑布之胜，太仓王昶题'观瀑'，并作文记其事"④。后把殿旁的楼称为观瀑楼。王昶的《毗卢寺观瀑布楼记》亦对登临观瀑楼赏瀑布周边之景作了详细描述："水东坡上故有毗卢寺，寺后翼以楼，州牧吴君撤楼之西壁而窗焉，瀑之全势可一览以尽，因颜言'观瀑'。"⑤

由此，登高远眺、观风赏景、专注述志、写意寄情成为云南明清文士的一种时尚和创作倾向。文士们竞相吟诗作联。留下了许多脍炙人口的名篇佳作。

（一）描写姚安军民府（今楚雄姚安县）聚远楼的诗篇

明万历巡道范渊《聚远楼》："孤城九月不胜秋，扶伴还登聚远楼。白壁好题今日句，青山曾共古人游。奔忙且付杯中物，聚散每看江上沤。老我十年南北路，梦魂游到凤池头。"⑥ 此诗是诗人范渊与游伴登聚远楼所题写。首联点明九月秋季，诗人与游伴登上聚远楼。颔联点出楼阁的白色的墙壁正好是题诗的书写处，楼阁四围青山曾经留下多少古人游览的遗迹。颈联写出登阁眺望，赏景观风时也不会忘记每天奔忙过后都要小酌一杯，与友人聚散都要看看江上沤。尾联写意寄情，想象诗人自己十年后梦魂游到凤池头的情景，表达诗人对美好生活向往的期待。

明嘉靖通判张翊《登聚远楼》二首：

---

① 梁耀武主编. 1995. 县志两种. 昆明：云南人民出版社：360.
② 同①373.
③ 云南省石屏县志编纂委员会编纂. 1990. 石屏县志. 昆明：云南人民出版社：587.
④ （清）屠述濂修. 张志芳主编. 2007. 腾越州志. 点校本. 昆明：云南美术出版社：78.
⑤ 同④297.
⑥ 杨成彪主编. 2005. 楚雄彝族自治州旧方志全书·姚安卷（下）. 昆明：云南人民出版社：2077.

其一："一望青烟十里湖,隔花飞雨送啼鸟。凭栏检点春光好,渐觉王维笔势粗。"① 这首七言绝句前两句点染出登阁一望无际,一览青烟、十里湖、隔花、飞雨、啼鸟构筑成的景致。后两句景中寓情,凭栏凝望,春光明媚,极有王维诗歌的气势和意蕴。

其二:"山环叠嶂草连秋,一曲新词人倚楼。欲过栋川回首望,不知何处是皇州。"② 该七言绝句先写登阁倚楼眺望作新词的文人,看到的是秋天景象:山峦连环叠嶂,树草已黄;后写诗人想越过栋川回到过去的皇州,但不知什么地方才是皇州?惆怅的心情只好寄情于山峦。

知府杨汝允《姚安聚远楼》:"岁宴羁人感百忧,天涯倦目一登楼。褰帷郭外风烟起,挥麈尊前瘴疠收。四塞河山还绝徼,千家禾黍只荒丘。仲宣词赋空遗恨,翻为听歌泪欲流。"③ 首联尽展走遍天涯的羁旅之人带着倦意登临观瀑楼。颔联叙写诗人在楼阁酒筵上撩起帷幕,只见楼外风烟四起的瀑布,好似正被挥动麈尾的恶疾收编。颈联进一步描写四塞河山仍然是极远的边塞之地,胜地废圮只遗留下一片荒丘。尾联在首联、颔联、颈联写景的基础上,借东汉王粲词,寄情抒怀,融情于景,表达诗人对家园故土的怀念之情。

(二)描写澄江府河阳县(今澄江市)三清阁的诗篇

张联箕《三清阁》:"凭高俯跳远烟横,十里平畴近市城。人世沧桑随地换,上方观听坐来清。三藏宝鼎三峰峙,波漾仙湖一片明。目极南天烽火净,中原暇日可销兵。"④ 这首诗写得颇深刻、真挚。首联、颔联、颈联均在写景,首联描绘登高站在三清阁上,可以远眺烟波浩渺的滇池以及相距十里的昆明城。颔联描述几经变迁的三清阁(初为元代梁王避暑行宫,明代改建为玉皇阁,后又增建了灵官殿、三清殿、飞云阁、斗姆阁等,形成三清阁建筑群)依然层楼叠宇、鳞次栉比,是清静之地。颈联写出西山三清阁与三峰对峙、波漾仙湖的景致。尾联抒发了诗人不愿辜负眼前美好的景色,期盼云南境内的战争烽火尽快熄灭、朝廷早日销兵的愿望。

(三)描写江川县雄文阁的诗歌

明代杨师孔诗歌《雄文阁》:"杰阁临湖水压天,望中缥缈欲浮烟。帘悬星斗还随手,坐有洪崖可拍肩。烛影远遥峰外树,莲花近发火中船。回澜砥柱寻前事,敢谓云山此地偏。"⑤ 诗中首联用"临"字将"雄文阁"毗邻湖水,

---

① 杨成彪主编. 2005. 楚雄彝族自治州旧方志全书·姚安卷(下). 昆明:云南人民出版社:2102.

② 同①2103.

③ (明)刘文征撰. 古永继点校. 王云,尤中审订. 1991. 滇志. 昆明:云南教育出版社:945.

④ 梁耀武主编. 1995. 府志两种. 昆明:云南人民出版社:595

⑤ 同④611.

被云烟笼罩，气压天空的气势展现出来；颔联进一步描写雄文阁帘悬星斗、洪崖拍肩的雄姿；颈联写了山峰、树木、莲花、船舶构成的阁外远景；尾联在前三联写景的基础上，借景寄情，表达了诗人追忆往日生活美景和希望美好生活重现的心情。

清代侯必登诗歌《登雄文阁》："一阁巍然鼎峙雄，文澜涣彩漾天风。校书禄阁思刘向，题鹤仙楼仰灏翁。夜静寒光凌斗极，波恬渔火映琳宫。鳌头竖有丹梯在，回首青云捷径通。"[①] 首联描写远眺雄文阁，其拔地而起、高耸入云的雄姿，让其余楼阁都顿失风姿。颔联笔锋一转描摹倚楼回想、思念历史上的刘向、灏翁。颈联再次写景，叙写夜深人静、寒光凛凛，星云湖面渔火点点，映照着阁楼。尾联触景生情，隐隐之中亦透出诗人对功名利禄的人生哲学所进行的思考。

（四）描写石屏凌云阁的楹联

石屏凌云阁大殿楹联为袁嘉谷所作，联曰："游世界三千，只爱此空山明月、古寺烟霞，听澈梵钟，声声入耳；觅营盘十二，问谁将绿野桑麻、黄云稼穑，写来诗卷，事事关心。"[②] 上联逼真地描摹了凌云阁建筑被烟霞包裹，只有梵钟梵语的声音清晰可辨。下联借绿野、桑麻、黄云、稼穑构筑成的景致写意寄情，表达对故乡美丽家园的依恋和赞美。

凌云阁内还有石屏人罗凤彩题写的板联："高阁枕三峰，滴翠流苍，浓淡遍宜天半月；崇台栽万树，飞青舞碧，去来无碍岭头云。"[③] 上联描写登高远眺的远景：高阁坐落于三峰（笔架山之上），四围青山与天边明月相得益彰。下联再写近景：阁楼前的崇台栽满绿色的树木，抬头看见的只有去来无碍岭头云。该联似乎都在写景，但仔细阅读不难发现，作者将情感寄寓于景致的描绘中：石屏的山峰、树木不就是去来无碍的岭头云吗？它们是每一个石屏人心灵归属的牵挂和向往。

（五）描写腾冲市毗卢寺观瀑楼的楹联

明末清初南京隐士周东华题写楹联两副：

其一："瀑溅画飞花，无碍禅心空妙相；云低烟树合，有情法界寄微尘。"[④] 上联描写瀑布飞溅的浪花并不妨碍佛家的禅心妙相。下联描绘云层、烟火与树木相融合，已分不清彼此，眼前的景色让人暂时淡忘国破家亡、颠沛流离的经历，悟出"一切皆空"的禅意。这里隐隐让人感觉到作者在述说

---

① 梁耀武主编．1995．县志两种．昆明：云南人民出版社：367．
② 王兴麒．1999．云南风景名胜楹联选．昆明．云南美术出版社：353．
③ 同②350．
④ 张俊，于建明，张佐著．2015．走寻秘境腾冲．北京：中国旅游出版社：111．

自己遭际的同时仍存有建设美丽家园、寄语人生理想的愿望。用语自然，互为映衬。

其二："殿古含烟冷，楼空得月多。"① 该楹联上联借古殿的幽深，寄寓自己寓居之苦的无奈、孤寂；下联描摹了凭栏倚楼、月光满园的画面，透露出作者对美好人生的向往。

清代王灿题联："边远此奇观，直上天梯，收来群山万壑；登临无限意，欲穷险地，难忘九隘八关。"② 上联描绘瀑布之雄壮，有直上云霄、群山万壑都被其笼罩之感，是边地奇观。下联叙写登楼远眺，看到的皆是边境险地九隘八关。此联用瀑布之奇观来述说腾冲是祖国边疆的九隘八关，守好边关，才能保有瀑布奇观。其守护精神家园的家国情怀溢于言表。

（六）描写昆明大观楼的诗篇

上述楼阁相比，无论是作为登临的场所，还是登高述志，写意寄情，昆明大观楼都是佼佼者。

大观楼，濒临滇池草海北滨，500年前，这里还是一片荒丘。明代，世袭镇守云南的沐氏常在滇池练习水师，并在此修筑苑囿，因与西山太华山隔水相对，故又名近华浦。清康熙二十九年（1690年），巡抚王继文看中这里的湖光山色，命人鸠工备材，修建亭台楼阁，挖凿池沼，添筑外堤。其中最壮观的是一座三层方楼，因面临滇池，远望西山，尽览湖光山色，蔚为大观，故取名大观楼。登楼四顾，即产生"五百里滇池奔来眼底"③ 之感。

曾经在清"咸丰乙卯（1855年），皇帝奕詝询问滇池形势，兵部侍郎何彤云：'历陈大观情形'。咸丰帝御书'拨浪千层'匾额赐大观楼"④。该匾额现挂于楼二层正面。此楼建成后，四周秀逸多姿的景色，吸引了无数文人雅士选胜登临，寄情抒怀、饮酒赋诗。诗联作品不少，如清乾隆二十五年（1760年）进士、临安知府王文治所作《秋日泛舟游近华浦即送孙象山秀才归贵阳》："秋气万里来，苍茫入烟霭。枯荷及衰柳，正与残阳会。殊方鲜佳胜，每苦双目隘。太华俯晴湖，揽掇斯其最。渟泓万顷玉，远浸参天黛。飞鸟破青冥，虚空不在外。忆偕诗太守，高宴集朋辈。丝竹贯珠玑，篇章出瑰怪。弹指人事乖，黄垆胡可再。别觞此重倾，欢娱默增喟。行亦买归舟，烟水吾所爱。"⑤ 诗中的"忆偕诗太守，高宴集朋辈。丝竹贯珠玑，篇章出瑰怪"，正是大观楼曾经宴飨满座、作诗吟唱、丝竹优美、佳作迭出场景的逼真再现。

---

①② 张俊，于建刚，张佐著. 2015. 走寻秘境腾冲. 北京：中国旅游出版社：111.
③ 王兴麒主编. 1999. 云南风景名胜楹联选. 昆明：云南美术出版社：9.
④ 余嘉华. 1997. 云南风物志. 昆明：云南教育出版社：83.
⑤ 刘奕. 2014. 王文治诗文集. 北京：人民文学出版社：190.

清雍正元年（1723年），癸卯恩科解元、工部右侍郎许希孔作《秋晚登大观楼》诗："浮云卷尽海天横，独上高楼感易生。山色西来连夕照，湖光一派变秋声。碧峣旧迹霜钟冷，白荡仙踪月舸明。指点昏鸦愁外去，疏槐秃柳不胜情。"①首联写出浮云似把整个滇池卷尽，而此时独自登上大观楼很易产生各种各样的情感；颔联进一步写景，湖光山色被夕阳笼罩，滇池湖面已是一派秋色；颈联再次渲染与大观楼隔池（滇池）相对的碧鸡山麓的高峣村旧迹被一层霜所覆盖，寺庙的钟声很清冷，月光下划着木船由大观楼出滇池草海去追寻仙踪；尾联借昏鸦喻指诗人的愁情，大观楼周边稀疏的槐树、柳树似乎都感染了诗人的愁情。此诗既把大观楼秋天的山湖、村落美景写尽，对共有精神家园进行讴歌，同时也借景抒情，情与景相融，较好地表达了诗人的愁情。同时，健拔的用语、严谨的格律令人印象极深。

清乾隆己酉（1789年）拔贡、晋宁人段时恒作《登大观楼》："万里归来续旧游，眼前风景足淹留。天涵水面浮双塔，地涌波心耸一楼。汉将戈船斜日冷，梁王旌旆暮云愁。御怀莫问兴亡事，羡尔轻轻逐浪鸥。"②该诗描写了诗人从千里之外回昆明，到大观楼故地重游，被眼前的美景所淹留，由景及物，叙写了云南的历史：元朝云南行中书省平章蒙古族弥实创大德寺，修建双塔；康熙三十五年（1696年）巡抚王继文在滇池畔修建大观楼；汉武帝在长安凿昆明池习船练兵欲征服昆明；湖北红巾军打进昆明城云南元代梁王逃窜楚雄。诗末，诗人还是归心于景：云南兴亡之事不要过问了，只羡慕海鸥轻轻追逐着浪花，无忧无虑。此诗最大的特点是把云南的四桩史实仅用28字就说尽，寄怀疏朗，言简意赅。

清道光甲辰（1844年）举人、候选同知、呈贡人孙清元作《春日泛舟近华浦示座中诸客》："春来南浦草初肥，酒尽西湖客未归。花外落霞经雨湿，柳边新燕带烟飞。含情天水摇空碧，倒影楼台背夕晖。拼放扁舟载歌舞，莫令多露浥裳衣。"③首联展现春天的大观楼畔绿草初肥，诗人与友人在大观楼上纵情饮酒。颔联用花、落霞、雨、柳树、新燕、烟云等意象勾勒了一幅春雨过后，花丛外一道彩虹挂在天边，柳树上的新燕随着烟云飞去的画面，意境深远。颈联再用拟人手法，描绘了天水含情，把楼边池水浸染成绿色，大观楼倒影与夕阳辉映的场景。这样写，把大观楼描绘得富有动感和生机。尾联又把笔触指向诗人自己，如此美景令诗人禁不住在滇池放舟，载歌载舞，忘记了露水已湿润衣裳。

---

① 张文勋选注. 2002. 云南历代诗词选. 昆明：云南人民出版社：485.
② 同①600.
③ 同①683.

清光绪十四年（1888年）举人、石屏人朱庭珍作《大观楼》："俯瞰滇池五百里，湖山一色入空明。朝云暮雨妙离合，雾鬓烟鬟时送迎。倒影天光浮太华，随风秋气落昆明。乌蒙往事凭阑忆，怒浪疑问战马声。"①诗的第一至第六句全是写景：站在大观楼俯瞰茫茫滇池，映入眼帘的景致就像一幅画面。滇池与西山融为一体，天上的云彩与暮雨界限分明，在雾霭中似妇人美丽的鬓发，依稀可辨。池中楼宇太华山的倒影在秋天的昆明更加明丽。诗中最末两句由景述史，凭栏回忆乌蒙往事，滔滔浪花似战马飞奔的声音。在对大观楼美丽景致的描绘中寄托了诗人希望美景永存，战争不再出现的家国情怀。

有关大观楼最闻名中外的文学作品，则是布衣寒士孙髯翁的《大观楼长联》。它一扫俗唱，是云南数千年历史的感慨和抒怀的寄予。此联上联描写大观楼的远景：五百里滇池尽收眼底，以及滇池东西北南四座山峰，即"东骧神骏，西翥灵仪，北走蜿蜒，南翔缟素；"②再写近景：池中小岛、垂柳、水草、芦苇、小鸟、红霞、稻谷、沙滩、莲荷，尽情展现大观楼美不胜收的景色，为下联专注述志、写意寄情做了铺垫。

下联开篇总述云南数千年往事，发出感怀：那些英雄豪杰都在哪里？接着用"汉习楼船，唐标铁柱，宋挥玉斧，元跨革囊"③述说了云南的四段历史史实。其一，"汉习楼船"，据《史记》记载，公元前120年汉武帝"乃大修昆明池，列观环之。治楼船，高十余丈，旗帜加其上，甚壮"。④欲打通从滇池通往印度的路径。其二，"唐标铁柱"，按《新唐书·吐蕃列传》记载，"707年，吐蕃及姚州蛮寇边，诏灵武监军右御史唐九征为姚巂道讨击使，率兵击之。虏以铁绠梁漾、濞二水，通西洱蛮，筑城戍之。九征毁绠夷城，建铁柱于滇池以勒功"⑤。其三，"宋挥玉斧"，《续资治通鉴·宋纪》中记载，北宋初年，"（王）全斌既平蜀，欲乘势取云南，以图献，帝鉴唐天宝之祸，起于南诏，以玉斧画大渡河以西曰：'此外非吾有也'"⑥。其四，"元跨革囊"，据《元史·宪宗本纪》记载，"秋七月，命忽必烈征大理"⑦，过大渡河，至金沙江，乘革囊及皮筏以渡。述说完史实后，作者按捺不住内心的情感，触景生

---

① （清）朱庭珍. 2010. 石屏朱庭珍筱图初稿·穆清堂诗钞//云南省文史研究馆整理. 云南丛书：第三十五册. 北京：中华书局：17983.
② 王兴麒主编. 1999. 云南风景名胜楹联选. 昆明：云南美术出版社：9.
③ 余嘉华. 1997. 云南风物志. 昆明：云南教育出版社：85.
④ （汉）司马迁撰. （宋）裴骃集解. （唐）司马贞索隐. （唐）张守节正义. 1975. 史记：第四册. 北京：中华书局：1436.
⑤ （宋）欧阳修，宋祁撰. 1975. 新唐书. 北京：中华书局：6081.
⑥ （清）毕沅. 1999. 续资治通鉴：卷四. 北京：中华书局：89.
⑦ （明）宋濂等. 2011. 元史：卷三. 北京：中华书局：46.

情：这些费尽移山心力建立的伟烈丰功，而今仅存留下珠帘画栋、暮雨朝云、断碣残碑，只有几杵疏钟、半江渔火、两行秋雁、一枕清霜依旧。在此，孙髯将大观楼四围写意的美景与写实的历史有机结合，叙事、写景、抒情、议论融为一体，驰骋想象，纵论古今，将几千年来的正统王朝视为"暮雨朝云"，不能长久，把封建统治者的"伟烈丰功"当作"断碣残碑"，并对几千年的封建社会提出质疑，进行嘲讽，预示它的没落。作者态度鲜明强烈，感情沉郁顿挫，此长联写得诗意浓郁、气势磅礴。

第二节　科举取士的象征

孔子提出"学而优则仕"，隋代实行科举考试，学识与仕途才并举。从隋代至清光绪二十七年（1901年）举行最后一科进士考试止，科举制在中国延续了1300多年。

科举考试分为三级，即乡试、会试和殿试。乡试通常每三年在各省省城举行一次，又称为大比。因为是在秋季举行，所以又称秋闱。参加乡试的都是秀才，但秀才在参加乡试前必须通过本省学政巡回举行的科考，成绩优良才能选送参加乡试。会试在乡试后的第二年春天在京城礼部举行，又称为礼闱、春闱。参加会试的均是举人，考中后称为贡士，第一名称会元。会试后一般还要举行复试。殿试是皇帝主试的考试，考策问。参加殿试的皆是贡生，取中后称为进士。殿试分三甲录取。第一甲赐进士及第，第二甲赐进士出身，第三甲赐同进士出身。第一甲录取三名，第一名称状元，第二名称榜眼，第三名称探花。

云南于永乐九年（1411年）开始举行乡试。

科举制度对古代的读书人的诱惑力是无穷的，对云南古代的学子而言亦是如此。这里以明清时云南石屏为例，据清康熙十二年（1681年）《石屏州志》记载："明永乐九年辛卯云南始开科。中式举人二十八名。是科本州中式一个。自此至正德二年，解额多寡无定数。宣德四年，诏云、贵合乡试。明年，定会试，卷分南、北、中，以云南入中卷。正德五年，定云、贵乡试额，中试举人五十五名，内云南三十四名。是科本州未兴。嘉靖十六年，诏云、贵分科，云南定额四十名。是科本州中式二人。万历元年，从抚按邹应龙、马三乐请诏，乡试增额五名。是科本州中式二人。十三年乙酉科，初命京官赴云南典试。是科本州中式三人。四十三年乙卯科，诏增举人二名，是科本州中式四人，崇祯十五年壬午，乡试增额中式举人五十四名。是科本州中式二人。本朝顺治十八年辛丑，云南始开科举，照全额中式举人五十四名，康熙癸卯，以后客额中式举人二十七名。康熙五年丙午，初开武科，照文闱中式武举二十七名。"① 这说明明清时代云南石屏学子非常重视科举考试,考中者比比皆是。

一、"文昌星"崇拜

云南由于明代开始了科举考试,不仅开科取士形成制度,兴学施教风气打开,而且与对科举制度的高度热情相适应,云南自明代起,社会上兴起了"文昌星"崇拜。文昌星即禄神、星神,又称"文昌帝君""文曲星""禄星"。据传在北斗七星之上有六颗星,合称为文昌宫。当中的第六颗星就是人们崇拜的禄星,即文昌帝君。《史记·天官书》载:"斗魁戴匡六星曰文昌宫:一曰上将,二曰次将,三曰贵相,四曰司命,五曰司中,六曰司禄。"② 司禄,即指职司功名利禄的禄星。虽然文昌六星只有一星与禄官有关涉,其他五星别有司职,与禄官无干,但加官晋爵总是最为紧要的,因而司禄在人们心目中显得更突出、重要,其功用甚至超越其他五星,而文昌宫由原先多功能职责的星座也变成了只管文运的星辰。从隋唐科举制度产生后,文昌帝君自此成为主宰士人命运的神,天下士人莫不对之顶礼膜拜。为了士人的梦想、期冀与追求,云南境内纷纷倡建文昌阁,以便膜拜这位掌管文运和禄位的文昌帝君。

《宜良县志点注》:宜良县"文昌阁,在西山营"③。

万历《云南通志》:临安府兴建"文昌阁,在泮池南,万历二年,知府(临安府知府,作者注。)昌应时建"④。

康熙《石屏州志》:石屏县"文昌阁,小水城,乡官许之曾建"⑤。

道光《澄江府志》:江川县"文昌阁,一在学宫右,嘉庆四年兴建。一在旧城学宫右"⑥。路南州(今石林县)"文昌阁,一在城南二十里版桥,一在城东五里大村,韩名候捐修"⑦。

康熙《元江府志》:元江府(今元江县)"文昌阁,在他郎乡,康熙五十

---

① (清)程封. 1991. 清康熙十二年石屏州志. 注释本. 个旧市印刷厂内部发行:101-102.
② (汉)司马迁撰. (宋)裴骃集解. (唐)司马贞索隐. (唐)张守节正义. 1975. 史记:第四册. 北京:中华书局:1293.
③ 许实编. 郑祖荣点校. 2008. 宜良县志点注:民国十年(1921年)版. 昆明:云南民族出版社:211.
④ (明)李元阳著. 刘景毛,江燕点校. 2011. 万历云南通志:上. 北京:中国文联出版社:205.
⑤ 同①68.
⑥ 梁耀武. 1995. 府志两种. 昆明:云南人民出版社:344.
⑦ 同⑥348.

年，李有科、杨从先、车应祖合乡同建"①。

　　文昌生日的确定，始于道教。官祭一般在文昌宫。据日本学者洼德忠《道教诸神》的叙述："人们定文昌帝君的生日为旧历二月三日。尤其在清代，每年文昌帝君生日那天，朝廷都要特意派遣大臣前往北京文昌庙祭祀。因此，文昌帝君虽是道教之神，但有具有十分浓厚的儒教色彩。从祭祀的特点来看，官祭的倾向很强。"②文昌被道教奉为神，但不影响他的文神地位。云南古代各地文士仍把他当作掌管文运禄位的吉祥神明，这在各种地方志里都可看到当年祭拜的情况：

　　《宜良县志点注》："二月初三日，城内文昌宫设洞经会，庆祝文昌诞。"③

　　《沾益州志》："每岁二月初三、八月十八日致祭，仪同文庙。"④

　　康熙《澄江府附郭河阳县志》："岁春秋二仲月上丁日，府率官属祭，绅士等于二月初三圣诞祭。"⑤

　　《永北直隶厅志》文昌正殿祝文，将文昌帝君祭拜说得很详细："文昌帝君之神，曰：惟帝绩著西垣，枢环北极，六匡丽曜。协昌运之光华，累代垂灵；作人文质主宰，敷政久彰。夫感召馨香，宜致其尊崇。兹当仲春（仲秋），用诏时祀，尚其歆格，鉴此精诚。尚飨。"⑥

　　《丽江纳西族自治县志》：黄山文昌宫"每年二月初三举行盛大祭祀活动"⑦。

　　《乾隆白盐井志》："二月三日作文昌会。立有会规，音乐备具，观者起敬。"⑧

　　《光绪续修白盐井志》："二月初三日为文昌会，官民同祝。"⑨

　　这些记载说明，文昌圣诞祭祀之所以普及和热闹，与朝廷的重视提倡、遵旨议定和出面组织祭拜活动有关。关于此，《宜良县志点注》有详尽记录："《大清会典事例》：嘉庆六年（1801年），礼部太常寺遵旨议定：文昌帝君庙，

---

① 梁耀武．1995．府志两种．昆明：云南人民出版社：681．
② （日）洼德忠著．萧坤华译．1989．道教诸神．成都：四川人民出版社：123．
③ 许实编．郑祖荣点校．2008．宜良县志点注．民国十年（1921年）版．昆明：云南民族出版社：61．
④ 郝正治校注．2009．沾益州志．昆明：云南人民出版社：103．
⑤ 梁耀武主编．1995．县志两种．昆明：云南人民出版社：136．
⑥ （清）叶如桐修．刘必苏，朱庭珍纂．1999．永北直隶厅志．昆明：云南大学出版社：206．
⑦ 丽江纳西族自治县志编纂委员会编．2001．丽江纳西族自治县志．昆明：云南人民出版社：819．
⑧ 杨成彪主编．2005．楚雄彝族自治州旧方志全书·大姚卷：上．昆明：云南人民出版社：422．
⑨ 同⑧602．

仿照崇祀关帝春秋致祭之礼，定以每岁二月初三日圣诞为春祭。其秋祭，由钦天监选定吉期，汇入祀册，交与太常寺题请。一应仪注，均与致祭关帝庙同。又奏准，各直省旧有文昌庙，应照山西解州等处关帝庙之例，令该地方官届期躬诣致祭。其向无祀庙之处，令择洁净公所设位致祭。祭毕，彻位，随祝帛送燎，毋得弃置亵慢。又风旨重修正殿。"①

古代云南人尊崇文昌星，各县乡都建有文昌祠或文昌宫，这为一年一度的聚会提供了祭拜的场所。如宜良文昌宫："在南城内。清康熙五十一年（1712年），知县徐琳移建。在雉山文庙左。邑绅徐松督理，有碑记。乾隆五十一年（1786年），知县李淳新建文庙，将旧文庙易为文昌宫。岁以春、秋仲月，择日致祭。民国成立，以文昌为星，听人民致祭，不列祀典。"②《康熙大姚县志》亦载："文昌宫，春仲月丁祭后，择日祭。先一日，省牲祭日，五鼓齐集，委教职，先祭三公祠，毕后祭正殿。春秋祭俱用'太牢'。"③ 这段载录将祭拜的过程都描述得很清楚。

岁贡王允恭诗歌《文昌宫即事》："蓂开三荚艳春光，多士趋跄到上方。日绕朱棂严法席，香飘宝殿肃冠裳。遥看万岭消烟瘴，俯视千人逐戏场。自笑浮生双鬓改，石栏干上几回翔。"④ 此诗将禄丰县文昌宫祭拜文昌星圣诞的文士冠裳严整，参加者千人，香火缭绕，香飘宝殿等详细盛况皆写尽了。

当时云南县乡村建有文昌宫的情况相当普遍，并非宜良县、禄丰县才如此，文昌帝君祭拜早已成为云南各民族的民间传统祭祀活动。

但云南古代祭拜文昌星、描述和歌咏文昌星的诗联作品较少，这很难全面完整地把握云南古代的文昌星崇拜，今后如有查实的作品再作补充。

二、"魁星"崇拜

与文昌星相似，魁星也是与科举制度有关的崇拜对象。魁星为中国古代天文学中二十八宿之一的"奎宿"的俗称，别称"天豕""封豕"。司马迁《史记·天官书》云："奎为封豕，为沟渎。"⑤ 说明在司马迁时代的奎宿还具有主管水沟水渠的功能。

那么，奎宿又是如何演变成魁星的呢？关于此，清代顾炎武在《日知录集释》里曾这样解释："今人所奉魁星，不知始自何年？以奎为文章之府，故立庙祀之，乃不能像奎，而改奎为魁，又不能像魁，而取之字形，为鬼举足

---

①② 许实编．郑祖荣点校．2008．宜良县志点注．民国十年（1921年）版．昆明：云南民族出版社：202．

③ 杨成彪主编．2005．楚雄彝族自治州旧方志全书·大姚卷：上．昆明：云南人民出版社：203．

④ 云南省禄丰县地方志编纂委员会编纂．1997．禄丰县志．昆明：云南人民出版社：829．

⑤ （汉）司马迁．2006．史记．北京：中华书局：152．

而起其斗。不知奎为北方元武七宿之一，魁为北斗之第一星所主不同，而二字之音亦异，今以文而祀，乃不于奎而于魁，宜乎今之应试而获中者，皆不识字之人与！又今人以榜前五名为五魁。"① 在顾炎武看来，清代民间信奉魁星的习俗是无法考证的，但他指出了魁星是由奎宿衍化而来的，"鬼"与"斗"组成的字形，是将魁星描述成鬼的形象，这就是魁星的最早形象塑造。

在魁星阁里，其正殿往往有一尊泥塑魁星造像，这魁星左手举着砚台，左脚高跷顶斗，右手握一管大毛笔作圈点状，圆眼环睁，神态威严，右脚金鸡独立，脚下踩着海中一只大鳌鱼的头部，意为"独占鳌头"。这就是传说中掌管科举选儒大权的魁星神。由于魁星神掌主文运，因此与文昌神一样，深受读书人的尊崇。"魁"又有"鬼"抢"斗"之意，故魁星又被形象化为另一张牙舞爪的形象。传说他的那支笔是专门用来点取科举士子的名字，一旦点中，文运、官运就会与之俱来。按科举制的规定，如果考中进士，就要进入皇宫，在正殿台阶正中雕有龙和鳌的石板下方恭迎皇榜，只有进士第一名（状元）有资格站在鳌头上，所以有"魁星点斗，独占鳌头"之誉。

魁星受到普遍崇拜，还这与"魁"字的本义"首""第一"有关。依据明朝科举要实行"五经取士"，每经所考取的头名称为"经魁"，因而"魁"有"首""第一"之意。乡试中每科的前五名必须分别是其中一经的"经魁"，故又称"五经魁""五经魁首"。另外，科举考试中进士第一名称状元也称"魁甲"，乡试中举人第一名称解元也称"魁解"，均有"第一"之意。这说明云南各民族自古就有兴学重教的传统，并希望通过科举考试求取功名。文运昌达、官禄得志乃是读书人的梦寐之求，因而魁星掌握着赐给第一名的权力而倍受士人们的崇拜和敬仰，这在云南的相关文献里有记载：

《康熙大姚县志》："魁星阁，于春秋仲月上丁日祭，行二跪六叩礼。"②

《光绪续修白盐井志》："七月初七日，为魁神会，官民同祝。"③

《康熙黑盐井志》有关魁神祭拜宣读的祭文："至祭于朱衣斗口魁神前曰：惟神：毓秀钟灵，迈九天而九地；默扶造化，表异格以异形。大壮科名，有俾文场得意；开通茅塞，能令笔底生辉。预报联科，当头暗点。今兹仲，某谨以牲帛醴仪，用伸告祭。尚飨。"④

---

① 陆费达总勘. 日知录集释. 上海中华书局据原刻本校刊//四部备要·子部. 中华书局印行：586.

② 杨成彪主编. 2005. 楚雄彝族自治州旧方志全书·大姚卷：上. 昆明：云南人民出版社：203.

③ 同②602-603.

④ 杨成彪主编. 2005. 楚雄彝族自治州旧方志全书·禄丰卷：下. 昆明：云南人民出版社：810-811.

《江川县志》:"文星阁,位于江城镇中心,旧时逢七月初七日,附近的先生和学生皆到此阁祭拜奎神。……建于道光十九年(1839年)。"①

张修业诗歌《魁阁纪胜上谢公》:"乾坤屯尽欲开蒙,感得工师起越东。凤翩凌霄新鼎甲,鳌头掀浪鼓春风。眼空确许魁天下,额点应知贯谷中。璀璨逼人光射斗,每从瞻拜叩文翁。"② 诗歌描述禄丰市魁阁的兴建,尤其突出魁星可以作为文章文运的吉祥星辰来信仰,它可助士人们尽情施展才能,文运通顺,金榜题名,功成名就,大魁天下。

古代把掌管图书典籍的最高机关秘书省称为"奎府",奎府要修建奎星阁、文星阁或魁阁,作为学子参拜上天的楼阁。如位于昆明拓东路中段、金汁河桂林桥上的昆明状元楼(聚奎楼)就与此有关。"清光绪二十九年(1903年),昆明五华书院学生袁嘉谷应经济特科试,殿试中夺魁,称经济特元,云南人誉为状元。此为云南置行省六百多年未有之事,消息传来,四方轰动,总督魏光焘为激励云南士子,于聚奎阁立'大魁天下'四字匾额,为陈荣昌手书,一时触目生辉,民间遂称此楼为状元楼。"③ 以此激励云南士子,以袁嘉谷为榜样,好好学习,求取科举,成为国家的栋梁。

云南境内各地建盖奎星阁、文星阁或魁阁,即便各民族聚居的很多地方,也都建有魁星楼、魁星阁。岁贡王允恭诗《新建魁阁起工志喜》就有记录:"时庚寅二月:烟溪此日破洪蒙,不惮经营集众工。荆棘斩开五鬵瘴,台基培定字崇隆。非常事业贤豪立,不朽规模宇宙雄。他日垂成为胜事,五星得聚显文风。"④ 描述了魁阁作为黑盐井(今禄丰市黑井镇)最雄伟的景观,由黑盐井最高行政长官主持修建,并写诗记录,显得郑重其事,气势非凡。这表明朝廷对魁阁修建的重视,并且均由各级官员主持修建,这在云南各地的地方志里都有记载:

《康熙黑盐井志》:"大魁阁,在万世师表坊左,高三丈(10米),围十二丈(40米)。以上俱系井司沈懋价修建。"⑤

《乾隆琅盐井志》:"魁星阁,在庙左。雍正三年,提举谢球率众捐资修建,铸铜。"⑥

---

① 云南省江川县史志编纂委员会编纂. 1994. 江川县志. 昆明:云南人民出版社:589.
② 杨成彪主编. 2005. 楚雄彝族自治州旧方志全书·禄丰卷:上. 昆明:云南人民出版社:340.
③ 卓维华主编. 朱净宇编. 2001. 新编昆明风物志. 昆明:云南人民出版社:293.
④ 杨成彪主编. 2005. 楚雄彝族自治州旧方志全书·禄丰卷:下. 昆明:云南人民出版社:856.
⑤ 同④636.
⑥ 同④1208.

《康熙大姚县志》："魁星阁，在城内东南隅。康熙五十四年，知县吴绳武重修。"①

《光绪续修白盐井志》：魁星阁，"旧阁在回龙山岭之半，创始无考。道光间，移下数十丈改建，正对文庙。龙山耸秀之景即此，为学宫案山。登眺之际，鳞次万家，五井悉居其下，洵为大观。经乱，通学重修。又明伦堂前亦有魁阁，兵燹折毁，尚未修复。"②

从上述记载可以看到主持修建魁星阁的有井司、提举、知县等各级官员。魁星阁也是学府最雄伟的景观，阁楼建筑雕梁画栋，气势非凡，丹青其上，绚丽多彩，歌咏魁阁、魁神的诗篇也由当地名人担当创作的重任。

(一)《康熙黑盐井志》载录的诗歌

由永昌府通判署井事、钱塘例贡林兆喆创作的诗《登奎阁题壁》："万壑烟云尽，空青到阁中。溪烟秋月夜，视听总玲珑。"③诗歌描绘黑盐井奎阁位于被云气遮覆的层层叠叠的山谷，站在阁楼感受到的是清新的空气、看到的是青翠的山峰。在这样的深秋月夜，听得最清楚的是烟雾笼罩的溪谷的潺潺流水声。诗作营造了一种恬静幽深的意境，折射出诗人留恋美好时光的平和心境。

井司张稷谟创作的诗《登奎阁题壁》："群峰耸翠入青宵，四顾烟霞护半腰。斗柄相联齐斗构，龙头早占夺龙标。云生峭壁增图绘，日映苍岚赛锦貂。览胜乡心超物外，浑然天趣好逍遥。"④首联展现黑盐井奎阁高耸入云的雄姿，描绘阁楼及其周围被烟雾笼罩的情景。颔联写出阁楼与楼里供奉的魁神都是为人所敬仰的文运之神、吉祥之星，掌握着士人们的文运兴衰和官禄前途，早祭拜可以早夺魁。颈联进一步写景，描绘云、峭壁、太阳、山间雾气之美已超过锦貂的美。尾联借景寄情，表达了诗人对家乡才俊寄予厚望，同时也期盼文运之神、吉祥之星庇佑家乡才俊文运亨通、早日夺魁的愿望。

丁卯举人杨暾的诗《和杨震寰魁阁望梨花原韵一首》："梨花独占远山开，高阁晴看绝点埃。彩笔欲争霞共洁，琼姿更恐雪同猜。深红入眼今如许，冷淡于心旧似灰。唯有东风最相识，年年催发向春来。"⑤首联写了初春梨花在山岗盛开，晴朗的天空下黑盐井魁阁显得越加突出。颔联点出魁阁魁星神手握毛笔欲与朝霞争光辉，其点斗的美好风姿深不可测。颈联再次渲染魁星那

---

① 杨成彪主编. 2005. 楚雄彝族自治州旧方志全书·大姚卷：上. 昆明：云南人民出版社：202.

② 同①677-678.

③④ 杨成彪主编. 2005. 楚雄彝族自治州旧方志全书·禄丰卷：下. 昆明：云南人民出版社：835.

⑤ 同③845.

支深红的点斗笔神圣有加。尾联抒发了士人们年年都有望魁星点斗,但求仕之途却迷离难测,表达了科举之路的艰难和不可预知之情由。

姚安府学教授杨璇写的诗《魁星阁》:"岑峻星阁驾峰头,高出尘寰碧落秋。领袖星辰光北极,网罗溪涧纳南流。参天雁塔千寻出,亘地虹桥百尺浮。倚槛风云还记取,望中今古有吾俦。"① 诗歌首联叙写黑盐井魁星阁位于高山之巅,有着高耸入云的气势。领联点明魁神是北斗七星星宿,统领溪涧南流。颈联再次点染出魁神就似高耸天空的雁塔、拱曲如虹的长桥,气贯山河,极言其气势非凡、独占鳌头的风光韵味。尾联笔锋一转,寓情于景,期冀魁神记住今古祭拜的后生们,让他们梦想成真,金榜题名。

(二)《乾隆琅盐井志》载录的诗歌

琅盐井儒学庠生江自涵诗《登文星阁》:"凭虚结构矗凌云,入目溪山四望分。东壁西园腾风采,光辉千载焕斯文。"② 此诗描述了琅盐井(今大姚县石羊镇)文星阁高大、挺立的气势,登阁远眺,溪山尽收眼底;东壁二星统管天下图书和文章,西园学士翰墨生香,人才济济;期盼文星阁光辉千载,学士们都成为有文化有修养的人。诗歌言简意赅,意味深远。

(三)《光绪续修白盐井志》载录的诗歌

张时《夏日登文星阁》诗:"薰风相引上高峰,阁峻回环圣域崇。奎聚五星辉斗极,文明千古启儒宗。楼台低数开图画,绿翠周环毓凤龙。信是地灵人自杰,连绵科第有由从。"③ 首联叙说诗人沐浴着初夏的东南风登上白盐井奎阁,奎阁高耸险峻,是尊崇魁神的场所。领联说明奎阁聚集了掌握五经魁首之神,开启了儒学,使文明传承千古。颈联描写绿翠环绕的楼台是孕育人才之地。尾联点出金榜题名之人辈出是有缘由的,那就是希望魁神挥笔点斗,就可以登科及第,蟾宫折桂。当然,诗人流露出的这种封建迷信思想是要批判的,这也使得这首诗歌的思想艺术价值大打折扣。

第三节 旌表功绩的对象

云南各民族自古就有惩恶扬善的传习,各族人民都歌颂正义、美德、孝道等,为后人树立榜样。云南各民族以建造楼阁的方式,将这种榜样的力量一代代传承下去,发扬光大。

---

① 杨成彪主编. 2005. 楚雄彝族自治州旧方志全书·禄丰卷:下. 昆明:云南人民出版社:890.

② 同①1322.

③ 杨成彪主编. 2005. 楚雄彝族自治州旧方志全书·大姚卷:上. 昆明:云南人民出版社:951.

旌表功绩，歌颂积极的现世精神，而为之建楼。如前述的昆明状元楼，就是因石屏人袁嘉谷考取了全国经济特科一等第一名，成为云南首位状元，为庆祝这一盛事，将当时的拓东路聚奎楼改名为状元楼的。昆明状元楼上高悬时任云贵总督魏光寿手书的"大魁天下"的金字匾额，以纪念云南首位状元的诞生。匾两旁还挂着袁嘉谷写的对联："帝曰无双士，惭愧臣心，励此生古谊忠肝，窃比魏国书云，元之应雨；南来第一楼，漾洄乡梦，对当前画桥驿路，更愿长卿题柱，孟博登车。"① 上联表明作者不敢以第一自居，而将皇帝的褒奖视为自己终生学习古贤道德风范的勉励；下联表达作者愿为朝廷效力，为国为民、兼济天下的志向。

又如，大理云龙县诺邓村的黄氏题名坊，为黄氏家族科举题名坊（楼），镌刻有明中叶至乾隆年间黄氏家族历代举人、进士的功名。其中，清代黄氏门中共出两名进士、五名举人及上百名秀才。康熙年间的举人黄桂更是名噪一时的饱学之士。昆明近日楼附近的忠爱坊（牌楼），则是云南人为纪念元代咸阳王、平章政事赛典赤·瞻思丁在云南的功绩而建。

红河弥勒县（今弥勒市）虹溪镇东门街中段的石牌坊建于清光绪二十六年（1900年），是为旌表一代钱王王炽捐巨资效忠清廷而受清廷敕封的事迹，由王炽本人出资，请通海名匠建造的。该"石坊通高10米，宽6米，三重檐四柱三间，青石雕砌，柱脚石墩有四对石狮相对而立"②，坊头"正中立一镂空的石龙盘抱的直匾，上书'圣旨旌表'，下面石匾横书'三代一品封典'。两边石柱有三副对联，中间一联书'铁索架飞虹，九重褒义来丹诰；绣章鹰鬻镇，三代荣封树锦坊'"③，由翰林院庶吉士罗瑞图撰、滇黔使者兼巡抚松潘所书。左边一副为"铁索系飞江，咸沾利涉；纶音勒石柱，宏奖公忠"④，系云南按察使司全茂绩撰书；右边一副则为"是为仁里坊表所式；非独私家门第之光"⑤，是中宪大夫知府四川补用同知、直隶州赵藩撰，督学使者桂林张建勋书。这些对联的书写者都是当朝的官吏，可以见出当时的官府对王炽事迹旌表的正式和规格。

第四节　多种宗教信仰的展现

"宗教作为一种特殊的文化现象，它植根于云南各个民族长期的社会历史

---

① 张维. 2014. 特科状元：袁嘉谷. 昆明：云南人民出版社；78.
② 邱宣充，张瑛华等. 1992. 云南文物古迹大全. 昆明：云南人民出版社；372.
③ 弥勒县县志编纂委员会纂修. 1987. 弥勒县志. 昆明：云南人民出版社；630.
④⑤ 王兴麒. 1999. 云南风景名胜楹联选. 昆明：云南美术出版社；337.

发展过程中，它总是以其虚幻的、颠倒了的某种式样反映着世界，把人间的力量幻化为祖先、神灵、佛祖、上帝等超人间力量的实体来加以信赖和崇拜，并且还用这种信仰和崇拜来支配着每个民族的生活方式，规范着自身的行为。"① 云南是个多宗教信仰的省份，本土宗教、外来宗教在这里并存发展，而为了彰显和宣传宗教教义，云南各民族纷纷兴建各种宗教建筑来吸纳信众，传播宗教文化。

一、佛寺中的楼阁建筑

佛教于公元7世纪传入云南，不仅派系齐全、宗支繁多，而且不同民族信奉不同的佛教派系。佛寺中的楼阁建筑也呈现出不同的民族文化特色。

（一）汉传佛教寺院中的楼阁建筑

公元7世纪传入云南的汉传佛教，其禅宗在公元13世纪在云南盛行，分布于昆明、玉溪、曲靖、大理、楚雄、保山、红河、昭通等地。除了在汉族中有广泛影响外，部分纳西族、白族、彝族也信奉汉传佛教。云南现存的汉传佛教寺院中的楼阁建筑有昆明邛竹寺的华严阁，昆明圆通寺的圆通胜境楼（坊），昆明西山华亭寺的观音楼、撞钟楼、藏珍楼、藏经楼，昆明西山太华寺的望海楼（碧万顷楼），大理感通寺的写韵楼，鸡足山祝圣寺的钟楼、鼓楼、藏经楼，建水指林寺的藏经阁、准提阁，蒙自的玉皇阁（通明阁），武定狮山正续寺的藏经楼，等等。

鸡足山祝圣寺藏经楼、藏珍楼、钟楼、鼓楼皆为重檐歇山式构造，飞檐斗拱、门作户壁全出自大理剑川、鹤庆白族艺人之手，其造型独特，雕琢精致。大雄宝殿后的藏经楼内藏各种"钦赐"或化来的珍贵佛教经典，其中有光绪皇帝赐虚云大师的三藏大乘真经，万历十四年（1586年）、十七年（1589年）、二十九年（1601年）钦赐的大藏经，慧辉和尚携标荷经四年募化的正藏330函。除了藏经，藏经楼同时也是讲经说法之处。而藏珍楼则藏有紫衣、钵具、锡杖、如意、缅玉卧佛、碧玉观音等。此外，祝圣寺天王殿后庭院左边还建有钟楼，楼下立有达摩祖师的塑像。庭院右为鼓楼，楼下塑有地藏像。祝圣寺的这些建筑楼阁是云南保留汉传佛教典籍和佛具最多的楼阁，也是汉传佛教在云南大理白族地区传播的明证。

（二）南传上座部佛教佛寺中的楼阁建筑

南传上座部佛教，俗称小乘佛教，"是指由印度南传入斯里兰卡，然后又传入缅甸、泰国、柬埔寨、老挝等国"② 的佛教，13世纪由泰国传入云南西

---

① 张保华．2005．云南民族文化概论．北京：中国社会科学出版社：48．
② 同①56．

双版纳、德宏、临沧、思茅（今普洱）等地区，系云南所独有，为傣族、布朗族、阿昌族、德昂族民众所信仰。南传上座部佛教在傣族影响最大，"不但傣族男子要到寺院中出家，做一段时间的僧侣，而且在日常生活中，每逢有重大的事情，如出生、赐名、结婚、远行、盖房、生病等，都要请僧侣来家念佛诵经"①。南传上座部佛教在云南拥有大量的佛寺，佛寺是云南傣族村落的主要人文景观。是全村的公共建筑，兼有学校、图书馆等社会功能。佛寺里建有许多功能各异的楼阁。如戒堂、藏经楼均为佛寺中建筑精美的楼阁建筑。戒堂傣语称"窝苏"，藏经楼傣语称"宾洛坦木""哄坦"，都是中心佛寺级别的主要标志。戒堂、藏经楼建筑形式多样，主要有以下几种。

1. 方形重檐攒尖顶式

如勐海县勐混乡城子佛寺戒堂、景洪市小街乡曼景罕佛寺戒堂。这些戒堂平面呈方形，由基座、堂向、反顶三部分组成，屋面由三层方形的重檐组成，自下而上逐层缩小，形成攒尖顶的造型，顶部是属刹的装置。建筑造型朴实、简单，但精巧玲珑的风格仍很突出。

2. 多角重檐攒尖顶式

较有代表性的是景洪市勐龙镇曼飞龙佛寺藏经楼、勐海县勐遮乡景真八角亭、景洪市嘎洒乡曼赛佛寺戒堂。这些戒堂、藏经楼均具地方民族特色。景真八角亭位于景真勐总佛寺瓦竜内，"始建于清康熙四十年（1701年，傣历1063年），亭为当地南传上座部佛教扎滩寺的戒堂，亭高15.42米，由座、身、顶三部分组成。基座为折角亚字形砖砌须弥座，高2米，宽8.6米。亭身四面开门，立砖柱16根，用砖墙连接，墙内外抹浅红色泥皮，每层屋脊上饰有各种形状的陶制品，镶各种彩色玻璃，并用金银粉印各种花卉、动物、人物图案。厅顶为木结构，呈锥形，攒尖顶，铺平瓦。顶端饰以刹杆相似的串字形装饰物及花卉图案银片。亭顶边沿，挂铜铃，其造型独特精巧。"② 颇具汉傣建筑风格。

3. 单檐和重檐多面坡歇山顶式

戒堂、藏经楼的这种建造形制与殿相似，体形小，都有一个高起的须弥座。屋顶装饰与大殿相同，却比大殿更为华丽、玲珑。景洪市勐罕曼孙满佛寺戒堂、允景洪镇曼阁佛寺戒堂、曼厅佛寺戒堂、勐海县巴达乡张朗佛寺藏经楼、勐海县曼短佛寺的哄坦（藏经楼）更具代表性。

曼阁佛寺内的戒堂系重檐单面坡歇山式顶建筑，平面呈长方形，门前加盖一段多面坡悬山式顶引廊。引廊屋脊分三级跌落，形成纵向三面坡，屋顶

---

① 张保华. 2005. 云南民族文化概论. 北京：中国社会科学出版社：56-57.
② 邱宣充，张瑛华等编著. 1992. 云南文物古迹大全. 昆明：云南人民出版社：466.

前低后高，错落有致。正脊、垂脊、戗脊上均安装密挡、密莱、花卉及吻兽等陶饰品，引廊前置有两根菱形柱，柱基为伏象雕塑。

勐海县巴达乡张朗佛寺藏经楼为高基座单檐三面坡悬山式顶造型，平面呈长方形，基座是束腰须弥座，砖木结构，属墙抬梁屋架，基座坐北朝南，门前左右两边置有两根方柱，纵向墙身有四根斜撑支撑屋檐，木架屋面为三门坡，盖勾头平瓦，屋脊、垂脊多种植物花卉陶制品装饰，造型装饰较精美。

勐海县曼短佛寺的哄坦（藏经楼）建于950年，建筑为抬梁、穿斗结合的梁架结构，重檐歇山式屋顶，上下两檐都是五面坡、墙抬梁、墙体与檐口间设有斜撑，内外构件上均有龙、凤、花卉等雕刻图案装饰，逼真形象，原始古朴，建筑造型和装饰艺术均集中体现了傣族古代建筑技术的精华。哄坦不仅收藏了贝叶经、手抄佛教经典以及与佛教有关的民间文学抄本，而且也是傣族子弟、僧侣学习佛经的场所。

（三）藏传佛教的楼阁建筑

藏传佛教，俗称"喇嘛教"，于7世纪末、8世纪初经由西藏传入云南，主要在迪庆的藏族、丽江的纳西族、摩梭人，怒江的怒族、傈僳族、普米族中传播。"藏传佛教的支系特别庞杂，有格鲁派（黄教）、宁玛派（红教）、噶举派（白教）、萨迦派（花教），还有古老的本教残余'黑本'和'白本'。单'噶举派'就有'四大八小'等支系。'四大'中的'噶玛噶举派'，又有两个活佛系统：一个是黑帽系，一个是红帽系。"① 在云南的藏传佛教建筑中，香格里拉松赞林寺（汉名归化寺）的佛教寺庙群最为典型。其主建筑为五层藏式碉楼，主殿上层镀金铜瓦，殿宇屋角兽吻飞檐，又具汉式寺庙建筑风格，下层大殿有108根柱楹，代表佛家吉祥数，左右墙壁为藏经"万卷橱"，顶层正楼特设经舍佛堂，佛堂正南为高耸的钟鼓楼，清晨、正午、黄昏击鼓报时，声闻十里。"松"在藏语中是三的意思，"松赞"指天界三神帝释、猛利和娄宿游所，藏语"林"的意思是"幸福、乐园"。松赞林寺可以理解为礼佛与寻求心灵归宿的理想去处。香格里拉除松赞林寺（归化寺）外，还有红坡寺、东竹林寺、飞来寺、噶丹·德钦林寺、书松尼姑寺、叶日尼姑寺、扎加寺、扎史取林寺、则木寺、觉顶寺、茂顶寺、布顶寺等，其楼阁建筑风格亦大都如此。

就云南的藏传佛教寺庙而言，丽江的福国寺也值得一提。其最早为木氏土司的家庙，1679年，木氏土司木懿从青海请来都知等喇嘛，将其改建为有经堂殿宇五大院、僧房十八院的藏传佛教噶玛噶举派寺院，其藏名为"奥明南卓林"，意为"色究竟天解脱林"。该寺院中的大殿"五凤楼"（又名法云阁），极为精美，为三层八角飞檐楼阁，上中下共有24个啄天飞檐，无论从

---

① 张保华. 2005. 云南民族文化概论. 北京：中国社会科学出版社：57.

哪个方向看，均像五只展翅欲飞的凤凰，"五凤楼"因此得名。楼中珍藏的噶玛巴活动的圣迹和文物为藏传佛教的珍品。

除此之外，在丽江藏传佛教楼阁建筑中还有指云寺的大殿。大殿为三重檐楼阁建筑，寺顶覆瓦，为四方形攒尖顶阁，底层为法堂，上两层为藏经楼，六根通天金柱高耸其间，东西南北十二角雕龙画凤，飞檐欲博九天，内外檐装皆精工镂雕、彩绘。其殿宇巍峨、富丽、气势非凡，明显不同于松赞林寺的碉楼式建筑，体现出汉、藏、白、纳西建筑艺术交融的特色，这也说明木氏土司对藏传佛教传播的重视。

另外，云南藏传佛教寺庙还有丽江的文峰寺、玉峰寺、普济寺、达来寺，维西的兰经寺、寿国寺、达摩寺、来远寺，怒江贡山的普化寺，等等，这些藏传佛寺的楼阁建筑也具有同样的特色。

二、道观中的楼阁建筑

作为中国土生土长宗教的道教，在其创立初便由四川传入云南，南诏时期渐渐兴盛，明代后在云南进入全盛时期：一是长春派创始人刘渊然入滇传教；二是奏请朝廷"立云南、大理、金齿三道纪司，以植其地"①；三是全真派一代宗师张三丰入滇传教。进入清代，云南的崇道活动仍保持着兴旺。

位于昆明西山区罗汉山的三清阁，是著名的道教建筑群，包括灵官殿、老君殿、飞云阁、真武宫、玉皇阁、达天阁等共9层13座木结构宫观建筑。"三清"又称三清天、三清境，是道教三十六天仅次于大罗天的最高境界。三清阁内供奉着天宝君、太上老君、太上道君三个道教信奉的尊神。三清阁高出滇池三百多米，各殿、宫、阁缘山壁而上，层层叠叠，高低错落。"灵官殿是上山第一殿，建于明嘉靖年间，是西山唯一明代建筑。重檐歇山顶，通面阔三间6.8米，进深三间6.5米，平面略呈正方形，檐下无斗拱。当心间四根通柱直贯屋顶，支撑整座建筑。真武宫与玉皇阁皆清道光年间建，斗拱繁缛，出象鼻昂。"② 每年元月九日，昆明民众都要来此谒拜。

云南大理巍山彝族信奉道教，在巍宝山建有玉皇阁、魁星阁、斗姆阁、培鹤楼、天师楼等道观建筑。玉皇阁"始建于明，清光绪二十六年（1900年）重建。由四进三院及两厢组成"③。玉皇阁依山而建，层层而上，每层以三路石级相通，共42级，由四圣殿、玉皇殿、天师殿、三师殿、吕祖殿、依云阁等建筑组成，内供奉天地水三官、吕祖、财神等。巍宝山是中国南方五斗米

---

① 陈垣编纂. 2006. 道家金石略·龙泉观长春真人祠记. 昆明：云南人民出版社；1263.
② 邱宣充，张瑛华等. 1992. 云南文物古迹大全. 昆明：云南人民出版社；38.
③ 邱宣充. 1999. 云南名胜古迹辞典. 昆明：云南科技出版社：350.

道的传教区之一,每年农历二月初一到十五日的朝山庙会都在此举行,并演奏道教音乐,为云南传播道教文化的重要场所。

三、清真寺中的楼阁建筑

1253年,忽必烈军占领大理后,留下驻守云南的士兵中就有信仰伊斯兰教的中亚人。1276年,皇子忽哥赤被封为云南王,许多回族人也跟着进入云南,在昆明、玉溪、大理、丽江、保山、腾冲居住。到了明代,又有大批回族人跟随移民迁入云南,留籍于滇南、滇西一带。清代进入云南的回族人,定居于滇东北地区。云南境内的回族聚居区大多建有供做礼拜用的清真寺。云南清真寺中的楼阁建筑大都呈现出传统殿堂式、阿拉伯式等建筑风格,较好地综合了当地的多种建筑元素。譬如,建于清嘉庆十七年(1812年)的开远大庄清真寺的大门,为重檐歇山顶牌楼式建筑,由三道门组成,正门有较大的石狮一对,雕刻精美,左右两侧门各有小石狮一对,形如正门石雕,院内左侧有三重檐六角攒尖顶的木构宣礼楼(叫拜楼,即呼唤快来礼拜之意)一座,显现了当地楼阁建筑的典型特征。

建于清乾隆五年(1740年)鲁甸拖姑清真寺中的唤醒楼(叫拜楼),"高约20米,共五层,由46根圆柱撑起层层叠叠的梁宇。在二楼上悬有一匾,上刻'普慈万有'四个草书大字,书赠者为乾隆十一年(1746年)镇守云南昭通镇雄等处总兵官世袭骑都尉冶大雄"[①]。楼内对联"层各重辉,华赠榭益"[②]形象地概括了唤醒楼的实貌和特色文化。

第五节 自然与民族审美的融合

云南各民族的楼阁建筑,强调大自然与外部环境和谐相处,充分体现了"天人合一"的自然观。

一、人工与自然的过渡与融合

云南的楼阁建筑往往把自然纳入其中,成为楼阁建筑的一部分,以寻求人工之美与自然之美的有机统一,如昆明西山区罗汉山的三清阁。据民国时期袁嘉谷的《游西山记》记载:"品茗三清阁。阁,山之名胜也。吴梅村诗'碧鸡台榭乱云中,旧是梁王避暑宫。'宫即阁也。明时为北庵诸迹之一"[③]。

---

① 邱宣充,张瑛华等. 1992. 云南文物古迹大全. 昆明:云南人民出版社:138-139.
② 云南省鲁甸县志编纂委员会. 1995. 鲁甸县志. 昆明:云南人民出版社:568.
③ 袁嘉谷. 2001. 袁嘉谷文集(一). 昆明:云南人民出版社:280.

三清阁位于太华山南面，其罗汉山由北向南眺望，山形外廓酷似大肚弥勒。三清阁九层十一阁道观建筑群，依地势造型，整座建筑群层叠嵌缀于悬崖绝壁之上，绿树贴壁探海，亭阁勾栏飞檐，雕梁画栋，上出重霄，下临无地，形成南北阔上下两层壁危楼建筑群的"悬空"险境，道家神仙的空中楼阁俨然眼前。其对联"置身须向极高处；举首还多在上人"①，是对"天人合一"理念的最好诠释。

云南勐海县曼短佛寺的哄坦（藏经楼）、景洪县（今景洪市）曼阁佛寺的鼓房（鼓楼）、景谷县迁糯佛寺（汉名清佛寺）的山门等，都是建在寨边地位显要、自然风景极佳之处，重视与周围自然环境的协调。再如云南大理巍山彝族在巍宝山修建的玉皇阁、魁星阁、斗姆阁、培鹤楼、天师楼等道观建筑，分布于前山和后山，前山叠嶂绵延，宫观掩于密林之中；后山陡峭险峻，楼阁多依山势显露于岩壁之间。这种时藏时露的楼阁建筑布局完美地体现出道家提倡的"道法自然"的观点。

二、注重生态环境与人生经验的关系

云南傣族、纳西族、彝族等楼阁建筑的基址都严格按照藏风纳气、阴阳运转、五行和谐来选择，开门、朝向、高低、装饰有诸多风水讲究，同时融合山水走向、形态、大小远近以及地形、水文、植被等考虑，不但重视生态环境的物理质量，而且注重对山形水系审美价值的提升，将人生的福、禄、寿、喜、兴旺、腾达等经验浸入楼阁建筑风格之中，体现出云南各民族对人与自然关系的深刻领悟。如丽江福国寺的五凤楼，沿山势建于寺内山门石阶之上，楼正面濒临黑龙潭水，背面借黑龙潭北面的山峰之景，山水互相映衬交错，完美融合为一体，真正应和了五凤楼匾额"天光云影"的深邃意境。该楼中明、暗间格门上雕牡丹、梅花、石榴等图案。牡丹祈"富贵有余"，梅花祈"福""禄""财""喜"之福。而楼顶天花板绘有太极图、飞天神王、龙凤呈祥等图案。"太极图"俗称阴阳鱼，显示出纳西族重视自然、顺应自然、因地制宜与自然融合协调的环境意识；"飞天神王"喻指神通广大、应有尽有、法力无边等含义；"龙凤呈祥"喻指祥瑞、喜庆、高贵、华丽等意义，与汉族提倡的龙凤文化内容不谋而合。

三、楼阁建筑所用材料均取材于自然

丽江大研古城西南隅木府的忠义牌楼所用的汉白玉，采自下虎跳峡金沙江边；楚雄禄丰黑井镇的贞孝总坊（楼）建筑所用材料为当地的全红砂石。

---

① 王兴麒. 1999. 云南风景名胜楹联选. 昆明：云南美术出版社：34.

除此之外,文山广南县的贞节石牌楼所用青石材、香格里拉松赞林寺所用土料、丽江福国寺五凤楼所用木材等,无一不是取材于自然。这些自然材料的采用,体现了质朴、简约、天然的意蕴,暗含云南各民族与自然相融契合的愿望和追求。

总之,云南各民族的楼阁建筑,彰显了其独特的文化魅力,成为各民族的文化生活中不可或缺的一个重要组成部分。

第三章 昆明市楼阁建筑与文学

昆明市，别称春城，为云南省的省会及西南地区中心城市之一，云南省政治、经济、科技、文化、旅游商贸城市，中国面向东南亚、南亚的重要门户，著名的历史文化名城。昆明市现辖7区6县1市，即西山区、官渡区、五华区、盘龙区、呈贡区、晋宁区、东川区、富民县、宜良县、嵩明县、石林彝族自治县、禄劝彝族苗族自治县、寻甸回族自治县、安宁市，为云南省行政辖区数量最多、面积最大的地区。东与曲靖地区相邻，南与玉溪地区和红河哈尼族彝族自治县相接，西与楚雄彝族自治县分界，北与金沙江相邻并与四川省隔江相望。位于云贵高原中部，滇东高原与滇西横断山脉之间，金沙江、南盘江、元江的分水岭地带，湖泊有滇池、阳宗海，河流有盘龙江、螳螂川、普渡河、巴江、牛栏江等，形成依山傍水、山环水抱的地理特色，以及夏无酷暑、冬无严寒、干湿分明、雨量适中、四季如春的宜人气候。

司马迁《史记·西南夷列传》中曾载："其外西自同师以东，北至楪榆，名为嶲、昆明，皆编发，随畜迁徙，毋常处，毋君长，地方可数千里。"[①] 可

---

① （汉）司马迁撰．（宋）裴骃集解．（唐）司马贞索隐．（唐）张守节正义．1975．史记：第九册．北京：中华书局；2991．

知"昆明"已作为一个游牧民族的名称出现在史籍中。有史记载的内地人进入昆明地区的开始是指"庄跷王滇"，战国后期，楚将庄跷率军至此，退路被秦国切断，即就地称滇王，建城郭，因之又称"庄跷故城"。汉代西南夷地设益州郡，郡治滇池县（今昆明市城南），下辖郭昌等24县。蜀汉时改名谷昌县，属建宁郡。西晋时更名为晋宁郡，隋唐初为昆州。唐朝中叶，南诏王凤伽异筑拓东城（今昆明城区东南），设拓东节度，寓南诏开拓东疆之意。宋代大理国设鄯阐府。元代统治者设云南行省治滇，省会设在鄯阐。此后，云南的政治、经济、文化中心亦由大理移往昆明，昆明由此逐渐发展成为云南第一大城市。明代，大规模的汉族移民至昆明屯田戍边，改变了昆明的人口结构，使得昆明地区成为汉、白、彝、苗、壮、傣、哈尼、傈僳、回等民族聚居、混居的地区。促进了昆明地区各种文化艺术的蓬勃发展和兴盛。

悠久的历史文化、独特的区域优势、多种民族文化的融合，加之得天独厚的地理特色、气候环境，以及汉族移居昆明带来内地先进的耕作方式和文化，皆为古今建筑家们提供了想象的空间和施展才华的舞台，他们选址踞坡、临水、村寨、城邑、寺庙等处，建造各种形制、风格各异的楼阁建筑。

昆明市古代楼阁高耸入云的雄姿、登高远眺的视野、地标建筑的特点，成为不同时代文人墨客争相歌咏、寄情述怀的对象。有诗歌、楹联、匾额、碑记等关涉楼阁建筑的文学作品。这些文学作品呈现出数量多、水平高、作者众多的特点，有的作品成为千古名篇，如孙髯的大观楼长联，赵藩、陈荣昌、袁嘉谷、杨慎、张含、张汉、王灿、皇甫汸等的诗联作品，都是脍炙人口的名篇佳作。

第一节 昆明市楼阁建筑遗存

本节主要按照区、市、县的区域划分来分述昆明市楼阁建筑遗存，并根据楼阁建筑选址的不同以及存世情况对其楼阁遗存进行梳理。其中，西山区三清阁，石林县文昌阁等建筑遗存详见本书第二章文述，本节不再赘述。另外晋宁区、东川区、禄劝彝族苗族自治县、寻甸回族自治县以及其他市、区、县的楼阁建筑有的不存，有的还需查实，待查实后再作补充。

一、盘龙区

真庆观盐龙祠戏台（楼）

道教是源于中国本土的一种多神信仰宗教，以延年益寿、飞身成仙为主要目的。元明时期，道教在云南各地得到广泛的发展。明初长春派始祖刘渊然进入云南弘扬道教，使云南地区的道教影响达到鼎盛。为加强对道教的掌控，明王朝还在昆明设立道教提点司管理云南全省的道教事务。元明时期，随着敕州祀奉老子、提倡道教的兴盛，云南境内的道观兴建摒弃了与原始神祠和真人结茅的种种关联，在格局、规模、建筑特色上都达到一定水平，如昆明盘龙区真庆观道教建筑群。

真庆观为道教古建筑群，坐落于"昆明市盘龙区拓东路与白塔路交叉路口。初建于元代，名真武祠，明宣德四年（1429年）太傅黔国公沐晟兄弟出资，由长春真人刘渊然的弟子蒋日和主持改建"①。由紫薇殿、老君殿、都雷府、盐隆祠等殿宇组成。"占地9800平方米。除紫薇殿外，其余建筑均为清代建筑。正殿紫薇殿，明宣德十年（1435年）重建，面阔五间、进深十间，通面阔20米，通进深16米，占面积320平方米。……坐落于近2米高台上的老君殿，面阔五间，进深四间，单檐歇山顶屋面，抬梁是与穿斗式混合梁架。……在真庆观东侧，南边有清康熙年间修建的祭祀雷神的都雷府，……都雷府坐东向西，有单门、清风亭、雷神殿及南北两厢组成，布局紧凑，空间尺度较小，且大门与东西向的轴线有个角度。……盐隆祠由戏台、过厅、正殿与两厢组成二进院落，空间尺度较大。正殿面阔五间21.2米，进深11.5米，抬梁式与穿斗式混合梁架，重檐歇山屋顶。"② 真庆观盐隆祠建于清光绪七年（1881年）由清末云南盐商集资兴建，设盐工会于其内。位于真庆观都雷府北侧，坐北朝南，其精雕细刻的梁架，镂空透雕，展现出木雕工艺的精湛。

在盐隆祠正殿明间后座出挑为戏台（楼），修建时间不详。约在明清之际。顶部为四坡五脊庑殿式，单檐歇山，正脊雕建玉顶，两端上翘鸱吻，翼角岔脊飞椽起翘，雕制走兽。三间二层，屋顶四角起翘，土木结构，空间高大宽阔。该戏台由于是云南盐商集资兴建，更多的是为社交怡情的需要，既可体现社会达贤的身份，以此自娱遣兴，达到成教化、助人伦的人生境界，又可以以乐会友，实现为人生而艺术的生命飞扬。系昆明市保存较为完好的戏台（楼）建筑。该戏台（楼）曾有过滇戏、花灯、票友活动以及洞经音乐演出。

二、西山区

大 观 楼

云南古代的楼阁建筑具有"景观"和"观景"的双重功能。原因有二：

---

① 邱宣充. 1999. 云南名胜古迹辞典. 昆明：云南科技出版社：5.
② 杨大禹编著. 2015. 云南古建筑：上册. 北京：中国建筑工业出版社：248-249.

一是楼阁挺拔高大的形象往往会成为风景景观的中心或是地方城镇的标志性建筑，具有独特的地域环境风貌；二是楼阁又是登高远眺、观赏风景的场所。一般体量较为高大，常建三层以上，所处位置较为突出，或建在水边、或借助地势建在高坡，以利于远望。并常常设置回廊，四边开窗，以便登高远望。而昆明大观楼便属于这类楼阁。

大观楼"位于昆明市西南2公里的滇池岸边，……五百年前，曾是一片荒丘。明代，世袭镇守云南的沐氏，常在滇池练习水师，并在此地建筑苑囿，因与西山太华山隔水相对，故名近华浦"①。说明大观楼最早称为"近华浦"。"清康熙二十一年（1682年），楚僧乾印始结茅菴一椽，讲演妙法莲华经，听者甚众，遊客亦多。遂成名胜。后巡抚王继文始建大观楼涌月亭、澄碧堂於其畔，楼阁壮丽。远浦遥岑风帆，烟树擅湖山之胜。"②康熙二十九年（1690年），云南巡抚王继文路经此地，看中这里的湖光山色，于是，命人鸠工备料，修建大观楼，并挖凿池沼，遍种名花垂柳，其中最为有名的楼阁是一座三层方楼，取名大观楼。"道光八年，廉访翟公锦观增为三层。"③咸丰六年（1856年）云南回民起义爆发，次年即咸丰七年（1857年），大观楼毁于兵燹。"同治八年，马如龙捐修，民国二年督军兼省长唐公重修。"④此楼阁建筑一直保存至今。

整座楼濒临滇池，"楼为三重檐，四攒尖顶，琉璃瓦覆盖，面阔17米，进深10米，占地面积170平方米。大观楼以四根通柱作为整座建筑的支撑点，底层正面有门八扇，两边开窗洞。楼有木梯盘旋而上，直达三楼。"⑤ 可以登高远眺滇池，以及傍依滇池湖畔的西山美景。

文献典籍最早记载大观楼的，要算徐霞客《徐霞客游记》中《游太华山记》的记载："出省城，西南二里下舟，两岸平畴夹水。十里田尽，葭苇满泽，舟行深绿间，不复知为滇池巨流，是为草海。草间舟道甚狭，遥望西山绕臂东出，削崖排空，则罗汉寺也。"⑥写出大观楼最早是滇池的草海，一片芦苇沼泽。明末清初顾祖禹《读史方舆纪要·云南纪要》载："西湖，在府城西。即滇池上游也。亦名积波池，俗曰草海子，又曰青草湖。周五里。蒲藻常青，为游赏之胜。"⑦点出大观楼毗邻滇池。明万历《云南通志》曰："西湖在府治西，周四里，即滇池上流，蒲藻长青，人多泛舟，俗呼为草海子。中

---

① 邱宣充，张瑛华等编著. 1992. 云南文物古迹大全. 昆明：云南人民出版社：36.
②③④ （民国）张维翰修. 童振藻纂. 1975. 云南省昆明市志（全）. 民国十三年铅印本. 台北，成文出版社：330-331.
⑤ 张增祺著. 1999. 云南建筑史. 昆明：云南美术出版社：264-265.
⑥ （明）徐霞客. 2009. 徐霞客游记. 北京：中华书局：394.
⑦ （清）顾祖禹撰. 贺次君，施和金点校. 2019. 读史方舆纪要. 北京：中华书局：4781.

有黔国莲池，扁曰：'水云乡'。"① 说明明清时大观楼就受到文士们的关注和载录。

西山龙门三清阁、达天阁

作为道士修道、祀神和举行宗教仪式场所的道教"宫观"（道宫和道观的合称），唐宋以后，随着统治者提倡道教，敕州祀奉老子，道观兴建形成高峰，道观大兴，道教宫观之制形成，并受中央王朝的控制。西山龙门三清阁、达天阁等道观的出现，说明道教的影响在云南加强。

西山龙门位于昆明市西郊太华山，北起三清阁，南至达天阁，是位于千仞峭壁上的道教石窟建筑群，以其"奇、绝、险、幽"在国内外享有很高的知名度。开凿于1781—1853年，历时72年，分别由吴来清、杨汝兰、杨际泰三人分三阶段组织众多石匠开凿。整个建筑群是在一块岩石上精雕细刻而成，构思奇巧，工艺精湛，令人叹为观止。

明代，云南兴建的道观规模更大，组群配合成为当时的风尚。如西山龙门三清阁，原为元代梁王避暑行宫，至明洪熙、宣德年间（1425—1435年），在世袭镇守云南的沐氏支持下，于山上大兴道观，形成一组气势非凡的群体建筑。因此明代日本诗僧机先在《梁王阁》云："碧鸡飞去已千秋，闻说梁王昔此游。"② 明代释禅诗歌《罗汉壁》也有诗曰："汉相征蛮遗故垒，梁王避暑有离宫。"③ 明末，徐霞客游太华山，称山上寺观"如蜂房燕窝，累累欲堕者"④。三清阁位于太华山南面罗汉山上，距太华寺两公里。罗汉山北连美女峰、太华峰，南接挂榜山万仞峭壁，峭壁下是浩瀚的滇池。这里山崖险峭是鞯，石峰嶙峋，"系一道教建筑群，包括灵官殿、老君殿等十三座木构宫观"⑤ 为九层十一阁的嵌壁建筑群，统称三清阁。

三清阁各个建筑高低错落，建在罗汉山与挂榜山之间的悬崖绝壁上，高出滇池水面三百多米。"三清阁初为元梁王避暑行宫，后废。明洪熙、宣德年间建寺，名海涯寺，亦因山名而称罗汉寺。明正德、嘉靖年间大修，新建若干道教宫殿，更名妙定寺。此后日渐扩充，清道光、光绪两次大修，奠定今日规模。"⑥ 清至民国年间，三清阁屡次修葺，但均保持了明清原有的道观建筑风格。关于"三清阁"还可参阅本书第二章第四节中"道观中的楼阁建筑"部分。

达天阁，在西山罗汉崖的峭壁上。"位于昆明西山风景区终端，由凤凰啣

---

① （明）李元阳著. 刘景毛，江燕点校. 2013. 云南通志：上. 北京：中国文联出版社：84.
② 张文勋选注. 2002. 云南历代诗词选. 昆明：云南人民出版社：43.
③ 昆明市文化局编. 2004. 历代诗人咏昆明. 昆明：云南美术出版社：141.
④ （明）徐霞客. 2009. 徐霞客游记. 北京：中华书局：395.
⑤⑥ 邱宣充，张瑛华等. 1992. 云南文物古迹大全. 昆明：云南人民出版社：38.

书处的旧石室至达天阁（龙门），全长66.5米，在绝壁上凿岩穿穴，镂石开窟，上接天风，下临滇池。"①由原生的岩石上雕凿而成，包括石坊、平台、石室。其中"石室雕有魁星、文昌、武帝及八仙、龙马等，窟外顶部浮雕南极仙翁"②以及观音坐像。观音像旁立有清道光年间（1821—1850年）刻的《重修慈云洞吴道士功行碑记》，记载了贫道士吴来清开凿石室的经过。吴道士为了积德行功，常在城郊修桥补路，以方便行人。后有人建议他在西山上峭壁上凿一条新石路，既可以代替铁索桥，避免危险，又可登临绝顶，寻幽访胜，别开洞天。于是吴道士欣然接受了这一建议，并认为这是对自己苦行的考验，从清乾隆四十六年（1781年）开始，14年如一日，完成了那条石廊通路。吴道士凿石通路的功绩，清代彝族诗人那文凤诗《赠吴道人诗二首》有记录"万钻千锤显巨才，悬岩陡处辟仙台"③"凿石还超炼石才，竟追盘古辟天台。"④

另外，石室外有方形平台及石栏，沿隧道石阶上，即至刻有"龙门"二字的石坊，入内，有石室为达天阁。阁内供奉有一尊魁星，提斗执笔，足踏鳌鱼，生动形象。其他门槛、香炉、台案、供瓶及游龙等，都是在崖石上精雕细刻而成，浑然一体。室外有月台，护以石栏，凭栏下视，为百丈之悬崖峭壁。达天阁"海拔2300余米，距滇池水面414米"⑤，于清道光二十年（1840年）至道光二十九年（1849年），由杨汝兰、杨际泰父子组织70多户石工建成。

海口里仁大村清真寺叫拜楼

元、明、清三代，随着大批回族穆斯林移民迁入云南，伊斯兰教也随之传入云南城镇、乡村有回族聚居的地方，形成凡所居之地皆建寺聚族礼拜的情形。大量回族进入云南定居起自元代，清真寺的兴建亦当以此为始。明时，回族的大批入滇，清真寺在云南更为广泛的地区兴建，凡回族所到之处，均设有进行宗教的教寺，发展至清，凡有回族聚居的城乡，几乎都有相当数量的清真寺陆续兴建，崇教兴学。云南的清真寺一般由寺门、叫拜楼、对厅、厢房、水房、礼拜大殿等组成。叫拜楼系四方形或六角形楼阁式木构建筑，多数三层或五层，是清真寺中的最高建筑物，为呼唤穆斯林进行礼拜而创建，如海口里仁大村清真寺叫拜楼建筑。

叫拜楼，又称宣礼楼，位于昆明西山区回族聚居的海口镇里仁大村里，

---

①② 邱宣充，张瑛华等. 1992. 云南文物古迹大全. 昆明：云南人民出版社：39.
③ 昆明市西山区地方志编纂委员会编纂. 2000. 西山区志. 北京：中华书局：643
④ 同③644.
⑤ 邱宣充，张瑛华等. 1992. 云南文物古迹大全. 昆明：云南人民出版社：39-40.

距昆明55公里。叫拜楼是用于召唤回族信众礼拜的建筑，在海口里仁大村清真寺建筑群中为最突出。该楼随寺"始建于清同治十年（1871年），咸丰年间毁于兵燹。光绪初提督马如龙捐款重修，光绪二十二年（1896年）扩建。寺坐西向东，……占地面积867平方米，平面布局且呈'品'字形，'品'字布局的突出部位叫拜楼，上层为六角攒尖顶、下层为歇山式殿堂，通高12米。"①为六通柱阁楼，单檐歇山顶，穿斗式梁架，砖木结构，梁柱彩绘，装修工艺水平较高，现今保存较为完好。登楼远望，里仁大村村舍、田野，周围山峰，远处滇池入海口一览无遗。

三、官渡区

螺峰孔子楼（凌云阁）和赐书堂（藏书楼）

儒学在云南境内的传播可以使云南人习礼让、知风化，促进云南社会风气的大转变，让仁、义、礼、智、信以及三纲五常成为社会意识的主流，并且又能为地方政治、经济制度服务。祭祀孔子的楼阁建筑形制明清时期已开始在云南境内出现，螺峰孔子楼（凌云阁）和赐书堂（藏属楼）就是一例。

螺峰孔子楼位于昆明官渡区螺峰村北，因供奉孔子塑像而得名"孔子楼"。又因"远而忆之，恍若凌空翻雪浪；近而俯之，自觉两袖泾秋露。"②，故亦名凌云阁。"楼为文明阁古建筑群组成之一。始建于明代天顺年间（1457—1464年），由镇抚沐瓒和镇守云南太监罗珪等捐资兴建。"③为官渡古镇每年春秋举行"丁祭"（农历二月和八月上旬丁日祭祀孔子）和科考乡试及道教举行"洞经会"的场所。民国初的新学亦创设于此。

孔子楼在"清顺治、康熙、雍正、乾隆年间都曾重修或扩建；光绪十三年（1887年）七月地震，孔子楼局部被毁，后重修。"④迄今，该楼为清末重修的建筑。整座楼为飞檐斗拱楼阁，"坐南向北，高10余米，占地350平方米。重檐歇山顶，面阔三间，通面阔12.8米，通进深12.5米，方形，二层，下大上小。"⑤楼前还有棂星门和东西两庑。孔子楼建筑现今保存完好。此楼自清末以来，已近百年，以用于教育者居多，故为官渡区内最早教育场所之纪念物。

赐书堂（藏书楼）坐落于官渡区螺峰村内，为一进一院两层楼宇，始建于清康熙后期，系王思训为纪念和贮藏清圣祖赐给他的书籍而建，故又名赐书堂。该赐书堂的兴建，与云南儒学兴盛，各地兴建文庙、书院之风兴盛有关，而赐书堂（藏书楼）作为文庙、书院必不可少的一个重要组成部分也广为建造。

---

① 邱宣充，张瑛华等. 1992. 云南文物古迹大全. 昆明：云南人民出版社：44.
② 官渡区地方志编纂委员会. 1999. 官渡区志. 昆明：云南人民出版社：725.
③④⑤ 邱宣充，张瑛华等. 1992. 云南文物古迹大全. 昆明：云南人民出版社：30.

赐书堂坐北向南，占地240平方米，重檐，悬山顶，属清代简朴的两层土木结构建筑。堂东邻桂香书院，南有筱阙里，前檐下原悬有"赐书堂"木质匾额1块，已遗失，后墙内，曾砌有石质碑记，录康熙帝赐书一事。惜因后墙年久失修，碑随墙坍落而碎，也遗失。

"赐书堂建成后，贮藏有康熙帝所赐之书及王思训在离京回乡时选购的'四部万卷'用以'饷导后进'。"① "王思训，字畴五，号永斋，昆明官渡人。曾受云贵总督范承勋聘，修编《云南通志》，后自著《滇乘》二十五卷，清康熙四十五年（1706年）登进士，入翰林院，曾任江西学政，后归故里。"② 自此，赐书堂成为各个时期传播文化的重要场所。而今石碑荡然无存，赐书堂建筑仍然保存完好，与孔子楼一起成为文明阁建筑群的一部分。

秀英村魁星阁

魁星阁，又名下阁楼。其为了倡导儒学教化而建。位于昆明官渡区秀英村东，始建于清代宣统三年（1911年），据说此地历来为乱坟岗，一片荒坟野冢，建此阁楼，目的是"培风镇邪"，转变民风、标榜忠臣义士、孝行和义友等一系列反映忠君、崇官、孝悌的道德行为，以促进社会风气的转变。初建时阁内又"魁星点斗"造像，20世纪初重修，没有恢复这一造像。

关于此阁的主建者，迄今学界争论不休，有的认为是乾隆年间告老还乡的翰林熊郅瑄，但该阁"始建于清宣统三年"，与熊郅瑄曾集资建盖下阁楼，是自相矛盾的，乾隆年间的人如何集资建盖宣统年间的阁楼？而在现存不多的有关熊郅瑄的史料中，没有任何他曾经建盖下阁楼的记载，加之熊郅瑄晚年确也曾捐资修筑凌云阁、筑路建坊，因而，由他集资建魁星阁的说法便附会而生。现今重修的魁星阁，为三重檐方形石木结构，"边长9.5米，高近16米，地基石砌，坐南朝北。"③ 檐下斗拱外托檐口，内接藻井。二层、三层四面檐下设檐廊。整座楼阁造型稳重挺拔、和谐秀丽，登临楼阁眺望，官渡古镇街市、村舍、田野、河流就像一幅水墨画，宁静、秀美。

四、呈贡区

大古城村魁阁

魁阁位于昆明市呈贡区老城城南古城村中。这是本村人赵凤兆在陕西褒

---

① 官渡区地方志编纂委员会. 1999. 官渡区志. 昆明：云南人民出版社：726.
② 邱宣充. 1999. 云南名胜古迹辞典. 昆明：云南科技出版社：16.
③ 中共昆明市官渡区委，昆明市官渡区人民政府编. 2006. 螺峰逝水：官渡古镇历史文化回眸. 昆明：云南美术出版社：107.

城任县知事时带回的图样，再由呈贡县（现为呈贡区）知县赵怀鄂于清嘉庆二十三年（1818年）十一月，主持修建而成。修建该楼阁的目的，为了儒学的传播，重儒兴教，旨在鼓励本村学子立德建功，用于祭拜魁神、倡导文运，祈求好运，寄托人民理想追求的强烈愿望。1922年复修。

现今的魁阁楼建筑为民国时期重修建筑。魁阁为"三重檐四角攒尖砖木结构建筑，高19.5米，坐北朝南，地基石砌，正方形，边长9.5米、高1.5米"①。其屋顶造型独特，线条流畅，陡面复翘，极像古代武士的头盔。整座楼阁造型较为罕见，登楼眺望，田野、村舍、群山、滇池均在视线范围内。这类楼阁建筑在云南地方古建筑中占有十分重要的地位。

化 城 穿 心 阁

在云南境内有一些单置楼阁，多设置在城镇十字街中心，是城镇的标志性建筑。元代后，云南城市建设多在城镇十字街中心设楼阁，其高大的形体，对街景和城镇的景观轮廓线构成起到重要作用。一般这种楼阁下层为砖砌墩台，墩下开十字穿心门洞或单向，形成过街楼的形式。在墩台上加筑腰檐，外形似楼阁底层上部多为木结构高台层楼的楼阁式建筑，楼身屋顶呈攒尖顶或歇山顶，穿阁而过，可通东西南北街道，如化城穿心阁。

穿心阁"建于清光绪五年（1879年），附近24村捐资兴建"②，"位于马金铺乡的古归化县城中心。……系三重檐四角攒尖顶建筑，高约20米，略成方形布局，东西长10.2米、南北宽9.8米，底层四面为街心通道，宽4.2米至4.3米。以16棵高大圆柱分布四角落间，各角以四根通柱通至顶端"③。而今，除阁楼门窗、扶手为新翻修外，其余建筑均保留了当年修建的样貌。

五、安宁市

曹 溪 寺 楼 阁

曹溪寺位于昆明安宁温泉以西龙山半坡上，相传是由唐代广东韶州曹溪口宝林寺六氏禅祖慧能来此地传布顿悟成佛的禅宗佛寺。汉传佛教之禅宗约于宋初传入云南，承南诏之盛，段思平建大理国后，年年建寺。安宁曹溪寺便建于此时期，成为当时云南境内一流的禅宗寺院。传说慧能和尚曾派弟子来滇传曹溪宗法，曹溪寺便成了衡六祖的法席，加之这里山川颇有韶州曹溪（慧能讲经处）之韵，建寺也似宝林寺之样。

---

① 邱宣充，张瑛华等．1992．云南文物古迹大全．昆明：云南人民出版社：52．
② 云南省呈贡县志编纂委员会编．1992．呈贡县志．太原：山西人民出版社：419．
③ 同①54．

整座曹溪寺建筑倚坡而建，与坡相倚相随，融为一体。背倚葱岭，濒临螳螂川，与韶关曹溪寺相似，于是命名曹溪寺。主殿宝华阁正面供奉"西方三圣"（阿弥陀佛、观音菩萨、大势至胁侍），壁后供奉"华严三圣"（释迦牟尼、文殊菩萨、普贤胁侍）木雕像，1956年经全国佛协副会长周叔伽鉴定，乃宋代遗物。曹溪寺"从西向东，占地面积2370平方米，依山势而建，可分为3个平台，逐台递升。沿中轴轴线上，依此有山门、天王殿、大殿、后殿，以及大殿月台南北两侧的配殿、廊房、钟楼、鼓楼等建筑。"① 布局严谨，错落有致。

据相关记载，其"始建于宋大理国时期（1127—1253年），后渐荒废。明嘉靖三十一年（1552年），僧人道成在众人赞助下，就原基础仿朱元风格重建。清同治八年（1869年），再毁兵灾；光绪七年（1881年）'住持续慎募修'。大殿为重檐歇山式，黄琉璃瓦顶，梁柱以斗拱为支撑点，全系木结构。柱头低矮，建筑高度与建设面积比值较小，整座殿堂稍呈扁形。"② "大殿基座高1.5米，设石阶11级，……通面阔12.3米（5间），通进深11米（5间），明间、次间均设有格扇门，四周为外走廊，……屋顶举折较陡，翼角起翘大，出檐深远。平梁上不用蜀柱，用枋木层层叠垒，以承托脊檩。……在大殿的上下檐间正中，设有一圆孔，直径41厘米。相传，每逢甲子的二、八月十五日夜，若天气晴朗，月光透过大殿上的圆孔，直射殿内佛像的额头，随着月亮冉冉升起，月光沿佛像鼻梁徐徐下移至佛像肚脐为止。这就是被称为'天涵宝月'或'曹溪映月'的奇观。"③ 大殿前左右两侧有优昙和古梅阁一株，其树龄为元代所植。尤其这株优昙花树，明代杨慎的《宝华阁记》有载录："岂若优昙琪树钵落宝华，天宫分种而难时，星劫寻声而未见。"④ 将其视为佛花。祥瑞所钟，褒扬道成精通佛法。

崇祯十一年（1638年）十月，徐霞客游览曹溪寺后在其《徐霞客游记》里也有记载："党生因引余观优昙树，……其高三丈余，大一人抱，而叶甚大，下有嫩枝旁丛。闻开花当六月伏中，其色白而淡黄，大如莲而瓣长，其香甚烈而无实。"⑤ 这株优昙花树，后遭砍伐，直至清初，原树根上又发新枝，康熙三十三年（1964年），范承勋专门为这株新发的优昙树建了护花山房，加以精心护养，存活至今。

曹溪寺"祖灯重耀，法鼓再朗"⑥ 后，吸引了不少文士，前来诵读"庄介

---

① 安宁市文物志编纂委员会编. 2007. 安宁市文物志. 昆明：云南民族出版社：54.
② 王明生主编. 1996. 云南寺庙塔窟. 昆明：云南科技出版社：14.
③ 同①54－55.
④ 安宁县地方志编纂委员会编纂. 1997. 安宁县志. 昆明：云南人民出版社：880.
⑤ （明）徐霞客著. 2009. 徐霞客游记. 北京：中华书局：457
⑥ 安宁县地方志编纂委员会. 1997. 安宁县志. 昆明：云南人民出版社：881.

遗碑"（指杨慎所写两碑，在其辞世后，学术界私谥之为"庄介"）。《徐霞客游记》中记述游寺诵读"庄介遗碑"的情形："余初欲入寺觅圣泉，见殿东西各有巨碑，为杨太史升庵所著，乃拂碑读之，知寺中有优昙花树诸胜，因觅纸录碑，遂不及问水。……二十七日晨起，寒甚。余先晚止录一碑，乃殿左者，录未竟，僧为具餐，乃饭而竟之。有寺中读书二生，以此碑不能句，来相问，余为解示。"① 说明"庄介遗碑"很受文士的热捧。

八 街 庆 云 楼

庆云楼位于昆明安宁市八街镇，又名青云楼、魁星阁，是为祭祀神灵，保佑来年连年丰收而建，有景秀庆云之意。祭拜功能较为强烈。修楼资金由村里集资修建。"楼建于清代，南向，占地面积25平方米。三重檐攒尖顶，高约12米，二、三层楼壁绘有壁画，底层前后门各有石刻楹联一对，完好无损；东壁上有记叙建置庆云楼情况的'八景街序碑'一块。"② 目前该楼阁式建筑保存较为完好。构成一个独立的竖向标志景点。

六、富民县

款庄李子树村魁阁

清代，在云南的许多地方，对魁星的传播与修建魁星阁热情丝毫不减。魁星阁用于祭祀魁神，祈求好运，文运顺畅，兴建资金由村里主事文人牵头按各家贫富分摊。据说旧时逢七月初七，附近私塾先生和学生都要到此祭拜魁神，以求文星高照。

款庄李子树村魁阁位于昆明市富民县款庄乡李子树村南，始建于清康熙四十三年（1704年），该阁坐东朝西，"为三进两院，总面积1718平方米。有山门、魁阁、中殿、后殿、左右厢房组成。后殿面阔三间，进深一间，为单檐歇山顶，中殿、左右殿为一楼一底建筑。"③ "魁阁平面正方形，边长12米，四攒头、三重檐、土木结构。台基用青石条砌成，门前置石狮一对。"④ 阁内抱头梁、穿插枋、垫枋等木雕精美。现今建筑为1983年县人民政府拨款修建，仍保持原貌。

---

① （明）徐霞客著. 2009. 徐霞客游记. 北京：中华书局：457.
② 邱宣充，张瑛华等编著. 1992. 云南文物古迹大全. 昆明：云南人民出版社：71.
③ 同②77.
④ 云南省富民县志编纂委员会编纂. 1999. 富民县志. 昆明：云南人民出版社：645.

七、嵩明县

白龙桥魁阁

白龙桥魁阁,其修建方位选取一般村中的最佳位置。其建筑形制特点取决于村中文人的爱好,建设资金由主事文人按照各户贫富情况分摊,可见白龙桥村人对魁神的祭拜和对文运的期待。

白龙桥魁阁始建年代不详,据民国《嵩明县志》载:"祖师殿,县东南三十里小猴街(今白龙桥,作者注。),清同治十年士民重修。"① 楼阁"位于四营区北龙桥村,阁坐东向西,与后面的祖师殿为同一建筑,为正方形,三重檐建筑。一层边长7.3米,中层边长5.6米,上层边长3.9米,各层均无回栏,上下阁楼用楼梯从阁内连接。高约20米。"② 阁内置楼梯方便上下,阁楼底层设格扇门,外、中、上层四面皆设有斜纹梅花槛窗,属典型的道教建筑阁楼。魁阁基本保存完好。

圆通寺魁阁

圆通寺魁阁"位于小街乡小街中心小学内,和圆通寺组合为一个建筑群,坐西向东,为四角攒尖顶三重檐正方形建筑。共三层,一层正面为一圆形拱门,是进出通道,二层背面是古戏台。一、二层边长10米,三层边长7.8米,有回栏。阁楼楼梯制作特殊,位于左侧,围绕一根直径约40厘米的直立圆柱旋转上下,楼梯踏板为扇形,所以又称转阁楼。"③ 有关此阁的建造年代,据清光绪《续修嵩明州志》载:"圆通寺在州东二十里,宋时建,明正德年重修。"④ 该阁楼遗存建筑为光绪七年(1881年)由村民捐资重修。建盖目的为振兴儒学,教化学子,祈愿文运通畅。

文庙魁星阁

魁星阁作为嵩明文庙建筑的重要组成部分,被灵活地布置在文庙大成殿主体建筑院落的周围,成为学子们祈祷、祭拜的对象,寄托对理想信念的强烈愿望。体现了当地人重教崇儒、实行教化,促使民风民俗的变化。

魁星阁位于县城黄龙山脚下嵩明一中门前东侧,为嵩明县文庙建筑群遗存的唯一古建筑。"清康熙八年(1669年)州守刘巽修理文庙,并创建魁星、

---

① (民国)李景泰倡修. 陈治孙总校修改. 2009. 嵩明县志//凤凰出版社编选. 中国地方志集成·云南府县志辑15. 南京:凤凰出版社:279.
② 邱宣充,张瑛华等编著. 1992. 云南文物古迹大全. 昆明:云南人民出版社:88.
③ 同②94.
④ (清)薛渭川. 2009. 光绪续修嵩明州志//凤凰出版社编选. 中国地方志集成·云南府县志辑15. 南京:凤凰出版社:22.

文昌二阁。康熙四十二年（1703年）知州雷御龙捐金首倡移建魁星阁于文庙左，又移明伦堂于魁星阁后。清乾隆十四年（1749年）嵩明州刺史邱肇熊倡导迁建于现址。楼阁经历道光十三年（1833年）强烈地震，依然无损，可见结构之精密。县人民政府于1984年拨款重修。"① 魁星阁"座（应为坐，作者注。）北向南，正方形，为四角攒尖三重檐建筑，攒尖有宝顶，翘角有吻兽。下层边长10.85米，中层边长8.8米，上层边长6.7米。中下层均有回栏和隔扇门，下层装有椭圆形木格窗，中、上层装有长条形木窗。"② 各层之间均有楼梯上下。具有典型的清代建筑风格，且壮丽辉煌，气势巍峨。

八、宜良县

草甸魁阁

草甸魁阁属单独修建的魁阁，坐落于"宜良县城西部15公里，草甸乡草甸街东侧200米处，清道光四年（1824年）建"③。用于祭祀神灵、倡导文运，祈求好运，以寄托当地人的理想追求。建筑资金由主事文人按各户贫富情况摊派。该阁楼"为三进木结构建筑。一进山门：单檐歇山四攒尖顶，开间7米，进深7.35米。第二进：魁阁二重檐四攒尖顶，面阔10.5米，进深11.80米。基座条石镶砌，高80厘米。阁通高10.62米，楼阁四面装有梅花格扇窗，障水板上有人物、山水浮雕。阁脊正中置陶葫芦宝顶。距阁8.7米处为后殿，面阔五间18.7米、进深7.35米，单檐硬山顶、穿斗式梁架。左右建陪殿各两间，面阔6.30米，进深4.45米。殿阁建筑严谨，雕刻精湛。"④ 而今，整座阁楼建筑保存较为完整。

玉龙村魁阁

玉龙村魁阁建于清嘉庆十三年（1808年），位于昆明宜良南盘江东岸狗街镇玉龙村，其魁阁修建有讲究，建筑方位选取村落最佳位置，楼阁建设资金由主事文人按各户贫富情况分摊。建阁为方便村民祭拜魁星，祈求文运顺畅，获取功名。魁阁坐北朝南，为穿斗式木结构建筑，"面阔7米，进深5米。阁距山门约4米，金刚座基，高1.2米、方形，二重檐攒尖顶，通高8.56米，进深7.12米。建阁捐修功德碑两通，镶在下层的东、西山墙内侧。阁前有月台，南北长3.9米、东西宽7.1米、高80厘米。阁设计独特，结构奇异，支撑阁顶的5根2米长童柱，角上4根托于斗拱翘上，中间一根悬于空中，左

---

① 邱宣充，张瑛华等编著. 1992. 云南文物古迹大全. 昆明：云南人民出版社：95.
② 同①94.
③④ 同①105.

右用撑木托于四角童柱上"①，其建造技艺精湛为当时少见。

文庙文明坊、尊经阁

作为地方乡镇文庙的宜良文庙文明坊、尊经阁建筑，其建筑的规模建制，既遵从中原文庙建构形制布局的规定，又有地方民族文化的创造。

文庙文明坊、尊经阁，为宜良文庙建筑的重要组成部分。宜良文庙，即雉山学宫，位于宜良县城西北隅（今匡远镇中心），据《宜良县志》载：文庙"旧建立在县治正南雉山，正中大成殿五楹，前为露台，东西两庑各七楹，前为戟门，楹前为泮池，再前为照壁，左右列'德配天地''道冠古今'二坊，前列文明坊。……明宏（'宏'应为'弘'，作者注。）治间（1488—1505年）始设学。正德四年（1509年），知县于志纲创建于城西教场之左，八年（1513年），迁于城内守御所之右。"②"文庙原在城南雉山，始建大成殿于天启四年（1624年）直至雍正十一年（1733年）先后五次扩建、重修。乾隆五十年（1785年）十月，迁建文庙于今地。"③ 其文明坊，位于雉山学宫（也称黉宫，即文庙）内，"乾隆五十年（1785年）十月，知县李淳以黉宫向北非宜，倡阖邑绅士改建于城内西北隅，昔雉山书院之址。外为照壁、泮池、圜桥，文明坊共三间。左门曰'德配天地'、右门曰'道冠古今'，中建棂星门石坊三间，东为名宦祠，西为乡贤祠，中为大成门五楹，东庑七楹，西庑七楹，中为露台，周以石栏，上为大成殿五楹。计高三丈四尺五寸，深四丈一尺，宽七丈二尺五寸。"④檐楹榱桷，峻整宏敞。

尊经阁，又名魁星阁，取"尊圣崇经"之意。"在雉山学宫后。清乾隆十二年（1747年），知县张日旼率阖邑绅士捐建。五十年（1785年），知县李淳因黉宫改建，即将魁星阁改为尊经阁。"⑤阁为方形飞檐斗拱式三重檐四攒尖顶建筑，琉璃瓦屋面。进阁有石阶7级，一层后嵌置乾隆十年（1745年）知县李淳摩孔子69代孙孔继涑书大学（《诗经》）并拜赞辞序碑。该阁现存建筑为1925年重修建筑。

文明坊、尊经阁建筑沿文庙南北中轴线建造，布局严谨，集坊、阁、小桥流水、石雕、碑刻、木雕为一体，古朴典雅、主从分明，前后呼应，体现了儒家"天下大同"和"集大成于一体"的理念。现存文明坊、尊经阁等建筑有元明建筑的特点。

万 福 寺 楼 阁

从中唐至宋、元，汉传佛教在云南处于鼎盛时期，其寺院建筑遍布云南

---

① 邱宣充，张瑛华等编著. 1992. 云南文物古迹大全. 昆明：云南人民出版社：102.
② 许实编. 郑祖荣点校. 2008. 宜良县志点注. 民国十年（1921年）版. 昆明：云南民族出版社：140.
③ 同①100.
④⑤ 同②141.

各地。形成无山不寺，无寺不僧的局面。作为宣传汉传佛教宗教信仰的万福寺楼阁建筑，表达了重教宣教的遗迹。

万福寺，位于宜良"县城西22公里之汤池镇西，居涌金山顶，西临阳宗海"①。另"据杨升庵咏《万福寺》诗，可推知当建于明嘉靖前，至今已400余年，清道光十二年（1832年），宜良地震，建筑倾圮，现存寺宇重修于咸丰之年（1851—1861年）。寺有前后殿各3间，进深12米，配殿各3间，均为悬山抬梁式结构。"②该寺计有山门牌楼、大雄宝殿、天王、观音、地藏等四合五天井建筑，又有土主殿、戏台、望海楼等。

山门牌楼为万福寺建筑的一个组成部分，"位于西北部山脚，坐南朝北，……为三门四柱式二重檐四攒尖钢混结构仿古式牌楼建筑。宽、高均约8米，两侧巧妙地与寺院管理房搭配，给人一种三重檐的视觉效果"③。壁柱、梁枋及其他细小构件上运用的雕刻、彩绘、装饰都丰富多彩。现存山门牌楼为1992年修复建筑。

山门牌楼北边为土主殿，"殿坐北朝南，单檐悬山抬梁式土木结构建筑。面阔3间12米"④。土主原是古代彝族、白族中流行的巫教教神主，对象为本民族始祖头人、英雄志士，或原始崇拜残存的木石山精，专设土主殿供奉。万福寺土主殿内供奉的正是人、神合一的木雕粗康宝神像，对研究云南巫教具有重要意义。

位于涌金山顶的为大雄宝殿、天王、观音、地藏等四合五天井建筑。"大雄宝殿建于1.5米高的金刚基座上，殿前廊后檐，有8级玉带如意踏跺与主天井相连，殿为单檐悬山抬梁式土木结构建筑，……面阔、进深皆3间，12米见方。"⑤疏朗、庄重的明代建筑风格较突出，其金包银墙头亦颇具南方建筑特色。在大雄宝殿东、西两侧，还建有观音殿、地藏殿，而天王殿南面为一块空地，明代僧人读存于此创建望海楼，可惜楼已毁。由此西望，阳宗海湖光山色，尽收眼底。

草甸土官村土主庙戏台（楼）

草甸（旧属今澄江市）土官村土主庙戏台，为宜良草甸土官村土主庙建筑之一。元、明时代为土官驻地，故名土官村。土主庙位于宜良县城西16公里处，"土主庙，在阳宗城西门外。邑人以时祭祀"⑥。始建于元代，明清时期多次重修，其主体建筑土主殿为悬山抬梁式结构，供奉"烟光景帝"（土主神）。

---

①② 邱宣充，张瑛华等．1992．云南文物古迹大全．昆明：云南人民出版社：98．
③ 郑祖荣，刘伟主编．2006．宜良文存．昆明：云南民族出版社：590．
④⑤ 同③592．
⑥ 梁耀武主编．1995．县志两种．昆明：云南人民出版社：137．

戏台（楼）位于土主庙对面，始建于清康熙年间。关于修建戏台（楼）的目的、缘由、修建者以及修建过程，在《清康熙戏台碑记》均有详细载录："独是戏，则戏耳。而新建台于烟光景帝之庙前何耶？因阖境之雨阳时、人物安，皆帝之所默相也。乡人崇奉，轮奂庙制，当花朝望人，恭逢圣诞，相与酌水献花，刲羊殪豕，修齐庆祝，若翼五谷丰、六畜盛，更若翼予以福、锡以禧。各村之盛会不一，见寄之歌唱，妆以傀儡；游人如蚁，士女如云，熙熙攘攘，诚斯境之一会也。但会非戏则聚不久，聚不久则情不畅。然戏非台亦何足观？因村、营之远近不一，抬搭维艰，由是乡人会议，相工师、度木材，经营以建之。台成，名曰祈丰。"① 碑记记录了戏台（楼）为祭神酬神娱神而建，是由乡人集体讨论拟定修建方案，并集体集资兴建。该戏台（楼）单檐、三面敞开，为土主庙的附属建筑。每年二月初八仲春，当地民众在戏台唱戏酬谢土主神（烟光景帝）带来四季平安，风调雨顺。

九、石林县

大屯村万仙阁

大屯村万仙阁位于石林鹿阜大屯村西南，"始建于清光绪四年（1878年），清光绪十七年尹开阁起义失败后，被总督王文绍派张绍漠到路南（今石林县）焚毁，这在《路南县志》中有记载："在城西大屯村，杰阁重楼，丹青土木，极一时之盛，光绪辛卯年有曲靖廪生潘荣贵在其中降象扶扎，妖言惑众，酿成巨祸，因而焚毁。"② 为使民风民俗得以改变，1940年万仙阁周边的新则村、冒水洞、大屯等十八村寨百姓捐资重建万仙阁。目前遗存下来的万仙阁建筑，基本保留的是1943年重建的建筑。该阁现存三层六角形木结构阁楼，琉璃瓦屋顶，有翘角，"墩座直径10米，高17.4米，整个阁架用16棵通天柱支撑，前后左右有横梁斜撑连接平衡，周围均为木雕，工艺精致、结构复杂，造型独特，外有石牌坊一座"③。"坊高约6米，全用白石建成，四柱三门，三盖二重檐，中门上部和左右之间镌刻方块横匾"④，是石林县目前仅存的唯一一座阁楼。

文庙大成殿

文庙大成殿位于石林县城文庙内。"文庙始建于明嘉靖三十五年（1556

---

① 周恩福主编. 2006. 宜良碑刻. 昆明：云南民族出版社：179.

② （民国）马标总纂. 杨中润纂辑. 2009. 路南县志//凤凰出版社编选. 中国地方志集成·云南府县志辑14. 南京：凤凰出版社：253.

③ 昆明市路南县彝族自治县志编纂委员会编. 1996. 路南彝族自治县志. 昆明：云南民族出版社：815.

④ 同③823.

年），署州事同知周耿兴建。"① 路南（今石林县）因地处偏僻，道路艰险，诸生苦之，山箐之民闵不知学，不识衣冠作何状。当地为弘扬尊孔昌文的人文精神，也为祈求本乡本土出现进士、举人等人才以光宗耀祖、光耀乡里，因而兴建文庙且祭祀香火长年不断。这种做法虽有迷信思想作祟，但其实人们更为看重的是地方文化的昌盛，这在学使邓元岳的《始建路南州学宫记》里亦有记载："而路南故隶澄江，自成化间改设流官。地绝僻，什一依山箐而居，闵不知学。其颖者绍通章句，籍博士往往寄他庠。厥后益多，道路跋涉，诸生苦之，而山箐之民，亦竟不识衣冠作何状，则何繇顾化。……万历丙申，钟君应麟来守是邦，图之三老，咸以为建学。便上其议于视学使者，两台疏请于朝，得报可。越辛丑而竣役，不倭受成焉。"② 于是明万历丙申，钟应麟任路南（今石林）州郡时提倡扩大修建学宫（文庙）规模"凡所创者：曰先师庙，曰明伦堂，皆五楹；曰尊经阁，曰敬一箴碑亭，曰启圣祠，曰文昌宫，曰乡贤祠，曰名宦祠，皆三楹；泮水、戟门、斋舍、衙庑、莫不备。其蔚然钜丽之观矣。"③ 由此，文教始兴。

金廷献的《重修路南州学宫记》亦说明张皋谟、金士敏、徐炜麟、钟应麟等修建的事迹，以及敬捐薄俸修建大成殿等楼宇的情况曰："及本朝鼎定之初年，又得张公皋谟重新之。而金君士敏、徐君炜麟，辛丑并举孝廉钟、张二公，后先辉映，皆大有造路南也。……于辛卯岁敬捐薄俸，而学厅绅士均欣然为之助，即农家之慕义者，亦争相趋事。"④ 而"大殿（大成殿）始建于明嘉靖三十五年（1556年），万历二十四年（1596年）重修，清康熙五十年（1711年）续修。"⑤ 该楼宇柱头出梁，斜撑上顶挑梁底，下立于柱中，前廊屋面起轩，曲面流畅高敞，檐下斗拱成网状，斜拱附圆版，做工、用料显粗糙。青瓦屋檐，屋顶四角飞檐，是目前石林文庙现存建筑。

第二节　与昆明市楼阁相关的文学作品及作者

与昆明市楼阁建筑相关的文学作品，主要有碑记、诗歌、楹联等作品。这些被选录于此的作品，均是明清至民国时期与楼阁建筑相关联的碑记、诗歌、楹联等遗存作品，有被相关地方文献所载录的，有的目前还仍流传于民间，还需作进一步的采集。现今被查实的楼文学作品遗存在本书第二章有

---

① 昆明市路南县彝族自治县志编纂委员会编. 1996. 路南彝族自治县志. 昆明：云南民族出版社：813.
② 梁耀武主编. 1995. 府志两种. 昆明：云南人民出版社：470.
③ （明）刘文征撰. 古永继点校. 王云，尤中审订. 1991. 滇志. 昆明：云南教育出版社：692.
④ 梁耀武主编. 1995. 府志两种. 昆明：云南人民出版社：493.
⑤ 邱宣充，张瑛华等. 1992. 云南文物古迹大全. 昆明：云南人民出版社：116.

记录和分析的除昆明市西山区大观楼，西山华亭寺的观音楼、撞钟楼、藏珍楼、藏经楼，西山太华寺的望海楼（碧万顷楼），邛竹寺的华严阁，五华区圆通寺的圆通胜境楼（坊），宜良县文昌阁，石林县文昌阁相关的对联、诗歌作品外。其余与昆明市古代楼阁相关联的作品下面将分区、县、市地区作详细补充分述。

一、盘龙区

与真庆观盐隆祠戏台（楼）相关的文学作品及作者如下。

1. 碑记

周叙《真庆观记》。碑记为明代侍读学士周叙所撰。该《真庆观记》碑疑明代宣德年间立。开篇讲述沐英儿子黔国公沐晟同弟弟都督公沐昂世代镇守云南的功勋："太傅黔国沐公偕弟都督公以世勋镇云南，绥怀夷落，民物丕阜，顾瞻东城，实为通衢，朝廷诏命之颁布皆于是，奉迎朝臣使节之临莅皆于是。出入非有崇宫邃宇，不足以壮上下之伟观。乃即真武旧祠思新而大之，而难其人。"① 即为了安抚少数民族聚居之地的民众，使民情风俗更淳厚，并推动云南道教的发展，也为了诏命之所、奉迎使节之所能壮上下之伟观，将真武旧祠改建为真庆观。接着叙说邀请长春刘真人弟子道士蒋日和主持兴建真武殿、真庆阁："遂命耆民诣长春观，请长春刘真人弟子道士蒋日和主之。日和至，揭虔妥灵，夙夜不懈，募材鸠工，经营劼勋，中建真庆殿，而峙真庆阁于其后，凡门庑、藏殿之制一时具举。"② 然后叙说刘真人（刘渊然）将其旧所龙泉道院龙泉观改名为真庆观的缘由及经过。最后说明刘真人的弟子邵以正、范勤裕来谒，对道教的着力宣传，认为道教在昆明的繁兴，离不开这些人的努力。于是作者记录下了真庆观兴造之由与易名之故。

周叙《重建真庆观记》。《重建真庆观记》碑立于明代宣德六年（1431年），该碑现嵌在昆明市真庆观紫微殿后墙上。碑记开篇再次复述了沐英儿子黔国公沐晟同弟弟都督公沐昂世代镇守云南的功勋："太傅黔国沐公偕弟都督公以世勋镇云南。"③ 以及为了诏命之所、奉迎使节之所能壮上下之伟观，将真武旧祠改建为真庆观的直接原因："绥怀夷落，民物丕阜，顾瞻东廊箕真人谪滇南栖息之处，朝廷诏命之颁布皆于是，奉迎朝臣使节之临莅皆于是。出入非有崇宫邃宇，岂无洞天郡城之异位。"④ 描述了对重建工作的主持者蒋日和"夙夜不懈，募材鸠工，经营劼劳，忠心笃志，慕道恒诚"⑤ 的业绩。真庆观门

---

① （明）周季凤纂修. 2000. 正德云南志//方国瑜主编. 徐文德，木芹，郑志惠纂录校订. 云南史料丛刊：第六卷. 昆明：云南大学出版社：505-506.

②③④⑤ 同①506.

庑、藏殿之制的一时具举，成为昆明地方道教盛行的风气之会。真庆观这座诏命之所、奉迎使节之所的扩建使得道教在昆明的振扬，"日以滋行，日以茂"①。再叙刘真人（刘渊然）将其归所住龙泉道院龙泉观改名真庆观的经过。后刘真人让弟子邵以正、范勤裕来谒宣扬道教，其教之显是卓著的。该记的末尾记录了募缘扩建真庆观的道人有叶润英、金守清、冯道善及参与修建的信官、梓匠、镌匠、石匠、镇抚、本观主持、道人等。

金问《真庆观兴造记》。碑记作者系明代太常少卿兼翰林侍读学士金问所撰。碑立于明正统九年（1444 年）。碑文记录了道士蒋日和扩建真庆观的经过，并详细描述了扩建的真庆观建筑构成："乃攻石累土，大其前殿，夹以两庑，障以重门，像设尊严，器用周备，而四帅轮藏各安其所，跂翼翚飞，照耀林壑，盖地当风气之会，而岩姿川艳，扶揖拱卫，复然先圣之清都也。"②

2. 作者生平事迹简介

周叙（1392—1452），字公叙，号石溪。明代江西吉水人。永乐进士、选庶士。先后任编修、侍读、南京侍讲学士。有《石溪文集》行世。

金问（1370—1448），字公素，历任司经局正字、翰林修撰、礼部右侍郎。精通星历之学，魏晋笔法。有《耻庵集》《青杨集》《桂芳集》传世。

二、西山区

（一）与大观楼相关的文学作品及作者

1. 诗歌

自清代以来与大观楼相关的诗歌作品比较多，除本书第二章第一节列举的许希孔的《秋晚登大观楼》、孙清元的《春日泛舟近华浦示座中诸客》、朱庭珍的《大观楼》等诗作外，还有以下清代至近代的诗歌作品：

（清）傅之城《登大观楼》。清人傅之城的这首《登大观楼》描写诗人登大观楼的所见："阴阴众绿柔，来上大观楼。树拥山光尽，波摇野气浮。摩云双见塔，近海一维舟。岸帻凭栏处，风烟入望收。"③ 诗歌先写远景——绿树、山光、水波、野气、双塔，再写近景——小舟聚港。同时运用"拥""摇""浮""见""维"等动词，由静而动，妙趣横生，将视觉的远近感受淋漓尽致地呈现了出来。

（清）孙髯《大观楼》。这是诗人孙髯继《大观楼长联》后写的一首登临大观楼，倚楼观景之作："月光拨作海门潮，屋涌椒兰水可淘。半夜神灯波上

---

① （明）周季凤纂修. 2000. 正德云南志//方国瑜主编. 徐文德，木芹，郑志惠纂录校订. 云南史料丛刊：第六卷. 昆明：云南大学出版社：506.
② 同①505.
③ 昆明市文化局编. 2004. 历代诗人咏昆明. 昆明：云南美术出版社：73.

走，三春画桨镜中摇。笔床茶灶宜青草，酒市溪村接板桥。听唱竹枝来小咏，醉看塔影忽双漂。"① 这里诗人孙髯用"月光""海门""屋""椒兰""神灯""镜""笔""床""茶""灶""青草""塔影"等一系列具体可感的形象，营造出大观楼与周围自然景色（月、海、草）、人文环境（酒市、溪村）相映衬的逸兴诗情，余味无穷。

（清）段时恒《暮秋泛舟近华浦同朱巨斗》。诗歌描写诗人与友人泛舟大观楼所看到的暮秋景象以及由此引发的联想和情怀："西风落叶送残秋，乘兴还为水国游。万倾波光龙气静，一痕江影雁声浮。村墟白界芦花岸，城市青连杜若洲。喜对光庭怀郭李，从来人世有仙舟。"② 该诗首联描摹了秋天的景象——西风、落叶、松残，以及诗人乘兴游览滇池的情景。颔联继续写景，写出诗人眼中所见的江影、雁声、波光中似乎都有一种"龙气"浮泛。颈联中的村落、芦花岸边，由景及人，令人想起杜光庭。尾联记述蒙学囊泰杜光庭，被村民们立庙祀之。全诗尽展大观楼周边秋天的景致。另外，段时恒还写有一首《登大观楼》，见本书第二章第一节，这里不再赘述。

（清）卢夔《近华浦秋泛》。诗歌描绘了诗人昔日与友人在雨过天晴、秋高气爽之际泛舟大观楼的观感："翠屏霎时雨初收，霁色全开入镜浮。渺渺帝乡从北望，滔滔昆水更西流。芙蓉半落惊秋晚，鸥鸟闲盟忆旧游。一瞬沧波浑不尽，归帆证雁两悠悠。"③ 诗中第一、二句写远景：站在大观楼上眺望，雨后，远处的碧鸡山犹如一道翠色屏障，雨后天晴，天空现出蓝色，美景重新浮现出来。第三、四句仍写远景：从北边望去那是悠远的京城方向，滔滔的滇池水经由海口西出螳螂川，北折注入金沙江。第五、六句抒情：先点明莲花半落，已进入晚秋，再用《列子》中"鸥鸟閒盟"典故暗示忘却了一切朝廷事务。最末两句再次写景：以一瞬间沧波森森，滇池湖面上点点帆船已经归返，大雁已排成两行正飞往远方。全诗境巧意凡，滇池美景跃然在目。

（清）谢琼《大观楼题壁》。此诗系清代昆明人谢琼所写，叙述诗人自己登临大观楼凭栏眺望，美景充溢眼帘，浮想联翩，寄情述怀。"凭栏披满大王风，气象全收入座中。西去水声奔万马，北来山势卧长虹。楼台一带开烟雨，烽火千年冷段蒙。几度酒酣难落笔，上头题句有髯翁。"④ 首联中的"大王风"借用宋玉《风赋》中宋玉回答楚襄王的一段对白"此独大王之风耳，庶人安得而共之"的意思，说明倚靠在大观楼上迎面吹来的都是"大王之风"，已分

---

① 昆明市文化局编. 2004. 历代诗人咏昆明. 昆明：云南美术出版社：65.
② 同①67.
③ 张文勋选注. 2002. 云南历代诗词选. 昆明：云南人民出版社：655.
④ 昆明市文化局编. 2004. 历代诗人咏昆明. 昆明：云南美术出版社：69.

不出四季气象。颔联描绘了大观楼的远景：西面流淌的水声似万马奔腾，北面的山势好像一条长虹横卧着。颈联由景述史，记叙了大观楼一带的烟雨，就如历经千年烽火的大理国段氏和南诏国蒙舍诏氏。尾联描写了大观楼的近景：诗人几度陶醉于酒酣之中，恍惚间只看清大观楼长联题句有作者孙髯。诗歌写景抒情，情真意切，旷达豪放。

（清）王毓麟《近华浦泛舟》。诗歌尽展诗人王毓麟泛舟大观楼的感受："柳花如雪杏花殷，共放扁舟下钓湾。脆管哀丝浑聒耳，闲依舵尾看青山。"① 这首诗用平淡的语言描摹了在大观楼泛舟的情形，将柳花如雪、杏花赤红的静态之景，与脆管哀丝的杂乱刺耳的动态之景相接，连同作者闲依舵尾沉浸于青山美景的感受融为一体，耐人寻味。

（清）范仕义《游近华浦登大观楼与漱园同作》。清人范仕义的这首唱和诗记叙了诗人自己与友人同登大观楼并泛舟的情形："凌空缥缈驾飞楼，俯视沧波倒海流。风卷云涛天半落，山横金碧座中收。十年路绕江湖梦，八月凉生芦荻秋。怀抱但从高处展，同君万里豁双眸。"② 该诗首联着力点染大观楼凌空缥缈、俯视沧波的雄姿。颔联再次凸显大观楼风卷云涛，与东郊的金马山和西郊的碧鸡山相伴。颈联中的"十年路""江湖梦""八月凉""芦荻秋"等感叹人生的不易。尾联寓景于情，寄托了诗人对建设美好家园的期待。诗歌笔调怡然自得，潇洒超脱。

（清）徐士珩《大观楼》。诗歌作者描写了在大观楼划船荡桨、登楼远眺的心绪和情感："箫管笙歌结胜游，湖山莽荡醉中收。斜阳远水喧青雀，碧树轻烟罩白鸥。荡桨伊谁思靖武，飘蓬有客赋登楼。茫茫千古情何寄，灵运归来月满头。"③ 首联写出人们伴着箫管和歌声结伴游览大观楼，凭楼眺望滇池湖水、西山美景都沉醉在酣畅淋漓的酒水中。颔联进一步写远眺之景：在斜阳的笼罩下青雀、碧树、白鸥、轻烟历历在目。颈联细写在大观楼畔划船荡桨的情景以及有客赋诗表达登楼的心绪。尾联寄情，望着眼前的情景，诗人不免联想起千古情怀，而展现在眼前的却是月光撒满头之感。

（民国）赵藩《大观楼》。"近华浦上大观楼，高压滇南十四州。此日篱边何限事，凭栏无语对闲鸥。掀翻蒙段劫余灰，金碧丹青壮丽开。都在孙髯凭吊里，更谁楼上赋诗来。"④ 诗歌首联点出"大观楼"所在地明代称为近华浦，清代大观楼名振滇南十四州。颔联写诗人凭栏看着悠闲的海鸥，联想起法国

---

① ② 昆明市文化局编. 2004. 历代诗人咏昆明. 昆明：云南美术出版社：71.
③ 华宁县志编纂委员会. 1994. 华宁县志. 北京：中华书局：541.
④ 张维翰修. 童振藻纂. 1975. 云南省昆明市志（全）. 民国十三年铅印本. 台北：成文出版社：333.

人修筑滇越铁路和英国人侵占片马、江心坡的史实。颈联进一步叙说唐代统治云南的是蒙氏、宋代是段氏的历史，喻含推翻清政府、建立共和国的理想。尾联指明孙髯撰写的大观楼长联中早已预示封建制度的必然灭亡，表达了诗人对推翻帝制、走向共和的期盼。

（民国）陈荣昌《大观楼怀古》。这首怀古诗叙写作者重游大观楼，眼前的风物已变，元代梁王宫、明代沐英别墅荒瘠、云南名人郭舟屋和四川状元杨慎之升庵祠渺茫，感叹朝代更迭，世事变迁，唯有大观楼和滇池风光依旧。"十年重此泛游航，眼底亭台尽改张。风物自随时世变，情怀却为古人伤。梁宫沐墅都荒瘠，舟屋升庵亦渺茫。惟有湖山依旧好，白鸥飞过水云乡。"[①]首联点明诗人十年后重游大观楼，登楼观景，周边亭台已不是当年的亭台。颔联紧接着首联的叙述。由景及情，写出风物随世事在变，自己的情绪亦随古人而伤感。颈联进一步联想到云南的梁王宫和沐墅都已荒寂，而它们各自的主人早已成为过眼烟云，附近的郭舟屋和滇池另一畔的升庵祠在诗人眼中亦变得很渺茫。尾联任凭想象的驰骋，再次细写眼之所及的湖山依旧是原来的模样，几只白鸥飞过水云间。

（民国）袁嘉谷《春日游大观楼》。此诗是云南经济科状元袁嘉谷在春季游览大观楼是写下的诗篇。"鹤背仙犹兰，螺舟渔自眠。斜风送花舫，春水碧如天。"[②]此诗用"鹤、螺、舟、风、花、水、天"这七种具体可感的形象衬托出大观楼四周、上下的景象，再用"兰、碧"来描摹色彩，大观楼的美妙也就不言而喻了。全诗把大观楼春天的美景进行了尽情描摹，表达了诗人对美好生活的期待和向往。

（民国）刘崇雅《登大观楼放歌》。该诗述说了诗人泛舟大观楼所看到的景象，以及触景生情的情状："滇海一色五百里，倒催青天落杯底。波心缥缈飞楼开，扁舟荡入明镜里。红阑干外玻璃光，烟含绿树飞鸳鸯。五华云气浩来往，西山尽翠洞冥茫。湖山可望不可辨，遥天一气浮青苍，昔年兵火乱南诏。名区毁尽悲红羊，逯来乱定远重见，巍峨练宇临中央。眼前兴废急于鸟，何况千古论沧桑，君不见梁王宫阙，荒荒土割据段蒙。何足数汉然山高，与水清俯仰碧鸡。成今古秋草凄迷，秋柳衰西风遥落。近华浦间情安得，似渔樵斜阳烟外。"[③]这首诗一开篇描绘登楼远眺所看到的情景：滇海（滇池）五百里，青天落杯底（海里）。滇池一片渺茫，看不见尽头，看得到的只是滇池里的零星扁舟，太阳照射的玻璃光线，和在绿树间飞来飞去的鸳鸯。远处的西山笼罩在云气里，翠洞冥茫，湖山不可分辨。接着诗人笔锋一转，遥看天空

---

①②③ 张维翰修．童振藻纂．1975．云南省昆明市志（全）．民国十三年铅印本．台北：成文出版社：333．

与雾气浮在葱绿的树林，此情此景，令诗人回想起昔日兵火致使南诏统治的昆明城混乱不堪，大观楼被焚毁，后兵患平定，重修的大观楼又重新屹立在滇池畔。不论是当年的梁王宫，还是曾割据一方的段蒙政权都成为今古衰落的秋草、秋柳，只有大观楼似滇池的渔夫、斜阳、烟云依在，悠闲自得。整首诗将大观楼的景致、修建历史、昆明的历史——道尽，情与景有机交融，耐人寻味。

2. 楹联

（清）王继文大观楼楹联。这副楹联是清康熙二十九年（1690年），云南巡抚王继文主持修建大观楼时拟撰的。"突兀见楼台，到此开怀，洗净俗尘几许；晶莹连水月，自他补耀，应增智慧三分。"① 该联把大观楼楼台的高耸呈现于人们眼前，登上高楼凭栏远眺，就可以忘记和洗净尘世的烦恼和污垢，夜晚，楼阁四周水光月色，晶莹剔透是一幅水月相映的清幽图景。"几许""三分"用词委婉、含蓄。将兴建之由和意义尽数道出，这与清代人舒藻的《重建大观楼碑记》里说的意思很一致："朝廷简王公继文抚滇，政通人和，世界重新，巡察四境，问民疾苦，省耕观稼，舟过浦岛，相度地势，堪为公余憩息之所。"②

（清）阮元大观楼楹联。此联原悬挂在揽胜阁，系阮文达公题大观楼旧联。"陶隐居有楼三层，至其下，处其上；黄叔度若波千顷，浑不浊，澄不清。"③ 该联因景而思人事，讲了两个典故：上联用"陶隐居"比拟"大观楼""有楼三层"；下联以"黄叔度"比拟滇池"若波千顷"。以联明理，极富启发和教益。此联借景寄情，表达阮元这位封疆大吏欲建功立业之志向，说此联是一幅述志联也不为过。

（清）孙髯《大观楼长联》。大观楼长联为清末文人孙髯所作并书，此联木刻，旧刻行书悬于三层楼上，几经兵焚兵燹，后刻为光绪十四年（1888年）戊子春三月云贵总督岑毓英重修大观楼时，又命剑川学士赵藩重新楷书书写，并请匠人镌刻，重新立于大观楼下，梁钜章《楹联丛话》收录。其长联原文："五百里滇池，奔来眼底。披襟岸帻，喜茫茫空阔无边！看：东骧神骏，西翥灵仪，北走蜿蜒，南翔缟素；高人韵士，何妨选胜登临。趁蟹屿螺洲，梳裹就风鬟雾鬓；更蘋天苇地，点点缀些翠羽丹霞。莫辜负：四围香稻，万顷晴沙，九夏芙蓉，三春杨柳；数千年往事，注到心头。把酒凌虚，叹滚滚英

---

① 王兴麒. 1999. 云南风景名胜楹联选. 昆明：云南美术出版社：11.
② 中国人民政治协商会议昆明市委员会编. 2006. 昆明诗词楹联碑文集粹. 昆明：云南人民出版社：176.
③ 同①12.

雄谁在？想：汉习楼船，唐标铁柱，宋挥玉斧，元跨革囊；伟烈丰功，费尽移山心力。仅珠帘画栋，卷不及暮雨朝云；便断碣石碑，都付与苍烟落照。只赢得：几杵疏钟，半江渔火，两行秋雁，一枕清霜。"[1] 这一长联迄今仍悬挂于大观楼。

上联写景：先写远景，"五百里滇池，奔来眼底""喜茫茫空阔无边"；再用比喻手法写滇池边的四座山峰——东骧神骏（东郊的金马山似金马奔驰）、西翥灵仪（西郊似凤凰起舞的碧鸡山）、北走蜿蜒（北郊似虫子蠕动的长虫山）、南翔缟素（南郊似仙鹤在起舞的白鹤山）；然后用拟人手法写滇池中的小岛"趁蟹与螺洲"，风中的垂柳"梳裹就风鬟雾鬓"，水草和芦苇"更蘋天苇地"，以及翠绿羽毛的小鸟和灿烂的红霞"翠羽丹霞"；最后写了滇池岸边稻田里飘香的稻谷、万顷沙滩、婀娜的莲荷、依依的杨柳——"四围香稻，万顷晴沙，九夏芙蓉，三春杨柳"。将浩渺茫茫的滇池湖水，四面山峰，湖内岛屿，不同季节的风物，层次鲜明，浓淡相宜的色彩，一一凸显出来，缘情写景，托物寄情，情与景交织成一幅诗意葱茏、风景绚丽的画卷。上联横向联想，从空间大处着笔，登楼远眺，极目周边美景，给人流连万象的美感。

下联述怀：以"想"字引出下文，形象地概括了云南的四件历史史实：汉武帝为开辟西南到印度的通道，在长安凿湖操练水军；唐中宗派兵征服洱海地区，立铁柱以记功；宋太祖将西南划在界外；忽必烈率大军，筏皮囊，横渡金沙江，征服大理国。将历代封建统治者视为过眼烟云，如傍晚的雨、早晨的云一般的短暂，就连记功的断碣残碑也倾颓于暮霭夕阳中，发出"滚滚英雄谁在？"的质问，各个朝代尽管"费尽移山心力"，赢得"伟烈丰功"，但转眼间便成了夕阳下的残碣断碑，只留下"几杵疏钟，半江渔火，两行秋雁，一枕清霜"，从而表达出诗人对封建统治者的怀疑和抨击，预示着封建王朝必然衰亡的规律。同时也流露出诗人的落寞情怀。下联纵向联想，追古思今，充满了忧患意识，寄托着不胜感慨之情，体现出一种苍凉的意境美。《大观楼长联》还可参阅本书第二章第一节中"登高述志，写意寄情"部分。

（清）宋湘大观楼楹联。大观楼和华原阁，两座楼阁耸立于滇池畔，孙髯翁的长联和净乐的长联两相呼应，共同见证着云南的历史和辉煌。大观楼、华原阁不幸于咸丰七年（1857年）毁于兵燹，而后，华原阁再未重修。大观楼于同治五年（1866年）由马如龙重修，并将原陆树唐草书的孙髯翁长联以拓片重刻，同时，选用当朝诗人宋湘的诗"千秋怀抱三杯酒，万里云山一水

---

[1] （民国）张维翰修. 童振藻纂. 1975. 云南省昆明市志（全）. 民国十三年铅印本. 台北：成文出版社：332.

楼"①作为短联挂于大观楼后，长联、短联迄今仍悬挂在大观楼。这副楹联字数不多，却将酒、云、山、水、楼这些实景与"千秋、三杯、万里、一"等悬殊的数量既对比又有联系，融巨细、虚实为一体，将旷远的景象、慷慨的情怀淋漓尽致地展现出来。它和孙髯的长联交相辉映，成为大观楼的又一令人难忘的景致。

（清）马如龙大观楼楹联。"曾经沧海难为水；欲上高楼且泊舟。"②上联引用唐代元稹《离思》中"曾经沧海难为水，除却巫山不是云"句，意借元稹诗歌颂滇池海面宽广、大气磅礴的气势；下联表达泊舟登楼，眼望滇池，池中泛舟之景，往往会激起豪迈之情。楹联简洁、贴切、自然。令人回味无穷。

（清）舒绍舆大观楼楹联。"群贤毕至乐无涯，有酒，有诗，有画；老子于斯兴不浅，此山，此水，此楼。"③上联"酒、诗、画"三字写出大观楼自修建以来吸引众多文人骚客在此开怀畅饮、吟诗作画。下联使用互文的修辞手法，"有酒、有诗、有画"，皆因面对着"此山、此水、此楼"。用语精炼、简明流畅。全联充满一种欢畅热烈的情绪。

（民国）赵藩大观楼楹联（一）。"士女嬉游，更无风雨妨佳日；古今依旧，唯有江山极大观。"④该联原悬挂于揽胜阁，已毁。上联"士女"指明是青年男女，"无风雨妨佳日"说明青年男女在大观楼游玩可以尽情嬉戏，风雨无阻。下联点出时代更迭，不变的只是那壮丽的江山。字里行间满是热爱生活的积极乐观精神。

（民国）赵藩大观楼楹联（二）。"滇池非即昆明池。误认战习楼船，元人殊陋矣！汉县原为谷昌县。上溯疆开筚路，楚跞实先之。"⑤此联作者赵藩对有关古代昆明池方位、"昆明"地名出现年代、最早开发昆明的人物等说法中的讹误进行了辨证。赵藩指出，人们把陕西西安的昆明池误认为是云南昆明的滇池，而不知汉朝时的"滇池"实际上是指云南大理的"洱海"；"昆明"最初是居住在我国西南边陲的一个古民族的名称，又称为昆弥、昆狝，后来派生为地名；最早开发昆明的是战国时期的楚人庄跞。该联上联订正"滇池"名称的讹误。下联考订"昆明"的沿革。赵藩将其对昆明地理、历史相关考证归纳后撰成联语，以联述史，对企图蚕食鲸吞我中华、淆乱史实、制造分裂、妄图将云南从中国版图中分割出去的无耻行径是有力的反击。这是一副通过考证地名来表达爱国情怀的楹联。

（民国）陈昌荣大观楼楹联。陈昌荣在1932年写作了这副大观楼楹联："仆本恨人，吞大海一沤，焉得洗胸中块垒；谁非乐土，卧高楼百尺，也应游

---

①② 王兴麒. 1999. 云南风景名胜楹联选. 昆明：云南美术出版社：12.
③④⑤ 同①13.

梦里华胥。"上联抒发了作者的失意抱恨和愤懑之情：面对军阀争权夺利、地方政要生活奢侈糜烂、生灵遭到涂炭，民众处于水深火热之中的现实，自己无力旋乾转坤，只能心痛叹息。下联述说作者想要忘记民众疾苦，摆脱现实，就只有去自己的梦里寻觅了。这是作者登临大观楼抒发自己忧国伤时、寄寓梦想的一副楹联。

（民国）陈古逸大观楼楹联。"螺髻浮青山卧佛；鲜塍漾碧道生孙。"[①]该联悬挂于大观楼的催耕馆，上联描绘了滇池西山的远景：宁静的西山好似一尊卧佛，卧佛的发髻青青，形如大小螺壳，漂浮在滇池水面。下联描写大观楼周边的近景：碧绿的田野晶莹润眼，色彩鲜明。楹联着墨不多，却远近有别，一明一暗、一动一静，景致清雅。

（民国）王灿大观楼楹联。生于清末的王灿，曾在民国时期写有大观楼楹联："朝云起雨，暮霭飞烟，世事古今殊，只余无恙西山，随时在目；雪浪吞天，风涛卷地，英雄淘泻尽，为问倒流滇水，何日回头？"[②] 王灿，在上联中将写景与述志相结合，先写景致"朝云起雨，暮霭飞烟"，再述志"世事古今殊，只余无恙西山，随时在目"，流露出对时代变迁的不适和郁闷之情。下联情景交融，用"雪浪吞天，风涛卷地"喻指社会的变革，以及作者自己面对变革所持的态度——"何日回头？"抒发时不我待，应当奋发有为的思想。

（民国）李坤大观楼楹联。"海自依城，闻长五百里；尊常对月，时共两三人。"[③]

上联"海"指滇池，"依城"说明滇池紧临昆明城，"闻长"即听说，"五百里"指出滇池范围之大，达五百里。下联写出作者时常与两三个友人一起，在大观楼上赏月对饮，其景致和感受妙不可言。

（民国）由云龙大观楼楹联（一）。"与岳阳、黄鹤相衡，一样雄奇，各有大名垂宇宙；揽昆海、碧鸡之胜，同来眺赏，莫将佳日负春秋。"[④]该联挂在大观楼前，上联写出大观楼的不凡地位，可以与岳阳楼、黄鹤楼相提并论。下联突出大观楼总揽滇池、西山所有美景，感叹不要辜负此番美景和大观楼的美名，都来登临，尽情游赏吧。将大观楼的不同寻常处点出。

（民国）由云龙大观楼楹联（二）。"依然明媚山川，苍狗白云，人世几回伤往事；自笑婆娑风月，绿蓑青箬，江湖满地一渔翁。"[⑤]上联引用唐代诗人刘禹锡《西塞山怀古》中诗句写景，尽显大观楼清晨青烟笼罩、白云舒卷、山川明媚多娇的景象。下联再用杜甫《秋兴八首》中的句子寄情：人间行路艰难，往事不堪回首，不如做一个不闻世事的渔翁——作者的心绪情志尽出。

[①③④⑤] 王兴麒. 1999. 云南风景名胜楹联选. 昆明：云南美术出版社：14.
[②] 同[①]15.

用语不多，引用贴切、自然。

（民国）周荃大观楼楹联。"泛滇池五百里春波，系缆登高，此浦郁葱归画里；醉太华十二峰明月，凭栏眺远，斯楼突兀立尊前。"① 上联描绘了诗人于春天在五百里波光粼粼的滇池泛舟，而后登临大观楼，有种置身画中的感觉。下联说，站在船上，凭栏远眺，太华十二峰皆被明月所笼罩，而大观楼突兀地伫立在滇池畔。该楹联用全新的视角——滇池里正在迎风破浪的船上，描绘滇池的波光、太华十二峰、明月、大观楼组成的令人神往的景象。

（民国）张自明大观楼楹联。"沙鸥狎人去住；云海荡我心胸。"② 上联写出大观楼畔人与鸥和谐相处的情景，意蕴出自杜甫"自去自来梁上燕，相亲相近水中鸥"③。借以说明飞临大观楼的沙鸥与人类亲密接触，协调融合，物我两忘；下联化用杜甫《望岳》中诗句"荡胸生层云"④，点明滇池水面宽阔，碧水浪卷，云霞满天，美好的景致，可以让人心胸宽广，郁闷之气皆可一扫而空。

佚名大观楼楹联（一）。"何处诉离思，秋水苍葭人宛在；怎能伸别绪，春帆细雨客归来。"⑤ 上联先直抒胸臆，表达对远行之人的思念之情，并化用《诗经·秦风·蒹葭》"秋水伊人"诗句渲染出秋水深深、芦苇茫茫，清雾散开，村落渔舍、近水远山，渐次分明的滇池美景。下联绘景：春帆细雨中，眺望远行的归舟，但总不见思念的人出现，再次借杜甫诗句"春帆细雨"，倾诉绵长的情思。而作者是谁？不得而知。

佚名大观楼楹联（二）。"渔舍晓烟消，长啸一声天地阔；野航初日起，乍传逸响海山青。"⑥ 上联再现了渔民出海捕鱼的情景：渔村烟火、雾气已散，一声令下，渔民扬帆出海，开始了一天的捕鱼劳作。这番景象是如此富有生活情调和意兴。而下联进一步点出滇池里捕鱼的人们说笑、升帆，弄桨声由远及近，海面热闹、耀眼，充溢着诗情画意。但作者不可考。

佚名大观楼楹联（三）。"色即是空，空即是色；诗中有画，画中有诗。"⑦ 全联运用顶真手法，把"色""空""诗""画"四种物象构织成一幅充满禅意的图画，将大观楼的空灵、着色所形成的诗画交融的禅境凸现出来，引人入胜。

佚名大观楼楹联（四）。"金碧古传妙香国；楼台恰在彩云乡。"⑧ 该联悬挂于大观楼涌月亭里。上联指明昆明的金碧佛寺自古就流传特妙的香气；下联描绘了大观楼沐浴在彩云间似真似幻的景致，引人入胜。

---

① 王兴麒. 1999. 云南风景名胜楹联选. 昆明：云南美术出版社：15.
② 同①16.
③ 萧涤非，程千帆，马茂元等. 1983. 唐诗鉴赏辞典. 上海：上海辞书出版社：512.
④ 同③419.
⑤⑥⑦⑧ 王兴麒. 1999. 云南风景名胜楹联选. 昆明：云南美术出版社：15-16.

佚名大观楼楹联（五）。"明月清风谁是主？高山流水几知音。"① 全联用典故尽展大观楼是倾诉情感、寻找知音的最佳场所。但作者是谁？一无所知。

3. 作者生平事迹简介

许希孔，生卒年不详，字集成，昆明人，雍正元年癸卯恩科解元，官至工部右侍郎。其诗格律严谨，语言峻拔。其著述不详。

孙清元（？—1813），字仁甫，仲初，号菊君。云南呈贡人，道光甲辰举人，候选同知。著有《抱素堂诗存》。

朱庭珍（1846—1911），字筱园，云南石屏城关人。清光绪戊子科举人，举孝廉。才思敏捷，工诗能文，尤其对顺治、康熙以后各家诗集，妙领神悟。其诗妙笔崎峣，诗味隽永。著述有《穆清堂诗集》《穆清堂诗续集》。朱庭珍对历代诗家均有研究，并善于取众所长，补己之短，对诗歌创作有自己独到的见解，他的《筱园诗话》就是对后人颇有启迪的诗论专著。

傅之城，生卒年不详。字容安，昆明人。清雍正诸生。作诗多但不传稿。

孙髯（1685—1774），字颐庵，号髯翁，晚号蛟台老人，祖籍陕西三原，少时随父亲到云南担任武官，后一直留居云南直至终老于弥勒。终生为布衣。其诗作仿唐、明，多气韵沉雄，音节浏亮而不拗口。乾隆间，为昆明大观楼题写的长联，令其享誉世界，被后人尊称为联圣。曾收罗前代滇人诗歌作品，编选总集。遗著大部散佚，仅留有蜚声国内的《大观楼长联》《永言堂诗集》《金沙江诗草》残本。目前只有《滇南诗略》载录其存诗20首。

段时恒，生卒年不详，字立方，号七峰，云南晋宁人。乾隆己酉（1789年）拔贡。其诗想象诡奇，充满浪漫气息。著有《寄情小草七律》一卷、《鸣凤堂诗稿》十卷，《鸣凤堂诗稿外稿》一卷，均有其生平事迹载录。

卢夔，生卒年不详，字官汝，号凤岗。昆明人，乾隆间岁贡生，官至平彝县训导。其诗沉雄苍凉，似诗史，有"杜意"。辑有《金碧诗隽》等。

谢琼，生卒年不详。字石朧，昆明人，清嘉庆戊辰（1808年）举人，曾任云南禄劝县教谕。著有《彩虹山房诗钞》。

王毓麟，生卒年不详。字匏生，昆明人，清嘉庆庚午举人。著有《兰尾轩诗钞》。

范仕义（1785—1865），字质为，号廉泉。云南保山人，清嘉庆甲戌进士，官如皋知县。著有《廉泉诗钞》。

徐士珩，生卒年不详。号蓉村。清道光五年（1825年）选拔仕至桂西太平府知府。有奇气，善书法，工吟咏。有《痴道人庵诗草》传世。

赵藩（1851—1927），字樾村、介庵，别号蝯仙，晚年号石禅老人。白

---

① 昆明市西山区地方志编纂委员会. 2000. 西山区志. 北京：中华书局：649.

族,云南剑川人。清光绪元年(1875年)举人,官至四川盐察使,辛亥革命前弃官回籍,并为云南独立效力,1913年当选众议员,入京主持临时议会,后回滇,支持蔡锷的护国运动,不久任广州军政府交通部长,1920年任云南省图书馆馆长。工诗词,是民国初年滇中名家。著述丰富,主持编纂《云南丛书》等,有《初集》、《向湖村舍诗二集》、《向湖村舍文集》、《小欧波馆词抄》、《鹪巢识小录》、《介庵金石书画题跋》10卷、《介庵书札》30卷等。

陈荣昌(1860—1935),字小圃,号虚斋,晚号困叟,别号遁农,云南昆明人,光绪八年(1882年)乡试中举,次年成进士,授翰林院庶吉士。光绪十四年(1888年)以翰林院编修出任贵州学政。1896年乞终养回滇,总办云南团练。1897年任经正书院主讲,1900年任经正书院山长,1906年出任贵州提学使,一年后回滇,1908年任云南自治总局局长,云南教育总会会长,1910年任山东提学使,1911年称病辞官避居上海,后回滇闲居。陈氏在诗、古文、词方面均有较高造诣,且工书善画。生前著述甚多,已刻印的有《改过篇》一卷、《明夷子》二卷、《二艾遗书》二卷、《虚斋诗稿》十五卷、《桐村骈文》二卷、《砚石录》十五卷、《滇诗拾遗》六卷、《东游日记》等。

袁嘉谷(1872—1937),字树五,号澍圃,晚年自号屏山居士,云南石屏人。1891年离开石屏至昆明师从陈子潘、张竹轩,22岁入经正书院研习。1903年6月,应经济特科试,列一等一名,授编修,是云南唯一的状元。1904年7月赴日本考察学务、政务,著有《东游日记》四卷。1905年8月回国,任史馆协修,1909年9月,升任浙江提学使,1911年辛亥革命离浙归滇。1912年5月应蔡锷之聘任省参议员,1915年应唐继尧之聘为顾问,并修《云南丛书》,在东陆大学(云南大学)执教15年。主编《滇文丛录》,曾在文渊阁中辑录《四库全书》中有关滇人的文献,如抄录谢肇淛《滇略》、沐昂《沧海遗珠》等。主持编撰《云南图书馆图书目录》二编。其著述有《卧雪堂文集》二十二卷、《卧雪堂诗集》十二卷、《卧雪堂联语》、《东陆诗选》、《云南大学诗选》十卷等。

刘崇雅,生卒年、生平事迹及著述均不详。

王继文(1633—1703)[①],字在兹,汉军镶黄旗人,自官学生授弘文院编修,清顺治十一年(1654年),迁兵部督捕副理事官。顺治十二年(1655年)考选御史,巡按陕西。康熙二十年(1681年),代辟为云南巡抚,其间主持修建大观楼。康熙三十三年(1694年),擢云贵总督。其生平事迹在《清国史馆传稿》《中央研究院历史语言研究所内阁大库档案》皆有记载。《云南府志》卷二十一艺文六收录有王继文撰写的碑记九篇。其著述不详。

---

① 关于王继文的出生年,学术界有争议,笔者采用郭鑫全《云南名胜楹联大观》和王兴麒《云南风景名胜楹联选》中的说法。

阮元（1764—1849），字伯元，号云台，江苏仪征人。1789年进士，入翰林院庶吉士，乾隆五十四年（1789年）授翰林院编修。1793—1795年，提督山东学政，1798年返京，升户部左侍郎，1801年后，先后赴湖南、浙江、江西、两广任巡抚、总督，道光六年迁云贵总督、体仁阁大学士，1838年致仕，返扬州定居，1849年去世。诗文多是记游题咏之作，工整清丽，但缺少现实意义，流露出一种华贵气派。其著述有《擎经诗集》《皇清经解》等。

梁绍壬（1792—?），字应来，号晋竹，钱塘人。清道光辛巳科举人。能承家学，工诗文，学问渊博。官至内阁尚书。著有《两般秋雨庵诗》《两般秋雨庵随笔》，在近代笔记中自成一家。

宋湘（1748—1826），字焕襄，号芷湾，广东嘉应（今梅州）人，清嘉庆间进士。曾先后官至云南曲靖、广南、顺宁知府，护理迤西道、有政声、擅诗文。著有《不易居斋集》《红杏山房诗文集》《丰湖漫草》《续草》等。

马如龙（1832—1891），乳名阿五，原名席珍，字云峰、现彩，讳如龙。建水回龙人，回族。出身忠良世家，青年身体魁梧，好武艺，乡试武庠第一，授予武生，咸丰六年（1856年）参加回民起义，同治元年（1862年）受照抚，获署临源总兵衔，此时昆明发生事变，昆明大乱，藩台岑毓英派人星夜持书到建水，向马如龙告急，要他们告兵言和，马如龙引军回省城，与岑毓英密谋，惩戒马荣，并解省处死。清廷传旨嘉奖马如龙，令署云南提督，赐"效勇巴图鲁"称号，去世后其生平战绩国史馆已立传，以嘉忠荩。《清史稿》有其事迹载录。其著述不详。

舒绍舆，生卒年不详。昆明人，其余生平事迹及著作均不详。

陈古逸（1865—1941），原名度，字古逸，别号琴禅居士。云南泸西人。清光绪年间进士。历任云南都督府谘议官、云南造币厂厂长、代理富滇银行监督官等职。工于诗词，曾与宋嘉俊、李坤等成立诗社——莲湖吟社，诗社积诗数百首，经杨高德、朱庭珍精选，编撰成《莲湖吟社稿》传世。

王灿（1881—1949），字惕山，晚号石桥居士，昆明人。早年留学日本，辛亥革命后回国，历任云南军都督府法制编修，云南陆军讲武堂教官，云南大学、云南五华学院教授，政法学校校长，省秘书长，省高等法院院长，国民政府最高法院推事。1916—1919年在北京创办《共和新报》和《谠言》。后任《云南丛书》《云南通志》编审。王灿虽从事司法，但对文学诗词尤为喜爱，有较深造诣，辑录《滇八家诗选》《滇六家文选》《滇骈文钞》《滇南楹联丛钞》（后附他创作的楹联）。曾译介日本学者古城贞吉的《中国五千年文学史》，本人著作有《知希堂文钞》《知希堂诗钞》等。晚年编写的《家国恨》在昆明有影响。

李坤（1866—1916），字厚安，又字雪园、栎生，号雪道人，云南昆明人。清光绪二十九年（1903年）癸卯科进士，选庶吉士。奉调回澳，任高等学堂副办，铁路会办等职。辛亥入京，授编修。著有《思亭诗文钞》。

由云龙（1876—1961），字夔举，号定庵，云南姚安人，清光绪年间举人，肄业于京师大学堂。留学日本。辛亥后，曾先担任永昌知府、盐运使和代理省长等。新中国成立后曾任省政协副主任委员。主撰《姚安县志》，诗歌集《定庵诗存》《定庵诗话》《定庵诗话续编》《越缦堂日记》《东游日记》《北征日记》《幻缘记传奇》等。

周荃（1882—1919），字楚香，云南昆明人。光绪二十九年（1903年）癸卯科举人，检选四川盐运大使。后任成都中学校长。民国后任云南省议员、法政学校学监等职。著述有《昨非诗集》四卷、《政见喻言》等。

张自明（1884—1939），字智庵，别号浑庵，云南龙陵人。宣统己酉投考云南讲武堂，毕业乙班第一期。曾追随李根源、蔡锷、罗佩金任上校参谋长抚循边氓，护国之役率师援川。1929年回滇，先后任麻栗坡对汛督办、马关县县长。举办公益，捐俸为之。1939年因积劳成疾卒于昆明。其为诗宏肆健直，有66首，与词五阙。腾冲李根源为录入《永昌府文征》，并与王选瑾诗合刊为《龙陵二子诗》行世。

（二）与西山龙门三清阁、达天阁相关的文学作品及作者

1. 楹联

（1）三清阁楹联。

佚名楹联（一）。"时出云烟铺下界；夜来钟磬彻诸天。"① 刻于三清阁山门牌坊石柱外侧。由于三清阁修建在西山罗汉崖上，悬崖绝壁，上仰青天，下俯滇池，人们到此会有脱离尘世、飞升仙境之感。楹联内容与三清阁之位置极为吻合。上联着力描写了三清阁云雾飘逸，大地时隐时现，阁楼脚下是碧波万顷的滇池和广阔的昆明坝子的景象；下联描写夜幕降临，万籁寂静，三清阁的钟声清远悠长，响彻云霄。楹联写景状物，摹声传情极为贴切。

佚名楹联（二）。"置身须向极高处；举首还多在上人。"② 此联系三清阁山门牌坊石柱内侧楹联，写出龙门的高、险气势，极富寓意，就实写景又深含人生哲理：站得高，才能看得远，不能骄傲自满，目中无人。

佚名楹联（三）。"春水船如天上坐；秋山人在画中行。"③ 此联悬挂于三清殿前，用比喻手法描写三清阁建筑春秋两季美景：春天，人们从滇池坐船往来三清阁，就像在仙境中游玩；秋天，人们登临三清阁，仿佛在画中行走。

佚名楹联（四）。"极目太华高，偌大乾坤撑半壁；荡胸滇海阔，无边风

---

① 王兴麒. 1999. 云南风景名胜楹联选. 昆明：云南美术出版社：33.
②③ 同①34.

月依层楼。"①此联着力描绘了太华山的高峻。三清阁建在太华山半壁上，是一座依壁而立的空中楼阁，站在阁上俯视，滇池如此广袤充溢眼帘，与楼阁相伴的还有无边的风月。楹联写得逸兴横飞、气势磅礴。

佚名楹联（五）。"浮光跃金，静影沉璧；层峦耸翠，飞阁流丹。"②此联挂于灵官殿门两侧。这是一幅集句联，上联出自宋代范仲淹《岳阳楼记》："浮光跃金，静影沉璧；渔歌互答，此乐何极！"③下联出自唐代王勃《秋日登洪府滕王阁饯别序》："层台耸翠，上出重霄；飞阁翔丹，下临无地。"④楹联描绘了灵官殿静卧于沉璧，周边被郁郁葱葱的三峰包裹，只有飞阁还很清晰。从其远近、高下、虚实、动静等多角度极力渲染殿宇幽深、神奇、旷远、静寂之美。

佚名楹联（六）。"石级有尘清风扫；洞天无锁白云封。"⑤楹联说明地处昆明的三清阁因得天独厚的气候条件，而拥有石级清风扫，洞天无锁、白云来封的奇景。

佚名楹联（七）。"千寻危磴盘苍霭；半壁飞楼瞰积波。"⑥此联悬挂于玉皇阁门两侧，意思是：登上三清阁楼宇需要攀登千磴台阶，登临半壁飞楼可以俯瞰烟波浩渺的滇池美景。作者用"高""危"二字点题，再用衬托手法，以苍霭（苍茫云雾）衬托千寻危磴（一线云梯），以积波（浩渺波涛）衬托半壁飞楼，极言三清阁的"高"和"险"。

佚名楹联（八）。"半壁起危楼，岭如屏，海如镜，舟如叶，城郭村落如画；况四时风月，朝暮晴阴，试问古今游人，谁领略万千气象；九秋临绝顶，洞有云，崖有泉，松有涛，花鸟林壑有情；忆八载星霜，关河奔走，难得栖迟故里，来啸傲金碧湖山。"⑦这是三清阁三清殿的一副楹联，共 84 个字。上联主要写景，先描摹了山岭如屏，滇池如明镜，行舟如树叶，城郭、村落如画的美景，点出三清阁依太华山半壁而建，山岭似屏障，而该阁脚下滇池似面大镜，风帆似树叶洒满海面，周边村落和城郭美如画，引得游人流连忘返；接着描绘了四季的清风明月，早晚晴雨交替、变幻离奇的气象。下联主要是抒情：九月秋季，洞壁有云，山崖有泉，松涛阵阵，花鸟林壑都被衬得情感外溢，连在外为官、羁旅之人也会常常挂念故乡的这些美景。以此来抒发作者远走他乡，依恋故土的情感。寓情于景、情中见景，让人浮想联翩、平易中含有深情。

---

①②⑤⑥ 王兴麒. 1999. 云南风景名胜楹联选. 昆明：云南美术出版社：34.
③ （宋）范仲淹著. 李勇先，王蓉贵校点. 2002. 范仲淹全集. 成都：四川大学出版社：195.
④ 高文，何法周. 1997. 唐文选（上）. 北京：人民文学出版社：42.
⑦ 王兴麒. 1999. 云南风景名胜楹联选. 昆明：云南美术出版社：36-37.

(2) 达天阁楹联。

(清) 赵鹤清楹联。"举步艰危,要把脚跟立稳;置身霄汉,更宜心境放平。"①该联题刻在达天阁中柱上。上联以登山着笔,告诫人们无论做何事都要脚踏实地、努力奋斗,这样才能取得成绩,有所进步。下联用借喻手法,指出已做出一定成绩的人们,更要心绪宁静,不能浮躁,要再接再厉。借景设喻,自然天成,比喻贴切,引人深思。

佚名楹联(一)。"作孝作忠,今古圣神常在;允文允武,山川风气全开。"②该联尽情渲染达天阁圣神常在,倡导作孝作忠、允文允武,使得周边山川风气全开。

(民国) 雷宣楹联"高山仰止疑无路;曲径通幽别有天。"③此联尽展达天阁曲径通幽、高山仰止的景观。

佚名楹联(二)。"爱国爱民,官大夫一十七世;良因良果,树荫鹭亿万千年。"④此联意思是:官员爱国爱民似良因良果,可以被人们铭记亿万年。

佚名楹联(三)。"浩气满乾坤,久矣,古今至圣;精忠贯日月,伟哉,宇宙大雄。"⑤"浩气""精忠"是古今圣贤毕生追求的目标。楹联言近旨远,意味深长。

2. 诗歌

(明) 施翌《游罗汉寺》。三清阁建于西山主峰罗汉山上,初为元代梁王的避暑行宫,后改为凌云阁、玉皇阁,明代时扩建,称为海涯寺,又称罗汉寺,后改为道观,称三清阁,并沿用至今。明代施翌在诗作《游罗汉寺》中写道:"一到诸天上,秋风觉更凉。桂花飘合殿,松影匝回廊。路折山环翠,泉流石喷香。真成幽绝处,尘虑与俱忘。"⑥描写了诗人一到三清阁(罗汉寺),秋风拂面,顿觉有股凉意袭来,桂花的馨香飘浮在殿宇周围,回廊里满是松树的倒影,崎岖的山路被青翠的树丛环绕,从石缝里流出的山泉好似在喷香……诗人不禁感慨:真是一处幽静绝妙的佳境,可以使人忘记了尘虑!此诗是诗人施翌游玩罗汉寺有感而发之作,着力描摹了西山罗汉寺幽静高远的景象,令人难忘。

(明) 辛联芳《罗汉寺》。"罄云生倏忽,林霭散霏微。秋静诸天迥,坛空一鹤飞。远波看漠漠,落日倍辉辉。山侣朝元罢,笙箫月下归。"⑦这是明代隆庆庚午举人、昆明人辛联芳游览罗汉寺(三清阁)所写的一首五言诗。诗歌着力描绘了三清阁的景象:罄云若隐若现,林霭似散非散;进入秋季的三

---

①②③④⑤ 王兴麒.1999.云南风景名胜楹联选.昆明:云南美术出版社:36-37.
⑥ 张文勋选注.2002.云南历代诗词选.昆明:云南人民出版社:205.
⑦ (明)刘文征撰.古永继点校.王云,尤中审订.1991.滇志.昆明:云南教育出版社:922.

清阁静寂无语,抬眼一望,只见一只仙鹤飞远了;再俯瞰滇池湖水,就像茫茫沙漠,落日的余晖洒满大地;隐逸的道士朝拜老子后,披着月光,吹着笙箫回家了。诗歌通过视觉感受的变化,将三清阁四围之景象与道教的深刻蕴涵融情入境,颇有意味,作为道教圣地名副其实。

(明)杨慎《冬日宿罗汉寺》。"霜林金碧迷青红,木叶萧萧澄远空。长湖洲渚乱吞吐,上方楼殿森玲珑。廊僧瞑汲怯寒溜,舟子夜雨惊天风。朝暾照槛堪一望,羡尔冥冥高邃鸿。"[①]这首诗是杨慎在冬季夜宿罗汉寺的感怀诗。霜林、金碧、青红、木叶、远空、长湖、洲渚、楼殿、森玲珑、廊僧、怯寒溜、舟子、夜雨、天风、朝暾、照槛、邃鸿这一组组意象构筑成了诗人夜宿罗汉寺的冬天景象,更凸显出三清阁(罗汉寺)幽静、禅韵、自然的意趣。其美景引发了诗人的联想,这不正是诗人自己谪戍于昆,孤寂、无奈、无处施展才能的真实写照吗?表达了诗人想改变现状但又无可奈何之情。

(明)张含《罗汉寺》。杨慎的诗友张含在与杨慎一同夜宿罗汉寺时,写作了这首《罗汉寺》:"绀马青鹓不计年,柢绿罗汉寺名传。晓堂云起龙常过,月舫僧归鹤正眠。遥指关河千里路,俯首城郭万家烟。林深海近无三伏,花散香飘拥四禅。"[②]诗人用"绀马""青鹓""柢绿"描述罗汉寺名扬天下。楼宇庙堂被云层笼罩,僧人早已回到庙堂,树丛里的白鹤也在酣眠。遥指千里之外的关河,俯视昆明城池,已是万家烟火。被深色的树林包裹的罗汉寺(三清阁)和近处的滇池没有给人三伏之感,四禅而舍念清净的禅定境界似乎已被花香飘拥,难分彼此。诗歌将景、物、人、禅有机融为一体,亦禅亦诗,令人流连忘返。

(明)邓原岳《罗汉寺》。"江干风露混征袍,十里鸣榔狎暮涛。云桂松林瞻佛阁,霜清草海认渔舠。凭阑万顷霞光现,隔岸千峰翠色高。山半旧碑苔蚀尽,谁从金马吊王褒?"[③]这首诗是邓原岳任职云南按察司金事期间登上罗汉寺倚栏凭吊罗汉寺遗迹而作。诗歌用江、露、袍、榔、涛、云、松、林、阁、霜、草、鱼、霞、岸、峰、苔、马等具体有形的意象,再用暮、翠、金等上色,构筑成一幅动静相宜的图景,诗末点出王褒持节往求金马碧鸡之神而写作《移金马碧鸡文》的典故。令人遐想、回味不已。

(明)龙施《游罗汉寺》。"冥楼不厌碧鸡高,七宝林中结胜招。陟巘卸筇春窈窕,倚栏眺览意迢遥。海天空阔浮青镜,云树茏葱接紫霄。峰影磬声传暮霭,诗魔禅榻坐重消。"[④]此诗是明代云南昆明前卫人龙施游览罗汉寺创作的,淋漓尽致地展现了西山三清阁(罗汉寺)高远幽野的迷人景色。

---

①②③④ (明)刘文征撰. 古永继点校. 王云,尤中审订. 1991. 滇志. 昆明:云南教育出版社:929.

（清）蒋楷《罗汉寺瞰昆明湖》。这是清代人蒋楷登临罗汉寺俯视滇池有感而发所写的一首七言诗："太华如削酹重溟，上有虚无缥缈亭。日出鱼龙争隐见，天空钟磬自清冷。舟师无复临池习，使者犹存祀远铭。何处汉京劳极目，春山万点入檐青。"① 诗人眼中的太华山陡峭如削，山上的亭台虚无缥缈，日出时可以隐约看到鱼龙争宠的画面，天空、庙宇的钟磬显得非常冷清，持节使者心中当年"舟师临池"操练的场景犹存，极目远眺，这还是当年的鄯阐城吗？此时的春日山色早已融入黛青色的屋檐。诗歌既写景，也有对历史的缅怀，内容丰富、含蕴深远。

3. 作者事迹简介

赵鹤清（1865—1954），字松泉，号瘦仙，云南姚安人。清光绪二十三年（1897年）乡试中举，曾担任过云南他郎厅（今墨江县）长官、澜沧县县长、盐丰县白盐井场知事等职。有《滇南名胜图》传世。

雷宣，生卒年不详。字德三。昆明人，民国年间曾任嵩明县长、云南建设厅秘书、昆明市议员。民国时书法家。

舒藻（1807—1890），清代昆明人，曾任均州刺史。除撰写《创建重建大观楼碑记》外，还使用白话撰写了《重修太和宫碑记》，叙述了太和宫创建的历史，通俗易懂。又撰写《重修二天门碑记》详细记载了昆明清代两次地震的情况。

施翌，生卒年不详。字资贞，昆明人。明代嘉靖丙戌进士，曾官至光禄寺少卿、刑部主事、员外郎等。著有《石桥记闻》《礼经疑问》行于世。

辛联芳，生卒年不详。昆明人。明隆庆庚午举人。曾任知县。

杨慎（1488—1559），字用修，号升庵。因迁谪滇南，故自称博南山人、金马碧鸡老兵。杨廷和之子，四川新都人，祖籍庐陵。明正德六年（1511年）状元，官翰林院修撰，豫修武宗实录，嘉靖三年（1524年），因"议大礼"被廷杖，谪戍云南永昌卫终老于昆明。著述丰富，涉及诗、词、散曲、论古考证之作，存诗2300首，著作达百余种，后人辑录为《升庵集》。其生平事迹在《明史》《滇云历年传》《滇小记》《滇系》《南诏野史》中均有载录。

张含（1478—1565），字愈光，号禺山、日坞痴人、半谷幽人、铁楼道人、白龙山人、霞村野人、明台真逸、三桥野老等，永昌（今保山）人，明正德年间举人，为保山历史上"诗名遍及海内"的诗人。张含不愿捐纳铨选，因而出游陕西、湖北等地，开阔眼界，增长知识，以写诗作为自己平生追求，有"升明诗台"之志，矢志于诗、咏啸于滇。张含与杨慎为诗友，两人气质相近，意趣相投，互相酬唱诗歌。有《禺山文集》、《禺山诗选》、《戊己吟》5

---

① （明）刘文征撰. 古永继点校. 王云，尤中审订. 1991. 滇志. 昆明：云南教育出版社：929.

卷、《禺山选太白诗》5卷传世。

邓原岳（1555—1604），字汝高，号翠屏。明万历二十年（1592年）进士，授户部主事，曾任湖广按察司副使、云南按察司佥事等职。工诗文，有《礼记参衡》、《闽诗正声》、《文选注》、《西楼集》18卷行世。《滇志》有其事迹载录。

龙施，生卒年不详。字德敷，云南昆明前卫人。嘉靖乙卯乡试第一，初试峨眉学谕，历任户部郎中、河东运同。有《归田百韵》《田园杂兴》《集字和韵》《选玄析韵》《群书集韵》《吟稿》等传世。《滇志》有其事迹载录。

蒋楷（1774—1827），字文隅，号梦华，浙江海盐人。好文学，通晓声韵之学。为清代藏书家。曾将收藏的金石书画和宋元版本古籍贮藏于"来青阁"。有《读书吟》《来青阁矶》等著述传世。

（三）与海口里仁大村清真寺叫拜楼相关的文学作品及作者

"教演清真，至诚不二；德参造化，惟主独尊。"[①] 此联是1947年1月吉旦，由马聪敬书，马云鹏、主兴芝敬立的，其作者不详。

三、官渡区

与螺峰村孔子楼（凌云阁）相关的文学作品及作者如下：

《凌云阁赋》碑文："登斯楼夕阳满楼穿疏透阁，囊影蒙龙，斜辉飘落玉宇。"[②] 碑文写于清乾隆三十年（1765年），说明该阁楼阁北近宝象河堤，其余三面被村舍环绕，晨曦薄雾炊烟四起，久绕楼阁而不散。作者不详。

四、呈贡区

与大古城村魁阁楼相关的文学作品及作者如下：

魁阁本是昆明市呈贡区内一座再普通不过的三层建筑，1938—1946年著名社会学家费孝通先生主持的燕京大学社会实践调查工作站搬迁至魁阁，这座名不见经传的楼阁由此声名鹊起。当时，林耀华、张之毅、史国衡、胡庆钧、李有义、谷苞、田汝康、许烺光、瞿同祖、陶云逵等十几位学者先后来到云南，籍籍无名的"万荷丛中一阁立"的呈贡魁阁一时间精英荟萃，成为"开风气、育人才"的实验室。学者们一同深入呈贡、禄丰、易门、玉溪、大理等地进行调查，探索研究中国社会发展状况，并撰写了一系列令人瞩目的作品。

阁楼底层是学者们的餐室和厨房，二层是林耀华、张之毅等学者的工作

---

① 昆明市西山区地方志编纂委员会. 2000. 西山区志. 北京：中华书局：652.
② 官渡区地方志编纂委员会. 1999. 官渡区志. 昆明：云南人民出版社：746.

场所；三层是费孝通的工作场所。就是在魁阁这样简陋、艰苦的环境里，学者们完成了一系列富有开创性、影响力的学术成果，如费孝通的《江村经济》《禄村农田》《乡土中国》《生育制度》等，张之毅的《易村手工业》《玉村农业和商业》，史国衡的《昆厂劳工》《个旧矿工》，胡庆钧的《呈贡基层权利结构》，谷苞的《化城镇的基层行政》，田汝康的《芒市边区的摆》等。其中，《禄村农田》《易村手工业》《玉村农业与商业》享誉中外，被誉为"云南三村"。"云南三村"是魁阁一系列研究成果的代名词。西方学者弗里德曼称魁阁为"社会学中国学派"。

费孝通等学者撰写的这些学术作品虽偏重于社会学研究，但其调查途径、写作方法仍与文学作品的描写、叙事、说明、议论等手法相似，在此将其视为文学作品加以介绍分析。

1. 费孝通作品

《江村经济》：又名《中国农民的生活》，完成于1938年暑末的伦敦，是费孝通根据1936年在江苏省吴江县开弦弓村的调查资料编写而成的学术著作。书里详尽描述了中国农民的消费、生产、分配和交易等体系，阐明了江村这一经济体系与特定地理环境及其与所在社区的社会结构的关系。出版后受到人类学界和社会学界的重视。

《禄村农田》：该书是费孝通《江村经济》的续编，是费孝通著名的"魁阁"时期的学术代表作。作者将研究焦点由东南沿海转移到云南内地乡村，将江村与禄村分别作为深受现代工商业影响和基本以农业为主的不同农村社区的代表，考察农民如何以土地为生，分析其土地所有权、传统手工业和社会结构的异同与变迁，以便论证农村的经济问题不能只当作农村问题来处理，农村经济问题的症结在于土地，而土地问题的最终解决与中国的工业化紧密联系在一起。这一探寻中国乡村现代化转型的理想与实践贯穿了费孝通一生。

《乡土中国》：该书是费孝通在《乡村社会学》讲稿的基础上撰写的。全书由14篇文章组成，内容关涉中国农村社会人文环境、传统社会结构、道德体系、权利分配、法礼、血缘、地缘等各方面。全书展现了中国农村基层社会面貌，被学界誉为中国乡土社会传统文化和社会结构理论研究的重要著作。

《生育制度》：该书是一本关于家庭社会学的著作，在抗日战争时期费孝通的大学授课讲义的基础上整理、编写而成，于1947年9月出版。书中阐述了家庭所担负的有关生育子女的若干理论问题，同时也涉及配偶的选择、婚姻关系、家庭组织、双系抚育、父母权力、世代隔膜、社会继替、亲属扩展等与种族延续相关的问题。

2. 张之毅作品

《易村手工业》：1943年由重庆商务印书馆出版。张之毅加入费孝通主持的燕京大学-云南大学社会学工作站（魁阁研究室）后，与费孝通一同深入楚雄州境禄村和易村（即今禄丰县大北厂和李珍庄村）进行社会学调查研究，然后撰写了这本《易村手工业》。书中主要介绍了土地利用、农业里劳力的过剩、农业里的投资、村民生计、农工之间、土纸作坊组织、土纸制造和运销、纸坊经营和经济利益、金融和土地等内容。

《玉村农业和商业》：这是张之毅在1940—1941年对玉溪玉村（即今玉溪市红塔区玉兴街道中卫村）进行社会调查后写的专著，内容涉及农业耕作和蔬菜种植、土地所有和土地使用、织布和养鸭、家庭消费和积累、农村人口的外流、传统社会中财富对猎取、商业资本的活动、资金利用和土地权对集中等。

3. 史国衡作品

《昆厂劳工》：这是一部关于战时云南工厂劳工问题的民族志作品。1944年该书曾以《中国进入机器时代》（*China Enters the Machine Age*）为名在美国哈佛大学出版社出版，费孝通翻译成英文，吴文藻作序。1946年该作品发表在吴文藻先生主编的《社会学丛刊》上。该作品分析了抗日战争时期工业内迁背景下，在昆明郊区新创立的国营兵工厂——昆厂工人的来源和入厂目的、工作态度和效率，工人工资、消费和福利，厂风，劳工的流动与继替，工厂女工的状况等。

4. 胡庆钧作品

《呈贡基层权力结构》：主要内容有论保长、中国农村社会阶层的分化——绅士与农民、皇权·绅士·民权、论乡约、论绅权、传统农村的社会流动、衙门与绅士之间等。

5. 谷苞作品

《化城镇的基层行政》：此书是谷苞于1942年调查昆明郊区呈贡县化城镇32阁村落后，撰写的基层行政专题研究报告。书中介绍了当地以祭祀为中心形成的一套乡村基层社会秩序生产方式、化城与外界的交流与联系、化城的共同体性质、基层社会秩序生成的形式及其内生性特征等内容。

6. 田汝康作品

《芒市边民的摆》：此书是田汝康运用人类学方法和概念研究中国国内宗教活动的一次有益尝试，记录了德宏芒市那木摆夷的一种宗教活动。其主要内容有大摆、公摆、其他有关超自然信仰的团体活动、分析和比较、宗教和巫术、消耗和工作、社龄结构、人格和社会的完整等。此书由重庆商务印书馆于1946年出版。

7. 作者事迹简介

费孝通（1910—2005），江苏吴江人。1928年考入东吴大学医预科，1936

年赴英国师从布·马林洛斯基，1938 年获伦敦经济政治学院博士学位后回国任教于云南大学。1938—1946 年，在昆明呈贡魁阁主持云南大学和燕京大学合办的社会学研究室工作，写出了《江村经济》《乡土中国》《皇权和绅权》《禄村农田》《生育制度》等社会学经典之作。1947 年到清华大学任教，1952—1957 年任中央民族学院副院长、中国科学院哲学社会科学学部委员。1955 年参加民族识别工作，1956 年参加少数民族社会历史调查。1957 年被错划为右派，1972 年回到中央民族学院，参与翻译穆恩的《世界史》和韦尔斯的《世界史纲》。1982 年任职北京大学，1986—1994 年多次考察温州，写就《小商品，大市场》《家底实创新业》《筑码头，闯天下》等文章。此后在全国各地进行实地调查，就所调查的每一个区域向党中央、国务院提出既符合当地实际又具有全局意义的重要发展思路与具体建议，为改善中国是生产力布局、形成全国一盘棋的协调发展提供智力支持。有《费孝通文集》16 卷传世。

张之毅（1914—1987），湖南醴陵人。1939 年毕业于西南联大历史社会学系，并到云南大学执教，加入费孝通先生主持的云南大学和燕京大学合办的社会学研究室，并与费孝通先生一同深入楚雄州境内禄村、易村从事社会学调查研究，有《易村手工业》《玉村农业和商业》《洱村小农经济》等传世。

史国衡（1912—1995），湖北随州人。1935 年考入清华大学理学院物理系，后改人文法学院社会学系就读。1942 年加入费孝通先生主持的云南大学和燕京大学合办的社会学研究室，1946 年由费孝通先生指导完成《昆厂劳工》《个旧矿工》等的撰写。1945 年去哈佛大学学习，1948 年回国执教于清华大学社会学系。1952 年社会学系停办，调任校总务长，1960 年任清华大学图书馆馆长。1980 年赴美考察，并撰写了《访问美国大学图书馆的几点收获和感想》。

胡庆钧（1918—2015），湖南宁乡人。曾考入省立长沙高级中学师范科读书，后考入浙江大学师范学院史地系，1939 年转学到西南联大社会学系，1942 年考入北京大学文科研究所人类学系，与芮逸夫合作《湘西苗族调查报告》，并撰写了《四川叙永地区苗族调查报告》。1944 年获得硕士学位后，应邀前往费孝通先生主持的云南大学和燕京大学合办的社会学研究室任讲师，利用寒暑假对滇池地区进行调查后写出《呈贡基层权力结构》，并参与吴晗、费孝通领衔的《皇权与绅权》一书的撰写。1947 年调清华大学人类学系，1953 年深入凉山地区调查，写出《大凉山彝族社会概况》调查报告，1956—1957 四上凉山进行调查，写出《我国学术界讨论凉山彝族社会经济结构问题》《有关凉山彝族社会性质的讨论》等文章。1980—1982 年三次赴凉山调查，1950—1985 年八上凉山，写就《凉山彝族奴隶制社会形态》一书。有著述《明清彝族社会史论丛》《汉村与苗乡——从 20 世纪前期滇东汉村与川南苗乡看传统中国》等,译著有《巴西印第安部落的黄昏》《婚姻家庭和家庭群体组织》。

谷苞(1916—2012),甘肃兰州人。1941年毕业于清华大学社会学系,曾任职于云南大学、南京大学、兰州大学、中国科学院新疆分院、新疆社会科学院。1939年夏天,随清华大学迁往昆明在西南联大复学,1941年完成学业,分配至迁至昆明的清华大学国情普查所任助教,同年10月,转到费孝通先生主持的云南大学和燕京大学合办的社会学研究室工作,写出《化城镇的基层行政》,研究工作得到认可。1944年回到兰州大学任教,先后对洮河流域、白龙江上游藏族农村、牧区以及山丹等县进行社会调查,写出《卓尼的土司制度》《河西农村的崩溃》等文章。1983—2010年,独撰、与人合著或任主编出版了《西北通史》《中华民族多元一体格局》《民族研究文选》等14部著作。

田汝康(1916—2006),云南昆明人。1935—1937年就读于北京师范大学教育心理学系,后转入昆明国立西南联合大学哲学心理学系,1940年获文学学士学位,随后加入费孝通先生主持的云南大学和燕京大学合办的社会学研究室从事社会学研究工作。1946年出版了《芒市边民的摆》一书。1948年获英国伦敦大学哲学博士学位,前往砂拉越从事该地华人社会结构的研究。1950年回国,任教于浙江大学人类学系,1952年调至复旦大学,任职历史系、社会学系。1979—1992年,先后在英国、澳大利亚、日本、荷兰、美国等国名校访学,对中国的华侨史、东南亚史研究做出较大贡献。著有《中国帆船贸易的兴起与衰落》《砂拉越华人社会结构研究》《中国帆船贸易和对外关系史论集》《十七至十九世纪中国帆船在东南亚洲》等。

五、安宁市

(一) 与曹溪寺楼阁相关的文学作品及作者

1. 碑记

(明)杨慎《重修曹溪寺记》。明嘉靖十二年(1533年),五叶禅师、曹溪寺方丈道成重修寺宇后,请留居寺中的杨慎撰写了《重修曹溪寺记》。道成禅师重修寺宇后,在寺中昙树和梅树左辟出宝华阁。杨慎撰写的《重修曹溪寺记》现被镶嵌在曹溪寺后殿左壁。该记碑"碑高1.58米,宽0.68米,文11行,每行34字,共329字。"[①] 碑文记录了曹溪寺得名于"南宗禅"的发源地曹溪。因而碑文开篇就将曹溪寺与"六祖(指禅宗六祖慧能)之云席"[②] 联系

[①] 安宁市文物志编纂委员会. 2007. 安宁市文物志. 昆明:云南民族出版社:87.
[②] 安宁县地方志编纂委员会编纂. 1997. 安宁县志. 昆明:云南人民出版社:881.

起来，并说明曹溪寺虽是法流之一勺，但不比"六祖之云席"①逊色，而"松籁鸟哢，旦衍鱼山之音；风柯月渚，夕湛龙湖之境。"②说明曹溪寺风景给人一种神秘圣洁之感，是异境，是禅栖的理想宝地。写往昔曹溪寺"楼殿撑天，梵呗沸地"③的气势和盛况，以及遭烽燹后重修曹溪寺，又重现当年"祖灯重耀，法鼓再朗"④的辉煌。该记骈散结合，错落有致，多用短句，文字较为简洁、雅致，加之佛典的运用，文章显得禅意深远、韵味无穷。

（明）《游曹溪寺诗碑》。此诗碑现镶嵌于安宁温泉曹溪寺右厢房壁上，"明隆庆二年（1568年）立。碑高0.65米，宽1.15米。碑四边饰卷云纹，南郡（今云南文山）见吾撰文并书丹。文13行，计89字，行草，为写曹溪寺景物五言诗一首。文末刻'滇南开府'印章一方。其诗文为：《游曹溪寺》（隆庆二年戊辰仲冬十八日薄暮）浮槎吹晚风，彼岸上琳宫，圣水三潮异，曹溪一派同。楼台高挂月，钟馨远飞空，野衲谭心印，天花绽雨红。"⑤此诗展现了曹溪寺"三潮圣水""曹溪映月""优昙花树""古梅"等奇景。

2. 诗歌

（明）杨慎《正月六日温泉晚归》。诗歌描写杨慎正月六日留居曹溪寺，并在与曹溪寺隔溪相望的螳螂川上与友人泛舟，此诗漏已下三鼓，新月将隐没时，仰视天空只见月亮比初出还大，形如银船，同船的友人觉得很诧异，未曾赏玩新月到三更的，于是诗人杨慎即兴写下这样的诗篇："月似银船劝酒，星如玉弹围棋。几杵林钟敲后，两行灯火归时。"⑥诗歌描摹了形如银船的月亮照亮握樽劝酒的友人，星星点点的启明星好似玉制的弹丸围棋。丛林中传来木槌敲钟的声音，曹溪寺点燃两边的松火，暗示晚归的人们该是回家的时候了。诗句末在描景的同时也把诗人念家思归之情写尽。全诗通过对月、星、钟、火四组意象的描绘，加上人的活动"劝酒、敲钟、归时"，把静寂的曹溪寺楼阁映衬得动静有致，别有情趣。

（明）杨慎《新春始泛歌》。此诗是一首描写春游佳趣的诗歌。"螳螂川水青如苔，曹溪寺花红满台。韶光满眼莫惜醉，几个扁舟乘兴来。"⑦开篇就写出在曹溪寺边流淌的螳螂川水色如青苔，一个"青"字点染出螳螂川水的颜色——青色，再用"红"字将曹溪寺花台内的鲜花颜色尽显，如此美好的时光溢满眼球，陶醉于五彩斑斓的景致中不能自拔，以此见出春节期间，人们兴高采烈地乘船前来游览曹溪寺的热闹欢快情景。诗歌秀丽清新，意境可鉴。

---

①②③④ 安宁县地方志编纂委员会编纂. 1997. 安宁县志. 昆明：云南人民出版社：881.
⑤ 安宁市文物志编纂委员会. 2007. 安宁市文物志. 昆明：云南民族出版社：93.
⑥ 王文才选注. 1981. 杨慎诗选. 成都：四川人民出版社：146.
⑦ 张文勋选注. 2002. 云南历代诗词选. 昆明：云南人民出版社：140.

(明) 皇甫汸《曹溪寺》。与杨慎几乎同时代的皇甫汸写了一首《曹溪寺》："鹫岭知何处？螳川去不遥。仙岩钟夜月，圣水梵时潮。浴罢衣聊振，风停幡屡飘。远公一相谢，乘醉下溪桥。"① 首联借鹫岭指曹溪寺，说明曹溪寺位于螳螂川不远处，点明曹溪寺的地理位置。颔联写出地处龙山东麓的曹溪寺可以看到"月映佛像佛映月（曹溪映月）"和三潮圣水的奇观。颈联描绘人们沐浴完毕一路闲谈来到曹溪寺，寺院的旌旗依然飘扬在寺院上空。尾联叙写诗人对高僧慧远的感谢，带着醉意乘船下螳螂川，离开寺庙。全诗字面上未提及曹溪寺的楼与阁，但诗人却用侧面描写手法，通过对鹫岭、螳川、仙岩、钟、夜月、圣水、溪桥等具体物象的描摹，展现曹溪寺的灵动之美与禅意。

(明) 赵㽦《曹溪寺》。明代赵㽦也写有一首《曹溪寺》，其诗云："云岩卧起曙光寒，籁入江声响入泉。好鸟频闻皆法演，琪花何处不香传。中丞题后青松古，元亮归来黄菊残。为爱名山留客住，几回吟破碧苔钱。"② 诗歌首联先写走进高峻的山连曙光都觉得寒气逼人，写出了触觉感受，然后写周边万籁俱寂，只有螳螂川的水声骤响如泉的听觉感受。颔联进一步渲染曹溪寺是宣讲佛法的道场，寺院里的优昙树和点燃的熏香香气四溢，吸引了周边的鸟儿。颈联叙说了安宁人杨一清题有曹溪寺诗，陶渊明有《饮酒》诗句。尾联记述曹溪寺因而成为游客喜欢留宿的寺院。该诗用"云岩""曙光""江声""琪花""青松""黄菊""碧苔"等意象，再通过"起""寒""闻""传""残""吟"等词静动相宜，细致描绘了诗人对秋天的曹溪寺的感受。

(明) 王琦《曹溪夜月》。"曹溪夜月"为安宁八景之一，明代人杨慎曾几次与友人借宿寺中，在曹溪寺前大石上书有"曹溪夜月"四字。点出曹溪寺夜月美景令文人墨客驻足，流连忘返。而明代诗人王琦的诗"葱茏山半古招提，石秀泉香宝树奇。一曲清江萦玉练，四围翠岭界琉璃。微风徐动闻天籁，惊鸟时鸣起宿枝。景旷神怡何所似，如恒且咏介眉诗。"③ 正是一首描写曹溪夜月景色的好诗。此诗首联点出曹溪寺位于葱山半山坡，珍珠泉在寺庙右边。颔联再次写景：葱山脚下螳螂川水流淌着，曹溪寺四周树木葱茏。颈联描绘了萦绕曹溪寺的只有风声、鸟声、流水声，以此突出曹溪寺和葱山的月夜清幽。尾联表明诗人自己心境：淡泊闲雅。诗歌描绘了曹溪寺周边及葱山月夜清幽境界，为历代歌咏曹溪寺的上乘之作。

---

① （明）谢肇淛撰. 2000. 滇略：下//李春龙主编主点. 正续云南备征志精选点校. 昆明：云南民族出版社：295.

② （清）杨若椿纂修. 段昕分校. 2009. 雍正安宁州志//凤凰出版社编选. 中国地方志集成·云南府县志辑3. 南京：凤凰出版社：630.

③ 张文勋选注. 2002. 云南历代诗词选. 昆明：云南人民出版社：182.

（明末清初）戴益俊《圣水三潮》。明清之际，安宁籍诗人戴益俊诗作《圣水三潮》："天一生来不定期，忽将潮汐寄涟漪。蟾光影射黄金色，龙口波流碧玉卮。吞吐清泉珠万斛，卷疏待漏信三时。个中消息谁为主，千古盈虚自有之。"① 诗歌首联描绘曹溪寺"三潮圣水"奇观，（曹溪寺左下侧400米处的一眼泉水每日早、午、晚定时涨潮出水3次，每次涨潮时间为30分钟，涨潮时水量骤增，其余时间出水量很少，甚至全无）暗指人的一生总要经历潮起潮落。颔联写景，描摹黄金色的月光映照龙形香炉和碧玉酒杯，喻指世事的变迁。颈联进一步描述了"三潮圣水"吞吐清泉容量之多，其吞吐规律就像百官每日入朝一样——分日三时、夜三时。尾联说明"三潮圣水"吞吐之状是千古月之圆缺的自然规律。该诗作者利用曹溪寺旁的珍珠泉水"吐纳灵潮"来映衬曹溪寺的妙境，妙趣横生，引人入胜，描摹具体、生动，充满生气。

（清）段一骙《曹溪寺看月夜》。这首诗歌是清代知县段一骙所写，其诗云："来觅香流问上方，微茫殿阁礼空王。依然蒲月瞻莲节，漫说牟珠猩佛场。漾地金波频散彩，惊枝鸟雀乱飞篁。试徙十芴窥娥影，绩岭何曾一吐芒。"② 首联叙述诗人来到曹溪寺寻觅优昙树的花香，只见隐约的月光、殿堂楼阁和佛祖塑像。颔联描绘了每到农历五月端午节，人们带着贡品来曹溪寺上香，在寺前的优昙树旁观赏"曹溪映月"的景象：月光透过大殿前檐中央一个直径42厘米的圆孔，照射到殿中阿弥陀佛像的前额至肚脐，光斑圆如明镜。颈联进一步叙写阿弥陀佛金像经月光的照射，光芒四射，满殿生辉，殿宇里的鸟雀如同蝗虫般惊恐乱飞。尾联点染人们为了看到"日映佛胸"奇观，在殿堂窥视月光，找寻月光吐出的万道光芒。此诗集中展现了诗人在曹溪寺主殿看到"日照佛胸，其圆如镜"的景象。

（清）罗昌浚《曹溪中秋对月》。这是清代安宁人罗昌浚在秋天农历十五日夜晚游玩曹溪寺所写的诗歌。诗作全文如下："晴空清影上高台，秋色秋思几度来。闲里喜逢三五夜，饮中笑舞百千回。井梧露冷沾轻袂，蟾桂香浓点旧醅。豪兴不知天欲曙，谯楼更鼓莫相催。"③ 诗歌首联中"秋色"点明季节，记叙了在秋天一个晴朗的夜晚，月光洒满曹溪寺楼台，面对满园秋色，诗人寂寞凄凉的思绪几度袭上心头。颔联中"闲里喜逢"指出诗人与友人在寺中喜相逢，并与友人"饮中笑舞"，忘记了归家。颈联叙写诗人与友人在井边梧

---

① （清）杨若椿纂修．段昕分校．2009．雍正安宁州志//凤凰出版社编选．中国地方志集成·云南府县志辑3．南京：凤凰出版社：633-634.

② 同①634.

③ 同①632.

桐下任凭凉露沾湿衣袖，嗅到的只是陈酒的香气——好似蟾桂香气般浓郁。尾联写出酒兴正酣，连"天欲曙"也忘了，只愿钟楼的更鼓不要催促。诗歌尽情描摹了诗人与友人重逢曹溪寺的情景，诗中所写之景，已被重逢之情所湮没，极言与友人重逢之情的浓郁。

（清）朱櫶《曹溪夜月》。清代安宁人朱櫶的《曹溪夜月》诗曰："光明须放大，月色认曹溪。五夜观心静，三秋照顶低。蟾颜潮水外，楼影傍花西。倘遇诗僧叩，灵通一点犀。"[①] 这首五言诗首联描写诗人眼中的曹溪寺已被月色笼罩，沐浴在月色中。颔联记叙这时已是三秋，午夜的曹溪寺已是秋色满园。颈联描写除了月牙池里的蟾蜍与池水外，西侧的优昙树花与楼宇也被月光所笼罩。尾联感叹在这午夜的曹溪寺，倘若有能作诗的僧人来叩问，他就会心领神会诗人此时的心思了。全诗用"月色""三秋""蟾颜""潮水""楼影""诗僧"构筑成曹溪月夜不可缺少的意象和境界，写景寄情，抒发诗人希望遇见知音的心绪。

3. 楹联

（清）张汉楹联。"正嘉以上，纵论气节文章，承先启后；山水之间，安排宰相状元，滇主蜀宾。"[②] 上联叙述了两件事：一是明代正德年间云南籍官员杨一清鼓励张永揭发宦官头目刘瑾，为明代除了一大祸害之事；二是嘉靖年间，编修杨慎与皇帝对抗，"议大礼"，被谪滇之事。以此颂扬二杨的气节、品德和文章成就。下联再次点明杨一清和杨慎相继在曹溪寺流连吟咏，文采风流，气韵高雅，气魄宏达。

曹溪寺门联。作者及创作时间均不详。"葱岭疏种（'种'应为'钟'，作者注。）疑是寒山古寺；螳川曲回莫非渔父桃源。"[③] 该联写出曹溪古寺终年与葱岭、疏钟、寒山相伴，古寺边螳螂川流淌不息，好似渔父误入世外桃源。

曹溪寺后殿联。作者及创作时间均不详。"泉底珍珠开宝鉴；松间明月映禅心。"此联尽展曹溪寺旁珍珠泉奇观以及寺中"月照佛胸，其圆如镜"的景象和禅趣意蕴。

4. 作者生平事迹简介

杨慎，生平事迹详见本节与西山龙门三清阁、达天阁相关的文学作品及作者简介。

道成，生卒年不详。明嘉靖年间五叶禅师、曹溪寺方丈。

[①] （清）杨若椿纂修. 段昕分校. 2009. 雍正安宁州志//凤凰出版社编选. 中国地方志集成·云南府县志辑 3. 南京：凤凰出版社：651.

[②] 郭鑫铨. 1998. 云南名胜楹联大观. 昆明：云南大学出版社：127.

[③] 安宁县地方志编纂委员会. 1997. 安宁县志//中华人民共和国地方志丛书. 昆明：云南人民出版社：666.

见吾，南郡僧人。其生平事迹及著述均不详。

皇甫汸（1497—1582），明嘉靖时长洲人，字子循，号百泉、百泉子。明嘉靖八年（1529年）进士，以吏部郎中左迁大名通判，官工部主事，因监运陵石迟缓，贬为黄州推官，迁南京稽勋郎中，再贬开州同知，量移处州同知，擢云南佥事，以计典论黜。著有《长洲艺文志》二十四卷、《百泉子绪论》、《解颐新语》、《皇甫司勋集》、《玉涵堂诗选》、《忠义拾遗》、《白洛原遗稿》等。（明）陈继儒编《国朝名公诗选》、《苏州府志》、《明史》（二百八十七卷）均有其事迹记载。迄今存诗166首。李春龙《正续云南备征志精选校点》录诗一首，名《曹溪寺》。

赵珣，生卒年不详。字璞涵，云南安宁人。明代崇祯间贡生。

王琦（？—1647），字玉振，云南昆明人。常年隐居安宁山中，长于书法。著述有《昆明县志》《滇诗略》等。

戴益俊，生卒年不详。字尔光，博极群书，文艺渊广，其诗赋古词人争传诵著述不详。

段一骎，其生平事迹及著述均不详。

罗昌浚，其生平事迹及著述均不详。

朱櫶，生卒年不详。号辂门，云南安宁人。性格豪爽，"嗜酒，家虽贫而歌声常出，金石诗赋文词独步一时，然时命偃蹇，蹟棘闻酒酣，辍慷慨以明志，因家省垣遂设教以终焉"①。

张汉（1680—1759），字月槎，号莪思，晚号蛰存，云南石屏宝秀张本寨人。张一甲之曾孙，张景宿之子。清康熙四十七年（1708年）戊子科中举，康熙五十二年（1713年）癸巳恩科，赴京取三甲第49名进士，殿试后，授翰林院庶吉士，继而又升检讨，出任河南府知府。乾隆元年（1736年）丙辰朝廷开博学鸿词科，张汉被召试策论，以"诗赋精详"为御定二等第三名，再入翰林院，被称为"二次翰林"，因是滇中独此一人，一时名噪全省。后迁任山东道御史。才华享誉云南。诗文皆擅长，其人品、文品、书品均为人称道。居官清正廉洁，作文有雄才，挥笔成文，著述颇多，有《留砚堂诗集》《留砚堂文集》存世。

（二）与八街庆云楼相关的文学作品及作者

安宁八街庆云楼前后门各镶有一对石制楹联，字体刻于石联上，石联嵌于墙内。

前门楹联。作者及创作时间均不详。"泊水潆回九曲朝堂洿（'洿'应是

---

① （清）杨若椿纂修．段昕分校．2009．雍正安宁州志//凤凰出版社编选．中国地方志集成·云南府县志辑3．南京：凤凰出版社：657．

'夸',作者注。)独步;云山掩映双峰插汉看连登。"①极尽写出庆云楼泊水萦回、云山掩映的雄姿。

后门楹联。作者及创作时间均不详。"中天开文运相传八景映八街;大地起岭楼上接三台临三宝。"②简括庆云楼接三台临三宝,天开文运,点明八景即八街。

六、富民县

与富民县款庄李子树村魁阁相关的文学作品及作者不详,待查实后再作补充。

七、嵩明县

(一)与文庙魁星阁相关的文学作品及作者

(清)杨普《改建魁星阁碑记》。该碑记由清代进士杨普所撰写。碑记开头就阐明改建魁星阁的原因,是因道德可以体现文明,文明不盛则道德全无,魁阁里祭拜主宰文运的魁神,作为肄业释采之地的学宫(文庙)必然要建造魁阁,以彰显其钟英毓秀、景运日新、文庙大启的景象:"道之显现者谓之文,文不盛则道无,由显文之所击诚大矣。魁阁者主乎文者也,有学宫以为肄业释采之地,必有魁阁以为钟英毓秀之区,然后景运日新而文明大启,此必然之理也。"③再说明迁建于南的地理位置正处于龙山正脉,迁建的楼阁规模宏敞、殿庑辉煌,并强调迁建是由"本厅传集各州绅士而谋之,各捐清俸以为之倡,而绅士等遂莫不踊跃奋兴以相与。"④叙述迁建魁星阁的经过,文末,点明迁建魁星阁的意义和写作此碑记的初衷:"本务实以明善复初,即继往开来为己任,行见体大用宏羽翼。学校则文盛而道愈显。当不徒以区区科目为能事也,是为记。"⑤碑文写得通晓明白,有理有据,言之有序。

杨普,其生平事迹均不详。

(二)与白龙桥魁阁、圆通寺魁阁相关的文学作品及作者

与白龙桥魁阁、圆通寺魁阁相关的文学作品及作者目前还未查实,待查实后再作补充。

---

①② 安宁县地方志编纂委员会. 1997. 安宁县志. 昆明:云南人民出版社:665.
③ (民国)李景泰倡修. 陈诒孙总校修改. 2009. 民国嵩明县志(二)//凤凰出版社选编. 中国地方志集成·云南府县志辑16. 南京:凤凰出版社:396.
④ 同③397.
⑤ 同③398.

八、宜良县

（一）与文庙文明坊、尊经阁相关的文学作品及作者

1. 碑记

（清）张日昁《大成殿香灯碑记》。碑已无存。这是清代宜良邑令张日昁于乾隆戊辰（1748年）冬时所写。碑记内容一开篇说明文庙是根据孔圣人的儒学之道来立教的，立教目的不是一时的，而是千秋功业。"夫人本道以立教，不为一时计，直取千万世。……芳以流而光以贲，用意固悠远也"①并叙说聪明愚蠢有德行或者品行不好都需要引导、熏陶，"后之列庠序者，遵其教，体其道，即告无愧于圣人。"②表明后来设庙学，尊祀孔子，以孔孟之学教导学生，让学生领会孔孟之学，无愧于圣人。指出"查宜邑大成殿，旧无香灯"③的情况，并说明香火"有之，自今始。始之者何人？定于一己之独断，而起于两学之同心者也。"④然后述说大成殿及魁阁（尊经阁）重修经过及决定永供香灯之事："酌五年之所蓄，协修魁阁，装严崇圣祠，经营俱属可嘉。今功告竣，请拨成熟租谷石，永供香灯，为超前起后之根。"⑤并"因于乾隆戊辰（1748年）冬，议租五石九斗零，作备置香灯之费。"⑥以及朱、阚二先生的鼎立相协，"同廪生杨烍捐金，觅匠庀材，丹膢数日，而香盘成，规模丕焕。"⑦终于让大成殿香盘制成，可供香火。文末点明选择"万年香灯"⑧为碑记题目的缘由："爰勒贞珉，以俟继起者。"⑨碑记写得通俗易懂、语言朴直、明白晓畅。

（清）李淳《移建学宫碑记》。碑已无存。关于作者及写作时间，《新纂云南通志五·金石考》19载目有载录："李淳撰，乾隆五十一年。在宜良县文庙。"⑩有拓片。"碑高八尺（2.7米），宽三尺五寸（1.17米），22行，行57字，正书；宜邑（今宜良）知县李淳撰文，进士河阳段琦（可石）书丹。"⑪

碑记开篇讲明迁建黉宫（学宫，即文庙）的缘由是"兹邑士夫，祀圣者以南面将事，于体制未合"⑫。以及倡迁建学宫于匡远镇中心处（今宜良一中）。此举为宜邑乾隆年间的大事，工程浩大，规制宏隆，为宜良古今前所未有之大手笔，大构建，影响及于后世者，之钜且远。而且在学宫迁建告竣当年，"且考从前甲第，亦属寥寥"⑬说明当年宜良的乡试情况，叙述选择移建之地有灵秀之美："城西北隅雉山书院之址。北枕蓬莱，东辅万寿，西翼挂榜，

---

① ② ③ ④ ⑤ ⑥ ⑦ ⑧ ⑨ 　许实编．郑祖荣点校．2008．宜良县志点注．民国十年（1921年）版．昆明：云南民族出版社：308．

⑩ 　刘景毛，文明元，王钰等点校．2007．新纂云南通志五．昆明：云南人民出版社：426．

⑪ ⑫ ⑬ 　同①314．

南案雉山，有灵秀焉。"①再说清移建学宫的费用由来及移建意义："乙巳（1785年）秋复来，邑人士深喜其再至。淳（指作者）即以前所欲移建者捐俸为倡，而绅士沐浴文教已久，谓斯举为崇圣道，振文风，捐资万千。请于上宪获允，乃筮吉庀材，鸠工兴役。"②并具体由"陈一夔、李节民、孙启元、陈永龄等董其事"③移建工程"始乙巳（1785年）冬，越丙午（1786年）秋，告蒇"④。然后记录修建的学宫（文庙）的建筑群，有照壁、泮池、圜桥、文明坊三楹、棂星门、大成门五楹、先贤祠、东西庑，"主以大成殿五楹，计高三丈四尺，广七丈；……再进为崇圣殿五楹，后为尊经阁三层，……庙左为明伦堂三楹，而制大备矣"⑤。建造皆遵从其旧制而为之，不可从也。并在学宫迁建告竣当年，"考从前甲第，亦属寥寥"⑥的宜良，"适会丙午（1786年）乡试，副榜严烺，遂以正荐得元"⑦。即考中云南省乡试（中举人）第一名（解元）。自此，人文炳蔚，人才不断涌现。该碑记记载翔实，是研究宜良文庙的珍贵文献。

（清）曹锡龄《宜良新建黉宫碑记》。碑已无存。"《新纂云南通志五·金石考》19载目，有拓片。碑高八尺（2.7米），宽三尺五寸（1.17米），十九行，行五十九字，正书；邑庠生陈达书丹，乾隆五十一年（1785年）孟冬月立。"⑧碑记作者为云南学政曹锡龄。碑记为纪念宜良新建黉宫（学宫、文庙）而作。先记述了圣人之道的重要性："圣人之道，至我朝而加显；尊圣人之道，至我朝而特隆。"⑨阐明黉宫（学宫、文庙）崇儒重道，政通人和，百废俱举，劝学明伦，鼓舞多士，实为滇南一大盛事，盛赞邑令（县令）李淳崇儒重道，政通人和，劝学明伦，鼓舞多士，文教昌明。议迁建黉宫，邑之绅士，慨然捐资，鸠工庀材，兴建黉宫建筑群：崇圣殿、大成殿、东西两庑、忠孝两祠、大成门、棂星门、文明坊、泮池、圜桥、明伦堂、尊经阁等建筑。且迁建告竣当年，"适会乡试，副榜严烺，果以正荐得元"⑩，士气为之大振。碑记最后，申明迁建黉宫（学宫、文庙），多士"必更争自濯磨，炳炳麟麟"⑪，以达圣人之神化，盛世之休明的境界。该碑记内容与上文李淳的《移建学宫碑记》所述的内容均属同一事件，可以互为印证。

（清）李淳《移建魁星阁碑记》。碑已无存。碑记记录了邑令（知县）李淳乾隆五十年（1785年）迁建文庙时，将乾隆十二年（1747年）知县张日旼主持所建的魁星阁，西移百余步重建，将二重檐改扩建为三重檐，并"置于文庙崇圣祠后，更名为'尊经阁'，取'尊圣崇经'意"⑫。同时说明迁建的益

---

①②③④⑤⑥⑦ 许实编．郑祖荣点校．2008．宜良县志点注．民国十年（1921年）版．昆明：云南民族出版社：314．

⑧⑨⑩⑪ 同①313．

⑫ 同①315．

处:"匡岳云霞,雉堞烟树,人家衢市,隐跃秀倩,交互映带,山川胜概,皆以斯阁收之。"①且"前文笔阁既不废,而于文庙更有裨益。……以魁阁视文庙,则龙楼凤阁。匡岳云霞,雉堞烟树,人家衢市,隐约秀倩,交互映带,山川胜概,皆以斯阁收之。"②以达科甲蝉联,焜耀三台之效。碑记内容娓娓道来,事理蕴含在字里行间里。

2. 议

议,即议政文,是就不同意见的大政方针问题向帝王呈述意见和建议的文章。(梁)刘勰《文心雕龙·议对》曰:"'周爰咨谋',是谓议,议之言宜,审事宜也。"③ 强调"议"要求说话得宜,是因为思考分析事理仔细周密而得宜。清代李淳《移建文庙原议》一文正是一篇写得比较得宜的议政文。

(清)李淳《移建文庙原议》。该文为清乾隆五十年(1785年)知县李淳迁建文庙时所写。文章将迁建文庙的原因有理有据地一一道出:"正位于阴,失向离之义;秉畅于左,乖北面之文。桥门无五尺之地,观听之英何以容;泮水乏一勺之多,芹藻之色无由润。且风雨飘摇,栋宇渐近崩折;鸟鼠剥蚀,瓦甓亦几倾颓。"④以及迁移的相关异议"爰集绅士,议移黉宫。持见略同,众口如一。"⑤把迁移的益处尽展:"南山秀丽,颇蕴藉以绵延;学海澄清,觉静深而活泼。负阴抱阳,足肇文明之瑞;辨方定位。可状炳蔚之观。……必使竹苞松茂,更令鸟革翚飞。"⑥并晓之以理,动之以情。而文庙东之学海,盖移建前已有之矣。故新文庙一年而成,依其旧有水池而为泮池,改变了旧文庙"泮水乏一勺之多"⑦的格局,其速如斯,赖以有此故也。按原学海为城中水源之地,是建城之初即已谋划,其虑亦可谓周至矣。文章论题集中,具体,说理透辟,言之成文。

3. 诗歌

(清)段琦《宜良迁建黉宫告成恭纪》。作者系赐同进士出身候选知县河阳段琦撰文。该长诗用120韵叙述了迁建黉宫的前因:"庙貌严无比,匡城向尚偏。尊师宜北面,修纪肃南滇。"⑧描述了迁建黉宫的过程以及建筑群:"尔乃才新庀,相将志共虔。鸠工鳞乍集,鹊跃骥争骈。……一桹星户耿,百尺树坊坚。……绀宫青汉迥,丹殿紫雯缠。……尊经霄阁峙,掞彩月寮平。"⑨运用历史典故,着力描绘宜良的挂榜山、蓬莱山等山川:"梧桐森奉奉,鹭鹭舞

---

①② 许实编. 郑祖荣点校. 2008. 宜良县志点注. 民国十年(1921年)版. 昆明:云南民族出版社:315.

③ 王运熙. 周锋撰. 2012. 文心雕龙译注. 上海:上海古籍出版社:161.

④⑤⑥⑦ 同①327.

⑧⑨ 同①365.

跰跰。……挂榜山光耀，晒袍塔影挺。诗才抡杜牧，槎意就张骞。"① "鸑鷟"系鸟名，指凤凰。语出《国语·周语上》："周之兴也，鸑鷟鸣于岐山。"② 再用"晒袍塔影挺"③说明文庙建成，使宜良山川增色，与文笔塔相辉映。然后讲述迁建黉宫的费用均为"资遂百朋捐"④以及迁建经过，说明黉宫迁建成功"明伦文教著，邻境庙功竣"⑤最后指出繁多的经书典籍博大精深，鼓励学子们只要勤奋，肯于吃苦，就会有收获。诗歌虽长，但写得抑扬顿挫，朗朗上口，如此长诗在云南古代诗歌作品里不多见。该长诗原文现收录于《宜良县志点注》。

（清）陈永龄《迁建黉宫告成恭纪》。 这是一首七言古体诗。迁建黉宫后，段琦写诗纪胜，诗人陈永龄亦写诗唱和。诗歌首先叙述黉宫迁建的缘由："皇仁沦洽敷南荒，井鬼现端安天狼。德迈禹汤媲虞唐，泰阶平均正当阳。"⑥指出黉宫迁建的意义："金瓯玉烛歌乐康，文教昭烁生光昌。"⑦说明迁建好的黉宫地理位置："由来峙立雉山冈，枕南面北集楹廊"⑧再叙此次迁建是捐资并点出迁建之地的灵祥："慨然捐资先率倡，迁建西北应秀苍。"⑨并描绘了大成殿、文明坊等建筑精巧华丽、珊瑚为柱、玳瑁为梁、色彩明亮、蛟螭图案形象逼真："雕楹刻桷相周章，珊瑚为柱玳瑁梁。丹臒黝垩炯光芒，蛟螭赑屃惊飞翔。"⑩叙说自迁建当年，就有参加科举考试乡试中选而飞腾得意的本土学子："蕊榜抡元姓字香，桂林杏苑争腾骧。"⑪最后点明写作此诗是因为他人（指段琦，作者注。）已作诗纪胜，作者自己便写诗奉和："庚吟愧非锦绣肠，用纪盛世事乐无疆。"⑫其用情至深，皆寓于诗歌中，笔力遒劲，藻彩华美。该诗原文现收录于《宜良县志点注》。

（清）陈永龄《和前韵（〈明湖望屼内山〉）》。 丙午秋，黉宫东墙晶光流荡，阴晴不息。观者络绎，称为奇瑞。因纪之。"宫墙忽见水晶悬，佳气东来映壁鲜。文治光华昭物象，地灵烜彩媚晴川。依稀玉液流三岛，仿佛银河落九天。共庆功成欢洽处，好将嘉瑞纪新编。"⑬丙午，按即乾隆五十一年（1786年），即黉宫（文庙）竣工之年。迎圣位在九月十二日，亦正秋令也。其一为迎圣位日有五色云现，二为宫墙晶光流荡，皆奇瑞而相踵也。确堪以诗纪之。首联描绘水晶、云气把文庙宫墙、映壁衬托得富有生气，似五色云闪现。颔联将文庙里的文治光华与地灵烜彩作比，写出新迁建的黉宫（文庙）

---

①③ 许实编．郑祖荣点校．2008．宜良县志点注．民国十年（1921年）版．昆明：云南民族出版社：365.

② （战国）左丘明著．（三国）韦昭注．胡文波点注．2015．国语．上海：上海古籍出版社：21.
④⑤ 同①366.
⑥⑦⑧ 同①369.
⑨⑩⑪⑫ 同①370.
⑬ 同①379.

昭物象、媚晴川的奇景。颈联用夸张手法尽显黉宫（文庙）的"玉液流三岛"（三岛：传说中的蓬莱、方丈、瀛洲）和"银河落九天"两幅人间仙境画卷，暗示观者络绎、称为奇瑞的缘由。尾联再次歌咏迁建的黉宫（文庙）"成欢洽处"，是宜良县的"纪新编"。

4. 匾额

古者建国，君民教学为先，选士、俊士、造士出其中。令各地方建先师庙，俾学校师儒，岁时释菜于其中，煌煌巨典，震古烁今矣。宜良附近省垣，开化较先。自清乾隆建（1736—1796年），李雪堂明府迁建学宫，人文蔚起。自明初建学，作为宜良地方官学的文庙庙学，尊祀孔子，悬挂于宜良文庙大成殿的匾额有多幅，比如："清康熙二十五年（1686年）御书'万世师表'匾额。雍正三年（1725年）御书'生民未有'匾额。乾隆二年（1737年）御书'与天地参'匾额。嘉庆四年（1799年）御书'圣集大成'匾额。道光元年（1821年）御书'圣协时中'匾额。咸丰元年（1851年）御书'德齐帱载'匾额。同治元年（1862年）御书'圣神天纵'匾额。光绪元年（1875年）御书'斯文在兹'匾额。"①凡立学者，必释奠于先圣、先师。悬挂这些匾额，昭示出国家尊师重道，大司乐有道有德者，为乐祖祭义祀先贤。既表现出对孔子儒学学说的重视和传播，同时也可以此鼓励学子好学上进，建功立业。

5. 作者生平事迹简介

张日旸，生卒年不详。字穆侯，海南文昌人，丙辰乾隆元年（1736年）科甲榜进士，乾隆八年（1743年）任宜邑（今宜良）知县。植躬端瑾，治本经术，酌设文庙香灯田租，设立伏虎寺义学，建尊经阁于学宫后。凡七载，善政多端，大吏称之曰能，调繁新平。去之日，百姓咸思借寇焉。《宜良县志·秩官志》"循吏"条有传。著述不详。

李淳，生卒年不详。字雪堂。湖南衡阳监生。清乾隆四十八年（1783年）任宜良知县事，建学宫，修邑志，创雪堂书院。著述不详。

曹锡龄，生卒年不详。山西人，云南学政。著述不详。

严烺（1768—1818），字存吾，号匡山，匡远镇人。清乾隆五十一年（1786年）云南乡试解元，嘉庆元年（1796年）进士。历任吏部考功司主事、文选司员外郎、浙江道监察御史、户部给事中。以奏疏《云南运铜弊疏》《论钱法疏》《论沧储疏》较为著名。文宗八家，诗法三唐。著有《红茗山房诗文集》《馆课诗》刊行于世。

段琦，生卒年不详。字魏肇，号可石，云南澄江府人，宋大理国段思平

---

① 许实编. 郑祖荣点校. 2008. 宜良县志点注. 民国十年（1921年）版. 昆明：云南民族出版社：141.

后裔。清乾隆中进士后，官江苏金坛知县。后居宜良，与县内交往甚深。邑举人贾文超（贾家村人）即其门人。工书法，为清乾隆时云南名书法家。与当时江南硕彦袁枚友善，同被称为才子。著有《小草集》等。

陈永龄，生卒年不详。《宜良县志》载："是真能为诗者，亦生员之佼佼者也。"① 著述不详。

（二）与万福寺楼阁相关的文学作品及作者

1. 诗歌

（明）杨慎《万福寺》。"寺临飞鸟外，楼出挂虹端。山翠沉云暗，湖舟染雨寒。因阿凿户牖，依石构巉岏。双树蝉栖稳，一花人折难。阴霞仍半没，晚霭试横看。攸对登高赋，仙毫点笔澜。"② 此诗系明代嘉靖年间（1522—1566年）谪戍云南的杨慎之作。第一句用"飞鸟"喻指万福寺轻盈、灵巧、奔放之状，第二句说楼阁出现在天边彩虹处，描写万福寺楼阁的灵巧、俊秀之美。第三、四句进一步渲染坐落于涌金山的万福寺被浓云笼罩，四周树木郁郁葱葱，在阳宗海泛舟，雾霭和细雨使人感到阵阵寒气袭来的意境。第五、六句描写万福寺木石结构建筑高耸挺立。第七、八句说，寺里的婆罗双树上，蝉已稳稳歇宿，人们难以折断只开花一次的婆罗双树树枝，描写树木的高大、神秘。第九、十句继续写景，绘写云霞依旧隐隐约约，从万福寺正面可以看到傍晚的云气，渲染万福寺的神秘莫测。第十一、十二句描写人们登上涌金山万福寺作诗抒发情感，可以妙笔生花、文采出众，极言万福寺能够激发诗人灵感，让人心胸开阔。此诗用寺、楼、山、湖四种物象在昼夜所展现的景象，勾勒出万福寺变化莫测的奇景。

（清）陈达《万福寺》。"一山都是石，直上似登楼。数杪檐层出，岩端路曲周。云连千嶂晓，天朗半湖秋。偶入长廊座，僧贫院更幽。"③ 该诗系清乾隆间邑名士陈达所写。首联突出寺宇建筑材料都是石材，楼宇都有层次感。颔联展现层层屋檐与山岩下曲曲折折的路形成鲜明的对比。颈联着力描摹寺宇顶上的云彩与山峦连成一片，秋天的天空与半湖相比衬，显得天空更明朗、湖水更清澈，写出其仰视感。尾联由景及人：偶尔在寺里长廊小坐，愈加感到寺宇的幽静、闲适。

2. 碑记

《建殿宇铸圣像施常住碑记》。明天启六年（1626年）立，今嵌于万福寺

---

① 许实编．郑祖荣点校．2008．宜良县志点注．民国十年（1921年）版．昆明：云南民族出版社：370．
② 同①363．
③ 同①362．

大雄宝殿走廊东侧。该碑记是为寺内供奉铸铜佛像万尊而撰写的，"碑高2米，宽0.65米，文15行，行48字。楷书阴刻"[1]，碑文内容主要记录了"老佛"（李会元，后人奉之为汤池李氏始祖）在汤池的善举和对万福寺殿宇、铸铜佛像万尊的捐资、铸造以及望海楼、祖师殿、地藏殿的创建情况。

《无上菩提》碑。清道光十四年（1834年）三月初宜良三地大震。寺院倒塌，戏台等楼宇亦崩塌，优人等碑压毙。后于咸丰初年修复。光绪三十四年（1908年）恩贡生李正香筹禀请当道，禁止三月三迎佛演剧，旋奉批准，勒碑遵守。民国九年（1920年）恢复迎佛演戏传统庙会，远近赴会者万人。民国二十年（1931年），云南石屏人袁嘉谷（清光绪年间经济特科第一名）应汤池李荆石邀请往游万福寺，在游览了万福寺后欣然提笔书碑一方，邑人李荆石请人刊石镌立。"碑青石质，高2米，宽0.7米，阴裹阳刻。字从行楷，刚柔并济。"[2] 该碑记兼具历史、艺术价值，现嵌于万福寺大雄宝殿走廊西侧。

《洪氏圣母坟》碑。这是万福寺土主殿后的一座坟冢，相传为粗康宝之母墓。而汤池当地人对万福寺土主殿里供奉的木雕粗康宝神像崇拜有加，皆源于当地的一个古老传说：很久以前，汤池有一洪姓女子，在梦境里与老爷山山神交合，数月后产下一子，家人以之为耻，将男婴弃之于粗康欲把其捂死，然其旬日不死，遂取而养之，取名"粗康宝"。粗康宝长大后，降五鼠于东京，立殊勋于异域，南诏国王赐其姓段，名宗榜，封为护国右王，任清平官。后粗康宝衣锦还乡，其母已逝，而当地有人认为粗康宝是私生子不予迎接。粗康宝悲痛万分，撞死在一棵清香树下。南诏国王下令砍下清香树，雕成两尊粗康宝神像，一尊送万福寺祭祀，另一尊运回大理供奉。由此，诞生了万福寺的传统庙会：三月三庙会。旧时逢寅、巳、申、亥年时，在正月初一迎接粗康宝（当地尊称洪老爷）神像出万福寺，在汤池二十余村叩拜三五日不等，至三月初三日会规万福寺土主殿，在戏台演剧酬神。

粗康宝之母墓，元置于皂角村南，后因开矿搬迁，清同治二年（1863年）由洪、李二氏后裔立碑一通。1987年皂角村信士送来此碑，"碑青石质，高1.4米，宽0.75米，碑额刻'钟灵'二字并饰二龙抢宝图案；碑中部铭'敕封护国佑王洪氏圣母之墓'及立碑人、立碑时间；碑左、右两侧书'累代积德生圣母，千载钟灵毓神裔'一联。"[3] 同年迁入万福寺建基，由洪云宝撰稿，邝先明书碑记之。碑记不论是书，还是刻皆俱佳。

3. 作者生平事迹简介

杨慎，生平事迹详见本节与西山龙门三清阁、达天阁相关的文学作品及作者简介。

---

[1][2][3] 刘伟. 2006. 宜良文存. 昆明：云南人民出版社：592.

陈达（？—1813），字德行，号卧庐。嘉庆壬申（1812年）岁贡。工书法，笔力苍古。善画梅，信手挥洒，俱有逸致。书法登颜欧之堂，邑中匾额多出其手。诗如画，书如诗。有《卧庐诗文集》传世。

洪云宝，其生平事迹及著述均不详。

邝先明，其生平事迹及著述均不详。

（三）与草甸土官村土主庙戏台相关的文学作品及作者

1. 碑记

崔毓珍《戏台碑》。该碑"存于宜良县城西16公里草甸乡土官村土主寺内。碑立于清康熙四十六年（1707年），通高1.5米，宽65厘米，碑文阴刻楷书24行，行62字。"① 碑文开头点明戏剧的起源"戏何自乎？自于唐之玄宗也。"② 然后描述了当时乡村戏剧活动的习俗和盛况"人物安，皆帝之所相默也。乡人崇奉，轮奂庙制，当花朝望人，恭逢圣诞，相与酌水献花，封羊瘗豚，修齐庆祝，若冀五谷丰，六畜盛，更若冀予以福，锡以禧，各村之盛会不一。见寄之歌唱，妆以傀儡，游人如蚁，士女如云，熙熙攘攘，诚斯境之一会也。"③ 最后说明兴建戏台的困难以及建造的始末。此碑为云南省直接记载戏剧活动资料最早、最完整、因而也最具价值的戏台碑记，是研究宜良县乃至全省清初戏剧活动的重要实物资料。

2. 作者生平事迹简介

崔毓珍，宜良县人，清康熙年间布衣。著述不详。

九、石林县

与大屯村万仙阁相关的文学作品及作者

1. 楹联

外侧横联："风来水面；月到天心。"④ 对联作者不详。该联语出宋代邵雍《清夜吟》中"月到天心处，风来水面时。"⑤ 描绘了一轮明月高挂在夜空的正中，一池碧水上微风拂过池中央。意指万仙阁的清凉明净只有细微的心情才能体会，一般人是很难体会到的。

内侧横联："引人入胜；诱我逢源。"⑥ 对联作者不详。上联语出南朝宋刘

---

① 邱宣充. 1999. 云南名胜古迹辞典. 昆明：云南科技出版社：49.
②③ 余嘉华，易山. 2014. 云南历代文选·碑刻卷. 昆明：云南教育出版社：299.
④ 昆明市路南县彝族自治县志编纂委员会编. 1996. 路南彝族自治县志. 昆明：云南民族出版社：823.
⑤ （宋）邵雍著. 郭彧整理. 2010. 邵雍集. 北京：中华书局：365.
⑥ 昆明市路南县彝族自治县志编纂委员会编. 1996. 路南彝族自治县志. 昆明：云南民族出版社：823.

义庆《世说新语·任诞》："王卫军云：'酒正自引人入著胜地'。"① 下联语出孟子《孟子·离娄下》："孟子曰：'……资之深，则取之左右逢其原，故君子欲其自得之也。'"② 意指要进入万仙阁美妙的境地，就需达到高深的造诣，要获得高深造诣，就需积蓄更多的知识，才能取之不尽，左右逢源。此联富含哲理意味，耐人深思。

对联一："彩云南现朝胜境，鸢跃高飞滔泼池。"③ 作者不详。此联绘写出万仙阁五彩云霞尽现，老鹰跃飞溅起的水波溢出水池，如此美景就在眼前。将万仙阁静动相宜的美妙胜境描摹出来了。

对联二："紫气东来入琼楼，龙吟虎啸自然天。"④ 作者不详。上联语出三国魏曹丕《列异传》："老子西游，关令尹喜望见其有紫气浮关，而老子果乘青牛而过。"⑤ 下联语出汉代张衡《归田赋》："尔乃龙吟方泽，虎啸山丘。"⑥ 该联叙述东方的瑞祥之气已驻足万仙阁楼宇，广阔的泽野上潜龙正在吟唱，在群山高丘里猛虎正在呼啸。喻指万仙阁是吉星高照之地。

2. 作者生平事迹简介

邵雍（1011—1077），字尧夫，号安乐先生，河南辉县人（一说河北涿县人）。北宋理学家、数学家、诗人。少有志，喜读书、并游历天下，一生主要研究学问，研究象数之学，学有大成，著有《皇极经世》和诗集《伊川击壤集》等行世。

刘义庆（403—444），字季伯，彭城郡彭城县（今江苏省徐州市）人。南朝宋宗室、文学家。袭封临川王，曾任荆州刺史、江州刺史、南兖州刺史等职。著有《徐州先贤传赞》《典叙》《幽明录》《世说新语》等传世。

孟子（公元前372—前289），名轲，字子舆，战国中期邹（今山东邹县）人。著名哲学家、思想家、政治家、教育家。继孔子之后先秦儒家学派的主要代表人物，与孔子并称"孔孟"。著有《孟子》传世。

曹丕（197—226），字子恒，沛国谯县（今安徽亳县）人。三国时期政治家、文学家。曹操与卞夫人所生长子。曾为五官中郎将、副丞相、魏太子，220年袭魏王，同年代汉自立。作为一代帝王，曹丕不仅喜爱文学，从事文学创作，而且对文学理论进行了深入研究，颇有心得。诗、赋、文学皆有成就，擅长五言诗与其父曹操和弟曹植并称"建安三曹"，今存《魏文帝集》，专著

---

① （南朝宋）刘义庆撰. 毛德富等注译. 2008. 世说新语. 郑州：中州古籍出版社：351.
② 杨伯峻译注. 2012. 孟子译注. 北京：中华书局：205.
③④ 昆明市路南县彝族自治县志编纂委员会编. 1996. 路南彝族自治县志. 昆明：云南民族出版社：823.
⑤ （魏）曹丕等撰. 郑雪斑校注. 1988. 列异传等五种. 北京：文化艺术出版社：6.
⑥ 张在义，张玉春，韩格平译注. 2011. 张衡诗文选译. 南京：凤凰出版社：142.

《典论》仅有《论文》《自叙》传世,其余篇章已不传。

张衡(78—139),字平子,东汉南阳郡西鄂县(今河南省南阳市北五十里)人。东汉时期杰出的天文学家、数学家、地理学家、文学家,蜀郡太守张堪之孙。举孝廉出身,曾历任郎中、太史令、侍中、河间令、尚书等职。以《二京赋》《归田赋》等文学作品为代表,与司马相如、扬雄、班固并称"汉赋四大家",有《张衡集》《张河间集》行世。

第四章 大理白族自治州楼阁建筑与文学

大理白族自治州，现辖1市11县，即大理市、巍山彝族回族自治县、宾川县、弥渡县、永平县、鹤庆县、洱源县、祥云县、剑川县、云龙县、漾濞彝族自治县和南涧彝族自治县。位于云南省中部偏西，东与楚雄彝族自治州相接，西与保山地区、怒江傈僳族自治州相连，北和丽江地区毗邻，南跟普洱、临沧接壤。大理州地处横断山脉南部的西南端，有高原湖泊和横断山脉纵谷两大地貌特点。山脉属云岭山脉，南北走向。蜿蜒高耸的山脉，峰峦环抱的湖泊和盆地分布境内。静卧洱海畔的点苍山将自治州分割成东西两种不同的地理环境：东部为地势平缓开阔的山地和盆地，气候温和；西部为高大狭窄的云岭，怒江、澜沧江纵贯其间，山高谷深。境内山脉与河流紧密纵排，主要河流漾濞江、西洱河、弥苴河、漾弓江、落漏河、沘江、银江、大西河、桑园河等分属金沙江、澜沧江、红河和怒江四大水系，呈羽状分布全州。全州境内湖泊如洱海、剑湖、茈碧海、海西海母屯海等均分布在高海拔的盆地内。由于地形、海拔的因素，大理州气温一般西北底，东南高，呈现出立体气候的特点。

大理州又是云南文化最早的发祥地之一，自西汉起，归益州郡管辖，正式纳入汉王朝版图，东汉增设博南县，隶永昌郡，蜀汉增设云南郡，两晋南北朝时大理州境内已有3郡（西河阳郡、东河阳郡、云南郡）和8县（云南县、邪龙县、叶榆县、博南县、比苏县、嶲唐县、云平县、东河阳县）。隋代，设越析州，县不变。唐初因云南设南宁州，大理属南宁州总管府，同时，在大理洱海地区出现了六个较大的部落，史称"六诏"，即蒙舍诏（南诏）、蒙嶲诏、施浪诏、浪穹诏、邓赕诏、越析诏。后蒙舍诏（南诏）统一六诏，建立南诏国，臣属于唐。宋代，段氏建立大理国，臣属于宋。元代建立云南行省，云南的政治中心由大理移至昆明，并设大理上万户府、大理下万户府，后改为大理路。明代设3府（大理府、蒙化府、鹤庆府）、4州（宾川州、赵州、云龙州、邓川州）、6县（太和县、浪穹县、云南县、剑川县、定边县、永平县）、1个长官司（今祥云县楚场），清代基本沿袭明代府州县不变，但将属楚雄府的定边县（今南涧）裁归蒙化府（今巍山）。民国时裁府州为县，大理州设为12县（大理县、凤仪县、洱源县、剑川县、鹤庆县、云龙县、永平县、漾濞县、蒙化县、弥渡县、祥云县、宾川县）。大理州境内最早的民族主要是白族和彝族。后历经迁徙、移民屯田、军人征战、经商、婚配等，全州主要有25个民族，包括汉族、白族、彝族、回族、傈僳族、苗族和纳西族等。

各个民族和睦相处，共同创造了大理不同时期辉煌灿烂、独具民族特色的楼阁建筑艺术，如明代蒙化府北门城楼（拱辰楼）、蒙化府城中心的过街楼（文笔楼）等建筑，秀丽飘逸、玲珑剔透。大理喜洲镇庆洞村圣源寺观音阁保持了元末明初建筑风格。与门相连的典型的白族照壁檐下，丰富多彩的白族艺术装饰，和门楼浑然一体。可谓典型的汉白民族相结合的建筑格局。剑川景风阁建筑结构严密，楼阁四周重彩丹青，窗棂严谨美观，图案装饰精巧，木雕绝技不凡，彰显出剑川木雕艺人高超的木雕技艺，为大理州楼阁建筑独特的风貌添色不少。

大理州丰富多彩的地域特色、民族众多、文化内涵深厚，吸引了杨慎、张含、杨黼、李元阳、赵藩、李根源等历代著名文人创作了与本地楼阁建筑相关联的诗、联、文等艺术作品，这些作品涉及面广、意蕴高远、体味醇厚、充满诗情。由于时代久远，加之史料记载不全，楼阁建筑损毁严重等，许多作品难于尽录。

第一节　大理白族自治州楼阁建筑遗存

大理白族自治州楼阁建筑遗存，主要按照市、县的区域划分，根据楼阁建筑选址的不同以及存世情况对其楼阁遗存进行梳理。其中大理感通寺的写韵楼，宾川县鸡足山祝圣寺的钟鼓楼、藏经楼，巍山县巍宝山的玉皇阁、魁星阁、斗母阁、培鹤楼、天师楼等建筑遗存详见本书第二章，本节不再赘述。

一、大理市

圣源寺观音阁

圣源寺，又称圣元寺，位于大理市喜洲镇庆洞村南。737年，南诏立国，为佛教的传播提供了有利条件。南诏统治者深感单凭武力难于降服民众，于是转而利用宗教，作为巩固其统治的精神工具。在物质条件具备的情况下，开始在大理境内大规模兴建寺院，而圣源寺便是创建于南诏（唐代）时期。宋、元、明、清多次重建和修葺。"据清代重修碑记所载，圣源寺始建于唐，为大理地区最早的佛寺之一。……寺南观音阁由原来的钟鼓楼改建，元末明初杨智重修，清代又加修葺。为重檐歇山顶亭阁建筑，面阔12.6米，进深9米，檐下斗拱粗壮，具元代建筑风格。"[1] 观音阁上的粗大砖雕仿木斗栱，保持了元末明初的建筑风格。坐西向东，占地600平方米。观音阁面宽三间，进深四间，其上檐所施斗栱宏大，为大理地区年代较早的木构楼阁之一，与门相连的典型的白族照壁檐下，有丰富多彩的白族艺术装饰，和门楼浑然一体。现存观音阁建筑为清代康熙三十八年（1699年）改建建筑。

古生村戏台

古生村戏台是古生村本主庙的附属建筑。其戏台修建与祭拜古生村本主庙内供奉的白族地方保护神"本主"的祭祀活动关系较为密切，戏台面向本主庙大殿本主神像，主要出于娱神、酬神等原因兴建的戏台。在宗教建筑中修建戏台，既强化了"本主"崇拜的阐释和传播，增强"本主"崇拜的象征性和祭祀性，同时又借此促进具有共同信仰的民众相互之间的沟通联系，在敬神娱神后也娱人，并且戏台建设资金由主事文人按各户贫富情况分摊。

戏台位于大理"湾桥乡古生村中，清光绪十六年（1890年）建。戏台西向福海寺，由前后台组成，平面凸字形。前台台基高1.8米，宽7.7米，深5.5米，抬梁式结构，檐下为垂花构造，高约7米，后台为三通间。左右有耳墙，中堆塑龙、虎各一只。"[2] 戏台背倚洱海，后台三开间，为化妆室及演员出入场地，戏台平面呈凸字形，前是表演台，后是化妆道具室，戏台两侧建有照壁。戏台为单檐建筑。南北两侧照壁檐下为花空装饰线，下部中央用圆

---

[1] 邱宣充. 1999. 云南名胜古迹辞典. 昆明：云南科技出版社：297.
[2] 大理市志编纂委员会. 1998. 大理市志//中华人民共和国地方志丛书. 北京：中华书局：842.

形浮雕装饰，左塑"青龙"，右塑"白虎"。

戏台整个结构造型属典型的清代建筑，富有地方民族特色，外形美观、做工精细、彩画典雅，是大量诸多戏台中的上乘之作。整座戏台建筑立面为凸出开敞的歇山式屋顶与照壁墙体的组合造型，立面构图均衡对称，主次分明、绚丽夺目。

周城村戏台

周城村戏台（楼），又称"大戏台"，是随着清代中期以来，大理白族地区喜好戏曲之趣和兴建艺术表演场所之习俗而兴建。是周城村村民集会、节假日欢庆、娱乐，进行戏曲、歌舞表演的场所。建设资金由主事文人按各户贫富情况分摊。

戏台位于大理"喜洲周城村中部，清光绪二十一年（1895年）建。戏台西向，前为街场。由前后台组成，平面凸字形。前台下有台基，石条砌筑，高2米，宽9.15米，深5.5米。上为抬梁式结构，正面檐下垂花结构。后台三通间，长13米，宽3米。前台有大四方小八角大理石柱，上刻对联及年款。"[①] 后台为大理地区常见的民居建筑与照壁的组合形式。台面大理石楹联落款为光绪乙未季夹钟月上浣吉旦，可以推知戏台始建于清光绪二十一年（1895年）农历二月上旬。

戏台前有大青树两棵，周围为广场。戏台台后为化妆休息室，为单檐歇山顶。西、南、北三方梁上用垂花、花板装饰。戏台采用独立式布局，三面开放，利用自然坡度或四围高台地形，居中建盖，便于多数观众看戏。周城村戏台是白族地区独具一格的建筑，反映了清代白族农村丰富的文化生活。

河矣江村戏台

河矣江村戏台，一般建在河矣江村中心，以方便村民的社交怡情需要，达到消遣娱乐、友好交往、增强情感沟通的目的。其主持修建者由村里主事文人主持，建设费用按照贫富来共同分摊。采用独立式布局，戏台三面开放，舞台利用自然坡度或四周高台地形，居中建盖，便于多数观众看戏。戏台位于喜洲古镇河矣江村，为三间两层，正堂为戏台，有粗大木柱支撑，两侧为白墙青瓦照壁，一色的斗拱飞檐，底层带厦廊，二重檐歇山顶，是典型的白族汉式混合的建筑。河矣江村戏台，促进了农村经济的发展，丰富了村民们的文化生活，戏台因此成为村民心目中休闲、娱乐的场所。但修建年代不详。

---

① 大理市志编纂委员会. 1998. 大理市志//中华人民共和国地方志丛书. 北京：中华书局：842.

凤仪文庙大成殿、藏经楼

元代，从赛典赤·赡思丁在云南中书省主政滇事开始，便兴儒学，置文庙。明洪武十五年（1382年），置大理府学、庙学，倡导仁义礼制，尊孔崇儒，文庙已成为凝聚和积淀全部儒家思想、儒学文化的精神殿堂。明初以来，云南境内的地州县各级衙府主持，也大都办起了庙学，而作为大理地方乡镇文庙的凤仪文庙随之创办起来。该文庙坐西向东，"位于大理市凤鸣镇西街，始建于明洪武十八年（1385年），成化十一年（1475年）、清康熙十年（1671年）重建，光绪间重修。凤仪文庙原建筑有照壁、泮池、棂星门、大成门、大成殿、藏经楼及两座厢房，面积3520平方米。"①

"大成殿，为穿梁式结构，面阔五间，单檐歇山顶，"②上檐斗拱挑檐，自次间起，檐口生起，正脊呈柔缓有张力的曲线，平稳而舒缓。

"藏经楼为重檐歇山顶穿梁式结构，五开间。上簷三跳偷心造斗拱挑檐，出檐平缓深远而有飘逸的弧度，"③体量较小，呈挺拔状。

二、巍山县

月 波 庵 楼 阁

关于月波庵楼阁的建盖原因，（清）危庚尧《月波庵新增常住田碑记》是这样解释的，"佛之为教也。虽在穷乡僻壤，莫不知敬而信之，崇而奉之，岂非人之佛性与佛之教法相感而成化也哉。"④说明佛教作为一种宗教，虽然处在穷乡僻壤之地，但当地没有一个不敬而信之，崇而奉之的，由此在明万历丙辰（1616年）修建了月波庵，并由一名叫"海举"的僧人募捐，张、李二姓出力居多："月波庵者，创自明代万历丙辰之岁，乃予族祖辈有为僧者，名海举者，募众姓而成之。大约张李二姓之力居多焉，历今盖有七十五年矣。"⑤并叙说建盖月波庵是谋田建庵，是又募乡人甘余金，购买左上启田柒段、排水利五分，自此耕种有资，饭僧有具后之继，以田养寺。

月波庵，"位于巍山县庙街乡河上湾村东山坡上。……庵由五进四院、两厢、花园、六院组成，依山势而建。其建筑前三院供佛，后一院供玉皇、三清像。建筑以大殿及后院最好。大殿单檐歇山顶，宽三间，正面檐下安斗拱，其大斗上用卯，承托前面的垂莲柱，柱间安雕花板，大斗四角安透雕折枝花异形拱，斗拱后尾仍挑出，……后院在高处，地面高于大殿屋顶，陡坡边连

---

①②③ 邱宣充，张瑛华，等. 1992. 云南文物古迹大全. 昆明：云南人民出版社：490.
④⑤ 薛琳. 2006. 巍山风景名胜碑刻匾联辑注//巍山彝族回族自治县地方志编纂委员会办公室编. 昆明：云南人民出版社：129.

一单檐牌楼式建筑，前檐明间伸出比次间长，檐下四面设斗拱，制作小巧玲珑。"① 与青山相得益彰。据康熙《蒙化府志》载，历史上曾经多次修葺，该月波庵楼阁至今保存完好。

圭峰寺玉皇阁

圭峰寺，又称尖山寺、玉峰寺。此处平地一峰突起，峰尖如圭，景色俱佳。近旁又有两个大型溶洞，如此美景必是崇奉之所。对此，清代李楹的《圭峰寺常住碑记》亦作了说明，"蒙郡西窑圭峰一山，乃点苍发脉，形胜巍峨，巅峦峻峙，高耸云霄，众山环拱，锦江时潮，乃一境之观瞻，合窑之壮丽，所以先人开创鼎建玉阁、观音殿，俨若名山之景。"② 说明圭峰寺玉皇阁的修建选择建在古树参天、台地突兀、怪石嶙峋、地势险要的圭峰山，是最佳的崇奉之所。圭峰寺坐落"在巍山县青华乡西窑村，据城约50公里。……寺始建年代不详，现存建筑为清光绪十年（1884年）重建。寺分上下两处，上为玉皇阁，下为观音殿，阁重檐歇山顶亭阁，面阔进深皆6米，高7米余，建筑小巧玲珑；"③ 依碑刻载录的内容看，康熙末年曾重修。皆由僧人广贤发心捐资，本地善公率合窑民众赞助重修。"齐僧广贤发心捐资，本处善公首先倡率合窑众姓，竭力赞助，共成功德。"④ 该阁建于2米的石台基上，面宽3间，楼上三面开窗，可登高远眺。目前，该玉皇阁建筑保存尚好。有碑刻遗存，如《巍宝山玉皇阁常住田碑记》。现存于巍宝山玉皇阁，"立碑时间：清嘉庆十五年（1810年）。青石。作者姚凤仪。"⑤《松花会功德碑记》。存于巍宝山玉皇阁，"立碑时间：清嘉庆十五年（1810年）。青石。作者姚凤仪。"⑥《巍山新建依云阁基址碑记》。存于巍宝山玉皇阁，"立碑时间：清嘉庆十九年（1814年）。青石，作者姚凤仪。"⑦ 还有《圭峰寺常住碑记》《巍山新建依云阁碑记》均见本章第二节的具体介绍。

拱 辰 楼

拱辰楼位于巍山县城，系明代蒙化府北门城楼。"拱辰"出自《论语·为政篇》："为政以德，譬如北辰居其所而众星共之。"⑧ 意指其楼的建筑体量和

---

① 邱宣充，张瑛华，等. 1992. 云南文物古迹大全. 昆明：云南人民出版社：583.
②④ 薛琳. 2006. 巍山风景名胜碑刻匾联辑注//巍山彝族回族自治县地方志编纂委员会办公室编. 昆明：云南人民出版社：116.
③ 邱宣充. 1999. 云南名胜古迹辞典. 昆明：云南科技出版社：354.
⑤⑥⑦ 巍山彝族回族自治县志编纂委员会. 1993. 巍山彝族回族自治县志//中华人民共和国地方志丛书. 昆明：云南人民出版社：832.
⑧ 杨伯峻. 2009. 论语译注//中国古典名著译注丛书. 北京：中华书局：11.

防御位置。明清时，云南楼阁建筑的功能用途进一步拓展，已具有军事防御和地方城镇的标志。拱辰楼的兴建被用于军事防御是无疑义的。但最早主持修建此楼的人不详。"始建于明洪武二十二年（1389年），原为三层，永历四年（1650年）改建为二层。楼建于高8.5米的城墙上。下为城门洞，楼为重檐歇山式建筑，面宽五间28米，进深17米，高16米，下层四面设廊，登楼可俯视全城。上檐南面悬挂'魁雄六诏'匾，为清乾隆三十六年（1771年）蒙化府同知康勷书。北面檐下有'万里瞻天'匾，为乾隆五十年（1785年）蒙化直隶厅同知黄大鹤书，二匾书法气势磅礴，浑厚有力。拱辰楼建筑用料粗大，上层四周使用了檐柱，悬空立于下层梁架上，使上层面宽、进深扩大，加以屋面起山甚小，四翼角出檐长，反翘亦小，正脊又为一字平脊，"①尤显其气势的雄伟、浑厚、庄重。登楼远眺，犹入云天，东观文化层叠山峦，南看巍宝名山文笔塔，西望瓜江垒玉，北眺苍山积雪，全川村落、万家灯火，尽收眼底。整个建筑气势雄伟，古朴浑厚，是云南省仅存的两座古城楼之一。2015年1月3日被焚烧，该楼建筑不复存在。

文 笔 楼

文笔楼为明代洪武二十三年（1390年）扩建的巍山蒙化城城中的过街楼。据《蒙化志稿》载，"城周回四里三分，计九百三十七丈，高二丈三尺二寸，厚二丈；砖垛石墙，垛头一千二百七十有七。垛眼四百三十；建四门，上树谯楼，东曰忠武，南曰迎熏。西曰咸远。北曰拱辰。北楼高二层，可望全川；下环月城，备极坚固。城方如印，中建文笔楼为印柄。董其成者，指挥范兴也。司其役者，指挥孙福、陈生仲。"②文笔楼"位于巍山县城中心，又名星拱楼。始建于明洪武二十三年（1390年），清康熙五十年（1711年）重建。咸丰七年（1857年）毁，咸丰十年（1860年）杜文秀起义军将领马国忠重建。"③由此可知，文笔楼的修建是与巍山蒙化城的修建在同一年。并由范兴、孙福、陈生仲等建。

"城方如印，中建文笔楼为印柄，居圣宫巽位，既壮金汤，且培文教，三百年人文炳蔚，登科第者，蝉联鹊起，有由来也。"④叙写城中建文笔楼既使城池雄壮，又可以鼓励培养有文化教养之人，因而三百年来登科及第之人声名鹊起，这都是有文笔楼的原因。文笔楼"楼下为石台基，台基四面起券洞，

---

① 邱宣充，张瑛华，等. 1992. 云南文物古迹大全. 昆明：云南人民出版社：576–577.
②④ （清）梁友檍纂. 2006 蒙化志稿//巍山彝族回族自治县地方志办公室编. 德宏：德宏民族出版社：30–31.
③ 邱宣充. 1999. 云南名胜古迹辞典. 昆明：云南科技出版社：349.

东、西、南、北四条街由此交叉通过。台基高 6.3 米，楼高 11 米，面宽三间，重檐歇山式建筑，下层四周为围廊。上下层檐下都设斗拱，雕刻精美。屋面弧度柔和，"①檐牙高挑，每层四面开窗，南北两面有门，俊秀挺拔，因而古名凝秀楼。"楼上四面悬挂的匾额为'瑞霭华峰''巍霞拥鹤''玉环瓜浦''苍影盘龙'"②四匾额既把文笔楼的雄姿淋漓尽致地展现出来，同时又将登临文笔楼的四面风光形象地呈现出来。

玉 皇 阁

隋唐时期，由于统治者提倡道教，敕州祀奉老子，巍宝山的道观开始兴建。明初，四川青城山道士陆续进入大理巍山等地，开馆弘法，广建道观，玄珠观为巍山境内最早建盖的道观。明宣德年间，观主王仲元在观内首建大殿铸玉皇大帝像。明成化间拓建玄珠观时修建了玉皇阁、三宫殿等殿阁。玉皇阁坐东朝西，位于巍山"县城外东北隅文华书院右面。……清同治八年（1869年）毁于战乱，光绪二十六年（1900年）重建。玉皇阁由四进三院及两厢组成，其建筑以大门及后殿最佳。大门为三开间牌楼式单檐歇山顶建筑，前檐设如意斗拱，后檐用垂柱，做工精细，装饰华丽。后殿建于高台上，前有月台，左右有八字墙。殿宽五间，重檐歇山顶，上下层皆以七踩三昂斗拱装饰。下层正面有走廊，后安八扇透雕八仙过海格子门。"③整个建筑雕镂精致，装饰性强，为巍山清代建筑中规模最大的庙宇。

北社学大门楼、先师阁

南诏时期，中原文化已在蒙化（巍山）境内得到传播。唐初，蒙舍诏主即劝民习读汉书，敦崇八行。明清时期，新建了多处社学，尊儒重道，文风蔚然，讲学授课之风盛行。北社学和下文的南社学的新建成为巍山古城一道靓丽的文化景观。北社学，又名育英社学，因其建在巍山古城北门外而得名。明崇祯年间由蒙化同知朱统鎀及郡绅建造，属育英社学（俗称北门学）建筑。有大门、过厅、大殿、两厢。清光绪年间又建先师阁、社仓。坐东朝西，四进三院，现存建筑为大门、前殿、后楼、先师阁、两厢房。大门，位于北学社内，"单檐悬山牌楼式建筑，明间高，次间低，前檐下设斗拱，明间为九踩斗拱，次间为七踩斗拱，错落而富有层次感。"④仅作局部雕饰。

先师阁，位于北学社内，"建于光绪十二年（1886年），为重檐歇山式建

---

①② 邱宣充，张瑛华，等. 1992. 云南文物古迹大全. 昆明：云南人民出版社：581.

③ 同①582.

④ 同①584.

筑，宽三间，上层为楼，三面开窗，上、下檐下四面皆置斗拱。"① 并建于2米高的石砌台基上，呈正方形，且四面设廊，正面安设隔扇门（为菱花心夹各式花样并刻有诗句），雕工流利生动。其余三面皆以土墙围之。梁枋及构件雕刻工艺精湛。该阁以小巧而富丽堂皇著称，雕花构件甚多，斗拱、梁、枋、花罩、雀替、或平雕或镂雕，皆作花卉、鸟兽图形，形象生动。现今该阁整体搬迁至蒙阳公园内，并更名为奇嘉阁。

南社学后阁

明崇祯年间建造的北社学，在清代时，已不能满足学子们崇儒重教的需要，同时，为方便讲学授课，因而在清康熙年间，蒙化掌印同知张善化捐金改建明代广西左江道兼提学道宣廷式的住宅，后掌印同知陈文成立社学于内。南学社位于巍山古城土锅街孙家巷，始建于清康熙八年（1669年），名育德社学，因其在城南，故称南社学。清咸丰、同治年间战乱，大部分建筑受损，清光绪年间重修。清代再次设义学，民国年间先后在此设立学校、蒙化县参议会。南社学坐北朝南，三进两院，西设花园、大门、过厅、两厢房等建筑。

后阁位于南社学内，"为重檐歇山式建筑，面宽三间，上下檐皆安斗拱，出一至二跳，无雕饰。此阁除上层擎檐柱为圆柱外，其余皆用方柱。明间与次间面宽间隙不大，"② 阁的上檐为五踩斗拱，下檐为七踩斗拱，前檐柱采用移柱作法，避免了明间与次间间隙过大的问题，使建筑外观越发显得匀称。该阁为明代中晚期建筑，目前，除屋面脊饰和下层正面门窗等被拆外，其余建筑基本保存完好。

文庙雁塔坊（牌楼）、大成殿

蒙化（巍山）庙学旧为州学，后改府。"天顺间，教授吴宪、土知府左琳、土舍左晏并武职葛升、杨杲、杨能等，以旧制卑隘，市地增建。成化初重修者，土知府左瑛、训导贺游、杨遇兴也。"③ 巍山文庙位于"巍山城西门内，始建于明洪武年间（1368—1398年），历代多次重修，万历四十七年（1619年）庙毁，随即重建。清代咸丰至同治年间，杜文秀大理政权驻蒙化守将李芳园、马国忠等复加扩大。1939年开办中学于此。文庙规模宏大，占地10000多平方米。坐北向南，前设大照壁，上镶'万仞宫墙'大理石匾。大门

---

① 邱宣充，张瑛华，等. 1992. 云南文物古迹大全. 昆明：云南人民出版社：584.
② 同①588.
③ （清）梁友檍纂. 2006 蒙化志稿//巍山彝族回族自治县地方志办公室编. 德宏：德宏民族出版社：130.

开于左右二侧，在院内中轴线上依次为泮池、桥，棂星门石坊、大成门、大成殿、雁塔坊、崇圣祠、尊经阁，东西二侧有名宦祠、乡贤祠、明伦堂、兴文祠、节孝祠、射圃等共13个院落。现存建筑以大成殿及雁塔坊为最好。"① 卢鐇《重修蒙化文庙碑记》。"立碑时间清乾隆四十四年（1779年），青石。作者卢鐇。"②陈禹伯《重修文庙正殿两庑碑记》。"立碑时间清乾隆十五年（1750年），大理石。作者陈禹伯。"③ 皆详细记载了蒙化文庙多次重修的情况。

"雁塔坊为单檐歇山牌楼式建筑，檐下四面设斗拱，八个翼角飞展，雕刻构件甚多。"④雕梁画栋，工艺精湛。为巍山著名的明清建筑之一。

"大成殿前有月台，围以大理石栏。殿面阔七间，进深15.6米，高11米，单檐歇山顶，檐下四周置五踩重翘斗拱，整个建筑庄严大方。"⑤亦为巍山又一著名的明清建筑。

文华书院雁塔坊、魁星阁、藏书楼

文华书院，原名明志书院。"在城外西北隅，宏治间，曲靖同知胡光署事来蒙，改废浮屠寺创建，名崇正书院，谓黜异端以崇正学也，岁久倾圮，仅存杏坛及左右二斋。嘉靖中通判吴绍周复大为修葺，复以开南中为诸葛武侯之德泽，故建武侯祠及尊经阁讲堂于后，修八腊祠于左，凡斋堂亭馆庖厨无不备具。为屋以间计者五十有零，改崇正为明志，谓武侯淡泊明志也。"⑥"因建祠之余材以补书院，为屋以间计者凡五十有六，完旧者曰杏坛殿，曰大门，曰学文斋，曰修行斋，增新者曰忠武祠，曰致远堂，曰尊经阁，曰名宦乡贤祠，曰寝室，曰书斋，曰书舍，曰来熏亭，曰拱宸馆，曰都养庖，曰饩仓，曰半轩，曰居仁门，曰由义门，曰存心门，曰主敬门，曰行恕门。大门之外凿池导泉为泮。规制既备，合而名之曰：明志书院"⑦崇祯年间，同知朱统鐩率乡绅金逢泰等捐资重修。明末毁。

清雍正十三年（1735年）同知杜思贤、孙必荣重修。乾隆二十三年（1758年）乡绅士改建于城内东南角文昌宫旧地（今文华镇为民小学内），乾隆四十六年（1781年）教授卢鐇等增建书舍。乾隆五十一年（1786年）同知黄大鹤等筹款助学，改名"文昌"。咸丰七年（1857年）毁于兵燹。同治十一年（1872年）云南巡抚岑毓英改建于城外文华山麓，改名"文华"。光绪元年

---

① 邱宣充，张瑛华，等. 1992. 云南文物古迹大全. 昆明：云南人民出版社：579-580.

②③ 巍山彝族回族自治县志编纂委员会. 1993. 巍山彝族回族自治县志//中华人民共和国地方志丛书. 昆明：云南人民出版社：830-831.

④⑤ 同①580.

⑥⑦ （清）蒋旭. 1983. 康熙蒙化府志//云南大理文史资料选辑地方志之四. 大理：大理白族自治州文化局：84，225-226.

(1875年)同知萧培基建藏书楼、魁星阁、讲堂、两厢、大门、内凿泮池。光绪五年（1879年）同知夏廷燮增置东西书舍，续修阁外廊舍于池后，置雁塔坊。位于巍山古城东北，因地处文华山麓而得名。坐东朝西，由大门、泮池、拱桥、雁塔坊、魁星阁、藏书楼及前后院厢房组成。光绪二十九年（1903年）成立劝学所，改文华书院为高等小学堂。现存建筑为雁塔坊、魁星阁、藏书楼。

雁塔坊，为三间牌坊式青石建造。

"奎（'奎'应为'魁'，作者注）星阁为重檐歇山式建筑，面宽五间、下层四周设围廊，上下层檐下都设七踩斗拱，"①上下檐斗拱雕刻精湛华丽。

"藏书楼建于高台上，面阔五间20米，深15米，高11米余，重檐歇山顶，翼角出檐甚长，无斗拱"②，但梁枋及其钩件雕刻生动流畅、精细，整个建筑体量高大，气势宏伟。原藏有《四书》《五经》《二十一史》等千余册图书。

三、宾川县

观音寺山门楼、玉皇阁、戏台

坐落于"宾川县东北54公里的平川乡新生邑村东100米处。明万历元年（1573年）云南巡抚邹应龙平铁索箐后建。清嘉庆、咸丰、同治时期杜文秀部将杨荣整修，民国二十三年（1934年）邑人杨如轩修建戏台和观棚。现存戏台、观棚、山门（牌楼单檐歇山顶）、大殿三间，单檐歇山顶，禅堂三方，玉皇阁等建筑。"③ 观音寺的整个建筑属三级六进中轴式，怪石嶙峋，古树披翠，岩壁挂藤，溪流淙淙，环境优美宜人。

现存的山门楼、玉皇阁保存最为完好，其山门楼为单檐歇山顶牌楼，玉皇阁为三重檐歇山顶穿梁式建筑，山门楼为石木结构，玉皇阁为木结构。楼和阁依山傍水，古树浓荫。

戏台于民国二十三年（1934年）由邑人杨如轩与乡绅捐资修建，坐西向东，屋顶呈宫殿型，为单檐歇山式建筑，重檐翘角，四面出阁，宝鼎绕龙，脊带飞凤，结构精巧，玲珑剔透，戏台周围白色墙壁有彩绘和书法作品。民国时每年农历二月十九日唱大戏、重要节假日，当地乡绅均出资邀请省内外著名的戏班前来唱戏，盛况空前，万人空巷。

---

①② 邱宣充，张瑛华，等. 1992. 云南文物古迹大全. 昆明：云南人民出版社：581.
③ 同①514-515.

钟 鼓 楼

"钟鼓楼一名'宾兴楼',耸于州城正中。"① 该钟鼓楼"建于民国十三年(1924年),总高31米,第一层石建圆拱门,四面行人。第二层为方形。第三、四层为八方形,有斗拱,三重檐攒尖顶。内藏明铸龙泉寺大钟一口。斗拱别致,结构庄重大方,现保存完好。"② 属砖木结构建筑。钟鼓楼"为亭阁式,上八角,下四方,雕梁画栋,檐牙高啄,风铃叮当,雄伟壮观。"③ 目前该楼为宾川县境内著名的古建筑。

文 庙 楼 阁

宾川县境内文庙又称州城文庙,是目前云南保存最好的文庙之一,该文庙较完整地保留了清光绪年间的风貌,棂星门与八字墙的规制在云南文庙建筑中很罕见。据《宾川县志》载,"文庙在城西南角,坐东向西。始建于明弘治七年(1494年),明嘉靖、清康熙、雍正、嘉庆、光绪间曾多次修复或添建。原为四进中轴式建筑,有棂星门、照壁、泮池、金声玉振坊、斗阁、两庑、忠义祠、节孝祠、大成殿、启圣祠(有称崇圣祠)等。"④ 该文庙"位于宾川县城南12公里州城镇城区西南。清代初、中期建。文庙,坐东向西,原有大门、泮池、照壁。现存二门、牌楼,"⑤ 组成二进四合院建筑组群,并与武庙相连建造,构成T形格局,总占地面积约2万平方米,整体布局严谨规整,这种连建组合形式在全国鲜有。在文庙右侧原为儒学之明伦堂,形成左庙右学格局。

棂星门坊,四柱三间,三叠式重檐歇山屋顶,檐口斗拱甚密,翼角飞翘,两侧八字红墙形成纳口,垂带踏跺逐级造势,有庙堂之威,如此重叠造势在文庙棂星门建筑中不多见。

大成殿,"是文庙的主体建筑,单檐歇山顶,面阔五间曰18米,进深三间约15米,大成殿前檐和两山面有斗拱,翘头均做刻花,殿内彩画以红、青、绿为主色调退晕。"⑥

启圣祠,在大成殿后,为重檐歇山顶亭阁式建筑。南北两庑为单檐硬山顶。

---

① ③ 宾川县志编纂委员会. 1997. 宾川县志//中华人民共和国地方志丛书. 昆明:云南人民出版社:618.

② 邱宣充,张瑛华,等. 1992. 云南文物古迹大全. 昆明:云南人民出版社:520.

④ 同①620.

⑤ 同②514.

⑥ 赵海翔,陈迟. 2018. 云南古建筑. 北京:清华大学出版社:438.

永宁桥桥门楼

永宁桥,"俗名崖(又写成'岩',作者注)涧桥,位于宾川县城北25公里力角乡碧秀庄村西400米处,为石墩木梁风雨桥。清嘉庆十五年(1810年)宾、邓、永(北)三州合建,是三州古驿道的重要通道。桥横跨宾居河,长38.4米,宽4.4米,高7米,为石墩木梁风雨桥,"① 每孔桥面由五根木梁支撑。木梁上铺木板。是宾川现存唯一的木梁风雨桥,造型精致,保持着清代桥梁建筑风格。建有能遮风挡雨的牌楼,成为典型的廊桥。

桥门楼,为单檐歇山顶式石墩、屋瓦面牌楼,内连一条长甬道,长29.6米,宽3.6米。有建桥碑二块。

南薰桥亭阁

南薰桥位于宾川县州城镇南门外离娄河(古名钟良溪)上,据《新纂云南通志三》记载,南薰桥始建于"明嘉靖二十三年,知州朱官重建。"② 现存桥梁为清光绪二十三年(1897年)九月黎元熙主持重修。"桥为单孔石拱风雨桥,长15.6米,宽5.16米,孔高7米、宽6米,两边有牌楼式门"③ 条石为基,木瓦建牌楼。

亭阁,建于桥廊中间,为歇山顶方形,石条为基,木瓦建亭。宽4米,高3米。斗拱密布,四角飞檐,有凌云欲飞之感。雕梁画栋,檐牙高啄,两侧设栏杆、坐方,结构精巧、工艺精湛。

四、弥渡县

二十村玉皇阁

原名永增玉皇阁,"位于弥城西北8公里新街乡永增大横佃口,始建年代不详,"④ 始建者亦不详。原仅为一龙祠及两耳房。"至清光绪二年(1876年),扩建为一座包括一祠两耳一阁六厢三殿外加山门、戏台在内的三进三院古建筑群。"⑤ 占地面积3866平方米。因为是由西壁20个村庄集资扩建,故名"二十村玉皇阁"。在清代和民国时期,该阁是当地二十村村民议事和民俗活动中心。为弥渡西壁名刹胜景,现存建筑面积1409平方米,阁为"三重檐六角攒尖顶木构架楼阁,通高约7米,建筑底层长方形平面,通面阔17.5米,通进

---

① 邱宣充,张瑛华,等. 1992. 云南文物古迹大全. 昆明:云南人民出版社:517.
② 刘景毛点校. 2007. 新纂云南通志三. 昆明:云南人民出版社:335.
③ 邱宣充. 1999. 云南名胜古迹辞典. 昆明:云南科技出版社:319.
④⑤ 同①525.

深约 12 米。底层明间上起两层阁楼，二层为方形，三层为六边形平面的攒尖顶楼阁。"① 目前，保存最为完好的是山门、玉皇阁、戏台等建筑。

苴力奎阁

位于"苴力乡下村，锁云桥东头的悬崖上，居势险峻，故又名锁云阁。约建于清代雍正乾隆年间（1723—1795 年），为六角攒尖顶重檐，面积 78 平方米。"② 苴力奎阁由苴力乡下村文人主持，村民集资建造。为弥渡县保存较好的建筑。

青云玉皇阁

青云玉皇阁，位于德苴乡青云南迴龙山麓迴龙寺内，是一座雾掩山林、霞伴暮鼓、景致幽深的佛教寺院，而玉皇阁便属于这一古建筑群中的一座楼阁。它与佛教紧密结合，成为迴龙寺建筑的重要组成部分。为便于更好地宣传佛教教义和拜佛的需要，最早由寺院僧人化缘和当地乡绅集资兴建。"始建于民国元年（1912 年）。为八角三重檐盔式攒尖顶，楼底四层，高 19.5 米，面积 511 平方米。"③

五台大寺楼阁

五台大寺"位于弥城东南 40 公里的五台山上。据民国抄本《弥渡县志》载，始自明初照正和尚开山建殿，清雍正间增建，光绪三年（1877 年）重修，民国以后历经修葺，才使大殿达三阁五殿（今玉皇阁已圮）的建筑规模。占地面积为 4364 平方米，建筑面积 1831 平方米"④。五台大寺平面布局呈四方印形，前后三进院落，依山顺势，逐级增高，前为一阁挑两殿，后为三殿夹两阁，有厢房连接，左右对称，高低参差，错落有致。

现存的观音阁和王母阁皆高十余米，三重檐，每座阁楼都有八根粗大、厚重、夯实立柱，从地面一直延伸向上，围成一个八角形，立柱横梁、枋、檩相互牵搭，承托着上面的重量。尤其观音阁上檐阁顶为八角盔式攒尖顶，阁顶架斗飞檐，一斗三翘，阁壁五面封闭，藻井正中绘太极图，额枋上装裙板，彩绘《西游记》故事，房檐巍峨壮观，阁楼宏阔大气。

---

① 赵海翔，陈迟. 2018. 云南古建筑地图. 北京：清华大学出版社：443.
②③ 弥渡县志编纂委员会. 1993. 弥渡县志//中华人民共和国地方志丛书. 成都：四川辞书出版社：677.
④ 邱宣充，张瑛华，等. 1992. 云南文物古迹大全. 昆明：云南人民出版社：524-525.

五、永平县

曲硐村清真寺楼阁

曲硐清真寺坐落于"永平县南8公里曲硐回族自治乡曲硐村。始建于明洪武年间，几经重修，现寺民国三年（应为二年）（1913年）重修。"① 位于小狮山东麓。俗称礼拜寺，是曲硐村回族村民礼拜集会的地方。清真寺建筑占地面积4500平方米，为两进两院。由后院的大殿、叫拜楼、南北两厢，前院的南厢房、大门楼组成。"经过前院，二进是两层亭阁式叫拜楼，上层悬钟，下层是过道，两旁是厢房。"② 1982年群众集资翻修大殿楼，1990年群众集资、省州县三级补助，共筹资20万元，新建四层叫拜楼一幢，但门楼一幢。而今，曲硐清真寺壮丽辉煌、庄严肃穆，为县内同类建筑之首屈一指。

西山寺中殿、后殿楼

西山寺"位于永平县杉阳街尾山咀，博南古道旁。原是土主庙。寺内碑载'创建自晋'，明万历五年（1577年）、清咸丰三年（1853年）重修。寺三进二殿，中殿三间，通宽12米，后殿为重檐歇山顶亭阁式，通面阔和通进深均为8米，"③ 中殿有木门四扇，皆三层透漏，雕刻精巧细致，原为大理杜文秀帅府之物，有沙滩子何某从军，既平杜乱，因携以来此。现仅存中殿和后殿建筑。站在西山寺寺前和亭阁上，可俯视杉阳坝子，观赏日出夕阳，景色宜人，尤其当年博南古道的来往马帮，为该寺增添不少人气和香火，也使该寺楼宇为更多人知晓和传颂。

霁 虹 桥 关 楼

霁虹桥关楼位于大理永平县杉阳乡岩洞和保山市水寨乡平坡村之间的澜沧江上，"是世界上最早的铁索桥之一。古以舟渡，称'兰津渡'。唐为蓧索桥。元贞元年间改建木桥，定名'霁虹桥'。"④ 据《永昌府志》记载，"霁虹桥早期时以舟筏，两汉时经济、外贸繁荣，遂后以篾绳为桥，攀援而渡。武侯南征，架木桥以济师。元也先不花西征始更以巨木，题曰'霁虹'。"⑤ "霁

---

① 邱宣充. 1999. 云南名胜古迹辞典. 昆明：云南科技出版社：328.
② 邱宣充，张瑛华，等. 1992. 云南文物古迹大全. 昆明：云南人民出版社：533.
③ 同②532.
④ 永平县志编纂委员会. 1994. 永平县志//中华人民共和国地方志丛书. 昆明：云南人民出版社：571.
⑤ （清）刘毓珂等纂修. 清光绪十一年刊本. 1967. 云南省永昌府志. //中国方志丛书. 台北：成文出版社：63.

虹桥桥身总长 115 米，净跨 56.2 米，宽 3.8 米，由 18 根铁索组成（扶链 2 根，底链 16 根，以二、四、四、四、二排列，上横覆以 4 米长寸板）。铁索两头铆死在澜沧江两岸桥台上，以条石倚崖筑成半圆形桥墩，十分坚固。"① 此桥成为历代朝贡、使臣、往来商贾必经之地和兵家争夺之处，有"金齿咽喉"② "天南锁钥"③ 之誉。

历史上，霁虹桥曾多次重修，这在《霁虹桥修路碑记》里有载录。该碑记由赵端、李实仁镌立于水寨乡平坡村霁虹桥头，刻于清光绪二十年（1894 年），"高 1.44 米，宽 0.56 米，其中额高 0.23 米，额面楷书'修路碑记'4 字。正文楷书 22 直行，1200 余字，记载×××观察石公前来视察霁虹桥两岸山道和永昌城内道路，前者险道盘空，羊肠九折，土石倾圮，雨滑若膏，而去马来牛昼夜不绝，人畜往往失足坠落，……使'狭者广，险者夷'"。④ 于是整修道路，三轨四通。将整修原因、经过叙说得非常详细。

古代桥两侧有南北关楼两座，桥与关楼建筑浑然一体，两岸住兵戍守，桥南岩壁有许多名人题刻。关楼为穿斗式瓦屋面建筑，飞檐翘角。

六、鹤庆县

菩提寺山门楼

菩提寺山门楼位于鹤庆金墩迎邑村后，始建年代不详。据《鹤庆县志》载，"俗传南诏时祖师赞陀崛哆在寺侧用菩提珠一粒种菩提树而得寺名。"⑤ 据民国邑人王懋程《菩提寺碑记》云，"……自唐迄今，沧桑屡变，不知几经兴废。前清咸、同间，汉、回争战，鹤受兵患尤烈，寺毁而菩提树被戕死。乱靖，树发新芽，渐长。寺在再次修复中。以檀越王新民太翁倡导之力为多。民国三十二年，大可合抱，荫及半亩之菩提树忽然枯死。乃锯干留桩，翌年秋，又新芽怒发，现已高四五尺，或以为菩提树之荣枯，与前度同为治乱之兆，岂偶合耶？人欲广其种，以枝接或以籽种，迄无成者，不异矣！陆军少将王公云九近归，治其尊甫新民太翁之丧，见寺之新南楼工程无力中止，并

---

① 邱宣充，张瑛华，等. 1992. 云南文物古迹大全. 昆明：云南人民出版社：530.
② 永平县志编纂委员会. 1994. 永平县志//中华人民共和国地方志丛书. 昆明：云南人民出版社：571.
③ 薛琳. 1999. 新编大理风物志//云南风物志丛书. 昆明：云南人民出版社：148.
④ 云南省保山市志编纂委员会. 1993. 保山市志//中华人民共和国地方志丛书. 昆明：云南民族出版社：695.
⑤ 鹤庆县志编纂委员会. 1991. 鹤庆县志//中华人民共和国地方志丛书. 昆明：云南人民出版社：630.

与树不失其所以整理维护之道,乃捐廉而皆成之。"① 菩提寺"坐西向东,正殿阔10.6米,高5.3米,进深6米,左右有厢房,山门辟于东楼房正中。"② 山门楼,为三重檐四角翘,抬梁式歇山木结构建筑,格窗木雕、隔板绘画富有典型的白族风格的图案。现存山门楼为清末重建建筑。

云 鹤 楼

云鹤楼位于鹤庆县城中心,坐北朝南,跨街而立,古称安丰楼。据《康熙鹤庆府志》记载,"正德甲戌,知府孙伟建安丰楼,后毁于兵火。至康熙五十一年通判佟镇署府事重修,仍旧名,安丰楼在府前"。③ 证明了云鹤楼古称安丰楼。系府官孙伟在衙门前建起的一座牌楼。"始建于明正德九年(1514年),后毁于兵燹。清康熙五十四年(1715年),鹤庆州通判佟镇续建,楼中置钟鼓各一,故俗称钟鼓楼。其后道光年间又毁于火,复于道光十五年(1835年)重建。光绪二十三年(1897年)县城东门街邻舍失火,殃及此楼,光绪二十七年(1901年)重建,"④ 主要由在外做官的武官丁槐回乡探亲,由丁槐、丁泰、丁彦兄弟捐资重建,并更名为云鹤楼。该"楼为木结构楼阁建筑,分明三暗四层,三楼上可容200余人展坐。高约19.4米,东至西为16.7米,南至北为16米,正中为通道。楼端由四根笔直的大木柱承荷着重力,外绕以檐柱牵制,内则斗拱纵横交错。"⑤ 楼内四面架斗纵横交错,对缝对榫,外则四面出檐,飞阁流丹,楼顶铺盖琉璃瓦。古人曾形容该楼"隆然高耸,据形势家言,城如印、楼如纽,体居正位,生聚之所由日繁,人文之所由蔚起也。"⑥ 迄今的楼宇,为"1981—1983年维修"⑦ 的建筑,保留了明清建筑的风格特色。

七、洱源县

关镇九气台村真武阁

关镇九气台村真武阁坐落于洱源县城东关镇九气台村。洱源九气台一代温泉较为出名,温泉水质优异,可饮可浴,温泉中的天生磺、皮硝等有

---

① 鹤庆县志编纂委员会.1991.鹤庆县志//中华人民共和国地方志丛书.昆明:云南人民出版社:812.
② 同①630.
③ (清)佟镇修.邹启孟,李倬云.1983.康熙鹤庆府志//云南大理文史资料选辑地方志之五.大理:大理白族自治州文化局:31.
④ 邱宣充,张瑛华,等.1992.云南文物古迹大全.昆明:云南人民出版社:563.
⑤⑦ 同④564.
⑥ 同①810.

很好的药用疗效功用。历代史籍文献均有记载。民间曾传说，九气台有龟蛇二石交盘，四侧有沸泉九股，泉穴中有九条火龙吐出九股热水，长流不息，于是当地人便在龟蛇石上建真武阁，内祀真武祖师，以镇火龙，温泉用来沐浴治病。真武阁又名玄地阁。"真武阁建于石崖上，始建于明万历三十一年（1603年），清雍正十一年（1733年）增修。咸丰中兵燹，邑人重修。属清代建筑风格，二层阁楼式，木结构，占地约2000平方米，大殿有残损。"① 真武阁建筑坐南朝北，由门楼、真武阁、大殿和厢房围合成院。大殿为三开间单檐歇山顶，真武阁为重檐歇山顶，底层开敞作为过厅，二层楼阁祀真武祖师。门额悬挂有光绪十三年（1887年）"九气朝真"四字匾额，檐下悬挂李根源题写的"九气台"横匾。其格窗雕刻、隔板壁画均富有白族文化特色。

八、祥云县

玉 皇 阁

玉皇阁"位于祥云县城北0.5公里处，于明代隆庆五年（1571年），由兵备道朱奎、指挥章彩移建，后倾圮，清道光年间，由邑人姚瓒再行修葺。同治十三年（1874年），知县黄金衔又重修观音殿。民国初年，当地绅众又再度进行较大规模的修建，形成以玉皇阁为主体的建筑群。玉皇阁通高约20米，四方形，共三层。立木柱32棵，穿斗式梁柱结构。第三层南面作两挑斗拱架挑檐，四角梁作龙头出阁。檐柱上饰有龙狮图样。庑殿式顶，琉璃瓦起脊，饰宝顶。"② 整个建筑结构严谨，雄壮朴实，为祥云县著名的明清古刹式建筑。

祥 城 钟 鼓 楼

祥城钟鼓楼"位于祥云县城中心，始建于明洪武年间（1368—1398年）。原设有钟鼓及铜壶滴漏。明、清曾几次重修。"③ 祥城钟鼓楼"高约25米，通体分为四层。下层贯通街衢，四方形，中间立四棵合抱木柱，每方有券拱门洞一道。每一门洞上方嵌置大理石匾一方，东为'辉联东壁'、南为'彩焕南云'、西为'瑞启西垣'、北为'恩承北阙'。第二层仍是四方形，三、四层则收缩，呈八方形。斗拱三挑出檐，结构精密。楼顶饰玻璃宝顶。每层檐瓦均

---

① 邱宣充，张瑛华，等. 1992. 云南文物古迹大全. 昆明：云南人民出版社：544-545.
② 同①509-510.
③ 邱宣充. 1999. 云南名胜古迹辞典. 昆明：云南科技出版社：315.

用红、绿、黄等彩色琉璃瓦铺就。"① 整个建筑结构、布局巧妙。祥城钟鼓楼是迄今祥云县境内保存较为完整的古建筑。

九、剑川县

兴 教 寺 大 殿 楼

兴教寺坐西朝东，"位于沙溪乡寺登镇内，明永乐十三年（1415年）沙溪杨庆、张添绶为首与善信人士集资兴建，清乾隆时于山门内增建观音楼（三殿）。山门到大殿组成一条中轴线三进院落，为剑川著名佛寺。"② 山门及前院为第一进；中殿及狭长局促的院落为第二进；大殿及正方形的正院为第三进。与山门正前方对应的是戏台，彼此形成良好的视觉对景。兴教寺"寺内尚存大殿、中殿、山门、古戏台等建筑。"③

兴教寺大殿楼"称万佛殿，重檐歇山九脊顶，南北长18米、东西（进深）宽14.5米，下檐庑五间为四面回廊式，外槽檐柱四周计20根，施以斗拱，挑檐飞角，结构复杂精巧，气势宏伟稳健。殿内空间无柱，呈长方形整间，南北长13.7米，东西深10米，殿内上檐内槽斗拱间，环置30尊精美木雕佛、菩萨像，四周殿壁间内外作色彩绚丽的佛画。"④ 大殿楼为内外柱同高的殿堂式建筑形制。

迄今，该兴教寺古楼宇建筑成为云南省著名的古建筑之一。

兴教寺古楼宇建筑成为国内现仅存的明代白族阿吒力密教寺院建筑，是研究白族社会历史和文化艺术，以及"阿吒力"密教在明代有关情况的珍贵史料。

景 风 阁

景风阁又称转经阁，"位于剑川城西景风公园内。由景风阁、灵宝塔、棂星门、莱薰楼、财神殿、龙神祠、文庙等古建筑组成。景风阁原为一喇嘛寺，建造于清康熙年间（1662—1722年），是一座八角形三层楼阁，攒尖顶端置铜宝顶。清朝中期改建为魁星阁，后由赵藩倡议又改为景风阁，寓景仰先贤遗风之意，阁上供乡贤牌位。景风阁造型别致，四根大柱构成主体构架，第一层四周回廊，无斗拱，在八根檐柱外施八根外沿檐柱撑出挑角；第二层八面施三铺作七踩斗拱挑出飞角；第三层还是八面施斗拱，三铺作七踩斗拱挑出

---

① 邱宣充，张瑛华，等. 1992. 云南文物古迹大全. 昆明：云南人民出版社：509.

②④ 云南省剑川县志编纂委员会. 1999. 剑川县志//中华人民共和国地方志丛书. 昆明：云南民族出版社：786.

③ 同①552.

飞角。

棂星门位于景风阁前，系重檐木构牌楼，1949年4月2日，滇西北地下党在棂星门下举行武装暴动。"①

景风阁中的灵宝塔"始建于明代，清乾隆十六年（1751年）剑川地震，塔倒，乾隆四十七年（1782年）重修。灵宝塔为方形密檐式结构，共九层，高15米。"②灵宝塔须弥式塔座上雕莲花纹饰，束腰四面雕动物纹饰。塔身每级四面设佛龛置石雕天王力士、八部天众神像。景风阁建筑群结构严密，楼阁四周重彩丹青，窗棂严谨美观，图案装饰精巧，木雕绝技不凡。既是滇西北革命活动的纪念地，同时又是云南白族地区的古建筑群。

段家登村古戏台

段家登村古戏台（楼）"位于剑川县沙溪乡四联段家村前。清嘉庆年间本村著名木匠杨国林主持修建，光绪二十九年（1903年）重修。为一四层魁阁兼戏台的古建筑。"③建筑前为戏台，后为魁阁，三层飞檐歇山，构件均施以彩绘，底层前檐下有清代所绘精美墨画，保存完好。背面墙体是白族的照壁式建筑，楼上彩绘较多，四角飞檐，整个建筑显得既有气势又秀丽。

仕登村古戏台

仕登村古戏台（楼）"位于沙溪乡仕登村兴教寺对面，为三重檐魁阁式戏台，第一层为戏台，其上为亭阁。木雕与建筑形式皆具剑川风格。戏台建于清嘉庆年间，后焚毁，光绪四年（1878年）重建。民国三十六年（1947年）重修。"④古戏台，与兴教寺处于同一中轴线上，呈凸字形平面，是与魁阁合二为一的组合式戏台。古戏台为土木结构，分上、中、下三层，其上为亭阁，"装饰有精美的动物雕像，台面宽约5米，进深约5米，戏台四柱支撑，台口两根外柱立于一对方形底座石狮上。后台有木梯通往三楼，三楼横梁挂有一匾，上书'文光普照'四个大字。戏台两侧除了有耳房外，两边还有规模较大的廊房。"⑤戏台上方有藻井，屋面檐牙交错，层叠错落，出现14个飞檐翼角，凌空射出，屹立在蓝天白云之下。前为戏台，后为高阁，挑檐叠角。戏台上演戏、舞龙、耍狮、奏洞经古乐，盛况空前。

---

① 邱宣充，张瑛华，等. 1992. 云南文物古迹大全. 昆明：云南人民出版社：552-553.

②③ 邱宣充. 1999. 云南名胜古迹辞典. 昆明：云南科技出版社：338.

④ 同①555.

⑤ 王胜华. 2009. 云南古戏台. 昆明：云南大学出版社：72.

十、云龙县

飞 龙 桥 望 江 楼

飞龙桥位于旧州桥南，距县城83公里，是清咸丰、同治年间杜文秀回民起义将领李玉树倡捐，在澜沧江上修建的一座铁链吊桥。杜文秀赐名"飞龙"，其意取利济苍生之义。这在《新建飞龙桥碑记》里有详细记载，该碑记为杜文秀回民起义下属总镇云龙大翼长李玉树所立，记述了建桥缘由"树自癸亥三月，恭承帅命，总握斯土，到州后，见往来过渡之人，艰辛困苦，莫可名言，实为可悯！"①再叙说捐资的困难"以为工程浩大，用度实难筹办"。②以及捐资的经过和修建的过程。最后说明杜文秀赐名"飞龙"，"盖意取利济苍生之义"。③"桥建成于清同治二年（1863年），光绪十五年（1889年）维修。"④

据杜文秀回民起义下属总镇云龙总理行营军务大司寇李芳园所立《续修飞龙桥碑记》载，开篇先说明续修飞龙桥的原因和捐资经过"见竞渡维艰，心焉悯之，禀请大元帅示，始度地议修铁索桥，敦劝各里绅民捐资，一时鼓舞，乐从者众，遂兴是举，不数月而规模大备。"⑤再叙说作者自己接续前任（总镇云龙大翼长李玉树）未竟工程，当此事为善事做，"以善继善，何乐不为。覆思此桥创千古不易之基，造百姓无疆之福，"⑥"悉心筹画，再加铁链，再甃石岸。……又于桥之东西两岸，各安营寨，相为犄角。"⑦而民国云龙县知事李攀桂撰写的《重修飞龙桥碑记》亦阐明了由于"县属内地食米半多运自江西，而井盐销路，又必过江以达腾水。乃水横阻深不可渡，土人编竹为筏，以济往来。然巨浪时作，倾覆可虞。"⑧所以建造飞龙铁链桥。又因匪乱，将桥烧毁，米盐运输受阻，后"得陈君倡议，遂与诸缙绅急起赞助，……自去春二月兴工，迄五月而工竣。"⑨文末引用铭文将该桥的雄姿尽展"铭曰：'彼山峻兮无涂不可步，彼水阻兮无梁不可渡。江曰澜沧，有桥如虹，繄彼妖孽，一炬而空。'"⑩飞龙桥"历代曾多次重修，1962年11月17日飞龙桥西岸桥台被洪水冲毁，1964年在原桥上游下树苗，建成跨径119米，全长172.1米的人马吊桥。"⑪1965年澜沧江发水毁坏桥身，现余两端桥头和桥西段的望

---

①②③ 云南省云龙县志编纂委员会. 1992. 云龙县志//中华人民共和国地方志丛书. 北京：农业出版社：579.

④ 邱宣充，张瑛华，等. 1992. 云南文物古迹大全. 昆明：云南人民出版社：537.

⑤⑥⑦ 同①580.

⑧⑨⑩ 同①583.

⑪ 同①234.

江楼。

望江楼,与飞龙桥同建,位于飞龙桥西岸,"楼坐东面西,呈方形,分上下两层,边长8米,高11米,重檐歇山顶,檐下使用斗拱。楼上四面有格扇窗装置。楼下南北两侧用土基砌墙,墙内嵌有13块建桥碑和功德碑,是研究杜文秀起义的重要史料。现保存完好。在西面大门槛额悬有'兰津渡'横匾,两侧悬一木刻长联。"① 登临望江楼,四面远眺,"东可观'蒲甸朝霞',南可瞰'苏溪夜月,'西可赏'崇山积雪',北可看'沧江南来'。"② 云龙旧州四景,尽收眼底。

彩 凤 桥 童 子 阁

彩凤桥位于云龙县城北74公里的白石乡顺荡村,横跨沘江之上。始建于明崇祯年间(1628—1644年),后历代均有维修,"桥为单孔伸臂木构架桥,全长33.3米,宽4.7米,净跨径27米,高11.33米,桥的建架结构较为独特,采用木方交错层层叠压,从两岸桥墩由下层至上层逐级往桥心挑出,相距9米时再用横梁衔接,然后铺上木板成桥面,桥两侧用木板遮挡,并置两排木凳供人歇息,再覆盖房顶遮风避雨。"③ 在东面桥亭内现存清乾隆四十七年(1782年)的《云龙州官告示碑》颁布行人马帮等过桥规则。整座桥建筑精美奇特,因桥内又施以彩画,俗称"大花桥"。该桥是云龙通往兰坪、鹤庆、丽江、剑川的要津,又是顺荡食盐外运的重要通道,至今保存完好。

童子阁,为清光绪年间最后一次维修彩凤桥时把西面的桥亭改建成阁楼,名"童子阁",面对桥西侧的大慈寺,取"童子拜观音"之意。阁楼两端斗拱向中伸延,交错架叠,并用5根9米长的横梁衔接,上铺木板组成桥面,桥身上覆盖瓦顶,两侧用裙板遮挡,可防止雨水对桥梁的侵袭,避免腐坏木梁,增加桥梁的使用年限。桥内两旁安置两排木凳供人歇息、避雨。童子阁系二重檐歇山顶建筑结构。

惠 民 桥 牌 楼

惠民桥位于云龙县城南面的"宝丰乡南新村,距县城约22公里。始建年代不详,原桥于清咸丰七年(1857年)毁于兵燹,现桥为光绪十二年(1886

---

① 邱宣充,张瑛华,等. 1992. 云南文物古迹大全. 昆明:云南人民出版社:537.
② 中共云县委,云龙县人民政府. 2006. 云龙风物志. 德宏:德宏民族出版社:97.
③ 薛琳. 1999. 新编大理风物志//云南风物志丛书. 昆明:云南人民出版社:152.

年）知州胡程章重建。"①该桥架设在两岸山壁之间，"为双孔铁链吊桥，横跨沘江，全桥长60米，宽4米，高8米。江心设有桥墩，最大一孔孔径21.3米，第二孔17米，桥用底链6根，上铺木板组成桥面，左右各有一根铁链作为扶手，三个桥墩建有瓦顶桥亭，东西两端为牌楼式样，并有7米长的甬道连接。"②另外，铁链通过桥头的石柱固定在两边桥亭台基内的"石牛"之上。由于建桥处江面较宽，故于江心增设桥墩，采用二进连跨的建筑工艺。惠民桥建筑样式独特，系云龙县境内保存较为完好的双孔铁链吊桥，有白族先民的建筑风貌。

牌楼建于三个桥墩上，均覆盖有瓦顶桥亭，尤其东西两端桥亭为牌楼式桥亭，内连一条长达7米的甬道。

通京桥牌楼

通京桥，俗名大波罗桥或通金桥，现名"解放桥"。"位于县城北面的长新乡大波罗村，横跨沘江上，距县城38公里。桥始建于清乾隆四十一年（1776年）后毁于洪水。道光十五年（1835年）重建。1963年曾进行较大的维修，现保存完好。通京桥为伸臂式单孔木梁桥，全长40米，宽4米，净跨径29米，高12.5米，桥采用木方交错架叠，从两岸层层向河心挑出，中间用长12米的五根横梁衔接，上铺木板组成桥面。桥上覆盖瓦顶桥屋，桥内两侧平置两排木凳供人歇息。桥外两侧用高约1米的木板遮挡，以作为桥面围栏。"③该桥是迄今大理州境内同类桥梁中跨度最大的古桥。

牌楼为牌楼式桥亭，建于桥的两端，"亭高5米，通面阔6米，内连一条长5.5米的石梯甬道，"④建筑奇巧，雄伟壮观。

安澜桥亭阁

安澜桥位于"新乡政府所在地长春坡，又称之常春桥，距县城约35公里。安澜桥始建年代不详，据民间传述，约建于清乾隆（1736—1795年）年间。……此处很古以前无桥，过沘江用木船，……清代乾隆年间始建一链子桥，曰'安澜桥'，古人取平安渡江之意而得此名。因镶以铁索，当地人称之为长春坡链子桥。桥全长60米，宽为2米。由八根铁链飞跨47米河面，其中六根为底链，上铺木板为桥面，左右各悬一根铁链作扶手。"⑤该桥东西向横跨沘江，是云龙境内现存铁链桥中跨径最大的一座古桥。

亭阁，建于桥的南北两端桥墩上，"两桥墩内部结构别致，它是由大条石

---

①② 中共云龙县委，云龙县人民政府. 2006. 云龙风物志. 德宏：德宏民族出版社：63.
③④ 邱宣充，张瑛华，等. 1992. 云南文物古迹大全. 昆明：云南人民出版社：542.
⑤ 同①65.

砌成桥台基础后，在基础平台上砌实体半圆柱石墩，半圆柱的半径约3米，半圆柱分别往西向拱，并留人在里面操作的石砌涵洞，留有洞门。半圆柱石墩周围砌石压缝严密，桥台上部砌石层与层之间还加部分石榫或铁榫，保证整个桥台的稳固性和耐强拉性。链子拉紧固定好半圆大使墩上后，封闭好桥头的洞门。拉链，紧链用的工具上实栗木轴柱。轴直径0.8米，长3米。轴两头有0.2米直径、0.5米长的轴顶。轴柱中间不同位置上凿有榫眼。两轴顶入轴承支台，轴承支台全部用硬栗木做成。"① 桥墩上亭阁为牌楼式，重檐，歇山顶，四角翘起，青瓦铺顶，是该桥现存建筑之一。

砥柱桥牌坊

砥柱桥明万历末，知州周宪章创建。位于"宝丰横跨沘江，明'嘉靖七年造'，万历末、清康熙、雍正、乾隆、光绪、宣统、民国初年多次重修。"② 为两进连跨式风雨桥，桥面铁链上铺木板，上有木撑架覆盖瓦顶，横跨沘江。整座桥桥体顺天然地势而建，西岸在巨大的石壁上，凿出平台，砌石柱支撑着铁桥，东面以天然的巨石作桥墩，桥面的中心矗立着一块巨石，被人称为"照壁石"。砥柱桥"1965年拆除，在原址上修成一座跨径44.5米，全长61.5米的人马吊桥。"③ 1993年砥柱桥毁于"8·29"特大洪灾。后1995年在原址上修建一座大型单孔石拱桥，可以"荷载汽车1～15级，桥面宽6.4米，总长68.7米，内跨径50米，高12米，矢跨比八分之一"④ 的石桥，并将砥柱桥改名为宝丰大桥。

桥头两端上为牌坊（楼），属牌楼式，重檐歇山顶，雕梁画栋，飞檐起翘，系砥柱桥的现存建筑。

青云桥亭楼

青云桥"位于云龙县城石门镇西约1公里处的沘江上。桥建于清道光四年（1824年），为曾任陕西省巡抚的石门井人杨名飏所建。青云桥架设在两岸山壁之间，为铁链吊桥，全长36米，宽2.18米。桥底用五根铁链，上复木板组成桥面，左右两边各有一根扶链。铁链通过桥头的石柱固定在两边桥亭台基内的'石牛'之上。"⑤ "青云"为"共登青云梯"⑥ 之意。该桥为云龙县

---

① 中共云龙县委，云龙县政府编. 2006. 云龙风物志. 德宏：德宏民族出版社：65.
②③ 云南省云龙县志编纂委员会. 1992. 云龙县志//中华人民共和国地方志丛书. 北京：农业出版社：234.
④ 黄正良. 2012. 云龙桥梁文化. 昆明：云南科技出版社：41.
⑤ 邱宣充，张瑛华，等. 1992. 云南文物古迹大全. 昆明：云南人民出版社：540.
⑥ 同④90.

保存较为完好的古代重要桥梁建筑。

"桥头两端建有桥亭，上有石刻'石门关'匾额一方，在南面的墙内嵌有杨名飏撰写的《新建青云桥碑记》。西面石壁上刻有隶书'衮雪'二字，"① 系三国时曹操屯兵褒谷南口石门时所书，后清道光间，杨名飏拓回镌刻在岩壁上。桥的东西两端的桥亭中，东桥亭是原石门通往宝丰乡必经之道，为石券门，进东桥亭，向亭内仰视，一彩绘观音端坐桥楼内，观音身后有一削平的镌刻有隶书"衮雪"二字的大石壁；"西桥亭依山就势面壁而立，紧靠桥亭顶部的大石壁上横书'碧嶂迴澜'四个大字，为杨名飏摩崖题刻，题刻笔力遒劲，为云龙摩崖题刻之精品。"②

十一、漾濞县

云 龙 桥 亭 阁

关于云龙桥的修建时间，徐霞客曾于明崇祯十二年（1639年）三月至漾濞，在《徐霞客游记》中曾提及此桥"居庐夹街临水甚盛，有铁锁桥在街北上流一里，而木架长桥即当街西跨下流，皆度漾濞之水，而木桥小路较近。"③云龙桥"位于漾濞县城西北角的漾江上。为该县西面通衢，西通永平，西北入云龙县。为博南古道必经之隘口。"④"桥长40米，宽3.27米，高12.9米，由8条铁链悬吊而成，"⑤ 上铺栗木板，左右各悬一条长铁链，与桥面边缘用短铁链分别拉连，以分担桥面压力和作扶手围栏用。该桥每隔30～50年大修一次，3～8年小修一次。清《康熙蒙化府志》曾记载，"云龙桥……蒙三永一修治（蒙化三次、永平一次修治，作者注）。后因倾圮，行者望洋。康熙三十一年，提督诺穆图捐资改建。"⑥《永昌府志》中也记有"康熙十三年提督诺穆图建，……光绪二年署腾越总兵蒋宗汉重修"。⑦ 云龙桥为现今保存较好的古驿道桥。

亭阁，建在桥头两岸上的倾斜状亭阁四间一楼，属铁链揽吊木仓结构，

---

① 邱宣充，张瑛华，等. 1992. 云南文物古迹大全. 昆明：云南人民出版社：540.
② 黄正良. 2012. 云龙桥梁文化. 昆明：云南科技出版社：91.
③ （明）徐霞客著. 朱惠荣整理. 2009. 徐霞客游记·滇游日记八. 北京：中华书局：550.
④ 同①498.
⑤ 漾濞彝族自治县地方志编纂委员会. 2000. 漾濞彝族自治县志//中华人民共和国地方丛书. 昆明：云南人民出版社：642.
⑥ （清）蒋旭. 1983. 康熙蒙化府志//云南大理文史资料选辑地方志之四. 大理：大理白族自治州文化局：89.
⑦ （清）刘毓珂等纂修. 清光绪十一年刊本. 1967. 云南省永昌府志//中国方志丛书. 台北：成文出版社：71.

是楼式桥亭（俗称"桥仓"）建筑，亭阁内雕梁画栋，阁顶覆盖琉璃瓦。

十二、南涧县

石洞寺观音殿

石洞寺位于南涧县南面39公里的宝华镇虎街山麓绝壁上。是真正意义上的悬空寺，主寺坐落于谷底，其他小寺则悬于绝壁上面。相传明末清初有一道士云游至此，认为虎街地处古道，山势雄伟，有龙盘虎踞之势、人杰地灵之像，但因山脚下有一石洞，泄了灵气，需要在那里建座寺庙，方能保住灵气，让虎街人更有福气。因而，当地绅士募捐筹资，那倒是也为建寺四处化缘，历时五年，寺庙建成。寺庙建成后，道士留在寺庙吃斋念经，主持寺内事务。而后，每年农历三月二十日，当地村民都会携带炊具前来，搭锅煮饭，祈求神灵保佑，此习俗一直沿袭至今。

据载，"石洞在悬崖峭壁间，有石佛端坐其中。"[①] 呈现石洞凝秋之景，属古定边的八景之一。"始建年代约清康熙年间（1662—1722年）。石洞寺曾有子孙殿、观音殿、财神殿、石皇殿、玉皇殿、老君殿、弥陀菩萨殿、山神殿等寺宇。"[②] 殿宇分布数处，现今石刻、财神殿、观音殿尚好。该寺为观音殿，为两层悬浮寺楼宇，檐顶呈亭阁状，均依岩壁建造，为抬梁结构，分上下层，方形建筑，建造别致，做工精巧，环境清幽，塑像形象各异，栩栩如生。

第二节 与大理白族自治州楼阁相关的文学作品及作者

与大理白族自治州楼阁建筑相关的文学作品，主要有碑记、诗歌、楹联、散文等作品。这些被选录于此的作品，均是明清至民国时期与楼阁建筑相关联的碑记、诗歌、楹联、散文等遗存作品，有被相关地方文献所载录的，有的目前还仍流传于民间，如与大理市古生村戏台，河矣村戏台，凤仪文庙大成殿、藏经楼，巍山县北社学大门楼，南社学后阁，宾川县钟鼓楼，永宁桥桥门楼，弥渡县二十村玉皇阁、苴力奎阁，永平县西山寺中殿、后殿楼，云龙县彩凤桥童子阁，惠民桥牌楼，通京桥牌楼，安澜桥亭阁相关的文学作品及作者还需作进一步的采集。待查实后再作补充。其余与大理白族自治州古代楼阁相关联的作品下面将分地区作详细补充分述。

[①] （清）杨书纂. 邓承礼标点校注. 1985. 康熙定边县志//云南大理文史资料选辑地方志之七. 大理：大理白族自治州文化局：20.

[②] 邱宣充，张瑛华，等. 1992. 云南文物古迹大全. 昆明：云南人民出版社：571.

一、大理市

(一) 与圣源寺观音阁相关的文学作品及作者

1. 碑文

《重理圣元西山记碑》。碑原立于大理喜洲镇庆洞村圣源寺南侧观音阁内，现存大理市博物馆碑林。"高118cm，宽48cm，厚6cm。碑正面刻《重理圣元西山记》。文16行，行44字。"① 撰写者杨森。碑为圣源寺主持于明景泰元年（1450年）立的碑记。

碑记开篇叙述了佛教密宗在大理地区的源流及兴盛，"佛教之来尚矣，肇于毗卢。有过现未之教主，其劫中各出一千佛，摄化众生，莫非导人明善复初而已。姑以现在论之，周时释伽出世，自汉入东土，迨唐其教愈盛，睹相希风，无为而化。其阴翊世教，不亦博哉。"② 记叙了有关毗卢遮那佛来历的一段神话，"贞观癸丑，圆通大士开化大理，降服罗刹，凿天桥，沧洱水以妥民居。摄受蒙氏为诏之后，重建圣元（源）梵刹以崇报之。段氏继立，仍复敬奉，举杨连为左右，由是郡中佛教最盛。有一日天气清朗，洱面涌出一石，祥云缭绕，临岸乃知是佛中之大日遍照也，金行举石，莫知能动者。惟连不用力而抱归家，屡显灵异，遂于圣元西山兰若以奠之。"③ 再说明洱海涌出的这一石头被杨连抱回家后，屡显灵异，后置于圣源寺膜拜祭祀，到了杨连的孙子杨保，对此石愈加恪恭，临终时命令儿子杨黼修葺圣源寺。然后继续写杨黼的家世"黼性至孝，尝入鸡足结夏而放光石现，登峨眉参祖而无际心传，至于佛老真诠，密典，靡不研究，且属于书翰，埋笔成冢，尊父命次第修理本山，以为观心守道之所，可谓知所本矣。"④ 文末点明杨黼族系和杨黼家族创建重修圣源寺的经过及其受到朝廷表彰和委以重任，"杨氏采九隆族之裔，世居五峰之下阳溪，唐时与姻亲张明景乐创立本寺西山，子孙累修补葺，传至连，鹰显擢，连生佑，佑生甫，俱有潜德。甫生智，元末授元帅，智生保，辟为书史，乳养妹之子黼以承宗祀，尤为时所推崇。"该碑记为确定杨黼的身世和了解密宗在大理地区的传播过程均俱有重要参考价值。

《山花碑》。全称《词记山花·咏苍洱境》，刻在《重理圣元西山记》碑阴处。碑高120厘米，宽55厘米、厚9厘米，大理石材质。该碑现被珍藏在大理市博物馆的碑林内。碑文十四行，每行四十字。正书。碑文是元末明初当地白族文人杨黼用白文山花体写作的20首词。其碑诗内容：

"苍洱境锵玩不饱，造化工迹在阿物。南北金锁把天关，镇青龙白虎。山

---

①②③④ 大理市文化丛书编辑委员会. 1996. 大理市古碑存文录. 昆明：云南民族出版社：145.

侵河处河镜倾，河侵山处山岭绕。屏面西湄十八溪，补东洱九曲。伽蓝殿阁三千堂，兰若宫室八百谷。雪染点苍冬头白，洱河秋面皱。五华侣你劙霄充，三塔侣你穿天腹。凤峨山高凤凰栖，龙关龙王宿。夏云佉玉局山腰，春柳垂锦江道途。四季色花阿园园，风与阿触触。跳仙人出游邀，胜妲娥入宫伽舞；薮压蜀锦出名香，唝崀无价宝。夺西天南国趣陶，占东土北阙称谱。秀雀玩景鸣轰轰，蝉吟声噭噭。金乌驭散天上星，玉兔打开霄面雾。黄鸳白鹤阿双双，对飞喀啄啄。钟山川俊秀贤才，涵乾坤灵胎圣种。曾登位守道结庵，度生死病老。尽日勤功把节操，连夜观参修求好。大夫在处栽松柏，君子种梅竹。方丈丘烧三戒香，觉苑中点五更烛。云窗下颊大乘经，看公案语录。煴煊茶水岁呼，直指心喥岁付嘱。菩提达摩做知音，迦叶做师主。盛国家覆世功名，食朝廷尊贵爵禄。慈悲治理众人民，才等周文武。恭承敬当母天地，孝养干子孙释儒。念礼不绝钟磬声，消灾难长福。行仁义礼上不轻，凶恶弊逆上不重。三教经书接推习，漕溪水阿唰。长寻细月白凤清，不贪摘花红柳绿。用颜回道浮身，得尧天法度。游玩在伪佉骨石，有去在威仪模草。风化经千古万代，传万代千古。阿部遇时宜心欢，阿部逢劫催浪秃。天堂是荣华新鲜，漂散成地狱。分数哽侔土成金，时运车舛金成土。聚散侣浮云空花，实阿苶不无。有之识景上头多，但于知心上头少。杨黼我拿空赞空，寄天涯地角。"①

山花体是白族民歌常用的一种诗歌体，每首由八行诗组成，分上半首和下半首。第一句为三个音节的韵头，第二、三句为两个七音节的句子，第四句为五字句，下半首格式基本相同。这种民歌体又称为七七七五或三七七五诗体。碑诗前半段描写了苍洱山水风光及名胜，中间主体部分融和儒、佛、道要义，抒发了作者对人生的感悟，对儒释道思想的理解，同时，追忆先世，叙记祖德宗功，感慨自身，并为后世子孙立训；结尾思昔抚今，流露出一种凄凉之感，其担心"时运""分数"等消极颓废情绪历历可见。碑诗再现白族文化与汉族文化交集时期，白族文士的虚无心态。全碑诗从内容到形式都有浓郁的民族特点。

2. 楹联

（明）杨黼楹联。"圣学相贤相学圣；源还有本有还源。"② 此联为明代白族学者杨黼为修葺好的圣源寺题写的楹联。具体写作背景还可参阅上文的《重理圣元西山记》。上联述说孔子之学皆是贤良相互学习圣人的学问；下联点出孔子之学的源流和根本。楹联语言简洁、明快。

---

① 余嘉华，易山. 2013. 云南历代文选·碑刻卷. 昆明：云南教育出版社：190-191.
② 中国人民政治协商会议云南省大理市委员会. 2002. 大理名胜古迹楹联选. 昆明：云南民族出版社：27.

佚名楹联（一）。"旷前千百年胜迹，作后千百年观瞻，佛法绍隆于前后；行古大丈夫事业，为古大丈夫勾当，宗风不振于古今。"① 这是作者佚名为圣源寺题写的楹联。该上联尽显圣源寺这座千年古迹的历史与后世人民作千百年观瞻的历史；下联用"行""为"两字表明"大丈夫"事业的宗风古今传颂。楹联对仗工整，言简意赅。

佚名楹联（二）。"护法西来，好地高开玉宇；与人直上，寒窗剑舞云龙。"② 该楹联"题于圣源寺大殿，道光十年陈直书。"③ 上联说明自佛教密宗西来后，选择福地建盖琼楼玉宇祭拜和传播；下联叙写高耸入云的殿楼犹如舞动云龙之剑，云龙之剑是一种剑法，此用以喻指在云雾间隐现的楼阁。这里的寒窗代楼阁。

（清）张其仁楹联。"西方有圣名曰佛，此邦之人谓其神。"④ 这是清道光丙戌进士张其仁为圣源寺题写的楹联。上联指明来自西方的"圣"名字就是"佛"；下联再次明示周边的人称"佛"为"神"。

3.作者生平事迹简介

杨森，生卒年不详。云南大理喜洲人。明永乐辛卯（1411年）科进士，直隶真定府赵州高邑县承事郎致仕知县。杨黼知交。著述不详。

杨黼（1370—1450），字桂楼，号存诚道人，大理太和蟠溪村人，白族。其先辈为大理国和元代的名仕望族，好释典，注孝经数万言，隐居不仕。存诗不多，现存最著名的作品是《词记山花·咏苍洱境》，成功运用"三七一五"的20首诗联成一篇"山花体"，开创白族诗歌的先河，至今仍是研究白族文学和文字的重要史料。一生著述丰富，著有《篆隶宗源》《桂楼集》《孝经注》等。《明史》有其事迹载录。

佚名，生卒年、生平事迹及著述均不详。

张其仁（1802—1857），字静山，大理喜洲上洪坪人，清道光丙戌年（1826年）进士。其著述不详。

（二）与周城村戏台相关的文学作品及作者

1.楹联

（清）段凌云楹联。"周常尚文，礼乐宏模新景运；城不名武，弦歌雅化庆升平。"⑤ 清光绪二十一年（1895年）周成村建成了周成村戏台，邑人段凌云为戏台立柱撰写的楹联。挂于戏台前左右大理石柱上。楹联展现戏台当年

---

① 中国人民政治协商会议云南省大理市委员会.2002.大理名胜古迹楹联选.昆明：云南民族出版社：26.

②③④ 同①27.

⑤ 同①198.

演出的盛况，以及颂赞弦歌庆升平的景象。

佚人楹联。"六礼未成，顷刻洞房花烛；五经不读，霎时金榜题名。"① 这是佚人为建盖好的周城村戏台撰写的楹联，撰写时间不详。该联阐明戏剧表演的内容不论是洞房花烛，还是金榜题名，皆是借古鉴今，不能把现实与戏剧混淆。作者佚名，朝代不详。

2. 作者生平事迹简介

段凌云，云南大理周城人，白族。清代光绪年间拔贡。

佚名，生卒年，生平事迹及著述均不详。

二、巍山县

(一) 与月波庵楼阁相关的文学作品及作者

1. 碑记

(清) 危庚尧《月波庵新增常住田碑记》。此碑立于巍山县庙街乡河上湾村后月波庵中。"碑为大理石，高112厘米，宽51厘米，厚6厘米。清代本村文人危庚尧撰文并书，住持僧宗霖、宗本立石。"② 立碑时间是"清康熙二十九年（1690年）"浴佛日（农历四月初八日）。"③ 碑文记录了为弘扬佛教，也为了敬佛、信佛、崇佛、奉佛，自明代万历丙辰（1616年），由僧人海举率众募捐建盖。再叙写建盖复盖月波庵的经过及建筑物，"后殿三间，两廊房各三间，大门小平房三间。之康熙壬子有玄门僧太虚者，初从释教，法号了然，住兹十载，拓其基址，亦募缘复构前殿三间，左首厨房三间，右首静室三间，略成款式矣。"④ 文末最后说明有募乡人甘余金购买田、排水利等，自此耕种有资，饭僧有具后之继。点明写作碑记的缘由。碑文写得通俗易懂，明白晓畅。

2. 楹联

(清) 左元生联。"水声常在耳；山色不离门。"⑤ 该联是清乾隆壬寅仲冬月吉旦，蒙化府世袭土知府左元生河上湾月波庵题写。楹联描绘了河上湾月波庵的水声时常萦绕在作者耳边，四围的山色美景始终没有离开月波庵的山门。作者借景抒发对家乡故土的眷恋和热爱之情。楹联言简意深，韵味无穷。

---

① 中国人民政治协商会议云南省大理市委员会. 2002. 大理名胜古迹楹联选. 昆明：云南民族出版社：198.

②④ 薛琳. 2006. 巍山风景名胜碑刻匾联辑注//巍山彝族回族自治县地方志编纂委员会办公室编. 昆明：云南人民出版社：129.

③ 同②130.

⑤ 同②141.

（清）赵鸿联。"赤飒飒古今至德；露颗颗宇宙大雄。"[①]清代重修河上湾月波庵时，文士赵鸿题写了此联。上联叙说至高无上的品德古今传颂；下联描绘供奉三世祖的大雄宝殿楼宇雄镇大千世界。用"飒飒"与"颗颗"形成叠字对，呈现的一种意志和感觉的均衡，营构出一种对称的美。

（清）葛长泰联。"古寺映潭中，普天星斗高低照；灵峰接庵后，群岭花山左右朝。"[②]该联是清代重修河上湾月波庵时，文士葛长泰题写。上联借用年俗农历正月初八顺兴节"普天星斗"下界，人们燃灯祭拜，写出深水池映出月波庵的倒影，正与满天星星争高低预示新年平安顺当。下联点染出月波庵掩隐于群岭灵峰、花山之中。此联着力展现月波庵诱人的美景，同时又把大理巍山年俗风物纳入楹联创作之中代代传承，保留了人们对年俗风物的认知和普及，有一定的历史参考价值。

（民国）刘赓雅联。"寒潭波定原心定；古寺月明为道明。"[③]楹联系民国时期文人刘赓雅游玩河上湾月波庵是所写。上联是说寒潭的水波平静意味着佛的本心也是平静的；下联绘写古老的寺庵月色明朗、清逸意指佛理的公道大明。

3. 作者生平事迹简介

危庚尧，生卒年不详。清代蒙化府南庄里河上湾村人。岁贡。曾官至禄丰儒学博士，学识丰富，晚年归里。著述不详。

左元生，生卒年不详。字赞乾，号云封。蒙化府世袭土知府，清乾隆十六年（1751年）承袭土知府职。文武双全，善诗能文，题咏诗文颇丰。但著述不详。

赵鸿，生卒年不详。生活于清代。

葛长泰，生卒年不详。生活于清代。

刘赓雅，生卒年不详。巍山庙街乡宗旗厂人，生活于民国时期。

（二）与圭峰寺玉皇阁相关的文学作品及作者

1. 民间传说

《圭峰寺》[④]。该传说流传于巍山县青华乡。系当代人郑宏鑫于1984年10月搜集、整理，讲述者为罗永福（彝族）。因篇幅长，这里仅辑录其内容梗概：在巍山县青华西窑村边有一座山峰名叫圭峰寺（又称玉峰寺），它突兀冲天，游人到此涉足观览，无不叹为观止。相传这座山峰旁有一条很深的沟壑。壑中有一个很深的大溶洞，洞中有一条巨蟒，只要村里人来此砍柴、割草、

[①②③] 薛琳. 2006. 巍山风景名胜碑刻匾联辑注//巍山彝族回族自治县地方志编纂委员会办公室编. 昆明：云南人民出版社：142.

[④] 杨平侠. 2002. 南诏故地的传说. 昆明：云南民族出版社：322-325.

放牧都被其祸害，连过往牲畜也不能幸免。后来住在村里的年轻小伙子阿玉和其恋人玉花决心为民除害，他们的义举感动了天上的太白金星，但太白金星对阿玉说，"此事非同小可，我可以帮助你，你要舍得献出生命才行啊！"阿玉果断回答说，"若能为百姓消灾除难，我愿意献出自己的生命。"太白金星听了很感动，说，"看你如此诚心，实在钦佩呀！"接着教给阿玉一段咒语，从腰间抽出一把锋利的宝剑递给阿玉，阿玉接过宝剑，对空拜了三拜，谢其相助之恩。等太阳刚出山头，阿玉就开始返回家乡了。将斩蟒的吉日良辰定在三月初一。到了三月初一那天，阿玉手握宝剑站在沟壑边的一块巨石上，玉花手里拿着一把大刀站在沟壑的东边，堵住巨蟒的逃路。乡亲们敲锣打鼓，呐喊助威。阿玉口念咒语，手拿宝剑，玉花手拿大刀与巨蟒展开搏斗，渐渐地玉花支持不住了，突然天空飘来一朵紫云护住玉花，阿玉趁此将巨蟒的头砍下来，然后变成一座挺拔的三峰将巨蟒压在山下。玉花看到阿玉变成一座山峰，痛不欲生，于是，也变成一座山峰，与阿玉遥遥相对。从此，蟒害消除了，人们为了纪念他们，将阿玉变的山峰叫奎峰山，玉花变的山峰叫脖刀山，人们还在圭峰山上建起了寺庙，叫奎峰寺。从此，每年三月初一，人们都会到奎峰寺去朝拜为百姓除害的阿玉和玉花。

2. 碑记

《圭峰寺常住碑记》。"存于圭峰寺下殿，碑高114厘米，宽50厘米。此碑有当时蒙阳后学李楹撰文，徐时义书写。"碑文写作时间为清康熙五十三年（1714年）。碑文开篇叙述圭峰山古树参天、台地突兀、怪石嶙峋、地势险要，是宗教皈依和崇奉之所，"从来设像皈依必有崇奉之所"①。再说明鼎建玉皇阁、观音殿等楼阁的缘由，并记录了僧人广贤发心捐资，本处善公首先倡率合窑众姓，竭力赞助，重现玉皇阁辉煌的义举。文末点明善信发心捐助，香火日增，因而特将捐赠的田地、粮数、四至、坐落勒石，立碑记之，以垂不朽。碑文虽短，但叙事具体、描写细腻，明白晓畅。

《巍山新建依云阁碑记》。存于巍宝山玉皇阁，"立碑时间：清嘉庆十九年（1814年）。青石。作者姚凤仪。"② "碑为青石，高130厘米，宽69厘米"③，碑文写作时间与立碑时间一致，均为清嘉庆十九年（1814年）甲戌季冬月。碑文开篇点出月宫是神仙之居，说明续建玉皇阁后殿依云阁是为了"诸真拱

---

① 薛琳. 2006. 巍山风景名胜碑刻匾联辑注//巍山彝族回族自治县地方志编纂委员会办公室编. 昆明：云南人民出版社：116.

② 巍山彝族回族自治县志编纂委员会. 1993. 巍山彝族回族自治县志//中华人民共和国地方志丛书. 昆明：云南人民出版社：831.

③ 同①42.

极,建云宫,"① 又叙依云阁是依山势而建:"山势崇嶐,踞巍山中干,前之,劈层峦而构峻宇,"② 并历经十七载经营罔懈。再忆修建历史的艰辛:"用竭己财,督工费勉,土则掘之,石则攻之,运此土石以培左右龙虎,龙既盘矣,虎其踞矣。"③ 继而又描绘依云阁建筑群及楼宇供奉之神:"中列弥罗上宫,上供灵父灵母前后称而瞻肃也。西接岑楼,敬绘高真图,浑浑尔,神仙自有真也。东森峻阁,虔塑纯师像,飘飘乎,岳阳宛在也。"④ 碑文最后阐明写作此文的宗旨是"仰承祖意"⑤。

3. 作者生平事迹简介

郑宏鑫,生卒年及生平事迹、著述均不详。

李楒,生卒年不详。蒙阳后学。

(三)与拱辰楼相关的文学作品及作者

1. 匾额

"魁雄六诏"匾。关于该匾额的作者,李东红,李学龙的《南诏故地——巍山》曰:"上檐南面悬挂'魁雄六诏'匾,为清乾隆三十六年(1771年)蒙化府同知康襄所书。"⑥ 仅指出"魁雄六诏"匾由康襄所书。但没说明谁题写。而薛琳的《巍山风景名胜碑刻匾额辑》亦云,"'魁雄六诏'上款清乾隆戊辰年仲秋月,下款康襄题书。"这里对"魁雄六诏"的题书者康襄无争议,但题书时间有争议一个是乾隆三十六年,一个是乾隆十三年。所以,题书时间还需再考证。"魁雄六诏"匾的具体内容指南诏是六诏之中最强大。六诏,即包括"唐初在大理洱海地区相继出现的蒙舍诏(今巍山县南部和南涧县)、蒙嶲诏(今巍山县北部和漾濞县)、越析诏(今宾川县)、邓赕诏(今邓川)、施浪诏(今说有二,一为邓川青索,一为洱源三营)、浪穹诏(今洱源)。其中蒙舍诏在五诏之南,又称南诏,其势力最强,后统一六诏,建立南诏国。此匾即指南诏。"⑦ 匾额记载了唐初蒙舍诏(南诏)在唐朝的帮助下,历经六十多年征战,统一洱海区域的六诏(当时较大的六个部落)。显示唐初蒙舍诏(南诏)在洱海区域六诏中的强盛地位。该匾额器宇轩昂、一气呵成。

"万里瞻天"匾。关于此匾的作者,李东红,李学龙的《南诏故地——巍山》云,"北面檐下有'万里瞻天'匾,为乾隆五十年(1785年)蒙化直隶厅

---

① 薛琳,毕忠武监修. 1989. 巍宝山志//巍山彝族回族自治县县志编委会办公室编. 昆明:云南人民出版社:72.

② 同①72-73

③④⑤ 同①73.

⑥ 李东红,李学龙. 2003. 南诏故地——巍山//小城春秋丛书. 西安:三秦出版社:65.

⑦ 薛琳. 2006. 巍山风景名胜碑刻匾联辑注//巍山彝族回族自治县地方志编纂委员会办公室编. 昆明:云南人民出版社:28

同知黄大鹤书。"① 薛琳的《巍山风景名胜碑刻匾额辑》是这样解释的，"'万里瞻天'，上款清乾隆五十年仲冬月，下款江左黄大鹤题并书。"② 二书作者均认为是黄大鹤在清乾隆五十年题并书。该匾"一语双关，含有两重意思：一为本意，站在拱辰楼上刻可以看到几万里的天，瞻，看；一为引申意，喻在远隔京城万里做边疆蒙化直隶厅同知的小官不忘在京城皇帝的恩典，天，天子，指皇帝。"③ 叙写了明代的"土流合制"和"改土归流"，强化流官职权，天子代表朝廷，作为朝廷命官的黄大鹤，是天子派来蒙化任职当差的。该匾其实是黄大鹤蒙化就职的宣言，蕴含封建王朝对边疆民族地区实行特殊管理的政治寓意，表达了唐代南诏与中原华夏的密切联系。该匾额气势磅礴，笔力浑厚有力。

2. 碑记

（清）李敬熙《重修拱辰楼碑记》。作者李敬熙，时间是清雍正年间。碑记记叙了清雍正年间蒙化府掌印同知、满正黄旗监生李敬熙任内重修拱辰楼，并作该碑记。该碑记开篇叙说蒙阳（巍山）虽离京城万里，但作为蒙诏旧地，风俗异于中州，"风俗不甚异于中州，盖古蒙诏旧地也"④。接着叙述巍山城北的北楼"名曰拱辰，规模宏敞，合郡大观系焉"⑤，再叙作者（李敬熙）自己是奉皇帝之命来镇守巍山，有感巍山地僻而事简，又爱巍山士朴而民醇。并喜欢在公退之暇，偕二三僚佐登楼远眺，远挹山光，平临郊甸。然后说明自己捐俸、士庶共囊重修拱辰楼的原因，"惜无级可登，且栋宇朽坠岌岌将圮，不禁愀然。于是捐俸鸠工庀材，又得士庶共囊盛举而修葺之，阅三月而功成。"又述拱辰楼重修后自己召集郡人文士们再度登临楼阁，凭栏远眺，北望点苍山触目峨隐见，东则文华山与拱辰楼相对峙，西望阳江烟波浩浩，南俯温泉以濯。楼高而安，深而明，冬温而夏凉。文末再次点明写作此文的缘由，而且一再表明重修拱辰楼是作者自己应尽的职责，愿后之守土者与自己同志，继续修葺拱辰楼。碑记写得真诚、质朴，颇有感染力和说服力。

3. 楹联

（民国）饶着《拱辰楼联》。"拱辰"取其众星拱之之意，不仅是筑城者的文化智慧，更是地方官为政的宣言。这座威武的城楼至今仍是巍山古城最高最醒目的建筑，自它建成后一直是古城忠实的守卫者，镌刻着历史的记忆，

---

① 李东红，李学龙. 2003. 南诏故地——巍山//小城春秋丛书. 西安：三秦出版社：65.

② 薛琳. 2006. 巍山风景名胜碑刻匾联辑注//巍山彝族回族自治县地方志编纂委员会办公室编. 昆明：云南人民出版社：28

③ 同②29.

④⑤ 巍山彝族回族自治县志编纂委员会. 1993. 巍山彝族回族自治县志//中华人民共和国地方志丛书. 昆明：云南人民出版社：1001.

接受着历史的熏陶和洗礼。民国时期,作者饶着每次走过这座楼阁时都会被它的威严、高大、神秘所敬畏,因此产生用楹联这种静默的存在方式唤醒对拱辰楼的认同和认知。"仙乐奏巍楼,金猊香飘苍霭外;真经谈叠阁,木鱼声散白云间。"[①]上联指出仙乐奏响整个拱辰楼,似金猊的香味飘到了苍霭之外。下联念真经、木鱼敲打的声音在白云间不散。对联对仗严谨,句意耐人寻味,言简意赅,妙趣横生,给人以深刻的印象。

(民国)陈庚雅《拱辰楼》。"高楼瞻远景,凌跨两江碧水;灵气笼嘉城,萦回千里名山。"[②]楹联为民国时期邑人陈庚雅登临拱辰楼,极目远眺之作。上联叙说站在高楼,可以看见远远的两江水和四围美景,下联描绘了似雾的灵气笼罩全巍山城,而且萦回在千里名山——巍宝山。联语把拱辰楼的高大、雄伟、威震四方之气势都淋漓尽致地展现出来了,令人神往。

4. 作者生平事迹简介

康襄,生卒年不详。清代广西桂林人。清乾隆三十六年(1771年)蒙化府掌印同知。著述不详。

黄大鹤,生卒年不详,字南村,贡生,江苏通州如皋人。初授山西大同知府,旋改官云南,乾隆三十九年(1774年)权蒙篆。时大师征缅,羽檄飞驰,大鹤从容应付,不烦不扰,民忘夫役之苦。清乾隆五十年(1785年)蒙化直隶厅同知。乾隆五十四年(1789年)再任蒙化直隶厅同知,修葺四城楼、文昌书院等。又以学校旧废弛,捐俸置租,就文昌宫为书院,召诸生肄业,延师释奠,鼓箧授经,暇则封题课试,评以丹黄甲乙而奖励之,振兴蒙化文化,一时科举入仕成风,倍受时人拥戴。著述不详。

李敬熙(1848—1906),满正黄旗监生,清雍正年间派任蒙化府掌印同知。著述不详。

饶着(1875—1957),字幼亭,号孟云,自号痴生,如如道人,云南巍山人。晚清秀才,民国间历任高等小学校长、县参议会议长等职。学识渊博,精通经史,喜爱吟诗作对。著作以诗联较为出名。有《会真楼仙集》传世。

陈庚雅(1905—1995),云南巍山县南诏镇人,泸江大学(今上海理工大学)新闻系毕业,曾任职《申报》记者,新中国成立后历任昆明市政协秘书长、昆明市参事室副主任等职。著有《长江黄河水灾视察记》《赣皖湘鄂视察记》《刍献集》《南行佳话》等行世。

---

① 骆锦芳. 2014. 楹联文化研究:以云南为例. 北京:人民出版社:652.
② 郭鑫铨. 1994. 云南名胜楹联大观. 昆明:云南大学出版社:512.

(四)与玉皇阁相关的文学作品及作者

1. 诗歌

(清)姚凤仪《玉皇阁壁画诗》。"我本山中人,爱说山中话;五月卖松风,此间无此价。"① 这首壁画诗,属五言绝句。这是诗人晚年集资兴建巍宝山玉皇阁而题写的诗歌。诗句"我本山中人,爱说山中话;"诗人表明自己就是地道的巍山人,说的是地道的巍山话,质朴的语言透射出诗人自己对故乡、家园无比热爱和认同之情。"五月卖松风,此间无此价。"诗人这里再次表达家乡是如此的令人向往,连五月间吹拂大地的松风都是无价的,极言对大理巍山的歌咏和赞美。展现了古今情思的相通性。

2. 楹联

佚名大殿联(一) "玉帝放十七慈光普照三才,为巍巍无上万天主;玄穹说千百妙法德光诸圣,作荡荡难名众佛师。"② 这是楹联作者佚名为阐明和宣传道教教义而创作此联并撰写在玉皇阁大殿门两侧。上联道教认为玉帝是众神之王,为诸天之帝。下联叙说玉皇大帝解说义理申奥的佛法使得众佛师难以称述。联语反映了道家道法自然的思想。

佚名大殿联(二) "果然地远尘嚣,即此是琼宫贝阙;但使人敦忠厚,何须求玉液金丹。"③ 这是楹联作者佚名借宣传道教教义让人明白做人的道理二题写的楹联。上联指出远离世间的纷扰、喧嚣的道院正是装饰华丽的玉皇阁,极言玉皇阁的神秘莫测;下联明言只要诚心诚意、忠厚老实,何必去寻求灵丹妙药。联语具有一定的哲理,耐人寻味。

3. 作者生平事迹简介

姚凤仪,生卒年不详。字岐山、盛瑞,号竹羽老人。清代贡生。崇道,善继述乐善,捐资协修学宫、社学、巍宝山老君殿,晚年集资兴建巍宝山玉皇阁、依云阁、拱月楼。著述不详。

佚名,生卒年、生平及著述均不详。

(五)与文笔楼相关的文学作品及作者

1. 碑记

《朱公祖重建文笔楼碑记》。作者张端亮,写作时间是清雍正十年(1732年)。清雍正十年(1732年)朱粲英任蒙化府同知,重修蒙化古城文笔楼,告竣之后,郡人张端亮应朱粲英之请,撰写了此碑记。碑记开篇叙述了重建文笔楼的原因及创建时间,"国家封建之典,凿池筑城设郡邑以拱都会,犹星拱

---

① 薛琳,毕忠武监修. 1989. 巍宝山志//巍山彝族回族自治县县志编委会办公室. 昆明:云南人民出版社:90.

②③ 同①99.

辰，在昔人必法天象纬，度地形胜，知有关于风脉者大也。然废兴有数，溯前之兴，鉴后之废，能扶衰起敝，毅然复古者，则俟乎其人。郡城建自前明洪武二十二年，城方如印，中建文笔楼，为印柄。居圣宫异位，既壮金汤，且培文教，三百年人文炳蔚，登科第者蝉联鹄起，有由来也。"① 接着说明重建工作自"康熙辛卯二月，予与郡绅士议复古制，各捐公费，广文谢名师锡者，董其事。"后由于工费不赀、加之奉命讨彝等而停止重建工作，并叙述重建的过程及用工用料、费用等情况，最后点明写作此文的意义在于"胜迹永垂不朽，爰纪其胜而登诸石。"②

2. 匾额

文笔楼（星拱楼）上悬挂有五块黑底金字的匾额，根据东南西北四个方向的不同景致，"瑞蔼华峰、巍霞拥鹤、玉环瓜浦、苍影盘龙"这些文雅贴切的词做了精辟的概括，意在描绘登楼远眺的巍山四面风光。但作者、书写者均失传，今悬挂为1983年以后重悬。

"瑞蔼华峰"匾。③在文笔楼（星拱楼）东面檐下，悬挂的匾额为"瑞蔼华峰"。"华峰"指巍山城东面的文华山是古城的发脉，其意是指吉祥的云环绕在文华山头。描绘了巍山四环文华山的景色：早晨，太阳从东边的山头跃出，晨雾霭霭，瑞光万丈，的确是非凡的清新气象。

"巍霞拥鹤"匾。④"巍霞拥鹤"匾，悬挂于文笔楼（星拱楼）南面檐下，"巍"指巍山城南的道教名山巍宝山，"鹤"，即仙鹤，系传说中吕洞宾的坐骑，巍山有许多有关仙鹤、吕洞宾的传说和遗址，像栖鹤楼、培鹤楼、望鹤轩、三鹤亭等，"巍霞拥鹤"意指巍宝山的霞光映照着仙鹤胜景。描述了巍宝山仙风道骨，青霞流云，仙人骑鹤而来，让人有无限的遐想。

"玉环瓜浦"匾。⑤"玉环瓜浦"匾，悬挂于文笔楼（星拱楼）西面檐下，巍山古城西面是国际河流红河的源头，又称西河、瓜江、阳瓜江，古有瓜江泻玉景观。"玉环瓜浦"可理解为瓜江似一条玉带环绕着巍山古城。描摹了巍山瓜江的奇丽、开阔的景致。

"苍影盘龙"匾。⑥在星拱楼北面檐下悬挂有"苍影盘龙"匾。"苍"指苍山，"苍影盘龙"的寓意为巍山北面的苍山如一条飞舞的巨龙，并且青山拥翠，描写出巍山四环北面苍山雪峰藏蛟龙的动态情景，让人遐想联翩。

---

① 巍山彝族回族自治县志编纂委员会. 1993. 巍山彝族回族自治县志//中华人民共和国地方志丛书. 昆明：云南人民出版社：1000.
② 同①1001.
③④⑤⑥ 李东红，李学龙. 2003. 南诏故地——巍山//小城春秋丛书. 西安：三秦出版社：66.

3. 楹联

(民国)陈庚雅《星拱楼》。"万户人家乐生事;一天星斗拱北辰。"① 此联是新中国成立后陈庚雅重回巍山县城登临文笔楼而题写的。上联展现楼宇周边百姓万家人家,安居乐业的生活场景。下联写出楼宇每天都顶着满天的星斗,沐浴在星光下。

(民国)张溪《星拱楼》。"一曲春风浦水碧;万山绿树晚霞红。"② 此联是新中国成立后张溪登临文笔楼凭栏远眺而题写的。上联把春风、浦水点染成碧色;下联将万山、树、晚霞分别用绿、红来渲染。把整座星拱楼的春天美景描绘得色彩斑斓,呈现出勃勃生机。

4. 作者生平事迹简介

张端亮(1645—1742),云南蒙化人,字寅揆、退庵,清康熙八年(1669年)乡试举人。曾任云南大理浪穹县(今洱源县)教谕,云南红河石屏州学正,云南红河临安府(今建水县)、云南临沧顺宁府(今凤庆县)教授,山东省潍县县令。博学多才,尤精诗、书、画。曾编修康熙《云南通志》,有著作《墨芸草》《学庸辑瑞》《寿世准绳》等多部。

陈庚雅,其生平事迹详见本节文述。

张溪,其生卒年、生平及著述均不详。

(六)与文庙雁塔坊(牌楼)、大成殿相关的文学作品及作者

1. 碑记

(明)周洪谟《重修文庙记》。"碑佚,文存。立碑时间明成化年间,大理石。作者周洪谟。"③ 关于碑文的写作时间,由于碑今已无存,从碑文内容推断,写作时间应为明成化年间。碑记开头说明巍山文庙初建于明洪武年间,为蒙化土知府兴建。明天顺年间,由土知府左琳、教授吴宪、流官武职葛升等重修。文庙楼阁建筑的坐向,"蒙化学在府治东,国朝洪武中创置。旧规东向,今南京国子助教吴宪天顺中为是学教授时,捐俸市地,以拓旧规,易以南向。"④ 并具体叙述历代捐建人及多次捐建复修文庙的各种形制的楼阁情况,"高大其门,门之外树垣表,题曰:泮宫。大成殿庑卑隘且圮,宪与前土官知府左琳、巡检左晏,蒙化指挥使葛升、杨杲、杨能,同知张武、施瑞,佥事周辅,镇抚千百户冯福、周清,及诸耆老高旻、王珍各出赀相事,以葺礼殿。棂星门旧为民居所碍,乃市居增置,东庑为官厩所侵,宪又檄以达,当道者

---

①② 郭鑫铨.1994.云南名胜楹联大观.昆明:云南大学出版社;510.
③ 巍山彝族回族自治县志编纂委员会.1993.巍山彝族回族自治县志//中华人民共和国地方志丛书.昆明:云南人民出版社:830.
④ 同③989.

移厩建庑。……成化九年冬，今土官知府左瑛偕训导贺游、杨遇兴，重修明伦堂兴贤、育材二斋廨舍，……十六年，瑛又与通判姜永赐、经历何孟浚重修明伦后堂，瓷前月台。数十年间，赖诸君子是加葺理，以致完美。"①同时说明文庙内祀孔子、颜曾诸贤及历代先贤儒，每年教授率诸生前往庙内行释奠礼，"殿庑既备，并缮厨库及饰先圣四配像位。"②最后再叙推行儒教，培养科举入仕人才。自兴建文庙办儒学后，人才倍增，巍山明代以来有王纲、丁昶、朱玑、雷应龙等八位进士，举人、贡生更不乏其人。"而当殿庑落成之后，庠生王纲、丁昶、朱玑相继荐秀，而丁复登曾彦榜进士，是兴学作士之效有明验矣。"③文章内容翔实，历代多次复修者姓名、职务等，以及中举的人名、数据等为研究云南古代科举制度提供了参考。

　　（明）张志淳《蒙化府重修庙学记》。该碑记由"赐进士嘉议大夫、南京户部右侍郎、致仕前太常寺卿、永昌张志淳撰，赐进士文林郎、浙江道监察御史郡人雷应龙书，赐进士从侍郎、工科给事中前翰林院庶吉士太和杨士云篆。碑为大理石，碑高177厘米，宽97厘米，"④"碑文写作时间：明嘉靖丙戌年（1526年）。"⑤此碑记是张志淳在京城为官期间，与进士京城都察院御史雷应龙成为知交。归里后又与蒙化土知府左祯相友好，常常往来蒙化旅居，该碑文就是作者在明嘉靖丙戌年（1526年）应左祯之邀而写就的。

　　碑记开篇叙述了作者接到蒙化土知府左祯邀请，为庙学建成而写碑记的缘由，"曩，守祯尝遣使来问乐，则贤之；日训导振之复遣弟子登仕，持状以告庙学之成而徵记，则又贤之。"⑥又叙庙学兴建于明永乐年间，景泰、成化、嘉靖复修的历史、复修人及其重修的楼阁建筑的用工、用料情况，"按状：学建永乐中，时蒙尚为州学，向震。景泰改元始升府，成化改元始易向离。今嘉靖癸未，云南按察副使太仓姜公龙始辟门于左，守寻辟门于右，遂请丕举学士，是故殿则丹楹刻龙，肇以金饰，凡瓴甋暨榱，咸斲而砻之，加密石焉。圣贤像皆更新，建龛置帷帐之类，凡金工绘工髹工色工，罔弗饰。殿之下，唐陈陁级，廉隅栏楯，帅增崇而杀密有等，两庑廊而大矣。……故棂星之门以木则易石，故尊经之阁设前则移后。门之东西增室三楹，则曰厨，曰库，有所矣。阁之东西增室三楹，而置距柜于中，则礼乐之乐可储矣。泮池益深广，池桥益高大，而石坊有表。"⑦接着细叙庙学祭奠的礼乐诸器、考经订制、轨物彰采、器数备矣、殿门诸表、大成素王、成贤养士、义路礼门，及其由

---

①②③ 薛琳. 2006. 巍山风景名胜碑刻匾联辑注. 昆明：云南人民出版社：1.
④⑤ 巍山彝族回族自治县志编纂委员会. 1993. 巍山彝族回族自治县志//中华人民共和国地方志丛书. 昆明：云南人民出版社：991.
⑥⑦ 同④990.

好善经术之士传授易、书、春秋三经，推崇儒学，振民育德。文末再次强调重儒教、兴学业的重要性，"俾世后多以教废，废而蒙独以教兴。"① 文章以理服人，重教兴学的谆谆告诫给人印象深刻。

2. 作者生平事迹简介

周洪谟（1421—1492），字尧弼，四川长宁人。明正统十年（1445年）考中进士，授编修职。曾任礼部右侍郎、尚书、巡抚、太子少保等官职。有《疑辩录》传世。

张志淳"（1457—1538），字进之，号南园野人。原籍南京，先世于明洪武年间随沐英征滇定居保山城。张志淳，自幼聪明好学，精通六经。明成化十六年（1480年）乡试第一名，二十年中进士。"② 云南永昌（今保山）人，明成化二十年（1484年）进士，历任嘉议大夫、南京户部右侍郎、致仕前太常寺卿等官职。为官清廉，后因病归里，遍游云南山水，学识渊博，居家潜心著述，尤其在诗、文、书、画造诣颇深，有《南园漫录》10卷、《南园集》《永昌二芳记》3卷、《春园诗集》行世。

（七）与文华书院雁塔坊、魁星阁、藏书楼相关的文学作品及作者

1. 碑记

（明）郁容《崇正书院记》。文华书院的前身是崇正书院，崇正书院是明弘治十四年（1501年）同知胡文光购买了蒙化城西北旧浮屠废寺地而建成的书院，其胡文光的善政为人感动了云南按察司佥事郁容，于是郁容撰写了碑记。该碑记开篇回顾了书院设置历史由来已久：唐代的陆敬舆、宋代的朱晦翁、元代的许鲁斋均设置过书院。这些书院或传授内圣外王之学，或担当著书传道之统，或树立用夏变夷之功，接着说明书院设置的意义：可以让后人思考、倾听其发出的声欬，窥探其举步维艰，成为文人离乡求官之地，各地设立的书院，成为学子们仰慕之所，守祀人出入必经的要地，后进的学者或读书人瞻仰国粹，在其间休息，观黎明黄昏，书院事以义起，其垂作之功千百年被永久祭祀。

由古及今，再叙说曲靖与作者郁容同登成化甲辰进士第的胡文光，出任广州府节度使属官，后谪官西蜀，迁灌县尹，擢今职。作者任云南按察司佥事时，曾庚申春至湖广，拜会任职蜀地的同乡宪副刘世熙，经过贵州拜会宪佥朱象之，二人皆言胡文光任蜀时善政，在云南任职时"凡军民道及文光善

---

① 巍山彝族回族自治县志编纂委员会. 1993. 巍山彝族回族自治县志//中华人民共和国地方志丛书. 昆明：云南人民出版社：991.

② 云南省保山市志编纂委员会. 1993. 保山市志//中华人民共和国地方志丛书. 昆明：云南民族出版社：759.

政，比二君所言者尤卓异"①作者郁容给予高度评价，"予以是知文光之为人，真吾榜中铮铮者。"②为此交代了胡文光购买蒙化城西北旧浮屠废寺地建成书院的缘由，"是年冬蒙郡以缺官署事请命于巡抚，都宪陈公、巡按侍御林公、咸推文光往摄之，文光视篆甫三月而政通人和，百度克举，乃见学宫湫偪，无以豁诸生心目，慨然欲别为书院处之。顾城中地无相当者，天佑斯文，默弼其鉴，爱得浮屠废寺于附郭西隅，阙位向阳，山川环带，遂称薙芜葺而犬之，因其殿肖宣圣燕居之像，又籍其田拾陆亩之入，以充岁时释奠。"③记录了"崇正书院"校舍设置的情况：参与筹建的各级人员、教舍、教学安排"分旁舍为四斋，曰学文，曰修行，曰存忠，曰存信。以易置诸生，使之观感。"④以及建重屋、两庑建筑和分科情况，"池之前又立枋曰科第，堂之后建重屋五：曰观文楼。翼以两庑，为德行、言语、文学、政事四科，"⑤以及胡文光将书院命名为"崇正书院"的原因，"文光以昔为缁流咒梵之所，兹为逢掖呫哗之区，乃名曰崇正书院。"⑥说明胡文光建成崇正书院的意义："吾知蒙化之士，自此一变而擢科名，世代不乏人矣。"⑦

由此作者深有感慨，分析了"腐儒""俗吏"的区别，"夫士之仕也，有体而无用，则为腐儒；有用而无体，则为俗吏。"并指出"惟有文光文天资峻拔，而所学者全，所见者真，故能以身心所得之理，发而为文章则为实言，施而为事业则成实效。在郡可以为文翁，为黄霸，在边可以为韩琦，为仲淹，举而措之，无乎不可。"⑧文末讲述写作此碑记的目的，"既系其事，又为之歌。"⑨修建该书院的缘由。

文章记述细致、翔实，为巍山崇正书院研究提供了极好的历史资料。另外，在碑记里专辟建造者小传，并给予高度评价，这在碑记写作里不多见。

(明) 李元阳《明志书院记》。 明志书院又名崇正书院，明弘治年间，蒙化府同知胡文光改废浮屠寺始创建书院，明嘉靖八年（1529年）蒙化府通判吴绍周修葺扩建，更名明志书院，取诸葛亮澹泊明志之意。这在碑记开头说得很明确，"汉相诸葛忠武侯平定南中，南至产里，西底洋海，大而都邑，小而聚落；其丰功盛烈，在在昭著，崇立而表显之使人知所向慕奋发。"⑩对此在碑记中作者对"明志"的内涵又做进一步解释，"昔者孔明之言曰，非澹泊无以明志，非宁静无以致远，先正谓其有儒者气象，千载之下德音在耳。……此志一立，则视富贵如倒景浮云，嗜穷厄如太羹玄酒，是则所谓澹泊也，澹泊

---

①②③④⑤⑥⑦　（清）蒋旭. 1983. 康熙蒙化府志//云南大理文史资料选辑地方志之四. 大理：大理白族自治州文化局：221.
⑧⑨　同①222.
⑩　同①225.

斯宁静矣。"①

接着碑记回顾了胡文光创建崇正书院,吴绍周扩建更名明志书院的历史,"不亦为民师帅者之职与?蒙郡故有书院,创胡倅文光,历岁既久,倾圮殆尽,长沙吴公来为师帅,期月之内,政行惠流,悯书院之黍离,慨功德之未祀,"②又叙诸师生父老听说台院司省出已俸以倡人,蒙氏土知府左氏、乡绅及好义者以私钱助费,聚食召工,拓书院之隙地以建侯祠,用建祠之余材以补书院,建房56间,另增建武侯祠、尊经阁、八腊祠等楼阁建筑的经过。再细写书院给蒙化城百姓带来的变化:诸生从者入云,师者铺张扬厉,且朝往夕忘归,众日益集,乡约以教之,鸣歌钟咏风雅,使四境之内,蔼然兴弦诵之风矣。点评了吴绍周扩建更名明志书院是一项壮举:"吴公明志一言揭于院,勒于石,俾出入顾是武侯之所以为教,吴公之所以为学,一举目而自得矣。且夫志也者,心之诚也,心之出入无乡而能制之,使内不出、外不入者惟志而已。"文末再次记叙吴绍周20岁就读于岳麓书院,成为明代著名理学家王守仁先生的得意门生,后历官所致,以讲学著闻。同时再次小叙吴绍周的生平事迹。碑记说理透辟、叙事详尽、夹叙夹议、叙议结合、有理有据、言之有序。

(清)黄大鹤《新建文昌书院碑记》。 "碑佚,文存。立碑时间清乾隆五十四年(1789年)。"③碑记真实记述了乾隆五十一年同知黄大鹤等筹款助学的情况,及废弛百年的"明志书院"的情况,新建"文昌书院"的因由、经过等所作的记录。

碑记先说明新设立书院的理由,"天下不可一日无学,"④引用管子所言,"少而习焉,不见异而迁焉,工贾且然,而况志圣贤之道乎?"阐明圣贤之道传承的重要性。自崇正书院废弛百余年,戊子己丑间,作者代理官职、掌其印信于蒙化,有了想新建书院的想法,但正值国家军队(指清军)征缅之战,建书院一事被搁置了。又过了十五年,作者的前任宋公、卢君,得到文昌宫旧地,辟而大之。加之蒙化同仁踊跃以囊其成,不仅作者,而且同仁诸君多方筹划,捐薄俸等建成了书院。延师释奠,鼓箧授经,传授儒学经典。碑记最后记录了文昌书院人才涌现,成为国家栋梁,"丙午秋闱,登贤书者甲于滇

---

① (清)蒋旭. 1983. 康熙蒙化府志//云南大理文史资料选辑地方志之四. 大理:大理白族自治州文化局:226.

② 同①225.

③ 巍山彝族回族自治县志编纂委员会. 1993. 巍山彝族回族自治县志//中华人民共和国地方志丛书. 昆明:云南人民出版社:830.

④ (清)梁友檍. 2006. 蒙化志稿//巍山彝族回族自治县地方志办公室. 巍山县旧志丛书. 德宏:德宏民族出版社:137.

省，郡人士悉归美于予，予则何敢，然相与有成之意，因是而愈殷也。"① 并谆谆告诫学子们，要成为学识渊博的学者，必"先器识而后文章，诸子勿矜其知，勿误其趋。勿穿凿其才识，本之曩哲以要其归，先之躬行以求其实，约之六经以研其奥，参之百家诸子以撷其精，优而游之，从容而酝酿之。"然后"他日者，出则为公卿大夫之器，处则为乡邦文献之宗。"碑记娓娓道来，用平实的语言来阐发新建文昌书院的必要性和重要性，耐人寻味。

2. 作者生平事迹简介

郁容，生卒年不详。字弘德，江苏苏州人。明成化二十年（1484 年）甲辰进士，授刑部主事。历任湖广澧州知州、云南按察司佥事。著述不详。

李元阳（1497—1580），字仁甫、号中溪，白族，云南大理府太和县人。明代云南著名文学家、理学家。嘉靖五年（1526 年）进士。选翰林院庶吉士，由于"大议礼"而被贬江西分宜县，后改授江苏江阴（今为江阴市）知县，任职期间体恤民苦，廉洁奉公。后改任监察御史。嘉靖十八年（1539 年）以御史巡福建。将近二十年（1541 年）弃官回乡，从此隐居大理 40 年未再出仕。常寄情于苍山洱海之间，勤于著述，既与杨慎、杨士云、张含、李贽等文化名流诗文唱和，又勤于著述，诗文集有《艳雪台诗》《中溪漫稿》；理学著作有《心性图说》，并编纂嘉靖《大理府志》、万历《云南通志》。其在哲学、史学、文学、书法、教育诸方面成就突出，被誉为"史上白族第一文人。"有《李中溪全集》10 卷、诗 4 卷，收诗 900 多首，文（包括序、记、传、说、书、启）200 篇等行世。

黄大鹤，其生平事迹详见本节文述。

三、宾川县

（一）与观音寺山门楼、玉皇阁、戏台相关的文学作品及作者

1. 楹联

楹联（一） "梵刹隐丛林纯是平川胜景，禅堂藏峭壁天然赤石名区。"② 作者不详，写作时间亦不详。上联说明观音寺楼阁是丛林的梵刹，为平川的一处胜景；下联再次展现其深藏于天然峭壁间，成为独一无二的禅堂。其韵味和风范为平川独有。

楹联（二） "赤石风光好，古镇景色幽。"③ 作者不详，写作时间也不详。

---

① （清）梁友檍. 2006. 蒙化志稿//巍山彝族自治县地方志办公室. 巍山县旧志丛书. 德宏：德宏民族出版社：137.
② 王建春，何廷. 2016. 文化大理·宾川//文化大理丛书. 昆明：云南人民出版社：43.
③ 同②45.

上联尽述赤石（平川）的优美风光；下联再叙（赤石）平川古镇的幽静，闲适。

楹联（三）"赤石盛景桃李芬芳，人才辈出文墨之乡。"①作者不详，写作时间也不详。上联赞誉赤石（平川）人杰地灵；下联写出人才辈出的赤石被誉为文墨之乡。

2. 诗歌

诗歌（一）"半角山中隐卧仕，砚石田里聚墨多。赤川溪水承清秀，万卷青苔著长河。"②作者及写作时间均不可考。诗歌描绘了赤石（平川）藏龙卧虎，有许多为官之人，也聚居了喜欢弄墨的文士；赤石的清秀山水，为其增添了许多的情趣和历史的厚重感。

诗歌（二）"烟霞隐佛寺，旭日照山头。峭嶙生异景，赤水衬金瓯。"作者不详，写作时间也不详。诗歌写出烟霞笼罩、旭日照耀、怪石嶙峋、赤水衬托的观音寺的异样美景。

诗歌（三）"万年灵岳不变迁，佛谷云深诱神仙。悬崖怪石尤险绝，更有奇观别洞天。"③作者及写作时间均不详。诗中的"佛谷""云深""神仙""悬崖""怪石"构筑成观音寺的险绝奇观，充满了一种神韵和禅趣。

（二）与文庙楼阁相关的文学作品及作者

1. 碑记

（明）叶松《宾川州重建庙学记》。《宾川州重建庙学记》是明代宾川县同知叶松为重建的文庙而撰写的碑记。碑记开篇"三代皆有学，而教法莫备于成周。及其衰也，论著删述莫备于孔子。得其宗者，曾子、子思，而孟子又私淑诸人者也。厄于秦火，简编残错，诸儒表章考订，至宋始复明备，而朱子又集儒之大成。"④这里回顾夏商周三代就开始实行学校教育，而教学方法自成周以来就已形成。到学校教育衰败时，对论著的删除和描述自孔子以来就形成。得到其教学真传的有曾子、子思，而孟子等诸儒又是未能从学的人。秦代焚书坑儒，书籍残缺破损，对诸儒表章的考订，一直到宋代开始又明确完备，朱熹就是集大成的儒学代表。又叙说明朝以来府、卫、州、县、宣慰司都开办庙学，建文庙。文庙丁祭得用天子礼乐，目的让学子们朝夕弦诵、朔望参谒，就像在孔庙观瞻儒学的礼制仪容。并强调儒家经典是"取士"必读的内容"其养士也，四书之外，许各占一经，以朱说（朱熹学说）为主；

---

①②③ 王建春，何廷. 2016. 文化大理·宾川//文化大理丛书. 昆明：云南人民出版社：45.
④ 宾川县志编纂委员会. 1997. 宾川县志//中华人民共和国地方志丛书. 昆明：云南人民出版社：909.

其取士也,专用经义策论,诸凡经疑诗赋杂说皆罢之。"①说明"宾川庙学,创自弘治辛酉。"②然后回顾庙学创建的历史,"贵州赵高轩时滕氏来守宾,下车拳拳于庙学,殿、庑、堂、斋、号舍、门屏、坊泮、桥道,阙者补之,损者益之,障蔽者辟之,狭隘者扩大之,漫漶者维新之。"③再连用几个设问句:"思无行而不与焉者何?……大成至情文尽美尽善如何也?……何以能发圣人之蕴?……何以时有进退?……人何以又得崇祀启圣?明伦何以名堂?德业何以名斋?……何以许占其一?经义何以异于经疑?策论何以愈于诗赋?……朱子之集其成也安在?……离群索居何以生?……聚何以乐也?"这些问句自问自答,再次说明重修庙学对传播儒家学说的重要性。文末指出写作此文的缘由。文章侃侃而谈,其义理与情感皆从文字间自然流露。

2. 作者生平事迹简介

叶松,生卒年不详,云南大理宾川人。明嘉靖十三年(1534年)甲午科举人。曾任宾川县同知。著有《游天仓洞记》等。

(三)与南薰桥楼阁相关的文学作品及作者

1. 碑记

《南薰桥记》。系李元阳撰写,"嘉靖二十三年正月甲子,宾川州知州安庄朱君作桥于城之南门。越三月朔,桥成。明日丙午,州之宾僚生儒合酹于桥,祝爵于侯。维时凯风景明,其为士者歌薰风之诗。宾曰:'其以南薰名桥,侯之惠和,其永于吾土乎?'乃驰龙津何邦宪书,征灵鹫山人李逸民(李元阳,作者注。)为之记。"④碑文记录了桥为知州朱官主持兴建,开工、竣工时间,取名"南薰"的缘由,建桥的历史、作者为李元阳,何邦宪书,以及建桥的益处。

2. 匾额

"南薰桥"匾。在南薰桥"桥头悬挂'南薰桥'金字红匾。"⑤关于撰写者,据《南薰桥记》记载:南薰桥,嘉靖二十三年(1544年)正月甲子破土动工,竣工于三月初一。第二天,三月初二,全州(县)官绅士子在桥上集会举行庆典,并向朱知州敬酒祝贺。其时春风和煦,阳光灿烂,朱知州兴致颇高,在庆典上给与会的士子们放歌吟唱先秦古歌《南风歌》。现场有识之士即倡议,如果以"南薰"为桥名,知州大人惠民之德政,将会永远留在文庙宾川土地上啊,于是就派人骑快马请何邦宪题写桥名"南薰桥"匾,请李元

---

① ② ③ 宾川县志编纂委员会. 1997. 宾川县志//中华人民共和国地方志丛书. 昆明:云南人民出版社:910.

④ 同①907.

⑤ 王建春,何廷. 2016. 文化大理·宾川//文化大理丛书. 昆明:云南人民出版社:29.

阳撰写《南薰桥记》。"南薰"取自先秦古歌《南风歌》"南风之薰兮。可以解吾民之愠兮。南风之时兮，可以阜吾民之财兮。"① 寓意，《南风歌》作者相传是舜帝，南薰，即南风，欲借舜帝之口表达先民对"南风"既赞美又祈盼的情感，清凉适时的南风，对万民百姓的生活是非常重要不可或缺的。后经儒家诗评家的阐释，"南风"又具有比兴之意，并成为执政者体恤百姓的象征意象；后世诗人常以"南风"来称颂执政者对百姓的体恤之情和煦育之功。用古歌寓意作桥名，即赞美"南薰"煦育万物、播福万民的恩泽之歌。

3. 作者生平事迹简介

李元阳，其生平事迹详见本节文述。

何邦宪（1477—1572），字宗尹，号龙津，大理喜洲何矣城村人，明正德二年（1507 年）丁卯科举人、正德六年（1511 年）辛未科进士。曾任给事中、成都府尹等。长于诗文，著有《龙津小藁》三卷，并刊刻印行。

四、弥渡县

（一）与青云玉皇阁相关的文学作品及作者

楹联（一）"地僻阁耸人难到；路绕溪遥佛寺幽。"② 楹联作者及创作时间不详。上联描绘玉皇阁位置偏僻，人们难以找到，但阁楼高耸挺拔，给人深山藏古寺之感。下联再次渲染玉皇阁幽深宁静，只有小溪环绕着小路潺潺流过，更增加了佛寺阁楼的静寂。

楹联（二）"玉阶仙杖立；金阙晓钟鸣。"③ 楹联作者及写作时间不详。楹联出自唐代岑参《奉和中书贾至舍人早朝大明宫》中诗句，"金阙晓钟开万户，玉阶仙杖拥千宫。"④ 寓意。意指玉皇阁的内景，上联写出玉皇阁就像玉石装饰的台阶，有类似皇帝的仪仗的皇宫。下联点染出玉皇阁楼阁建筑就似皇宫的千门万户，极言其建筑的精巧俊秀。

佚名楹联"回龙山下九霄露；点斗星旁五色云。"⑤ 作者佚名，写作时间不详。上联极尽笔墨赞誉玉皇阁地处回龙山麓，以及高耸入云的气势。下联接着描绘玉皇阁紧挨着供奉点斗星的魁星阁旁被五色云彩所环绕，极言其祥瑞征兆。

---

① （清）沈德潜选. 2006. 古诗源//中国古典文学基本丛书. 北京：中华书局：3.
② 盛代昌. 2014. 诗联话弥渡下册. 昆明：云南民族出版社：49.
③ 同②50.
④ （唐）岑参著. 陈铁民，侯忠义校注. 陈铁民修订. 2002. 岑参集校注. 上海：上海古籍出版社：231.
⑤ 王兴麒. 1999. 云南风景名胜楹联选. 昆明：云南美术出版社：212.

佚名楹联 "古刹回龙锁水；苗郊小邑生辉。"① 作者佚名，写作时间不详。上联点明玉皇阁是迴龙寺的主体建筑，其"回龙锁水"之美景诗弥渡县的一大景观之一。下联紧承上联进一步描摹"回龙锁水"美景使得弥渡城里城外蓬荜生辉。

（二）与五台大寺楼阁相关的文学作品及作者

1. 楹联

（清）李光煜联（一） "东上五台，观尽百里世界；西拱太极，现出十三景峰。"② 这是清代弥渡当地秀才李光煜游览五台大寺后而作。上联叙说登临五台大寺楼阁，远眺百里世界皆尽收眼底。下联再言其登高所见西边的太极山脉现出十三座山峰，高低错落、郁郁葱葱。

（清）李光煜联（二） "寺高尽览山中趣；墙幽能见古今人。"③ 这是清代弥渡秀才李光煜游览五台大寺后而作的又一楹联。诗联写出五台大寺楼阁的高耸可以尽览山中各种有趣之物。下联绘写五台大寺楼阁墙壁遗留下了古今文人骚客留下的文墨遗迹。

2. 作者生平事迹简介

李光煜，生卒年不详，大理弥渡人，清代秀才，著述亦不详。

五、永平县

（一）与曲硐村清真寺楼阁相关的文学作品及作者

1. 碑记

《曲硐清真寺碑》。碑记记载：该寺始建于明洪武年间，距现址约三百米，民国二年（1913年）迁至现址，多次遭毁。一进临街横排五间，中格为门及过道，上嵌"清真寺"石匾；二进为宣礼楼，上悬铜钟；后院，左为教室，右为厨房，中间为礼拜殿，穿斗式梁架结构，共用柱头六十二根，前出厦加走廊五间，通进阔二十米，进深十五米，房顶为单檐翘角歇山顶，前檐下施斗拱。寺的四周清幽，桂花吐香，地近温泉，景致宜人。碑记言简意赅，寺的历史一目了然。

2. 散文

（美）埃德加·斯诺《在清真寺过夜》。这是民国时期美国著名记者埃德加·斯诺于1931年冬末春初与一队到腾冲的商旅马帮结伴西行，历时三个月完成他的云南之旅途中借宿曲硐清真寺所写的一篇散文。曾登载于1931年9月1日纽约《太阳报》。

---

① 王兴麒. 1999. 云南风景名胜楹联选. 昆明：云南美术出版社：212
② 盛代昌. 2014. 诗联话弥渡下册. 昆明：云南民族出版社：37.
③ 同②38.

斯诺在此开篇就细叙了为何借宿清真寺的原因，"进入永平，太阳偏西，这义路走得好辛苦。我风尘仆仆，又热又累，唯一的愿望，就是找到四壁空墙，一室宁静，打我的铺盖卷倒头便睡。但是即便这样一点点要求也无法满足。永平虽说是有一万户人家的县城，却只有三家客栈接待来往客人，而且已经为穆斯林、佛教徒以及从远处回来祭拜神灵和祖先的孝子孝孙们住满了。哪怕是已见小阁楼也找不到。如果一定要住在小客栈里，我整夜都得忍受着同房间的人一面抽鸦片烟、一面吹牛、一面咯痰。在过去，有的时候我能受得了，甚至于还欣赏过，但这一次是无论如何不幸了。我想找一所寺庙去住，终于找到一座清真寺。"①

接着再叙清真寺阿訇因斯诺是外国人拒绝接待入住，后用波斯语问候，表示尊重其习俗，阿訇们终于同意斯诺入住。文章描绘了这座清真寺楼阁建筑，"看见一个人，身穿白袍，站在应该是被称为宣礼塔的阳台上，建筑物本身并不属于土耳其或波斯风格，而更像一座中国式的塔，只不过塔为长方形，逐渐收成尖顶，顶端冠以金球。……这是我发现有一栋新盖的房屋，长方形，还有一间宽敞的阁楼，我走进一看，楼上所有的房间都很干净，墙壁经过粉刷，装着格子窗，非常凉爽。"② 然后接着叙写作者带着扑人寿珠拜访县长林培清的情景和沿街看到的边地县城的风俗。文章叙述清楚、对话风趣、议论得当，实地感受真切，是一篇不多见的以外国人的视野，真实记录民国时期永平县风俗民情的散文。同时也为研究民国时期云南边地县城风物风貌提供了翔实的参考资料。

3. 作者生平事迹简介

埃德加·斯诺（1905—1972），生于美国密苏里州，美国著名记者。于1928年来华，曾任《每日先驱报》《星期六晚邮报》驻华战地记者，同时任教北平燕京大学新闻系。1936年6月访问陕甘宁边区，写了大量通讯报道，成为第一个采访陕甘宁边区的西方记者。1942年去苏联前线采访，离开中国。新中国成立后，曾三次来华访问并与毛泽东主席见面。

（二）与霁虹桥关楼相关的文学作品及作者

1. **摩崖题刻**

澜沧江霁虹桥摩崖题刻，位于霁虹桥南岸罗岷山北侧峭壁千仞的普陀崖壁上。作者为明清过往墨客文人。现存20余幅，分题词、题诗两类。

（1）题词。

题词有隶书、草书、楷书，字大如斗，阴刻、阳刻、双线刻、单线刻皆

---

① （美）埃德加·斯诺著. 李希文，等译. 2019. 马帮旅行. 昆明：云南人民出版社：87.
② 同①88.

有。如描绘赞美古渡天堑自然风景的，"清康熙年间镇守永顺总兵段腾龙行书双线刻横幅'天南锁钥'，幅高1.3米，宽4.2米。"① "清乾隆年滇察使者富纲隶书阴刻直幅'悬崖奇渡'，幅高1.6米，宽0.6米。"② 清"雍正年永昌郡丞李文渊题'金齿咽喉'。"③ "明嘉靖年燕山南渠题'壁立万仞'"。④ "要塞天成"，系"民国时期，保山县长赵道宽题。"⑤ 还有歌咏建设者，赞颂飞桥的，"明成化年督学使吴鹏行书阴刻直幅'西南第一桥'，幅高3.9米，宽0.69米，每字幅面高0.9米，宽0.58米。"⑥ 据《新纂云南通志五》也载，"'西南第一桥'五字，每字约高三尺八寸，广二尺八寸，直书；'悬岸奇渡'四字，每字约高四尺，广三尺，直书；'人力所通'四字，横书。外有张含、杨慎、张学庠、孙人龙、汪如洋、屠述濂、顾纯（应为莼）、高钊中等诗刻题名。"⑦

（2）题诗。

有描写霁虹桥修建历史、宏伟气势，对前人辟渡建桥进行赞颂的，如《兰津渡》诗文，这在《保山市志》有记录，"'滇中二大家'之一的张含楷书15直行，66字《兰津渡》诗文，"幅高0.69米，宽2.08米。"⑧《兰津渡》诗原文，"山形宛抱哀牢国，千崖万壑生松风。石路真从汉诸葛，铁柱或传唐鄂公。桥通赤霄俯笔马，江含紫烟浮白龙。鱼梁鹊架得有此，绝顶咫尺樊桐宫。"⑨ 这是明代永昌府（今保山市）诗人张含为迎接因大议礼而被谪贬至永昌府的诗友杨慎，在兰津渡（今霁虹桥）东岸为之接风洗尘，与杨慎相互唱和撰写并楷书，刻诗志别。题刻位于霁虹南岸罗岷山北侧的普陀崖壁。诗歌首联绘写兰津渡（今霁虹桥）周边山峰呈宛抱哀牢国形状，山峦连绵，高低重叠的松林不时吹来阵阵山风，极言兰津桥是古哀牢国的门户，地理位置的险要。颔联由景叙史，回顾汉代汉武帝打通博南道，三国时诸葛亮修筑了一条博南石路，唐代唐九征征服大理国在洱海边竖立铁柱，表达了诗人对前人辟渡建桥的开创之功的凭吊之情。颈联用"赤霄""笔马""紫烟""白龙"，喻指兰津渡的险美绝景和雄伟之姿。尾联再写兰津渡的雄姿，桥身恍若鱼的脊背，似天上鹊桥迎来送往，近在咫尺。诗歌用精妙之笔既述史又抒情，传神地称颂了兰津渡的悠久历史和壮美之势。

另有表达对古人贤哲开发边地，表达凭吊之情的，如"明嘉靖间督学使胡尧时行书，16直行，127字，横幅《澜沧江缅怀先哲》诗文（幅高1.35

---

①②③④⑤⑥⑧ 云南省保山市志编纂委员会. 1993. 保山市志//中华人民共和国地方志丛书. 昆明：云南民族出版社：692.

⑦ 刘景毛，文明元，王钰等点校. 2007. 新纂云南通志五. 昆明：云南人民出版社：338.

⑨ 永平县志编纂委员会. 1994. 永平县志//中华人民共和国地方志丛书. 昆明：云南人民出版社：727.

米，宽3.32米）。"①题刻位于霁虹南岸罗岷山北侧的普陀崖壁。《澜沧江缅怀先哲》诗原文未查实，待查实后再作补充。

还有"万历年间楚人江盈楷书阴刻横幅《过兰江拜武侯祠》诗文（幅高90米，宽1米）等。"②题刻位于霁虹南岸罗岷山北侧的普陀崖壁。《过兰江拜武侯祠》诗原文未查实，待查实后再作补充。

2. 碑记

（明）王臣《霁虹桥记》。"提学副使王臣撰，弘治十四年。……桥跨澜沧江，为兵备副使王槐所建，自后，正德六年，嘉靖二十八年并重修立。"③ 此碑记是明代提学副使王臣在弘治十四年（1501年）撰写。碑记开篇就记录"金齿东北三舍许，有江曰澜沧，"④介绍了澜沧江地处金齿东北。又叙澜沧江江面"其阔二百六十尺有奇，"⑤并说明澜沧江地处要冲、水势湍急，人马经过只能用船摆渡，覆溺之患无穷，"地既要冲，而水势且湍悍，舟子专波涛以为利，且日不暇给，覆溺之患殆无月无之。"⑥于是，守臣命所司架木为桥，后桥为火灾所毁。再叙按察司副使王槐重建霁虹桥经过、用料、用工费用等情况，"按察司副使太原王君槐奉命理兵备于金腾，问所以为民利者，金以桥对。遂请於镇、巡诸公，乃下其事于金齿，命指挥李淮董其役。斥旧更新，凡灰石材甓工佣之费，皆出於措置，而无一所扰。"⑦文末点明重建时间"始事于弘治十三年七月。"⑧碑记记事简洁、明了，言简意赅。

3. 诗歌

（明）杨慎《霁虹桥》。"织铁悬梯飞步惊，独立缥缈青宵平。腾蛇游雾瘴氛恶，孔雀饮江烟漱清。兰津南渡哀牢国，蒲塞西连诸葛营。中原回首逾万里，怀古思归何眼情。"⑨ 此诗是明代诗人杨慎谪戍云南永昌府，来到澜沧江畔霁虹桥东岸与等候在此迎接他的诗友、永昌府诗人张含首次会面，望着眼前千里古道上最为卓绝的景观霁虹桥，感慨万千，即兴而作。同时张含也唱酬一首《兰津渡》诗（见题诗）。诗歌首联用"织铁悬梯""飞步""独立缥缈""青宵"尽展霁虹桥的雄姿。颔联再用"腾龙游雾""瘴氛""孔雀饮江""烟漱"等渲染霁虹桥周边环境。颈联通过"兰津南渡""哀牢国""蒲塞西

---

①② 云南省保山市志编纂委员会．1993．保山市志//中华人民共和国地方志丛书．昆明：云南民族出版社：692.

③ 刘景毛，文明元，王钰等点校．2007．新纂云南通志五．昆明：云南人民出版社：327.

④⑤ （明）李元阳．刘景毛，江燕点校．2011．万历云南通志（上）．北京：中国文联出版社：229.

⑥⑦⑧ （明）李元阳．刘景毛，江燕点校．2011．万历云南通志（上）．北京：中国文联出版社：230.

⑨ 云南省保山市志编纂委员会．1993．保山市志//中华人民共和国地方志丛书．昆明：云南民族出版社：812.

连""诸葛营"等描述,回顾了霁虹桥的历史画卷。尾联触景生情,描叙诗人自己身处异乡,怀古思归的情感。全诗将霁虹桥如腾龙般横卧澜沧江的气势,成为连接内地人民从四川西昌、宜宾,过滇池、叶榆、永昌,进入缅甸、到印度的交通枢纽,重要的商业通道的"兰津渡"(古代的"蜀身毒道"即博南古道)等历史,融情于景,表达了诗人对云南美好河山的赞美和向往,以及思念中原故乡,期盼思归的心绪。

(明)马继龙《澜沧江怀古》。"澜沧铁索跨长虹,鸟道从天一线通。树响龙来陵谷雨,山空猿啸石桥风。百夷南诏襟喉地,万木荒村鼓角中。象马年来归贡赋,土人犹说武侯功。"① 作为永昌府(今保山市)诗人的马继龙,路经霁虹桥时而创作的诗歌。诗中首联把霁虹桥横跨澜沧江似天穹上的长虹的壮观景象描绘了出来。颔联写明霁虹桥周边的树林、山谷的回声又似龙、猿般,极力渲染烘托其动态的美景。颈联点出霁虹桥自百夷南诏以来,就是万木荒村的博南古道交通要塞,地理位置很显要。尾联再次点染霁虹桥周边发生过的历史事件及功绩。诗歌融史入景,将霁虹桥的沧桑岁月,过眼烟云皆淋漓尽致地呈现出来,其诗歌主旨也就包含在了字里行间。

(明)李元阳《霁虹桥》。"兰津江水鸭头绿,江上危桥蟠蜒曲。鼍作鲸吞且不愁,愁见半空腾马足。马行缥缈与云浮,二十四槛玲珑楼。林峦蓊郁千重翠,水雾阴森万斛秋。柱索深埋钩锁铁,螭盘虬屈悬高岊。钻穿山骨地动摇,炉冶万夫俱汗血。武皇蒟酱事苍茫,汉使轮蹄入永昌。当日无桥惟缚筏,十人欲渡九彷徨。圣代车书四海一,早成危构接天潢。人力所通无不服,华阳黑水称惟梁。诸侯献琛亦贡象,普天率土歌来王。于乎,普天率土歌来王。"② 明代云南白族学者李元阳为撰写《万历云南通志》考察霁虹桥时所写。此诗尽展霁虹桥下澜沧江水的各种景象:鸭头绿、鼍作鲸、腾马足、玲珑楼、林峦、水雾。以及与此相关联的各种人物:武皇、汉使。同时回忆了未建霁虹桥前的情形。诗歌展示出的历史内容信息量颇广,对研究霁虹桥的建造、当地历史状况都有启发。

(明)胡尧时《霁虹桥》。"节彼博南山,澜沧出其下。远睇一沟悬,临流三峡泻。中有霁虹桥,白日苍龙跨。汉使度旌旗,明时通教化。铁柱插银波,斯人伊吕亚。振铎我刚来,炎炎当促夏。夹道互逢迎,驱骡不遑舍。北望衮衣垂,绝域都桑柘。为请青衿人,营营休日夜。舟楫济洪川,讵但兹梁架。"③ 这是明代嘉靖督学、诗人胡尧时路经霁虹桥时被该桥雄壮气魄所感染而撰写并楷书。诗人用诗歌的形式详细述说霁虹桥的历史,用诗代史,这在云南古

---

① 王琨楼. 2010. 保山桥话//保山文化丛书. 昆明:云南人民出版社:214.
②③ 同①215.

代诗歌作品里不是很多，这是云南古代诗人创作的一次很好的尝试。

（明）张佳胤《澜沧江桥》。"叠岭遥知万马愁，兰津西渡赤虹浮。鼋鼍驾浪声齐动，鸟雀飞梁影并收。缆束长江标绝壁，天悬双镜照中流。当时汉卒劳歌地，翻使于今作壮游。"① 作为明嘉靖间云南提学佥事的张佳胤路经霁虹桥时有感而发抒写的诗歌。该诗用"叠岭""万马""兰津西渡""赤虹""鼋鼍""鸟雀""长江""绝壁""天""镜""汉卒""翻使"等具体、生动的形象构织成澜沧江桥（霁虹桥）的自然美景、历史画卷、现实景观。

（清）曹琳坚《霁虹桥》。"阴崖插层穹，苍寒扑人面。壁立阻岖嵚，磴回行撒旋。鸟鸣不知处，猱影时一见。丛深竹翠交，峡逼藤梢冒。泬流瞰兰沧，奔涛洒晴霰。危梁穿铁緪，嵌空挂匹练。俯视惕屏营，仰属骇冥眴。夕阳开林光，前峰堕云片。祠宇耸岩峣，清风缅羽扇。长怀沪水勋，欲来溪毛荐。理策弩征途，耽幽寄遐昒。"② 这首诗歌是诗人曹琳坚跟随其父来云南路过博南古道的霁虹桥时，被其壮丽景象所震撼，于是创作《霁虹桥》这首诗歌。诗歌描摹了霁虹桥两岸的自然景观：阴崖、层穹、壁立、行撒旋、鸟鸣、猱影、丛深、竹翠、峡逼、藤梢口、泬流、兰沧、奔涛、晴霰。又写霁虹桥的雄姿：危梁、铁緪、嵌空、嵌空。再渲染霁虹桥周边的人文景致：夕阳、林光、峰、云、祠宇、羽扇等。写得情趣盎然，活灵活现。

4. 楹联

（明）王大任联。"怪石倒悬侵地隘；长江诸曲傍山多。"③ 该联是明嘉靖三十九年（1560年）春，监察御史王大任路经霁虹桥时题写，此联描摹了当时成为兰津桥的霁虹桥古渡的地形、地貌特征，以及如临天险之境的感受。

（明）印然《霁虹桥楹联》。"谁将铁链锁飞虹，赤壁丹崖，不放寒寺出玉峡；自有蕙兰垂彼岸，清风夜月，常看叠浪浴金波。"④ 这是明代卧佛寺僧人印然所写。上联将霁虹桥似飞虹，横跨赤壁丹崖两岸的气势写出。下联再次渲染霁虹桥两岸的景象：蕙兰垂岸、清风夜月、叠浪浴金波。展现霁虹桥独有的景观。

（清）李杰正联。"俯察仰观四面云山一面水，载轻负重十分人力几分天。"⑤ 此楹联实物不存，作者为清代人李杰正。上联描摹了不同观察角度的霁虹桥的四面云山，一面水。下联叙写霁虹桥载轻负重靠的是十分人力几分天赐。显示出该桥建造设计的巧夺天工。

---

① 王琨楼. 2010. 保山桥话//保山文化丛书. 昆明：云南人民出版社：215.
② 同①219.
③ 张继强. 2010. 博南古道探秘. 昆明：云南民族出版社：95.
④ 云南省保山市志编纂委员会. 1993. 保山市志//中华人民共和国地方志丛书. 昆明：云南民族出版社：810.
⑤ 王兴麒. 1999. 云南风景名胜楹联选. 昆明：云南美术出版社：252.

5.作者生平事迹简介

段腾龙，生卒年不详。清康熙年间镇守永顺总兵。著述亦不详。

富纲（1737—1800），正蓝旗满洲人。曾任户部郎中、陕西布政使、福建巡抚、云贵总督、云南巡抚、刑部尚书等职。其著述不详。《清国史》《福建省志》等有其事迹载录。

李文渊，生卒年不详。清雍正年永昌郡丕。著述亦不详。

赵道宽，生卒年不详。云南寻甸人，1943年接任石屏县长。著述不祥。

吴鹏（1500—1579），字万里，号默泉。浙江秀水人，明嘉靖二年（1523年）进士，授工部主事。嘉靖间，以副使提学，成化年督学使。升黜诸生，先行检而后文艺，一时郡之生儒，争自濯磨，风为丕变。著有《飞鸿亭集》二十卷。

张含，其生平事迹详见第三章第二节文述。

杨慎，其生平事迹详见第三章第二节文述。

张学庠，清长洲（今江苏苏州人），字师序。清康熙四十八年（1709年）进士。历迁工部郎中，康熙五十六年（1717年）任云南金事，提调学政。

孙人龙，生卒年不详。字端人，号约亭，清雍正八年（1730年）庚戌进士，选庶吉士，授翰林院编修，督学云南、粤中。曾任《文献通考》纂修官，为纪晓岚房师。著述有《四书遵注讲义》《公余日记》《约亭未定稿》《颐斋未定稿》等传世。

汪如洋（？—1794），字润民，浙江秀水人。清乾隆四十五年（1780年），以会试第一膺殿试第一，授职修撰。清乾隆四十八年（1783年），充三通馆纂修官。清乾隆五十一年（1786年），典山东试，1736—1795年任云南学政。性严明，持正不阿，教士以立品为先，文尚清真。著述不详。

屠述濂，号蓬仙，湖北孝感县监生。捐府经历，清乾隆四十年（1775年）来滇，清乾隆四十四年官临安府经历，累迁腾越知州、永昌知府、升迤南道，清嘉庆五年（1800年），以军功加按察使衔。述濂所至，辄修学宫，置书院，益膏火，以教育人才为急务，增修《腾越州志》，造永昌潞江铁索桥，改盐规，多有善政。民颂之不辍。卒于缅宁军营。清道光十年（1830年）三月从祀。著述不详。

顾莼（1765—1832），字希翰、吴羹，号南雅，江苏吴县人，清进士，授翰林院编修，升侍读。嘉庆七年（1812年）任云南学政，实心训导，以正心术、端行谊为首要，甄选人才甚众。尝讲学与五华书院，手书朱熹《白鹿洞规》刻石壁间，建树木轩于学使署中。有文坛耆宿之誉。著有《南雅诗文钞》《清史列传》传世。

高钊中（1833—1907），字勉之，河南项城人。清光绪二年（1876年）进士，选庶吉士，授编修。清光绪八年（1882年），视学湖北。清光绪十七年（1891年）任云南学政，刻理学宗，传随棚发，各属一二等生员阅览，俾各抒所见，质疑办难，随手批答。又择优秀者送入省城经正书院肄业，以资深造，提倡鼓舞，甚得士心。著有《竹臣诗文集》行世。

胡尧时，生卒年不详。字子中，江西泰和人，进士。明嘉靖间以副使提学，专事访察生儒，有一隐行无不知之。大理生员三千余人，各注一考语，皆当其实，畏之如神明然。著述不详。

江盈，生卒年不详。明万历年间楚人。生平及著述亦不详。

王臣，生卒年不详。明代提学副使。生平及著述亦不详。

马继龙，生卒年不详。明代云南永昌（今保山）人，回族。嘉靖二十五年（1546年）举人，官至南京兵部车驾司员外郎，著《梅樵诗》二卷。

李元阳，其生平事迹详见本节文述。

张佳胤（1526—1588），字肖甫，号居来山人，四川铜梁人，明嘉靖二十九年（1550年）进士。有文武才。明嘉靖间，任云南提学佥事，至万历年间升至清江巡抚。与王世贞等人为嘉靖七子之一。著有《居来山房集》传世。

曹楝坚（？—1853），字艮甫，清代江苏吴县人，清道光十二年（1832年）进士，官御史，擢按察司，曾随父来云南。豪于诗，有《昙云阁诗集》传世。

王大任，生卒年不详。明代陕西保安人。明嘉靖三十二年（1553年）进士。嘉靖庚申春监察御史。明嘉靖四十一年（1562年）奉诏行畿辅等处，后升侍讲学士。著述不详。

印然，生卒年不详，明代卧佛寺僧人。生平及著述亦不详。

李杰正，生卒年不详，清代康熙时寒士。生平及著述亦不详。

六、鹤庆县

（一）与菩提寺山门楼相关的文学作品及作者

1. 楹联

（民国）王懋程题菩提寺山门楼楹联。"井号菩提，树号菩提，寺号菩提，古迹争传唐代古；功留鹤庆，名留鹤庆，像留鹤庆，高僧共仰宝山高。"[①] 该联是民国时期白族学者王懋程在鹤庆教书之余，考察菩提寺时，为鹤庆菩提寺山门题写的楹联。上联说明菩提寺的井、树、寺等名称均与菩提相关，都是唐代沿用下来的名称。下联引用民间传说，指唐代南诏国和尚赞陀崛哆曾在缶山用108颗神珠打通蛟海，使该地水落成陆，并于此处建寺、凿井、植

---

① 王兴麒. 1999. 云南风景名胜楹联选. 昆明：云南美术出版社：122.

树。楹联对仗工整,结构严谨,运笔深入浅出,用句点石成金,为乡里传颂,前人共赏。

2. 碑记

(民国)王懋程《菩提寺碑记》。该碑记是王懋程民国三十五年(1946年)岁次丙戌新正月,受同乡陆军少将王云九(即王炳章,作者注)之托,为新修复的菩提寺撰写了该碑记,并且王云九曾手书这篇碑记,立碑于菩提寺内。这在碑记里有记录,"陆军少将王公云九近归,治其尊甫新民太翁之丧,见寺之新南楼工程无力中止,井与树不失其所以整理维护之道,乃捐廉而皆成之。又谓数十年来,寺虽修复,碑则阙如,将何以彰注而示后。命余本所知与可信者之为记,庶修方志者有所采焉。"①这段文字还说明了重新修复菩提寺不仅修复寺楼,而且还整理维护菩提井、菩提树。"鹤庆城南五里许,以九龙水与朝霞山螺髻峰南北对峙而为名山者,自五举山蜿蜒而东曰孝廉山、紫金山。当紫金山麓而居者,吾迎挹村也。村后有二寺:南曰菩提寺,北曰紫金庵……菩提寺则唐代古刹焉。明初,吾村崇祀乡贤、名宦,赵公和墓志载及蒙氏建。南诏时,赞陀崛哆尊者自天竺来此,村人建弥勒殿以居之云云。此即菩提寺开山之始。弥勒殿后何以转称菩提寺焉?据前清邑孝廉赵士圻所撰《掷珠记》谓鹤故泽国,赖尊者掷珠穿象眠山洞以泄之。尊者尝以杖凿井曰菩提井,在今佛殿北;以珠种树曰菩提树,在今山门外。后人纪念尊者之无量功德,供其像而爱其井与树,胜醉翁之酿泉,召伯之甘棠,而菩提树之盛名遂代弥勒殿而永存于万世。……自唐迄今,沧桑屡变,不知几经兴废,前清咸、同间,汉、回争战,鹤受兵患尤烈,寺毁而菩提树被戕死。乱靖,树发新芽,渐长。寺在再次修复中,以檀越王新民太翁倡导之力为多。……"②碑记详细记录了菩提寺的建造历史及重修的经过。行文谨慎,言简意赅,文笔流畅,为不可多得的传世之作。关于此碑记还可参阅本章第一节六、鹤庆"菩提寺山门楼"内容。

3. 作者生平事迹简介

王懋程(1896—1964),名树森,好移山道人,白族,云南鹤庆金墩乡迎邑村人。云南省立第二师范学校第一班本科毕业,从事中学教育30余年。新中国成立后当选大理州人民代表、政协委员,常驻下关从事文史工作。著有《滇西回乱纪略》《龙湖丛稿》《移山诗抄》等。

王炳章(1890—1952),字云九,白族,云南鹤庆金墩乡迎邑村人。民国二年(1913年)癸丑,考入保定陆军学校第六期学习,民国四年(1915年)

---

①② 鹤庆县志编纂委员会. 1991. 鹤庆县志//中华人民共和国地方志丛书. 昆明:云南人民出版社:812.

乙卯毕业，调云南讲武堂入学生队队长兼省立师范学校国术和军训教员，历任少校参谋、中校团副。后任滇军唐继麟师副师长、滇军第七师副师长、云南军官团副团长等。民国二十六年（1937年）7月受命调往抗日前线。民国二十七年（1938年）4月参加台儿庄战役。抗战胜利后退出现役。他熟谙诗文，工于书法。著述不详。

（二）与云鹤楼相关的文学作品及作者

1. 对联

（清）杨金和云鹤楼南面长联。"小结构到底何奇？想洞纪龙眠，石传象跪，诗题竹树，果种菩提。为儒、为释、为帝王，蕞尔微区，其中大有人在；真逍遥当前即是。看朝霞虹映，夜月蟾辉，宝岭秋光，漾江春色。好山、好水、好景物，取之不尽，此外匪我思存。"①清光绪二十三年（1897年）三月因鹤庆东门街失火，殃及安丰楼第三次被焚，烧成一片焦土，光绪二十七年（1901年）由邑绅丁彦、丁泰、丁槐三兄弟捐资重建，并改名为云鹤楼，盖取"云中白鹤"之意，云鹤楼建成后，丁氏三兄弟邀请郡人杨金和题写了南面楹联。此82字的长联是杨金和仿昆明大观楼长联所撰，近代宣白超书。该长联概括了鹤庆的历史典故及美丽景观。其中上联描述了鹤庆的四大传说"洞纪龙眠""石传象跪""诗题竹树""果树菩提"。下联点出了鹤庆四大名景"石宝天光"（宝岭秋光）、"朝霞虹映""夜月蟾辉""漾江春色"。将"小结构"的云鹤楼的各种新奇：建文帝来此隐居，忽必烈的坐象来此竟然长跪不起，杨慎为此楼题诗刻字，祖师用一粒菩提子就种成了一棵菩提树，再加之好山、好水、好景物，云鹤楼成为真正名副其实的"世外桃源"。此联为鹤庆云鹤楼上第一副长联，也是杨金和的楹联代表作品。

（清）杨金铠题撰楼北面长联。"荜路启山林，草昧经纶几创垂。斯臻完备，环桥每观听。羡崇祠乡贤名宦，两俱衰然压班。为茧丝乎？为保障乎？夺班巧者蜀龟。溯当日曳泥锦楼，成城四围，缔造敢忘高进义；桑田变沧海，庄严璀璨诸繁盛，半即摧残，杰阁偶登临。喜边邑城郭人民，今并幸而如故。孰主宰是？孰纲维是？怀故都兮辽鹤。知异时停云华表，去乡千岁，来归犹说丁奋威！"②清光绪二十七年（1901年）由邑绅丁彦、丁泰、丁槐三兄弟捐资重建云鹤楼后，也邀请杨金铠撰写了云鹤楼北面楹联。具体写作背景可参阅杨金和云鹤楼南面长联。该长联共132个字，为清代鹤庆进士杨金铠所撰，鹤庆书法家黄致中书写的。该联上联中"荜路、草昧、环桥、乡贤、名宦"都与"创筑龟城事"有关。下联描述了登临云鹤楼，看到桑田变沧海、璀璨诸繁盛之景，发出了"孰主宰是？孰纲维是？"最后得出"来归犹说丁奋威

---

①② 赵椿. 1999. 鹤庆楹联选. 昆明：云南美术出版社：1-4.

（丁奋威，即丁槐（1849—1935），字衡三，云鹤镇人。清末曾任贵州古州镇总兵，山东泰安镇总兵，广西提督，御赐双眼花翎黄马褂，辛亥革命后，赞助共和，曾任荆州镇守使、陆军上将、奋威将军等职。）"的结论，这里还用了《搜神记》中丁令威化鹤归来之典故。

（清）赵鹤龄云鹤楼对联。"薄宦此归来，拾级千层，独向南天撑砥柱；消愁何处是，凭栏四顾，每倚北斗望京华。"①楹联是作者赵鹤龄告老还乡回到鹤庆登上新落成的云鹤楼，凭栏远眺思绪万千而写。上联写出作者仕途归来，拾级千层，见到的云鹤楼奇景："独向南天撑砥柱"的雄姿；下联借景抒发作者在此消愁，遥望远隔千里万里的京都北京城的心境。

（清）丁彦云鹤楼对联。"云水忆西泠，当年薄宦浙杭，有美湖山，几度曾观沧海日；鹤川雄北镇，此地高标楼阁，无边光景，四时同乐漾江春。"②此联是作者丁彦在清光绪二十七年（1901年）与兄弟丁泰、丁槐共同捐资重修云鹤楼，建成后登临云鹤楼有感而发而撰写。上联有云鹤楼顶上云和周边潭水联想起在西泠（此指西湖）观沧海的情景；下联尽显鹤庆地理位置的重要性以及云鹤楼四围景致。楹联极言鹤庆云鹤楼无边的光景可以与媳妇美景相媲美。

（民国）赵嘉根云鹤楼对联。"蛟野龙乡，蛟龙仰拱玉龙岳；凤仪鹤庆，凤鹤来朝云鹤楼。"③该联是作者在民国十二年（1923年）甲子龙华会上撰写，曾名噪一时。上联说明鹤庆曾是传说中的蛟龙和玉龙的龙乡泽国；下联指出凤仪的凤与鹤庆的鹤曾在云鹤楼相聚的情形。楹联用当地传说尽展云鹤楼的雄奇壮观和金碧辉煌。楹联笔飞墨舞，铁画银钩，旁观者赞不绝口。

2. 碑记

（清）佟镇《安丰楼碑记》。安丰楼，"在县治前，建筑最古，明季烬于火。让朝康熙间，郡人重建，有署知府佟镇为之记。道光间，邑举人杨澍时倡首醵资修复。光绪丁酉，复以市廛弗戒于火延烧，其遗址即今云鹤楼。"④该碑记系清康熙年间鹤庆府通判署府事佟镇所写，该记首先说明"安丰楼"与别的游玩观赏的陂池台榭不同，"凡陂池台榭之设，而仅以备游览之盛，乐晏享之丰，虽废而不举可也。"⑤清晰记载了安丰楼耸立于县城中心，气势恢弘，是彰显鹤庆人才众多，各显其能的场所，"若鹤郡之安丰楼，中郡城而屹之，不独竖奎璧于中央，可以致凤起蛟腾之瑞，即置司更于要地，亦可以戢

---

①②③ 赵椿. 1999. 鹤庆楹联选. 昆明：云南美术出版社：6-8.

④ 杨金铠，高金和点校. 2016. 民国鹤庆县志. 昆明：云南大学出版社：32.

⑤ （清）佟镇，邹启孟，李倬云. 1983. 康熙鹤庆府志//云南大理文史资料选辑地方志之五. 大理：大理白族自治州文化局：308.

鸡鸣狗盗之雄，非所谓佚游观而乐晏享者也。"①再用惋惜的语气叙述安丰楼烬于明季兵燹，六十年来没人重修。

接着述说作者自己重修该楼的意愿并用文字记载修建经过都写在碑记里，"岁己丑，予奉命来判是邦，采访之暇，有意兴复而弗果。至辛卯，遂与郡之绅士父老谋，众以为可。于是兴功市材，阅岁余而楼又成。"②同时说明写作此碑记的初衷，"楼成，众请余记之。余曰：物莫不有数，以兹楼在明盛时，岂知有后日之燬。则今日之兴，又岂尽不能如当日之盛？古今成败，理固然也。无足深慨。"③并由楼思绪万千，楼之上有群山屹立，楼之外有河流和空旷的土地，这些皆是国家西南边地的一关隘，如何确保这一方水土的安宁，守卫好天子的国土，"其何以安之，以守天子之土。"④并表明这是作者自己及乡士大夫的选择，"此乡士大夫之选也，……此朝庭之赤子而国家之本也，其何以安之，以副父母之望。"⑤再说明"一如周礼大司徒所谓以俗安民，则民不偷；以度教民，民乃咸丰。"⑥由此解释取名安丰楼的由来及意义，"与其丰于名，宁丰于实；与其丰于利，宁丰于理。而又以其所得，出而化导其乡人，俾之孝弟力田，安其家室，以乐其丰年，则楼可以不朽哉。"⑦文末指出写作此文的宗旨，"至楼之四面皆佳山水，非不足娱耳目，然游观宴享，恐其玩物而丧志也。故略而不记。"碑记夹叙夹议，言之有理、言之有序，字句间可以看到作者"以俗安民"⑧"以度教民"⑨的治国理政心思是很明确的。

（清）赵鹤龄《云鹤楼记》。云鹤楼"在县治前，旧为安丰楼。让朝光绪间灾，邑绅丁泰、丁彦、丁槐自愿独力捐资修复落成，易今名。"⑩丁氏三兄弟在云鹤楼落成后邀请翰林赵鹤龄登楼庆贺落成，并委托其写《云鹤楼记》来记录云鹤楼的新建。该碑记立于云鹤楼拱门通道东面。在这篇记中，赵鹤龄开篇叙说读书人的立身处世既可可以治理天下，又可对家乡故土有裨益，"士君子之立世也，出则道治天下，处则裨益乡里。"⑪接着回顾云鹤楼之前的安丰楼建造历史，"我鹤旧有安丰楼，创自前代。复建于皇朝道光乙未岁。"⑫又尽情描摹了云鹤楼高耸入云的气势和特点，"居城之中衢，闠闤四绕，隆然高耸。据形势家言，城如印，楼如纽，体居正位，生聚之所由日繁，人文之所由蔚起也"。⑬对建造此楼的历史以及设计、用料、供奉神像等记述得具体、详细，"光绪岁丁酉，邻里有犯祝融氏者，风伯助威，殃及此楼，一炬焦

---

①②③ （清）佟镇修，邹启孟，李倬云. 1983. 康熙鹤庆府志//云南大理文史资料选辑地方志之五. 大理：大理白族自治州文化局：308.

④⑤⑥⑦⑧⑨ 同①309.

⑩⑪⑫⑬ 杨金铠. 高金和点校. 2016. 民国鹤庆县志. 昆明：云南大学出版社：43.

土。……适丁硕甫都转丁衡三军门先后归里养亲，慨然有重修之志，商诸乃兄际昌协戎，独分鹤俸，力任其难。鸠工庀材，克日经营。合抱之木，磬纡之石，有求必得。川岳效灵，工师尽职，神和民欢。经始于辛丑之冬，落成于甲辰春，阅四年之久而功告竣。"①并仔细描摹了当时云鹤楼的全貌，"计为高五丈五尺，为广五丈，为层三，上祀玉帝，中供三星，旁置钟鼓，下跨南北通衢。……旧制上下均木质，今则上增高而下砌以石砖，圜门洞开，取其壮而坚也。"②再述说云鹤楼南面楼、北面楼的情况，"旧名安丰，丰之为象，上震下离，易兆焚，……今易云鹤，取云中白鹤之意。南榜曰：'文通武达'，北榜曰：'物阜民安'。"③并形象说明云鹤楼的美景"登楼凭望，则见楼以下毂击肩摩，熙熙攘攘；楼以外云树烟村，苍苍莽莽。"④文末再次点出丁氏三兄弟捐资修复云鹤楼的意义，"衡三军门现任广西提督，硕甫果能重建斯楼之意，以重建夫勋烈，则岂仅裨益于一乡一邑已哉！"⑤这篇记写得气势恢宏，真诚务实，文笔流畅。

3. 作者生平事迹简介

杨金和（1843—1901），字葛庐，鹤庆西区（今洱源牛街）班登人。白族，清同治丁卯（1867年）举人。曾任玉屏书院、鹤阳书院山长，清末鹤庆科甲进士多出其门下，其德望负山斗，善吟咏，尤精于撰楹联，曾纂修光绪《鹤庆州志》。

宣伯超（1912—1989），名家骐，汉族，云鹤镇人，自20世纪40年代起，历任云南省立鹤庆县师范学校校长、省政协文史资料委员会副主任、省文史馆名誉馆员、省书法家协会常务理事等职。事迹被编入《中国当代文艺家名人录》辞典。著有《云岭牧歌》小说集等文学作品。

黄致中（1887—1949），字纳禅，云南鹤庆县云鹤镇人。清光绪附生，任金江知事。能文善联，书发笔力雄健，气势开张，隽秀清雅。能融通各体，自成风格。书法家。著述不详。

杨金铠（1863—1944），字莠庭，白族，鹤庆金墩乡上曲江村人。光绪五年（1879年）赴大理应考，录廪生入学。清光绪七年（1881年）考入昆明五华书院学习。清光绪九年（1883年）转入大理西云书院就读。清光绪十一年（1885年）到省三院会考，取拔贡，清光绪戊子科（1888年）中举人，清光绪庚寅科（1890年）中进士。民国元年（1912年）任云南迤西道参军，后调任剑川县知事。博览群书，长于文辞，亦善撰写楹联，熟悉志书编撰，曾编

---

①②③④ 鹤庆县志编纂委员会. 1991. 鹤庆县志//中华人民共和国地方志丛书. 昆明：云南人民出版社：810.

⑤ 杨金铠. 高金和点校. 2016. 民国鹤庆县志. 昆明：云南大学出版社：43.

修《鹤庆州志》，主修《鹤庆县志》撰写的楹联、碑文、诗文较多，诗文大多是遣兴、怀古之作。著作有《甲申集》《见南阁诗文存》各一卷，均系手抄稿，现已散佚。

赵鹤龄（1853—1928），字孟云、梦云。白族，云南鹤庆金墩孝廉人。清光绪二十一年（1895年）进士，曾任翰林院编修，皇太子侍读，四川奉节县观察、记名副都统等，善诗文、工书画，尤以书法见长。著述有《丽郡诗徵》。

丁彦（1843—1916），字硕甫，云南鹤庆云鹤镇人。邑诸生，父跃南官镇标左营千总。先后从杨玉科光复大理、顺宁、永昌各府厅州县城地。滇乱平，在家奉母不仕。辛亥革命后，辞职赴鄂，与弟丁槐相聚。袁世凯称帝，邀丁彦入都，未几染疾还湖北武汉。于民国五年（1916年）丙辰十二月二十三日卒。著述不详。

赵嘉根（1877—1941），字瑞庭，鹤庆松桂人。白族。清光绪生员。曾执教于私塾，善书法，精声律对偶，通医道。著述有《瑞庭家训》《应用联文》传世。

佟镇，清康熙年间鹤庆府通判署府事。"字仪一，长白人，摄府篆，捐俸纂刊郡志，建文庙前起凤，腾蛟二坊。"① 其著述不详。

七、洱源县

与关镇九气台村真武阁相关的文学作品及作者

1. 诗歌

（明）何邦渐《登九气台真武阁》。据《浪穹县志》载，"九气台有石，形如蟹壳，温泉出其下，热气薰蒸，上结尾磺，以水气所凝，性不燥烈，可以温胃、祛寒，为世所重。近则四面淤垫石不空，虚无从结磺矣。土人于其流出沟道，覆之以石，不时刮取气味，较薄功力亦逊。每年立春、立夏，邑人无论远近争来薰沐，云去风湿之疾，颇有奇验。"② 这里记载了关镇九气台村因温泉，当地人立春举办"春浴节"，立夏举办"洗浴节"的盛况景象。而明代诗人何邦渐参加了立夏举办洗浴节，用《登九气台真武阁》这首诗生动记录了"洗浴节"盛况空前和建造真武阁的原因。"平湖十里环烟翠，何物中央腾九气？应知地底足阳和，火龙喷出汤泉沸。汤泉一碧如华清，纷纷澡浴来

---

① （清）佟镇修，邹启孟，李倬云. 1983. 康熙鹤庆府志//云南大理文史资料选辑地方志之五. 大理：大理白族自治州文化局：76.

② （清）罗瀛美修. 周沆纂. 1975. 浪穹县志略. 民国元年重刊本//中国方志丛书. 台北：成文出版社：75.

游人。咏歌有时集童冠，傍花随柳娱芳春。"① 首联描绘了洱源县茈碧湖水域十里周边葱翠的树林都被云雾和沸泉蒸汽环绕，到底是何物能在沸泉中央升腾九气呢？颔联解释来自地底四侧有沸泉九股，泉上九缕蒸汽似火龙，喷出的热水可以使汤泉沸腾。这九股泉穴中的火龙常出动毁坏田园树木，于是在石上建了真武阁，内祀真武祖师来镇住火龙，火龙就吐出九股热水。颈联进一步描摹喷泉喷出的热水碧绿如华清池，吸引附近百姓来沐浴治病，游人来游览以一睹其特色。尾联写了人们歌咏带给他们信服的喷泉，每到春暖花开、柳叶绿荫人们都会来这里欢娱享受春浴之乐趣。

2. 作者生平事迹简介

何邦渐，生卒年不详。字文槐，又字北渠。白族，明时浪穹（今洱源）县城人。明万历选取拔贡，曾安徽庆阳通判、无为州、邳州知州、四川郫县知县、安徽六安州知州，归乡后倡修学宫以及县志的编纂，并首倡用汉文写作。著有《半留亭稿》《嵩寮集》文论集《法象集》《世纪录》及诗集《初知稿》。《滇南诗略》《滇诗拾遗补》均收录有祖孙五代之诗文，有"一门五代六诗人""白族诗人之家"之誉称。

八、祥云县

（一）与玉皇阁相关的文学作品及作者

1. 碑记

《重修天峰山老君殿并新建玉皇阁、观音寺记》。② 关于写作时间，据《云南道教碑刻辑录》曰，"民国二十四年（1935年）立。碑现存于祥云县普淜天峰山老君殿功德坊内。碑分两块，墨石，均嵌入功德坊内墙壁上。每块碑高0.80米，宽0.50米。直行，楷书，共30行，行10～30字不等。"③ 可以推知，该碑记写于民国时期，并且是为新建玉皇阁观音寺而写。

碑记开篇叙述天峰山的地理位置、高耸入云的气势今昔名称，"距姚安普淜驿之南十五里，一峰秀出，高插天际，昔称玉笋，今名之曰：天峰。"④ 接着述说与天峰山老君殿楼阁相关的一段传说以及遭兵燹的情况，"徃朱明万历间有土人罗五者，牧羊入山遇一白发老人，跨牛而来，谓之曰：'此仙都也。'转瞬不见，知为老君，乃遍告官绅。即山之南，建一石阁为老君殿。遂以老

---

① 洱源县志编纂委员会. 1996. 洱源县志//中华人民共和国地方志丛书. 昆明：云南人民出版社：630.
② 祥云县志编纂委员会. 1996. 祥云县志//中华人民共和国地方志丛书. 北京：中华书局：719.
③ 萧霁虹. 2013. 云南道教碑刻辑录. 北京：中国社会科学出版社：683.
④ 同③682.

君山名。蓋三百年来矣。阅清代兵燹，古殿一厦岿然独存，全容原在。"①又写兴建正殿、灵祖殿、药王殿、厢房的情状，"光绪初，绅首刘思禹、高如夔等倡首募资新修灵祖殿、药王殿、左右两厢。顾之庙产仅一人住持，侍奉香火。虽曰仙都，无能为役也。"②再叙民国元年、民国六年、民国十一年相继绅乡捐资铸钟一口、塑道祖像、南北斗像、正殿西边建修观音殿、塑观音像、正殿后建玉皇阁、塑玉尊像、地母像的经过。文末再次点明新建玉皇阁观音寺的意义，"可以挽世道之浇漓，可以化愚顽之险恶。补教育、法律之不及，愿同道者相鼎各秉精诚，互相维持心仙佛之心。无负八圣帝君慈悲济世之苦衷，则兹山之勃兴正未有艾也。"③文章叙史清晰，交代明白，娓娓道来，语言平实。

2. 作者生平事迹简介

关于此碑记的作者，碑记末尾有这样的记录"乙亥秋七月，弟子觉善思武敬序。主坛王天君校正"④。

（二）与祥城钟鼓楼相关的文学作品及作者

1. 碑记

（民国）路承熙《重建云南县钟鼓楼记》。作为祥城"印把子"的钟鼓楼，当地人对之有广为流传的民谣，"祥云有个钟鼓楼，半截插在云里头。初一去烧香，十五才下楼。"⑤极言钟鼓楼是全城最高且最重要的建筑，加之矗立在古城中央，历代文人雅士，登楼竞相题咏。后荒废，光绪己酉庄蓬仙太守任斯邑醵金聚绅众修葺。这在《重建云南县钟鼓楼记》里有记载，"云南县钟鼓楼始建不知何年，自杜乱平后，下有通衢，上无层楼，任其荒废者多历年所。光绪己酉庄蓬仙太守任斯邑，乃醵金聚绅众而修之，迄庚戌年始蒇厥事。"⑥

该记开篇说明了"钟鼓楼"之设由来已久。其位置及"钟""鼓"之意，碑记是这样解释的，"《黄帝明堂图》图中有一殿，四面无壁，通水圜、宫垣、为复道，上有楼，从西南入。盖楼之始，都邑城郭皆建于中央，下通街衢，即《尔雅》所载，谓之衢也。其设钟鼓者，钟之为言动也，鼓为春分之音，万物皆鼓甲而出，所以朝暮惊动众人者也。"⑦又叙重新修复的钟鼓楼面貌一新，呈现政通人和的盛世景观，"楼楹三层，极雕镂之盛，文人墨客联袂登眺。"⑧接着再述说作者（路承熙）宣统辛亥四月履任云南县（今祥云县）知事，闲暇与邑士接谈，得知钟鼓楼欹侧向东，岌岌可危。是作者屡动建之念，但由于卸任离开，未能修葺钟鼓楼，"公暇亦登楼瞩目。邑士庶每与接谈，咸

---

①②③④ 萧霁虹. 2013. 云南道教碑刻辑录. 北京：中国社会科学出版社：683.
⑤ 程莹莹，梁启萍. 2016. 文化大理祥云. 昆明：云南人民出版社：47.
⑥⑦ 祥云县志编纂委员会. 1996. 祥云县志//中华人民共和国地方志丛书. 北京：中华书局：834.
⑧ 同⑥835.

怪斯楼未久而欹侧向东,如人之醉而欲卧者然,风雨之夕辄间动摇,其下居民,岌岌乎有立于岩墙之下之虑。屡以改建为念,未及而卸任去。"①后由鹤庆杨葆元县长商同九街绅耆倡建钟鼓楼,"民国甲寅鹤庆杨葆元县长商同九街绅耆倡此义举,拆卸而重葺焉。"②接着对另外对钟鼓楼的捐资助修历史做了记录。再议修建的意义以及写作此碑记的初衷,"山川毓灵,人文之起,当未有艾。而余之得列名于碑石,且赓续为发启人者,亦乐其乐也。"③文末列出捐资助修的各种费用。记竖碑立于民国五年(1916年),为大理石质。碑现保存在祥云县文管所内。

2. 作者生平事迹简介

路承熙,生卒不详。民国云南县知事。著述亦不详。

九、剑川县

(一) 与兴教寺大殿楼相关的文学作品及作者

1. 佛经故事

兴教寺作为我国国内现存的明代白族"阿叱力"佛教寺院,保存多幅佛经故事壁画,关于这些佛经故事壁画,《云南历代壁画艺术》曾做过这样的考证,"1950年有人在该寺屋顶脊瓦上,见到'永乐十三年乙未岁四月初四日□□'的刻字,证实了建寺年代,这些刻字瓦至今还保存在剑川县石宝山文管所。首建此寺者是地方世袭'土官'杨护,当时的地方土官大多信奉密宗。兴教寺壁画题榜中有杨护,应为当地之豪酋,因该壁画绘于正殿明间门楣之上,杨护其人可能是元明之际历任剑川土官杨直之子。另外,榜题中还有'信官舍人杨禄','舍人'系明代军卫应袭子弟的称谓,杨禄是杨惠的第三子,杨惠墓碑中提到他曾随杨直归附明军,由此可知兴教寺及其壁画主要是杨姓土官为生者祈福'超生净土'而制作的。"④同时,"当地有人考证,曾在兴教寺正殿东壁的《释迦涅槃图》右题榜中,见到'剑川沙腿('腿'应为'退',作者注)乡甸头禾村画工张宝'字样。另外,正殿后庑所画《地藏菩萨像》还有'大明永乐十五年(1417年),岁次丁酉夏六月,信士杨庆敬绘,画工张宝'题记。可知兴教寺壁画诗出于本地白族工匠之手。"⑤

这些佛经故事壁画,现存兴教寺大殿内,是明永乐十五年(1417年),沙溪甸白族画匠张宝绘制。邱宣充、张瑛华等编著《云南文物古迹大全》也云,"保留壁画50余幅,多系当地白族画师张宝绘制,其中《太子游园苑图》《降

---

①②③ 祥云县志编纂委员会. 1996. 祥云县志//中华人民共和国地方志丛书. 北京:中华书局:835.

④⑤ 王海涛. 2002. 云南历代壁画艺术. 昆明:云南人民出版社:74.

魔释迦图》《西方阿弥陀佛图》等精品，具有较高的艺术价值，"① 这些壁画内容均为佛经故事。题材广泛，造型生动，形象逼真，线条流畅，色彩艳丽，溶佛经故事与世俗生活为一体，神话氛围、民族气息浓郁。

其中《太子游园苑图》，系寺殿南面明间外壁的中铺，下部已残损。上部还基本清楚，局部亦破损。壁画尚可看到的人物有23人。全画由6个场面构成：一是两侍卫持长柄宫扇紧随太子，前有一文官引导，后有一武士跟随，地面有6朵金莲；二是一侍卫手撑华盖紧随太子，前有二侍持旄前导；三是一侍卫撑华盖，太子作回顾，前二文官拱手执笏作回顾；四是太子站前张弓披箭，瞄准前方山岩间的9层金鼓，后站立4个双手拿弓持箭侍卫；五是屏风前桌旁，太子右坐，左边为假山间的贝叶树，桌上一展开的书本，左立一左手执书正讲授的文官，桌前立二侍卫；六是太子站立，右手高举一头白象，后立一高杆，前后4个拱手侍立文官，后面3文官背后有一高几，上置香炉书帙。整幅壁画，每个场面都有榜题文字。画中的山水、树木、岩石、海浪、人物中的太子、文武官吏、侍卫、宫殿、城门、台榭、器物无一不精美，重彩描金，绮丽辉煌。右上角榜题为"信官舍人杨禄安人何杨氏造。"② 生动描绘出古南诏、大理国宫廷生活。弥补了史书中缺载的中国西南地区盛极一时的古南诏、大理国宫廷生活实况，是研究古南诏国、古大理国的重要历史物证之一。此虽是残画，应为全部所存壁画之最精彩者，极具宋画遗风。

《降魔释迦图》，为寺正殿明间正门楣上的大壁画。壁画基本完好，"画面正中为释迦如来结跏趺坐于莲台之上，须弥座之下有两力士，状极勇猛；两侧分立四大天王，又有前四魔、后四魔列于天王之前，还有武士、贵妇、侍役、奴婢等。此画气氛严肃，佛的安详、天王的威武、力士的刚劲、魔鬼的凶恶……皆各尽其妙。右榜题为'南无降魔释迦如来会'；左榜题为'信士杨护妻杨氏文殊金，男杨永、杨平'。"③ 壁画中释迦牟尼为女性，这在整个佛学界，只有在沙溪才能寻其踪影。为研究云南古代佛教艺术提供了宝贵的资料，是吴国西南边疆古代白族的绘画艺术瑰宝，具有较高历史文物价值。

2. 诗歌

(明)《海棠诗》。系明嘉靖九年（1530年）仲春，杨慎和李元阳官场失意，游览石宝山，同游并夜宿兴教寺时所作的诗。据说杨李二人入住兴教寺时，恰逢寺内两株海棠盛放，杨李二人看到寺内盛放的海棠，艳而不娆，丽而不媚，不开在帝都京师，博取青睐，却开在荒野古寺与世无争；此情此景，与二人境遇相同，触景生情，借花喻人，即兴赋诗，杨慎题诗寺壁，"两树繁

---

① 邱宣充，张瑛华，等. 1992. 云南文物古迹大全. 昆明：云南人民出版社：552.
②③ 王海涛. 2002. 云南历代壁画艺术. 昆明：云南人民出版社：74.

花占上春，多情谁是惜芳人；京华一朵千金价，肯信空山委路尘。"① 而当时，夜宿寺院的还有几个教书先生，谈古说今、吟诗作赋、对二人置之不理。于是，李元阳看到杨慎的题诗，也赋诗两首，即《和杨太史咏兴教寺海棠二首》，一是给几位教书先生的，诗云"意浓姿淡浣新红，山馆相逢二月中。区别要君重著意，山榴踯躅漫成丛。"② 另一首诗则致敬杨慎"国色名花委路傍，今年花似去年芳。莫言空谷知音绝，也有题诗玉署郎。"③ 此两首诗作将杨慎、李元阳二人夜宿偶遇几位教书先生，道不同不相为谋的心绪以及杨李相互唱酬、互为知音的感叹淋漓尽致地展现出来。

3. 作者生平事迹简介

张宝（约 1386—1456），剑川沙退（今沙溪）甸头禾村人，白族。精于塑画工艺，沙溪兴教寺正殿壁画，即是张宝、杨庆于清永乐十五年（1417年）所绘。

杨庆，生卒年不详。明代沙溪信士。著述亦不详。

杨慎，其生平事迹详见第三章第二节文述。

李元阳，生平事迹详见本节文述。

（二）与景风阁相关的文学作品及作者

1. 楹联

（民国）赵藩《景风阁》楹联（1）。景风阁原为转经阁，清朝中期改建为魁星阁，俗称八角亭。民国元年（1912年）白族学者、诗人赵藩倡首撤魁星像，改奉明代以来先贤牌位，改魁星阁为景风阁，寓景仰先贤遗风之意。阁上曾悬挂赵藩遂题写的楹联，即"景行唯贤，当立最高处；风励薄俗，所争没世名。"④ 该联雅言与口语并用，将品德修养的标准阳和目的用简短的语言彰显出来。

（民国）赵藩《景风阁》楹联（2）。"十步之内有芳草；百世而下闻清风。"⑤ 这是民国时期白族学者、诗人赵藩题写的又一首楹联。此联意在指出应当唯善是从，虚心学习，具备高尚品质的人，百代之后依然流风余韵，被人敬仰。

2. 作者生平事迹简介

赵藩，其生平事迹详见第三章第二节文述。

---

① 云南省剑川县志编纂委员会. 1999. 剑川县志//中华人民共和国地方志丛书. 昆明：云南民族出版社：786.

②③ （明）李元阳. 2007 李元阳集诗词卷. 昆明：云南大学出版社：442-443.

④ 王兴麒. 1999. 云南风景名胜楹联选. 昆明：云南美术出版社：179.

⑤ 杨克泉. 2013. 中华名阁经典对联荟萃. 北京：金盾出版社：118.

(三) 与段家登村古戏台相关的文学作品及作者

1. 匾额

"瑶台妙观"匾。戏台二层檐下正中处"台榭上横挂一块木质横匾，上刻'瑶台妙观'四个大字。"①"台梁题记'清光绪癸卯年（1843年）大吕月下浣穀旦重修'"。②但作者、写作背景均不详。"瑶台妙观"意指在装饰华丽、仙人居处的楼台精细观赏。说明戏台表演的内容都是虚拟的供人娱乐、消遣的。

2. 楹联

木刻对联。"山清水秀，何处得琼楼画阁；柳荫树茂，赏无穷燕语莺歌。"③该联描绘了戏台四围环境宜人的外部景象：山清水秀，柳荫树茂。以及戏台内部琼楼画阁，燕语莺歌的情景。但该木刻对联现已无存，作者不详，待查实后再作补充。另外，由于该联现已无存，其写作背景，依据《云南古戏台》里的记录，"设计师和施工负责人为杨国林，杨国林出生乾隆癸巳年（1773年），卒于咸丰癸丑年（1853年），长期在昆明从事建筑业。"④从中可以推知该联写作时间是在戏台建成后，疑是当地文人所写。待查实后再作补充。

(四) 与仕登村古戏台相关的文学作品及作者

"文光射斗"⑤匾。仕登村古戏台是一座魁星阁带戏台的建筑，由于建筑形制的独特，前为戏台后为魁阁，演戏时魁阁为演员临时休息室，平常是参拜魁星的百姓上香火的地方。为三层楼阁。"文光射斗"匾为第三层横匾。其第三层供奉的是脚踩鳌头、手拿金笔和墨斗的魁星，鳌是当地白族传说中龙王的九太子，沙溪白族认为过境的黑惠江是鳌江，魁星脚踩鳌头意味着只有文人才能压鳌低头，尊重文人才能制住鳌不能兴风作浪，保一方平安。但该匾额的写作时间、背景及作者均不详，待今后查实后再作补充。

十、云龙县

(一) 与飞龙桥望江楼相关的文学作品及作者

1. 诗碑

关于飞龙桥诗碑，据《新纂云南通志五》载，"金陵张筠古歌一首，杨文奎七律二首，字廷章七古一首，杨开甲五律一首，杨泗清七绝二首，光绪乙丑九月九日。"⑥而今现存望江楼内底墙镶嵌一诗碑，其内容为"云疆气象焕然新，知是天工代以人。从此蛟龙潜绝壑，遥看玉蝶跨前津。货材不壅堪充

---

①②③④ 王胜华. 2009. 云南古戏台. 昆明：云南大学出版社：73.

⑤ 同①72.

⑥ 刘景毛，文明元，王珏，等. 2007. 新纂云南通志五. 昆明：云南人民出版社：450.

赋，负载随时实便民。安得如斯千万丈，山泽增辉物勒名。"① 但诗碑里未见作者名。参阅明万历年间任职云南巡抚都察院右都御史的李焘《题飞龙桥》里的原文，可知诗碑内容与其诗内容相同，应是摘自李焘《题飞龙桥》里的诗句。作者应是明万历年间的李焘。关于李焘《题飞龙桥》诗，"铁索横江画未工，水连山断起长虹。飞霞眼底非人境，车马云中有路通。缥缈一痕天远近，迢遥两岸接西东。兰津形胜知多少，羡尔凭临占上风。"诗歌首联描绘飞龙桥建成出现的新气象：铁索吊桥横跨澜沧江，山连着水，水连着山。颔联继续展现飞龙桥似蛟龙潜绝壑，远观似玉蝶横跨渡口。颈联叙述建成的大桥使货材运输通畅，方便百姓通行。尾联表达诗人登上望江楼，面对飞龙桥的壮观景象的赞美之情：往北可看沧江奔流，朝南可瞰苏溪夜月，西望可观崇山集雪，东眺可览蒲甸朝霞。诗歌首联描绘飞龙桥建成出现的新气象，颔联继续展现飞龙桥似蛟龙潜绝壑，远观似玉蝶横跨渡口。颈联叙述建成的大桥使得货材运输通畅，方便百姓通行。尾联表达诗人登上望江楼，面对飞龙桥的壮观景象的赞美之情：往北可看沧江奔流，朝南可瞰苏溪夜月，西望可观崇山集雪，东眺可览蒲甸朝霞。

2. 楹联

（清）尹陈谟长联。系清光绪年间，重修飞龙桥时，石门井举人尹陈谟1889年仿昆明大观楼长联所撰。悬挂于望江楼两侧。虽不能与大观楼长联相提并论，但写得颇有气势。该联原文为"天堑固称最矣！叹径流滚滚，鹿石奔来，擅四渎之封，表雄南诏截三崇之险，扼吭西陲；直比金沙淘浪，荡射日光，怒水急湍，轰鸣雷鼓；倘异时，江河声析，出奇制胜，试下汉家楼船，定不教，螺弓矫举，走猎苍华，蛮锦侈张，网鱼滇洱；地轴其效灵乎？看高阁巍巍，鼍梁载起，沂九隆而上，压倒霁虹，耸五云而遥，回翔彩凤；更绕蒲甸朝霞，挂穿画栋，苏溪夜月，涌到朱栏；尽千客，诗酒兴豪，览物舒怀，频洒临川笔墨，却何让，跨鹤仙人，横吹短笛，停骖帝子，独步长州。"②

该长联上联中，"鹿石奔来，擅四渎之封"句，源出明代谢肇淛《滇略》"兰沧江，一名鹿沧，其源出吐蕃嵯和哥甸，一云出莎川石下，其石似鹿，故名。自丽江度云龙州至永昌，广仅三十余丈，其深莫测，其流如奔。东流经顺宁达于车里，入于南海，即《后汉书》所云'博南''兰津'也，今日澜沧，俗谓之浪沧，蒙氏封为四渎之一。"③ "蒙氏封为四渎之一"指唐代南诏时期，异牟寻自称"日东王"，把黑潓江、澜沧江、潞江封为"四渎"，因而有

---

① 黄正良. 2012. 云龙桥梁文化. 昆明：云南科技出版社：102-103.
② 中共云龙县委，云龙县人民政府. 2006. 云龙风物志. 德宏：德宏民族出版社：97-98.
③ 方国瑜. 2000. 云南史料丛刊第六卷. 昆明：云南大学出版社：673.

"擅四渎之封"句。上联述说了旧州（今云龙）自南诏至清的山川景观。

下联尽情描绘望江楼的高耸，认为从保山的九隆山算起，飞龙桥时压倒霁虹桥的沧江第一桥。"五云"是云龙的别称。"回翔彩凤"指旧州北边的彩凤山。而"蒲甸朝霞""苏溪夜月"皆是旧州胜景。"跨鹤仙人"指的是吕洞宾，传说飞龙桥建成时，他曾降赋一篇。"停骓帝子"，指的是大禹，李元阳《黑水辨》认为"《书·禹贡》：'黑水西河惟雍州。……华阳黑水惟梁州，'又曰'（禹）导黑水，至于三危，入于南海。'……唯澜沧由西北迤逦向东南，徘徊云南郡县之界，至交趾如海。今水内皆为汉人，水外即为夷缅。……以今考之，皆在澜沧江内，则澜沧江之为黑水，无疑矣。"① 李元阳认为澜沧江即大禹所治黑水，长联作者尹陈谟从此说。

总而言之，上联、下联各87字，共174字。比昆明的大观楼长联各少3字。此长联文笔酣畅，对仗工整，格调清新，总揽该地名胜，用典遣词很有独到之处。保存完好。有模仿昆明大观楼长联的痕迹。但整幅长联写得情景交融，说古道今，为云南古代不多见的佳作名篇。

（清）胡程章楹联。"浪骇涛惊，千里马蹄冲雪过；云兴雨作，半空龙影破江飞。"② 为飞龙桥正门联，是清代人胡程章所撰写。上联写出飞龙桥下骇浪惊涛，似踏雪而过的千军万马，极言桥下的澜沧江的气势。下联描摹桥面云兴雨作，似一条飞龙破江横卧，极言其桥的壮美。该联对仗工整，文情恣意。

（清）尹陈谟楹联。"三崇日照来征马，万里云霄飞卧龙。"③ 这是清光绪年间，重修飞龙桥时石门井举人尹陈谟所写。原刻挂在东桥门两侧。上联以景寓情，尽展飞龙桥使得天堑变通途，商贸畅通，人民便利，繁荣经济的意义。下联寓情于景，尽情赞美飞龙桥似卧庐横跨澜沧江两岸的雄姿。对联言简意赅，歌咏之情溢于言表。

3. 匾额

"澜津胜览"横匾。飞龙桥望江楼"西大门槛额悬有由知州张礼堂题，举人尹陈谟书的'澜津胜览'横匾，"④ 该西大门"厅内两边的墙内镶有十三块建桥和复修时的碑文。"⑤ 现今横匾中的"澜津胜览"四字，依然清晰可辨。

"兰津渡"横匾。飞龙桥望江楼"楼檐高悬'兰津渡'横匾，蓝底金字，笔力雄劲。"⑥ 但作者不详。

4. 诗歌

（明）李焘《题飞龙桥》。"铁索横江画未工，水连山断起长虹。烟霞眼底

---

① （明）李元阳. 2007. 李元阳·散文卷. 昆明：云南大学出版社：186.
② 中共云龙县委，云龙县人民政府. 2006. 云龙风物志. 德宏：德宏民族出版社：95.
③ 王兴麒. 1999. 云南风景名胜楹联选. 昆明：云南美术出版社：188.
④⑤⑥ 同②97.

非人境，车马云中有路通。缥缈一痕天远近，迢遥两岸接西东。兰津形胜知多少，羡尔凭临占上风。自是天边现帝弓，石门最上辟琪莹。横撑一水悬严锁，直接双峰夹岸通。宛似画江成坦荡，俨同执杖桂长空。振衣欲跨青骢去，踏破云山几万重。云疆气象焕然新，知是天工代以人。从此蛟龙潜绝壑，遥看玉蝀跨前津。货财不壅堪充赋，负载随时实便民。安得如斯千万丈，免教西迤叹沉沦。千年杰构半空撑，甃石鸠工不日成。鼍浪任翻堪稳步，鲸涛永息利幽贞。西南有幸人遵路，山泽增辉物勒名。一道遥通同轨处，无难万里达神京。"①

这是一首七言长诗，作者为明万历年间任职云南巡抚都察院右都御史，巡察途中路经飞龙桥时所撰写。该诗描写明代兴建的飞龙桥全貌。用铁索、横江、水连山、起长虹、烟霞、云中、缥缈、迢遥等词对飞龙桥横卧东西两岸的气势美丽景致作了详细描绘。接着回忆飞龙桥的历史，再用比喻手法形象生动地描摹飞龙桥给当地人带来的便利。诗歌虽长，但不拖泥带水，述史、记事、绘景有条不紊，生动、形象地再现了明代飞龙桥的全貌，对研究飞龙桥的历史具有很好的参考价值。

5. 作者生平事迹简介

杨文奎，生卒年不详。字小亭，号映台，白族。大理云龙人。清同治四年（1865年）岁贡，后以军功煲剧花翎运同衔。曾主讲彩云书院。家贫好学，为杨名飏所器重，馆于家教诸孙。杜文秀起义，邀其任参谋不就，逃之省。生平究心程朱之学，涵养纯粹，淡于仕进，气象和平，为人敬重。著述不详。

字廷章（1813—1906），字廷章，号国华，白族。大理云龙县宝丰井人。岁贡，历任云龙县宝丰龙门书院山长（校长）。为人正直，教学有方，为地方培养了大批人才，光绪年间，云龙宝丰唯一举人杨应侯就是其门下弟子。学识渊博，曾著有碑记杂文二卷，诗词、楹联一卷的手抄本，现今存于云南省图书馆。

杨开胃，生卒年及生平著述均不详。

杨泗清，生卒年及生平著述均不详。

李焘（1544—1625），字若临，号斗野，广东惠州河源人。明隆庆二年（1568年）进士，历任福建泉州府推官、浙江金华府同知、湖广衡州府知府、广西布政司参议、云南右布政使、左布政使、云南巡抚都察院右都御史等职。为官清廉，声名远扬。但著述不详。

尹陈谟，生卒年不详。字月卿，云龙石门人，清光绪二年（1876年）丙

---

① 云南省云龙县志编纂委员会. 1992. 云龙县志//中华人民共和国地方志丛书. 北京：农业出版社：585-586.

子科举人。精诗联,善词赋,工书法。著述不详。

胡程章,生卒年不详。字霖峰,云南保山县人,清代举人。曾任云龙知州、禄丰县教授,清光绪十二年(1886年)纂修《云龙州志》。

张礼堂,湖北沔阳人。其生卒年及著述均不详。

(二)与砥柱桥牌坊相关的文学作品及作者

1. 诗歌

(清)张相侯《咏砥柱桥》。"沘江波浪涌如潮,砥柱中流万里桥。石骨一拳排象鼻,铁绳千丈系虹腰。云江锁住山川气,金井撑开日月杓。来往人从空际过,河声浩浩马萧萧。"① 此诗是清朝大理邓川进士张相侯路经砥柱桥,有感而发写就的一首诗歌。诗歌首联叙写了砥柱桥下的沘江水流湍急、波浪涌如潮的气势。颔联描述了砥柱桥的特点,桥下江心有巨石,桥头与象鼻山相依,桥为铁索吊桥,横跨沘江似长虹卧波。颈联描摹了金泉井早晚的美景:清晨山川云雾缭绕,如仙境,早晚的太阳、月亮就像勺子般当空照。尾联一写实的笔调叙述桥上每日熙来攘往的行人、马帮以及回荡上空的沘江涛声和马匹的嘶鸣声。总之,诗歌用简练的笔墨展现了砥柱桥锁住山川气,往来行人不断,其涛声、马帮的马的嘶鸣声回荡在砥柱桥上,不绝于耳的繁忙景象。

2. 楹联

(民国)丁润身楹联。"谁人敢作砥柱桥,横卧两山,担当千夫万马;我心愿效沘江水,环流七里,联络一城五乡。"② 系民国二年(1913年)云龙知事丁润身为重修的砥柱桥撰写的楹联,楹联上联说明砥柱桥跨径之大,所起的社会功能的重要性。下联以沘江为喻,表达作者作为地方官造福一方、为官一世的壮志和雄心。联句尽显砥柱桥横卧两山担当千夫万马的重任,以及作者愿效沘江水环流七里联络一城五乡的豪情。

3. 碑记

(民国)丁润身《重修砥柱桥记》。这是民国二年(1913年)云龙知事为重修的砥柱桥而撰写的碑记。碑记开篇说明沘江源于兰坪境内,高水湍悍,行人难徒涉。"沘江导源于兰坪县境,所从来者,高水湍悍,行人难以徒涉。"③ 叙述了建桥时间为明万历末和桥名来历,"明万历末州牧周宪章新迁州治于此,乃于治之南为桥以渡,其桥名曰砥柱。西枕德隆,东连象山,上横铁缆,下锯巨石,占天然之形势,披山通道者,不可胜言,然以此为最著。

---

① 云南省云龙县志编纂委员会. 1992. 云龙县志//中华人民共和国地方志丛书. 北京:农业出版社:585.

② 同①588.

③ 同①581.

周牧之功，诚不可没也。夫砥柱山名，在河之中夏。书曰：禹抑洪水，山行即桥。周牧之以砥柱名是桥，毋乃谓巨石犹山，历久不败也。"①并记录清康熙、清咸丰、清宣统和民国历任州官及百姓多次对砥柱桥的修缮和维护。接着再详细记述此次重修砥柱桥的经过。最后说明作者写作此文的原因，"艾绅等唯唯去。余乃援笔而为之记。"②文章行文流畅、字里行间表达出重修砥柱桥的意义，写得较诚恳，让人过目不忘。

4. 作者生平事迹简介

张相侯（1757—?），字廷举，号朝池，广东人。清道光二年（1822年）壬午恩科进士。曾任广东新安等县知县、邓川知县。有诗歌多首传世。

丁润身（1889—?），云南曲靖人，同盟会会员，曾任国民军第二师秘书。1913年被委任以云龙县首任县知事。著有《观过录》《治云要策详》《治沪要策详》等传世。

（三）与青云桥亭楼相关的文学作品及作者

青云桥的建成，均由出生于云龙石门井举人杨名飏倡导捐资兴建。清道光三年（1823年）杨名飏母丧回乡，见沘江水涨，为谋生，人们不避危险，仍乘筏过江，乃恻然念先人成梁之意，遂捐资倡建。桥建成后杨名飏亲自题刻、写诗并撰写碑记记录下青云桥倡建的经过和自己的感想，于是便有了下文的崖刻、诗歌、碑记等作品。

1. 崖刻

（清）杨名飏题刻"碧嶂迴澜"。系捐资修桥者陕西巡抚杨名飏于清道光四年（1824年）回到家乡云龙石门井捐资建成青云桥后题写并刻在摩崖上方。因而在青云桥"西桥亭上方刻有'碧嶂迴澜'四字摩崖。'碧嶂迴澜'被杨名飏题为'石门八景'之一。"③

（清）杨名飏拓刻"衮雪"。青云桥"石壁上刻有隶书'衮雪'二字，是曹操题刻于陕西汉中褒谷石崖上的题记，为杨名飏拓印后翻刻，"④这是杨名飏于清道光年间拓回，并拓刻于青云桥"石壁上。'衮雪'中的"衮"字少三点水，以河水冲击到照壁石上溅起的飞雪来代替，颇耐人寻味。

2. 诗歌

（清）杨名飏《碧嶂迴澜》。"飞雪重重落，天花乱坠看。中流撑砥柱，倒影漾危栏。一折波千丈，双清月满盘。慈航今普渡，奕叶庆安澜。"⑤诗中首

---

①② 云南省云龙县志编纂委员会. 1992. 云龙县志//中华人民共和国地方志丛书. 北京：农业出版社：581.
③④ 中共云龙县委，云龙县人民政府. 2006. 云龙风物志. 德宏：德宏民族出版社：62.
⑤ 同①585.

联描绘青云桥的飞雪似天花，写出雪中青云桥的雪景。颔联尽展青云桥的雄姿：撑砥柱、漾危栏。颈联继续用"波、月"这两种形象写青云桥的美景，千丈、满盘。尾联中的"慈航、奕叶"抒发了诗人修桥为造福民众的感慨。

3. 碑记

（清）杨名飏《新建青云桥碑记》。碑记开篇记述了云龙人才炳蔚，物产繁昌，风水归美，是通都大邑。但却是"山陬僻壤，无富贵时矣。……论地理惟之于天理，入其乡而礼让成风，勤俭成俗，"①极言云龙民风淳朴、礼让成风，勤俭成俗。接着又叙"石门关峻岭嵯峨，急湍澎湃，堪与家以为沘江东北水口之一大都会也。"②尽数沘江崇山峻岭、水流急湍的状貌。再说兴建青云桥的缘由，"癸未岁，余以母丧自秦回籍，适当秋水时至，见夫乘槎竞渡者，屡濒于危，而莫之避。询之，则曰：'采薪以供课，性命不遑恤也。'乃恻然念先人成梁之意，大且远矣。非仅培植风水之说也。"③由此作者萌生捐资兴建的想法以及建成的意义重大，"余愧乏舟楫材，无济于人，窃会先人之意，而谋谋诸井里父老，佥曰：'有系于人命，有关于国课，即有裨于风脉，是一举而三善备者，宜共成之。'于是鸠工庀材，四阅月而告竣。"④极言修建该桥的意义不同凡响、兴建过程及其取"青云"为桥名的由来"盖取康乐题石门，'共登青云梯'之义"。⑤该碑记内容现今题刻于桥东亭南门墙上。碑记记事简洁、说理透辟、充满情感，令人读后难以忘怀。

4. 作者生平事迹简介

杨名飏（1773—1852），号崇峰，白族，清代云南云龙县石门井人，嘉庆十三年（1808年）戊辰科举人，曾任陕西巡抚、陕西按察使、陕西布政使等职，为官清廉，政绩卓著，在任期间，整治吏治，修撰史志，建书院，捐资奖励应试学生，心系家乡，云龙兴办养蚕业和教育事业，修桥筑路，为陕西、云龙经济文化发展作出贡献。《云南通志》《新纂云南通志》皆记述其传略。著有《关中集》《经书字音辨要》《学礼简编》等。

另外，与彩凤桥童子阁、惠民桥牌楼、通京桥牌楼、安澜桥亭阁相关的文学作品及作者均不详，待查实后再作补充。

十一、漾濞县

与云龙桥亭阁相关的文学作品及作者

1. 匾额

（民国）李根源书"铁锁云龙"匾。这是"李根源曾亲笔书'铁锁云龙'

---

①②③④⑤ 云南省云龙县志编纂委员会. 1992. 云龙县志//中华人民共和国地方志丛书. 北京：农业出版社：577-578.

匾额。"① 该匾系民国二年（1913年），云贵监察御史李根源西巡路经漾濞，据古人"铁锁云龙几折腰"诗句，亲笔撰写并书，悬挂于东岸云龙桥亭阁的门枋之上。关于"铁锁云龙"的来历，有传说：该桥以下的漾濞江上曾数番架桥，皆毁于水、火。欲择址另建，久寻而未得。忽一日，苍山彩云飘飘悠悠落于漾江，绵亘两岸。乡人奇之，以为天示桥址，遂于此建铁索桥，并名云龙，此后果然牢固。因桥畔山光水秀宜人，渐成游览景点，成为漾濞八景之一。

2. 诗歌

（民国）赵泮香《云龙桥》。"溪间斜卧一虹桥，铁索云龙几折腰。曲径凭临山耸耸，长江俯视水滔滔。"② 此诗是民国时期文人赵泮香路经云龙桥借景生情而写。诗歌第一句叙写漾江两岸横卧一似飞虹的桥梁——云龙桥。第二句回顾云龙桥这座铁索桥的历史。第三句描绘登临云龙桥亭阁映入眼帘的是高耸入云的山巅。第四局细描诗人身处漾江边就像站在长江边一样，俯视漾江，只见水浪滔天。诗歌极言云龙桥的壮观气魄和对祖国边疆如此美丽景致的由衷赞美。

3. 作者生平事迹简介

李根源（1879—1965），字印泉、养谿、雪生，别署高黎贡山人。祖籍山东益都人。原居云南腾冲，后迁居梁河九保。近代名士、中国国民党元老、上将，爱国人士。清光绪二十四年（1898年）考中秀才，光绪二十六年（1900年）英军入侵小江，提督冯子材巡边至腾越，向冯参奏腾越总兵刘万胜失地之罪。光绪二十九年（1903年）考入昆明高等学堂，光绪三十年（1904年）考送日本振武学堂，在东京同杨振鸿、罗佩金访问孙中山于横滨，并加入中国同盟会，光绪三十三年（1907年）入陆军世官学校，至光绪三十四年（1908年）毕业。宣统元年（1909年）封掉回滇，人云南陆军讲武堂监督步兵科教官，后人讲武堂总办，民国元年（1912年）补授君君中将，选为众议院议员。民国六年（1917年）任陕西省省长，民国七年（1918年）赴粤参加护法斗争，授陆军上将衔，后任航空督办。民国三十一年（1942年）日寇入侵腾龙，李根源亲赴前线囊助军事，并发表《告滇西父老书》。新中国成立后任全国政协委员。著有《永昌府文征》《雪生年录》《经邃题跋》《曲石文录》《曲石文录续编》《吴郡西山访古记》《镇扬游记》《迭翁行踪录》《叠园石刻集》《凤翅园石刻集》《苏州小王山石刻群》《景邃堂题跋》等行世。

---

① 漾濞彝族自治县地方志编纂委员会. 2000. 漾濞彝族自治县志//中华人民共和国地方志丛书. 昆明：云南人民出版社：642.

② 《古道漾濞》编委会. 2008. 古道漾濞. 昆明：云南民族出版社：14.

赵泮香,生卒年及生平事迹著述均不详。

十二、南涧县

与石洞寺观音殿相关的文学作品及作者

1. 石刻

(清)石洞寺岩石石刻。这是清代当地绅仕认为新建的悬空寺——石洞寺地处南涧虎街,为古时茶马古道,且山势雄伟,有龙盘虎踞之势、人杰地灵之像,但因山脚下有一石洞,泄了灵气,需要在那里建座寺庙,方能保住灵气,让虎街人更有福气。为此,当地绅仕们募捐筹资,历经五年建成寺庙,又因寺庙地处古道,"石洞在悬崖峭壁间,有石佛端坐其中,涧水潺湲,林木交错,四时阴翳蔽日,凄若秋声,崖上悬石乳,望之如玉,土人名:'碧玉香'。"① 成为当时定边八景之一的"石洞凝秋",成为当时的游览胜地,因而当地绅仕题写并刻于岩石上。石刻内容,"石刻呈长方形,以单线框边,高3.5米,宽1.65米,居中直刻'清正廉明'4个大字,上方横刻'□□□□俱用大老爷厅政石'12个字,右侧字残较多,现仅存直刻'浙江府金'4个字,左侧直刻落款'康熙三十九岁次……月吉旦、合邑绅仕同立'"。② 石刻正中阴刻隶书,上方横书小字,左右边直书小字。字体浑厚,刚柔带巧,参差有致,古拙朴实。从左侧直刻落款可推知石刻刻于清康熙三十九年(1700年),作者为当地绅仕。

(民国)"虎镇琐钥"石刻。该石刻系民国虎街名士李士达游览石洞寺时所题刻。位于"在子孙殿与老君殿之间,有民国时的虎街名人李士达直版石刻'虎镇琐钥'等书法。"③ 书写刚劲有力,颇见灵动之气。

2. 诗歌

《石洞凝秋》。"洞中已入夏,惟见气萧森。林密尘不染,山幽水自明。危桥锁曲径,怪石挂高岑。谁念宦游侣,翻来出世心。"④ 诗歌描写的时间从第一句诗"洞中已入夏"便知是夏季,诗中"谁念宦游侣"句,可推知作者是一位为求做官而外出奔走的文士。诗歌呈现出夏季的石洞寺镶嵌于悬崖峭壁间,石佛端坐其中,涧水潺潺,涧水上有一石拱桥,林木交错,四时阴翳蔽日,崖上悬石乳,只有宦游的同伴,见此景象别有一番情味。全诗文情并茂,

---

① (清)杨书纂.邓承礼标点校注.1985.康熙定边县志.大理白族自治州文化局翻印:20-21.
② 南涧县志编纂委员会.1993.南涧县志.成都:四川辞书出版社:501.
③ 同②500.
④ 聂琼芬,吴航,罗美玲.2016.文化大理·南涧.昆明:云南人民出版社:163.

为求功名而奔走的心绪历历可见。

3. 楹联

"悬宗铁壁千层境，金山银江万古流；石洞秋声若天雨，古寺悬岩暗亦明。"① 此对联为清康熙年间的遗存。描写了石洞寺是真正意义的悬空寺，好似金山银江万古永存，秋声如天雨，映照出古寺悬空于陡峭岩壁的神奇。

4. 作者生平事迹简介

李士达（1896—1943），号遵三，云南南涧宝华乡人。1913年从军，先后在滇军第十军张汝义部任连、营、团、旅长等职。后率部投四川督军刘湘，任少将旅长，曾率部参加台儿庄等战役，荣获国民党中央颁发的金质奖章一枚及说明战国的《国民证书》一本。1939年受蒋介石排挤，以请假为名回到家乡南涧，1943年病逝。其著述不详。

---

① 聂琼芬，吴航，罗美玲. 2016. 文化大理·南涧. 昆明：云南人民出版社：163.

第五章 保山市楼阁建筑与文学

保山市，位于云南省西南部，为滇西政治、经济、文化中心。先秦时期就有我国历史上第一条国际商道——蜀身毒道经保山通往南亚、东南亚，保山因此一直以来就是中缅贸易的集散地。尤其境内腾冲为云南省重要的近代工商业发祥地之一。北与怒江傈僳族自治州相接，西北、正南与缅甸交界，西与德宏傣族景颇族自治州相连，东与大理白族自治州、临沧市毗邻。地处横断山脉滇西纵谷南端，地势北高南低，地形复杂多样，境内河流分属于澜沧江、怒江、伊洛瓦底江三大流域，伊洛瓦底江流域的大盈江和瑞丽江量大水系干流发源于保山西北部，澜沧江和怒江干流为过境河流。主要支流中右甸河属澜沧江流域，勐波罗河和大勐统河属怒江流域，槟榔江大盈江上游，龙川江为瑞丽江上游，叠水河大盈江左岸支流南底河上游。属低纬地亚热带季风气候。夏无酷暑，冬无严寒，四季如春。

保山市是云南历史上开发最早的地区之一。保山古称永昌，为哀牢古国首邑。保山区划设治最早可追溯到西汉，西汉时，设不韦县，属益州郡。东汉时设永昌郡，所辖范围东西三千里，南北四千六百里。东到洱海，西达怒江以西，包括今天的大理州、保山地区、临沧地区和德宏州大部分地区。唐朝时属南诏国，原永昌郡一分为三，设镇西、开南和永昌三节度使。南宋时属大理国，解读改永昌府。元初，置元初三千户和腾冲千户，属大理总管府。元初后改置腾冲符合永昌府，而后，大理段氏金齿（镇西）镇并入大理路，设大理金齿等处宣慰司，将治所移至元初，至此元初即称金齿。明代先后置金齿军民指挥使司、永昌军民府。清代仍置永昌府，但是云南省领州县级政区最多、设治亦最复杂的府。民国时，裁撤永昌府保留保山县，属滇西道，后又改滇西道为腾越道。1970年，改称保山地区。1984年，地区行政公署驻地保山县撤县设县级保山市。2001年，保山地区撤地设地级保山市，原县级保山市改为隆阳区。2015年，腾冲县改为县级腾冲市。保山市现辖2区1市3县，即隆阳区、高黎贡山旅游度假区、腾冲市、施甸县、龙陵县、昌宁县。

  作为文化名邦的保山市，其境内既是汉、彝、白、傣、傈僳、苗、回、德昂、佤、满、景颇、阿昌、布朗等民族繁衍生息之地，又是云南省华侨最多的地区。历史上的哀牢归汉，邓子龙受命抵御外辱，杜文秀起义之地，滇西抗战的主战场皆在保山，历史人物永历帝、马可·波罗、徐霞客、徐悲鸿等曾在此驻足，清代的户部尚书王宏祚、民间教育家杨象山、辛亥革命元老李根源、华侨巨子梁金山、当代马克思主义哲学家艾思奇等亦是保山籍人氏。其悠长久远的历史、丰厚的人文传统、绚丽灿烂的文化、厚重多彩的底蕴、特色鲜明的资源，使保山成为多元文化融会贯通的汇聚点，而这一汇聚点的突出成果就是各种楼阁建筑的建造。不论是为寄托宗教信仰而建的保山板桥光尊寺、顺龙寺，还是为培养人才，弘扬道德所需建盖的文庙、书院楼阁，或者是为娱乐和教育广大民众所需而建的戏台，这些庙宇楼阁遗存所彰显的文化底蕴，吸引不同时代的文人骚客驻留和关注，如杨慎、张含、徐霞客、毛铉、李日垓、李根源、蔡锷、寸开泰等用各种诗联文借楼寓志、凭栏寄情、感时愤世，遗留下许多佳作精品，世代传颂，耐人寻味，呈现出鲜明的边地特色。

第一节　保山市楼阁建筑遗存

  保山市楼阁建筑遗存，除本书第二章第一节论及的腾冲毗卢寺观瀑楼外，根据相关地方文献及调查，目前高黎贡山旅游度假区、施甸县、龙陵县三地楼阁建筑遗存有的不存，有的还需作进一步查实，待查实后再作补充外，其他区、市、县古代楼阁建筑遗存现分述如下。

一、隆阳区

板桥光尊寺阁楼、戏楼

板桥光尊寺位于隆阳区板桥世科村后小山梁上，地形错落有致，外形飘逸，被命名为五凤朝阳山，凤凰作为传说的常客，成为传说中的主角，五凤聚会，至尊朝阳，光尊寺就建于此。"相传系唐天宝二年（743年）南诏王皮逻阁为祀佛教尊神而建。现存建筑多为清朝后期至民国前期重建。寺座（"座"应为"坐"，作者注）东向西，依山形筑成七进五院，计有建筑物23幢，占地总面积9000余平方米。建筑布局以纵向排列为主，横向排列为辅。其中，纵向中段的斗姥阁、瑶池楼和文昌宫三院分别向左右两侧偏离中轴线，呈纵向交错状。此外，在纵轴线西南的广场下侧，还独建戏楼一座。其中过厅、文昌宫、大雄殿、观音殿为穿（斗）抬（梁）混合构架，单檐歇山顶殿宇。"①"光尊"意为光大西方尊神，崇尚佛教教义。至今，斗姆阁与瑶池楼基本保存了原有的形貌。据明人邹光祚《光尊寺三教序》载，光尊寺形成前期，只奉外来佛教。元代至清道光四年，始成佛道合一寺观。乾隆至嘉庆年间，扩修庙宇，增供孔孟牌位。至此，原来佛道合一的寺观又演变成儒道佛三教合一的庙宇，并延续至今。

该阁和楼为抬梁构架重檐山顶阁楼，建筑用材粗大，不事雕琢粉饰，既以高大雄奇示人，又以粗犷古朴取胜。其中的斗姆阁保持有较多的明代木结构型制。由于隐藏于半山坡，依山形而筑。

戏楼位于光尊寺纵轴线西南的广场下侧，"台高2.2米，进深7.7米。"②为抬梁构架重檐歇山顶阁楼，中式土木结构建筑，檐下有垂花及浮雕花板装饰，雕刻、彩绘、装饰都丰富多彩。

顺 龙 寺 正 殿 楼

顺龙寺位于隆阳区河图村原东河畔，始建于明代，清光绪年间重建，光绪十七年（1891年）山门、戏台、门楼完工后形成顺龙寺的整体规模，由正殿、中殿、后殿、厢房等建筑组成。"顺龙寺南北长85米，东西宽28米，建筑物占地3亩6分（2037平方米）……整个建筑群布局工整严谨，诸殿各有特色，为乡村集镇中规模较大的寺庙之一。"③

该正殿楼坐北朝南，面对河源，地名河图，取之诗经"河不出图"句。

---

① 邱宣充，张瑛华，等. 1992. 云南文物古迹大全. 昆明：云南人民出版社：597.
② 王胜华. 2009. 云南古戏台. 昆明：云南大学出版社：165.
③ 熊清华，周勇. 2008. 保山古村落. 昆明：云南美术出版社：110.

属单檐歇山顶穿斗式木结构建筑，举架高大，殿内绘有龙虎壁画。是保山与农田水利发展变迁相关的一处历史物证。

打渔村玉皇阁

"位于保山（即隆阳区，作者注）城东5公里昔清华海畔的打渔村，原名'水月庵'。始建于明，清嘉庆十三年（1808年）重修。"① "该阁仿太保山玉皇阁而建，三重檐歇山顶，斗拱穿连，面阔15.5米，进深10.2米，殿内由24根通柱支撑，"② 现存建筑为清代建筑，保存尚好。

腾阳会馆观戏楼

腾阳会馆为近代腾冲商旅聚集之地，位于隆阳区城西南易罗池右下侧一百米处。后改名为迤西会馆、云南会馆。"会馆坐西朝东，现存建筑分三进四院，占地4000余平方米。建筑布局由东向西分别为财神殿—关圣殿—观音阁，另在关圣殿北侧附有侧房一小院。"③ "在保山市区（即隆阳区，作者注）西南易罗池东南。清嘉庆初（1796年）创建，光绪六年（1880年）重建。"④

该"观戏楼位于财神殿前右侧，为穿斗式硬山顶楼房，进深三间，面阔六间。在楼的东西两端各建有一堵高于屋面的封火墙，东端一面截墙开厢，另建一扇形抱厦。"⑤ 出厦翘角，雕梁画栋，富丽堂皇。戏楼向前伸出，两侧耳房缩后而建。戏楼前是一露天剧场。清末至民国乃至抗战前夕，年年都有"会戏""堂戏"等地方戏曲在此上演。

潞江土司署憩娱楼

保山潞江土司署土司原姓曩，后被皇帝赐姓线，是当地土著傣族，为滇西八大土司之一。关于潞江土司署土司《新纂云南通志》有载录。

憩娱楼是潞江土司衙署内最具建筑风格特征的小楼，该楼"在保山市（即隆阳区，作者注）坝湾乡新城农场内，建于民国初年（约1912年）。为潞江安抚司署残留建筑，干栏式竹木结构楼房，四角攒尖顶，楼周设回廊，基长方形，通面阔7.85米，通进深5.3米。"⑥ 该憩娱楼选址考究，依山势而建，登楼眺望，土司衙署周边一览无遗，具有"独上高楼""一览众山""空前绝后"的磅礴气势。现今是潞江安抚司遗址的象征。

---

①② 邱宣充，张瑛华，等. 1992. 云南文物古迹大全. 昆明：云南人民出版社：604.
③⑤ 同①612.
④ 邱宣充. 1999. 云南名胜古迹辞典. 昆明：云南科技出版社：365.
⑥ 同④363.

永昌府学大成殿

永昌府学坐落于"保山城区(即隆阳区,作者注)现保山第一中学内。系明代永昌府儒学所在地。据碑载,永昌府儒学始建于明洪武年间(1368—1398年),当时称'金齿司儒学'。正统年间,兵部尚书王骥征麓川,倡议迁址扩建。后由刑部右侍郎杨宁付诸实施。于正统十一年(1446年)落成。"[①] 永昌府学"大成殿座("座"应为"坐",作者注)北朝南,建筑面积301平方米。为抬梁式重檐歇山顶殿宇,五开间、四进间。梁架粗壮古朴,仍保持明代建筑风格。"[②] 为保山市有名的古建筑之一。

潞江双虹桥关楼

双虹桥位于隆阳区芒宽乡怒(潞)江上,"未建桥时,这里为古道重要渡口。清乾隆五十四年(1789年)永昌知府陈孝升倡建此桥,因利用江心巨型礁石为墩,分东西两段架设,实则将东西两桥的交接部分搭架于桥墩的南北两端,故名双虹桥。咸丰九年(1859年)毁于兵燹,民国十二年(1923年)蒲缥、罗明等地重建。1950年和1980年两次重修,通向保山一边的东段净跨67米,共系铁链15根,底链13根,扶手链两侧各1根,桥面铺覆枋板,宽3.1米;通向腾冲一边的西段净跨38米,共系12根铁链,底链10根,扶手链2根,桥面宽2.8米。全桥总长162.5米。"[③] 桥跨怒江江面,在江中礁石上建墩,将桥分成两孔,遥望如双虹,这也是该桥名双虹桥的缘由。

关楼,建于桥两端,现存东关楼,为穿斗式土木结构,飞檐上翘,青瓦铺顶。

金鸡戏台

金鸡戏台位于隆阳区金鸡镇文庙街西端与季平街衔接处,"始建年代不详,现存为光绪年间重建。"[④] 戏台为单层歇山式阁楼,"坐西向东,木结构,呈凸字形,屋顶高7.7米,面阔8.4米,进深6.7米,戏台比耳房伸出2.7米,两侧为板壁,木格窗,台口用活动门关闭,南北耳房为过街楼。台前是一广场,长46米,宽21米。广场南北两侧为厢房。"[⑤] 楼上为戏台,楼下为街门。戏台前的露天剧场,地面近低远高,后面的观众也能看戏。戏楼四周的

---

①② 邱宣充,张瑛华,等. 1992. 云南文物古迹大全. 昆明:云南人民出版社:606.

③ 云南省保山市志编纂委员会. 1993. 保山市志//中华人民共和国地方志丛书. 云南民族出版社:687.

④⑤ 同①607.

墙壁上有许多戏曲画，有经常上演的戏曲剧目，如《卖胭脂》《双龙会》《双断桥》《曹庄杀妻》等。民国时期每年正月十四及其他重要民间活动，台上丝竹管乐，台下座无虚席。

河村古戏台

河村古戏台位于隆阳区河图街道河村社区老街子南侧，是顺隆寺的附属建筑。"清光绪十七年（1891年）重建。总体由演戏楼、观戏楼和露天3部分组成。建筑占地380平方米，演戏楼为顺龙寺大门门楼，穿斗式硬山顶凸字形木结构建筑，楼下中部为大门通道，两侧是顺龙寺当街铺房；楼上戏台坐北向南，中南部（含凸出部分）为表演区，檐口高5米，台高2米，宽5.4米，进深6.25米；后台为化妆室，两侧为乐池，前后台之间板壁两侧有屏门供演员上下场，板壁中间有圆形窗户，台东南西3面梁架之间用花枋与垂莲柱装饰，顶棚以69块诗画板镶组装饰，中央收为八角形藻井，顶面饰太极图；顶棚、壁面诗联共16幅，水彩画、水墨画共50余幅，有人物、山水、花鸟等。现戏楼两幢（东西两厢），穿斗式硬山顶两层楼房，各为6开间，3进间，公24个包厢。露天场地居两厢之间，长方形，可纳观众千余人。"① 该戏台为隆阳区保存较为完整的清代建筑。

二、腾冲市

和顺乡水碓村元龙阁

原址为观音殿，因殿旁有泉水溢出，水势渐旺，乡人以为有龙王显灵，曾大兴接龙活动，且兴动土石，让工匠砌聚为塘，用于农耕。后乡人又在殿前塘边兴建楼阁，取名"元龙阁"，有水源龙首之意。坐东南朝西北，占地面积2000余平方米。位于"腾冲县（现为腾冲市）和顺乡水碓村。清乾隆二十七年（1762年）始建，清道光三年（1823年）续建。由山门、龙王殿、三官殿、魁星阁、观音殿、百尺楼等建筑组成。主体建筑魁星阁重檐六角攒尖顶，檐枋彩绘，阁外有楹联：'元精含斗极，龙脉焕天枢'，首字为'元龙'，为元龙阁名称的由来。"② 魁星阁建于清咸丰三年（1853年），两柱间距2.3米，为阁楼式，楼下正面浮雕二龙戏珠，檐下柱枋尽皆彩绘。观音殿处于最高点，为重檐歇山顶抬梁式结构，建于清道光三年（1823年），面阔三间，8.5米，进深三间，6.8米，梁枋雕工精美，檐下为平台，墙高2米，平台宽11米，

---

① 云南省保山市志编纂委员会. 1993. 保山市志//中华人民共和国地方志丛书. 昆明：云南民族出版社：688-689.

② 邱宣充. 1999. 云南名胜古迹辞典. 昆明：云南科技出版社：372.

进深 4.8 米，两侧各建楼阁一间，即百尺楼。三官殿，重建于清宣统元年（1909 年），重檐硬山顶抬梁式结构，面阔三间，11.1 米，进深四间，8 米。龙王殿，清道光十年（1884 年）重建，面阔三间，11.1 米，进深四间，8.4 米。山门系牌楼式，始建于清乾隆二十七年（1762 年），面阔三间，8.6 米，斗拱精美。

元龙阁背枕青山，前临深潭，依山傍水而筑，循序渐进。周围古木参天，山花遍野。元龙阁建筑群，殿台楼阁随山势逐渐升高，两侧厢房、楼阁、殿台对称安置，木结构建筑，雕刻、彩绘都非常精美，阁前龙潭石栏回护潭水，碧澄如镜，凭栏观阁倒影，似如置身龙宫，景色诱人。是儒、道合一的道观，为道教活动场所。

下绮罗村文昌宫文昌殿楼

文昌宫位于腾冲市洞山下绮罗村。据文昌殿楼檩枋上的脊檩题记"万历乙酉（1585 年）始创"记载，其"始建于明万历十三年（1585 年），清乾隆五至九年（1740—1744 年）扩建，清咸丰元年（1851 年）重建。"① 该"正殿（文昌殿）重檐歇山顶，抬梁式木结构，通面阔 10.3 米，通进深 10.9 米，格扇裙板雕刻历史题材的人物形象，并施彩绘。为腾冲古建筑中的佳作。"② 正殿正门是明代精工雕刻的楠木格子门六扇，每扇木门均分别镂空细刻有六个故事："明刑弼教""范公书院""历代文门""提戈取印""孟郊救蚁""裴渡还带"。

正殿左为魁星阁，属六角攒尖顶三重檐阁楼，祀魁神，殿右为至圣殿，系六角攒尖顶三重檐阁楼，楼上祀孔子牌位，楼下祀段尧俞（倡修文昌宫者）、李名重（重修文昌宫者），据《腾冲史话》云：绮罗文宫"由里人段尧俞倡修，历时 8 年建成，而后，因'风雨飘摇，兵哥蹂躏'而倒塌。清康熙十四年（1675 年）乡人李名重集资重修，"③ 由此可知倡修文昌宫的人是段尧俞，捐资兴建的资金由乡人分摊。正殿后为启圣殿，重檐硬山顶穿斗式木结构，面阔三间，祀孔子父母牌位。整座文昌殿楼尽展和顺人敬奉主宰功名禄位之神和提倡崇文尚教的传统。文昌殿楼现今保存较为完好。

孔庙（文庙）楼阁

孔庙（文庙）又称黉学，"在县城秀峰巷。明成化七年（1471 年），腾冲

---

①② 邱宣充. 1999. 云南名胜古迹辞典. 昆明：云南科技出版社：373.

③ 中共腾冲市委宣传部，腾冲市社会科学联合会编著. 2017. 腾冲史话//云南史话·地方系列. 昆明：云南人民出版社：176.

始建孔庙。明嘉靖四十四年（1565年），学正段铨章移建于此。其后累为兵燹地震所毁，历代均有修建。至清光绪五年（1879年），同知陈宗海改建，计有大成殿、启圣殿、大成门、明伦堂、乡贤祠、名宦祠、棂星门和江汉秋阳、玉振金声2坊及东西庑。"①坐北朝南，占地40000平方米。前以大车湖为泮池，左以秀峰山为魁阁，右为文昌祠，中间矗立着棂星门，两侧各有一坊，左为腾蛟坊，右为起凤坊。中轴线上，排列泮池、大成门、大成殿、崇圣祠。大成殿两侧的东西两庑列孔门弟子并历代诸儒学牌位。大成门左右为名宦乡贤祠。泮池堤后左为明伦堂，再其后为训导廨。泮池堤右后为学政廨。

大成殿，位于孔庙内，"为抬梁式木结构，重檐歇山顶，通面阔20.6米，通进深12.7米；"②三间开，梁枋施彩绘，大殿正中供奉孔子圣像。该殿为孔庙现存建筑之一。大成殿后面为启圣宫也是重檐歇山顶，面阔3间，进深3间。"先师殿为重檐歇山顶，五开间，前有殿廊。后宫为重檐歇山顶，一门洞。魁阁为二檐阁楼式，歇山顶建筑，前有廊檐。"③明伦堂位于西庑后墙西侧，与训导廨自成一个院落，为单檐硬山顶抬梁式结构，拱券式门洞。

孔庙为保山市保存较为完整的建筑，整体建筑装饰极少，外形朴实无华。

来凤书院藏书楼

来凤书院位于腾冲市城内，"明弘治元年（1488年）驻腾兵备道赵炯于城内州学前创建秀峰书院，是云南首创的5所书院之一，明嘉靖年间（1522—1566年）改名春秋书院，迁址至学宫右侧。以后又改名凤山书院，清代定名来凤书院，清乾隆十四年（1749年）知州唐世梁将来凤书院迁到州署右侧，设施较前齐备，置有纳租办学的伙食薪金田亩。清乾隆三十一年（1766年）战乱，书院停办，院舍变为指挥部。乱平，知州吴楷继续扩建。清乾隆五十四（1789年），书院迁建于学宫右侧。清道光二十七年（1847年）同知彭嵩毓捐薪重修。清咸丰六年（1856年）至清同治十三年（1874年）因战乱被毁。清光绪七年（1881年）同知陈宗海捐银1570两，重建于堰西隅（今牛家巷）。"④并在南门内重建藏书楼、讲堂、书舍等，并置书11部，招生徒30人肄业其中。

藏书楼，清光绪八年（1882年）同知陈宗海捐廉银，在南门内重建。歇山式仿木结构屋顶，通面阔五间20米，通进深15米，高11米，方形两层，

---

① 腾冲县志编纂委员会. 1995. 腾冲县志//中华人民共和国地方志丛书. 北京：中华书局：826.
② 木基元. 2012. 云南历史文化名城研究//当代云南社会科学百人百部优秀学术著作丛书. 昆明：云南大学出版社：212.
③ 刘佩，刘玉明. 2012. 云南古建筑白描. 昆明：云南美术出版社：249.
④ 同①747.

翼角出檐甚长，虽无斗拱，但梁枋及其钩件雕刻生动流畅、精细。

太极桥亭阁

太极桥位于腾冲市城关西南郊2公里处，大盈江龙洞叠水崖头。《腾冲县志》云，"民国元年，松园王姓欲借瀑布水力而凿石，石内现太极图样，人们以为破坏了风水而哗然。协都督、邑人张文光捐款建石桥，取名太极桥，桥上有石亭，横跨大盈江两岸。"① 太极桥为双孔悬臂式平板石桥，"以河底巨石为桥墩，墩为梭形，向两岸呈悬臂式伸出，与龙川江上的伸臂木梁桥结构相仿。桥亦因之而分为南北两孔，每孔跨径为5.25米。桥面用石条铺砌，桥两边建有石板护栏。北段东侧护栏外面镌有'中流'二字。"② 桥基、桥身、桥面均以石条铺砌。该桥建成至今保存完好。

亭阁位于桥两孔间桥墩上居中处，石亭阁"全部以石料构筑，方形，高4.83米，边宽为3.47米。结构为四柱四横枋四斗拱，转角两边横枋又各置一小拱，支撑覆斗状顶盖。内顶镌'太极图'，亭外石匾镌"观瀑"二字，故该石亭名'观瀑亭'。"③ 为人们观景提供了理想场所。

三、昌宁县

卡斯乡大泺布缅寺大殿楼

大泺布缅寺位于昌宁县卡斯乡大泺布傣族寨，始建年代不详。"大殿为歇山顶式建筑，四面出厦，檐角高翘"④，"大殿内悬挂着一幅极有价值的矿物质颜料绘制的民族宗教布画，布画长3.4米，宽2.1米。全画面共绘有佛、人物、鬼神等形象140多个"⑤。造型和装扮不一，均带有典型的清代风格特色。

第二节　与保山市楼阁相关的
文学作品及作者

与保山市楼阁相关的文学作品及作者，本书第二章第一节论及的与腾冲毗卢寺观瀑楼相关的文学作品及作者外，根据相关地方文献和调查，目前与顺龙寺正殿楼、腾阳会馆观戏楼、潞江土司署憩娱楼、潞江双虹桥关楼、金鸡戏台、河村古戏台相关的文学作品及作者均不详，待查实后再作补充。其

---

① 腾冲县志编纂委员会. 1995. 腾冲县志//中华人民共和国地方志丛书. 北京：中华书局：824.
② 王琨楼. 2010. 保山桥话//保山文化丛书. 昆明：云南人民出版社：70.
③ 邱宣充，张瑛华，等. 1992. 云南文物古迹大全. 昆明：云南人民出版社：625.
④⑤ 同③648.

余与楼阁相关联的作品下面将分地区作详细补充分述。

一、隆阳区

(一) 与板桥光尊寺阁楼、戏楼相关的文学作品及作者

1. 诗歌

明嘉靖十二年（1533年），被谪戍至永昌的诗人杨慎，与本土诗人张含，因诗结缘，相互唱和，"会于霁虹桥"，别时，张含又亲自远送至杨慎下榻处光尊寺，于此，杨慎在寺中，写下与张含别离的情景与心情的诗作《光尊寺别张愈光》，"万里炎荒万里身，销魂何事别离频？光尊寺里桃应笑，回首东风九度春。"① 诗人远离家乡、亲人来到万里炎荒的谪戍地，与知己故友的相会如此短暂，离别如此频繁。连光尊寺里的桃花都在笑别离的频繁，回味相见的欢愉。全诗借光尊寺之景来表达惜别之情，情景交融，其意蕴令人难以忘怀。同时，张含的《铁楼驰望怀升庵》一诗，也同样表达了与杨慎同游于霁虹桥，别离的情景。其诗云，"霁虹桥上鸿雁鸣，独倚铁楼何限情。锦官学士归心过，霞村野翁愁思生。紫严辉辉积云散，翠壁莹莹新月明。安得同游博南郡，无那怅望连然城。"② 全诗亦借霁虹桥之景，表达与杨慎依依相惜之情，景中之情溢于言表。

2. 楹联

（清）杜文秀戏台匾联。"大不点地方可家可国可天下，这几个角色能文能武能鬼神。"③ 杜文秀撰，马啸书。这是清代云南回民反清起义领袖杜文秀回家乡杜家屯认姓归宗为戏台题写的楹联。该联讲述戏台演出的内容通过台上角色的演绎，可以是家、国、天下大事，也可是能文能武能、驱鬼神的内容。

3. 作者生平事迹简介

杨慎，其生平事迹详见第三章第二节文述。

张含，其生平事迹详见第三章第二节文述。

杜文秀（1828—1872），字云焕，号百香。保山上村人。回族，秀才，云南回民反清起义领袖。著述不详。

(二) 与打渔村玉皇阁相关的文学作品及作者

1. 诗歌

（明）毛铉《渔村钓月》。"皎皎山吐月，泛泛水增波。水落月在天，天影

---

① 王文才. 1981. 杨慎诗选. 四川人民出版社：182.
② （明）张含. 1994. 张愈光诗文选//丛书集成续编第115册集部. 上海：上海书店出版社：81.
③ 鲁兴勇. 2018. 保山楹联匾额选//徐盛兴. 保山侨乡文化系列丛书. 昆明：云南人民出版社：101.

相荡摩。借问持竿人，夜凉鱼反多。零露洒青箬，轻风吹绿蓑。归来夜将半，饮酒且复歌。即此以为乐，生年能几何？"① 这是明洪武年间，被朝廷安置于保山从军戍边的诗人毛铉，应邀为"金齿（今保山）八景"所作的题咏八首诗中的其中一首。第一、二句描绘了玉皇阁周边山上吐出了一轮皎洁的明月，照得阁旁的潭水波光四溢；第三、四句再次渲染月光照耀在水面，使天与月影相荡摩；第五、六句由景及人，将山月倒映于水波而生"钓月"之趣，联系丰富奇特。着力展现夜中持竿在潭中垂钓的人，夜凉鱼（月）能上钩吗？第七、八句夜露抛洒在钓翁的身上，清风的吹拂使得四周绿色呈现出衰老的样态；第九、十句又从景致的描写联想到垂钓归家的钓翁，此时已经夜深了，斟上一杯酒，纵酒欢歌，将生活的闲适、平实、普通尽显；最末两句点出诗题：以这样的生活为人生的一大乐趣，还有什么能与之相比呢？全诗境界高妙，把诗人对生活的理解，对人生的感悟淋漓尽致地展现出来，洋溢着一种乐观、积极的人生态度。

2. 作者生平事迹简介

毛铉，字鼎臣，"浙江人，翰林侍读。洪武间安置"②。据《万姓统谱》载，毛铉"赋性方直，生平无妄交，风度夷旷，视荣利邈如也。善诗歌，备汉魏以下诸体，为文高简，有古法。"③《景泰云南图经志书》载录有毛铉为"金齿八景"所作的题咏八首：《神坪赏花》《汉营走马》《温泉晚浴》《龙祠望云》《蕉洞游春》《渔村钓月》《兰江晓度》《鸡村观稼》。诗备汉魏以下诸体，为文高简，有古法。

（三）与永昌府学大成殿相关的文学作品及作者

佚名大成殿联。"入其门乃见宗庙之美人才之富，由斯道始知天地之大日月之明。"④ 该联悬挂于大成殿大门两侧，对联无题名，因而无法考证其题联者及书写者写作的时间及背景。上联源自《论语·子张》，"子贡曰：'夫子之墙数仞，不得其门而如，不见宗庙之美，百官之富。'"⑤ 喻指进入大成殿，看见的尽是宗庙美景和人才济济。下联尽显在府学学习可以开阔视野，了解天地之大和日月之明。

---

① 方国瑜．徐文德，木芹，郑志惠纂录校订．2000．云南史料丛刊第六卷．昆明：云南大学出版社：301．

② （明）刘文征．古永继校点．王云，尤中审订．1991．滇志．昆明：云南教育出版社：429．

③ （明）凌迪知．1983．万姓统谱（二）附氏族博考卷三十三//文渊阁四库全书第九五六册．台北：台湾商务印书馆：956-534．

④ 鲁兴勇．2018．保山楹联匾额选//保山侨乡文化系列丛书．昆明：云南人民出版社：41．

⑤ 杨伯峻．2012．论语译注．北京：中华书局：285．

二、腾冲市

(一) 与和顺乡水碓村元龙阁相关的文学作品及作者

1. 楹联

佚名楹联。"元精含斗极,龙脉焕天枢。"① 元龙阁背靠青山,面临绿水,登高俯瞰,湖光山色尽收眼底,临水戏波,楼阁友人皆映水中,宛若人间仙境,自古以来,有不少雅士名人登临,留下了佳言绝句。该联究竟出自哪位名人雅士之手及写作时间均不详。这是元龙阁主体建筑魁阁外窗棂悬挂的楹联。意为"水源龙首",上下联的首字为"元""龙"二字,有人间龙首之意,故名元龙阁,此联解释了元龙阁名称的由来。但作者不详。

(清) 刘安科题联。"灵源绿养潭千尺,幽谷青围树一窠。"② 此联原系清代腾越厅同知刘安科在腾越遨游览胜诗作中的佳句,后人摘出作名胜元龙阁大门联,浑然天成,饶有韵致。至今仍高悬于元龙阁大门两旁。上联说明龙元阁是祭祀龙神的灵源之地,绿树成荫,并在阁前修筑坝堤,蓄水成千尺之潭;下联写出四周幽谷都是青色的树木形成的一个祭祀龙神的道观。该联将元龙阁背靠青山、面临深潭、四周古木参天、绿荫覆地的优美环境写得如诗如画,灵气袭人,堪称妙联。

(民国) 李曰垓书楹联。"除尽无朋无等等,观深自在自如如。"③ 这是应当时乡人之邀,作为民国云南第一殖边督办、蔡锷将军的秘书长、著名哲学家艾思奇的父亲、和顺村人李曰垓为元龙阁书的楹联,目前该楹联为遗墨楹联。民国晚期,李根源、刘楚湘等用两年时间多方收集前人遗墨,共得明代至当时名人墨宝182件,精工钩摩上石,镶嵌在汤池图书馆壁上,题名《汤池县立图书馆集刻》,又名《叠园集刻》,而李曰垓的这副楹联就是其中的一副比较重要的作品。上联说明要破除无智、愚昧现象,达到智的平等,只能通过普及教育,强调普及教育的重要性。下联述说观察和深入思考才能达到自在无碍的思想境界。该楹联写得较为玄妙,充满哲理,耐人寻味。

(民国) 王开国题联。"门外一泓颇清可;楼高百尺殊岿然。"④ 这是民国时期腾冲著名教育家、书法家王开国与友人来元龙阁饮酒作诗时,即兴为元龙阁题写的楹联。上联写了元龙阁门外的龙潭潭水碧澄如镜;下联点明元龙阁楼高百尺,岿然玉立于山谷。潭水的清澈,阁楼的高耸形成鲜明对比,增

---

① 张俊,于建明,张佐. 2015. 走寻秘境腾冲//中国秘境之旅. 北京:中国旅游出版社:142.
② 杨克泉. 2013. 中华名阁经典对联荟萃,北京:金盾出版社:118.
③ 鲁兴勇. 2018. 保山楹联匾额选//保山侨乡文化系列丛书. 昆明:云南人民出版社:130.
④ 骆锦芳. 2014. 楹联文化研究:以云南为例. 北京:人民出版社:696.

添了元龙阁的高古气氛，让人过目不忘。但"门外"对"高楼"不工，"外"，方位词，"高"，形容词。

2. 诗歌

"老咬吼不住，倒卷下龙门。水利资百世，受福阳温暾。"① 作者系民国元老李根源。此首诗是李根源1949年4月带着他的亲属、秘书赵安然、王连长及保卫十多人、勤杂六七人，来到和顺乡，选择魁阁居住，准备完成《和顺丛书》刊行于世，为了完成《和顺丛书》，在他居住的半年里，遍访和顺山川名胜、文物古迹、名物掌故，以及对和顺名流故旧的感怀，歌之以诗，记之以文，汇编成《和顺乡集》，此诗正是李根源遍访和顺文物古迹元龙阁有感而发创作的《和顺乡集》中的其中一首诗歌。诗歌将元龙阁依山而建，濒临龙潭，人们凭栏可以凝视龙潭殿阁的倒影，仿佛置身水府龙宫，修建元龙阁客观上起到水利资百世的作用。诗歌用词平易、质朴，含义深刻。

"元龙之意何所取，百尺楼头势轩举。岂有当年湖海豪，来寻旧地烟霞侣。"② 作者系清代腾越州牧彭崧毓。作为当时腾越地方官的彭崧毓与朋友登临元龙阁饮酒作诗而创作的一首诗歌。诗歌解释了元龙阁有水源龙首之意。百尺楼宇与龙潭相映成趣，就像当年的湖海豪来寻觅烟霞侣一样。诗歌写得富有情调和韵味。

"到此谁分上下床，径须交错倒千殇。剧怜湖海归业日，百尺楼头鬓已霜。"③ 这是民国时期护国军第一军军长蔡锷宦游腾冲期间，应邀为元龙阁撰写的题诗。此诗尽情表达了对元龙阁融山水为一体，人文与自然有机结合的赞美。

3. 作者生平事迹简介

刘安科，生卒不详，字少希，号荫堂，广州驻防汉军镶黄旗人。清光绪十二年（1886年）进士，清光绪二十五年（1899年）代理腾越厅（腾冲）同知。工书善诗，著有《腾越怀古诗刻》。

李日垓（1881—1944），字子畅，梓畅，云南腾冲和顺乡水堆村人，民主革命家、学者、辛亥革命及护国运动元老曾任云南司法司司长、云南垦务总办、护国第一军秘书长。后与唐继尧政见不同而决裂，开始流亡香港、上海、苏州、达六七年。为官清廉，生活节俭。诗文气息特殊，著述有《滇缅界务说略并图》《漫汗录》《文牍篇》《天地一庵诗钞》4卷、《客问》等。

王开国（1865—1932），字承谟，二庄，云南腾冲城关全仁街人。1893年

---

① 胡丽华. 2017. 文化腾冲//腾冲旅游文化丛书. 昆明：云南人民出版社：161.

② 同①162.

③ 张俊，于建明，张佐. 2015. 走寻秘境腾冲//中国秘境之旅. 北京：中国旅游出版社：142.

乡试，中癸巳科举人。教育家、书法家。办学从教 40 年，长于书法，意味深古，名噪一时。著有《小绿天诗存》《寄影小庐联存》等传世。

李根源，其生平事迹详见第四章第二节文述。

彭崧毓，腾越州。其生平事迹及著述均不详。

蔡锷（1882—1916），字松坡，汉族，湖南邵阳人。清光绪二十四年（1898 年）考入长沙时务学堂，后入上海南洋公学。清光绪二十五年（1899 年）赴日本就读于东京大同高等学校、横滨东亚商业学校。清光绪三十年（1904 年）毕业回国，先后在湖南、广西、云南等省教练新军。后与唐继尧等组织护国军，发动反对袁世凯洪西宪帝制的护国运动，迫使袁世凯取消帝制。民国五年（1916 年）年赴日本治病，不久病逝于日本。遗著《蔡松坡集》。

（二）与下绮罗村文昌宫文昌殿楼相关的文学作品及作者

1. 历史故事

历史故事指文昌殿中正门为明代的六扇楠木格子门均精工雕刻有"明刑弼教""范公书院""历代义门""提戈取印""孟郊救蚁""裴度还带"等六组历史故事寓教后人。雕刻于清乾隆九年（1744 年），木雕作者为清代腾冲当地木雕艺术家。

"明刑弼教"，源自《尚书·大禹谟》，"汝作士，明于五刑，以弼五教，期于予治。"[①] 意思是指用刑法晓谕民众，使民众都知法、畏法、守法，已达教化民众的目的，警示教育民众。

"范公书院"，讲的是宋代宰相范仲淹，在其《岳阳楼记》中以"先天下之忧而忧，后天下之乐而乐乎"[②] 为人生的准则，将其家宅送给衙署做书院，后人将此书院取名范公书院，来表达对范仲淹的敬仰和崇拜之情。

"历代义门"，该故事指隋朝大中大夫裴子通，兄弟八人不分家，以友善和睦著称当时，且孝名远扬，尤其裴子通在其母亲去世时，他结草庐住在母墓边服丧，因悲伤过度而双目失明。皇帝下诏为裴家立牌坊给予表彰，并赠"义门裴氏"匾额，乡邻至今称他们为"义门裴氏"。所以"历代义门"故事强调义门精神是以忠孝为核心的伦理道德，而且是每个国人应该遵行的道德规范。

"提戈取印"，故事述说了宋代初期名将曹彬，周岁抓周时，抓到了玩具大印及兵器。到了幼年时非常喜欢读书、练武，长大后为国屡建战功，官封鲁国公，去世后朝廷追谥号济阳郡王。

---

① （清）阮元. 1980. 尚书正义卷第四·大禹谟//十三经注疏附校勘记上册. 北京：中华书局：135.

② （清）范能濬. 薛正兴校点. 2004. 范仲淹全集. 南京：凤凰出版社：169.

"孟郊救蚁",这个故事叙述唐朝诗人孟郊少年时隐居嵩山,曾与韩愈皆为忘年之交,某天过桥时,看见河中蚂蚁顺水漂流,于是将蚂蚁救起,后登上了士第,被朝廷封为东都留守,后经历代相传,便有了"救蚁中状元之选"①,"埋蛇享宰相之荣"② 之传说。

"裴度还带",该故事出自(五代)王定保《唐摭言》,"裴公质状眇小,相不入贵。既屡屈名场,颇亦自惑。会有相者在洛中,大为缙绅所神。公时造之问命。相者曰:'郎君形神稍异于人,不入相书。若不至贵,即当饿死。然今则殊未见贵处。可别日垂访,勿以蔬粝相鄙。候旬日,为郎君细看。'"③ 是说唐朝名相裴度少时家贫,相貌一般,观相者认为:裴度相丑,衣食无着。某日,裴度游延庆寺捡到一串文犀带,后交还失主,救了失主父女的命,于是,观相者改说:裴度相变,必贵不可言,因而裴度后来拜相封晋国公。

"透雕施彩,构图严谨,雕工精致,景物自然逼真,人物造型生动,构图匀称,堪称腾冲现存最有价值的古代木雕艺术珍品。"④

2. 楹联

(清)许正余联。"仿成德达财之教,日将月就,登斯堂也,言有物,行有恒,绮里罗川,直绍鹅湖鹿洞;由礼门义路而来,朝稽夕考,读其书者,业无荒,功无怠,春科秋甲,高腾凤阁鸾台。"⑤ 作为清光绪年间下绮罗乡贤的许正余,将自己对儒家教育理念的切身感受,写成楹联挂于文昌殿内。用楹联告诫腾冲的子孙后代,虽地处边地,但只要勤奋苦读,重教兴文,日积月累就能与鹅湖书院、白鹿洞书院一样,可以培养出国家所需的有用人才。楹联对仗工整,意旨明晰。颇能鼓舞绮罗村的莘莘学子。

3. 作者生平事迹简介

范仲淹(989—1052),字希文,江苏省苏州人。北宋著名政治家、文学家。北宋大中祥符八年(1015年)以朱说名举蔡齐榜进士。授广德军司理参军。后历任文林郎、兴化县令、秘阁校理、陈州通判、苏州知州等职。秉公直言,却屡遭谪贬。在地方执政、驻守边地均有成绩。其倡导的"先天下之忧而忧,后天下之乐而乐"的思想和节操影响深远。其文学成就较为突出。有《范文正公文集》行世。

裴子通,生卒年不详。隋朝开皇年间大中大夫,著述亦不详。

曹彬(931—999),字国华,河北省灵寿县人。北宋开国名将。后周世宗

---

① 曾琦云. 2003. 安士全书白话解. 呼和浩特:内蒙古人民出版社:84-85.
② 同①87-88.
③ (五代)王定保. 姜汉春校注. 2002. 唐摭言校注. 上海:上海社会科学院出版社:84.
④ 张俊,于建明,张佐. 2015. 走寻秘境腾冲//中国秘境之旅. 北京:中国旅游出版社:104.
⑤ 同④104-105.

时,奉诏出使吴越,累官至引进使。由于严于治军,得到宋太祖赵匡胤信任,灭南唐、攻后唐蜀、征北汉、伐辽国,为北宋统一立下汗马功劳。著述不详。

孟郊(751—814),字东野,浙江湖州武康人。唐代著名诗人。曾两试进士不第,直到四十六岁才中进士。历任溧阳县尉、参军等职。工诗,诗歌多涉及世态炎凉、民间疾苦的描写,与诗人贾岛并称"郊寒岛瘦"。有《孟东野诗集》10卷传世。

裴度(765—839),字中立,山西省闻喜人。唐代中期著名政治家、文学家。贞元进士,历任中书侍郎、同平章事、山南西道节度使、宰相等职。历经唐宪宗、唐穆宗、唐敬宗、唐文宗四朝,数度出镇拜相。对文士多有提掖,颇受时人敬重,与白居易、刘禹锡等诗人唱酬甚密,有文集二卷传世,其诗文《全唐诗》《全唐文》均有载录。

许正余,生卒年不详。清代腾冲下绮罗人。府学。著述亦不详。

(三)与孔庙(文庙)楼阁相关的文学作品及作者

1. 匾额

宣统御书"中和位育"匾。① 据说从清康熙帝开始,每一任皇帝登基都会赐给全国各地文庙一个匾额。因而作为清代最后一个皇帝,登基不久,龙椅还未坐热就下台的宣统帝溥仪也亲笔为文庙大成殿题书的匾额,悬挂于大成殿檐下正中间。"中和位育"语出《中庸·天命章》,"喜怒哀乐之未发谓之中,发而皆中节谓之和。中也者,天下之大本也;和也者,天下之达道也。致中和,天地位焉,万物育焉。"② 其意思是要达到,"中庸之道"的境界,就需做到"中和"。而"中和"是儒家的伦理思想,同时也是读书人、为官之人规范自己言行的标准,即不趋极端,择中庸,致中和,以中和泰然处之。

2. 楹联

(清)雍正孔庙(文庙)大成殿联。"德冠生民溯地辟天开咸尊首出,道隆群圣统金声玉振共仰大成。"③ 该联采用的是山东曲阜文庙楹联。此楹联系清雍正皇帝于雍正七年(1729年)为曲阜文庙题写。上联写出地辟天开孔圣人出现,因而德冠生民。下联表明金声玉振是孔子倡导的德行,所以得到历代推崇。此联极力赞美孔子德行超出芸芸众生,因而被尊崇为开天辟地以来的第一位圣者,孔子学说统领以往各种思想学说,被推崇为集大成者。

(清)陈宗海孔庙(文庙)明伦堂联。"此地极边陲,何期士气民风,不

---

① 张俊,于建明,张佐.2015.走寻秘境腾冲.北京:中国旅游出版社:103.
② 杨洪,王刚.1997.中庸.兰州:甘肃民族出版社:1.
③ 鲁兴勇.2018.保山楹联匾额选//保山侨乡文化系列丛书.昆明:云南人民出版社:42.

亚中原人物；历朝多俊彦，且看桃娇李艳，皆含大造生机。"① 清光绪五年（1879年）时任腾越厅同知的浙江会稽人陈宗海到任时，腾冲正处于战乱刚结束，百废待举之时。他刚到任，首先抓的第一件大事就是恢复教育，筹资重修文庙、增设义学等，并捐廉赞助，如亲自为重修的文庙明伦堂题写的楹联。现挂于腾冲文庙明伦堂。该联上联写出腾冲孔庙地处边陲，学习风气和民风不亚于中原。下联以"历朝多俊彦"承接上联，对照历史，说明孔庙历朝出现了许多品貌双全的人才和优秀学子，对腾冲学子寄予厚望。楹联作者高度赞扬了作为边地小镇的腾冲，民风淳厚，重教兴文不亚于中原，历朝的俊彦中都可看到腾冲人才的踪迹。该联读之精神振奋，感人肺腑。但"士气民风"对"桃娇李艳"不工。

3. 作者生平事迹简介

溥仪（1906—1967），全名爱新觉罗·溥仪，字曜之，号浩然。清朝末代皇帝。亦称清废帝或宣统帝，在1908—1912年，1917年7月1日至1917年7月12日两次在位。著有《我的前半生》行世。

雍正（1678—1735），满族，全名爱新觉罗·胤禛。清圣祖玄烨第四子。为清朝入关后第三位皇帝。1722—1735年在位，年号雍正。著述不详。

陈宗海（？—1903），字春元，号溶波，浙江会稽人。清代举人，清同治十一年（1872年）举人。曾任知县、知府、迤南道台等职。清光绪五年（1879年）任腾越厅同知。其著述不详。

（四）与来凤书院相关的文学作品及作者

1. 楹联

（清末民初）寸开泰题联。"来不拒往不追苟以是心斯乐受，凤所栖鸾所止养成尔羽自高飞。"② 这副楹联，是作者寸开泰在清光绪三十一年（1905年）辞官归里任凤山主讲时期所写。此联系藏头联，即上下联的第一字连起来成为"来凤"，既点明来凤书院的名称，又喻指书院是凤凰栖息之梧桐树，也是腾冲学子们的首选学校，书院培养的学生未来一定像凤凰般展翅飞翔。

上联化用两个典故：一是《论语·卫灵公》："子曰：有教无类。"③ 二是《孟子·尽心》："夫子之设科也，往者不追，来者不拒。苟以是心至，斯受之而已矣。"④ 说明书院的办学宗旨是一视同仁。并要求每一个教师都要用"一视同仁"之心对待学生，学生就能进得来、留得住、学得好。用语简洁，展

---

① 张俊，于建明，张佐. 2015. 走寻秘境腾冲. 北京：中国旅游出版社：107.
② 鲁兴勇. 2018. 保山楹联匾额选//保山侨乡文化系列丛书. 昆明：云南人民出版社：39.
③ 杨伯峻. 2012. 论语译注. 北京：中华书局：238.
④ 同③374.

示书院宽松、自由的氛围；下联连用"凤""鸾"典故：一是《春秋纬·演孔图》云："凤，火精也。"① "凤"即指"凤凰"。二是《山海经·南山经》："又东五百里，曰丹穴之山，其上多金玉……有鸟焉，其状如鸡，五彩而文，名曰凤皇。"② 这里的"凤皇"即指"凤凰"。"鸾"即古代传说中属凤凰一类的鸟。三是《庄子·秋水》载："夫鹓鶵发于南海而飞于北海，非梧桐不止，非练实不食，非醴泉不饮。"③ "鹓鶵"指的是传说中与"鸾""凤"同类的鸟。喻指来凤书院是凤鸾栖居之地，来这里的"凤凰鹓鶵"，只要勤奋努力，等羽翼丰满，就能独自高飞。几个典故的运用将书院重教兴文，教学相长的关联说得十分明确、清楚。

2. 作者生平事迹简介

寸开泰（1863—1925），字晓亭，号心丹，腾冲洞山坪村人。清光绪二十一年（1895年）秋，赴京考中乙未科进士，先后历任刑部主事、山东司行走、贵州补用知州、安平知县、癸卯科（1903年）乡试试官、丽江教谕、腾冲等五属联合中学校长等职。工骈文，善诗赋，有《龙陵厅志》《寸氏族谱》《腾越乡土志》《八十一株梅花馆诗文》等著述传世。

（五）与太极桥亭阁相关的文学作品及作者

1. 楹联

（清末民初）寸开泰长联。"右联为：捷足上高台，披襟远眺，喜山川面面皆新。看盈江飞瀑，凤岭晴岚，尨伏朝云，球琲晚照，笔锋雾雪，大洞温泉，胜景名区，一一奔来眼底。乘此氛消雾散，日暖气清，安排美酒香茶，收拾新蔬佳果，招邀密友良朋，乘兴快登临。好细玩，两厢歌赋，半壁诗文，双塔烟霞，四围花木。左联为：回头思往绩，拔剑狂呼，叹豪杰纷纷谁在。想丞相天威，尚书营垒，总戎露布，参府战功，经略运筹，将军忠节，流风余韵，重重触到心间。迄今事过境迁，时殊势异，指点荒榛败梗，摩挲断碣残碑，搜访故基旧址，捐资宏建筑。更永固，七司障屏，三宣门户，八关锁钥，九隘藩篱。"④

这副长联，是作者寸开泰偕友人登龙光台览胜，敲联作对而写就的楹联。右联写景：高台、山川、盈江、飞瀑、凤岭、朝云、晚照、雾雪、温泉等组成的胜景名区图象，满怀激情表达了对国家、故乡无限热爱之情，描绘了腾越的山川景物，令人神往。左联述史怀古：历数丞相、尚书、总戎、参府的

---

① 黄奭.1993.春秋纬·论语纬·孝经纬//诸子百家丛书.上海：上海古籍出版社：32.
② 方韬.2009.山海经//中华经典藏书.北京：中华书局：13.
③ 方勇.2015.庄子//中华经典名著全本全注全译丛书.北京：中华书局：279.
④ 腾冲县志编纂委员会.1995.腾冲县志//中华人民共和国地方志丛书.北京：中华书局：824.

丰功伟绩，具体歌颂了三国时期的丞相诸葛亮，明朝平定边乱的兵部尚书王骥，总戎刘綎，参将邓子龙，清代的经略傅恒，将军明庆等安定边疆的功绩。全联紧扣边陲重镇腾冲来作联，将名迹胜景、历史事件、历史人物娓娓道来，并借景抒情，表达作者对清末国势衰弱、江河日下的愤慨，抒发了要求重整国威，巩固边疆的情感。联语含义深远，融情于景，感情充沛、催人奋进。被誉为腾越联语中的佳作。全联共206个字，但有仿孙髯大观楼长联的痕迹。

（民国）康占斗题联。"太极图呈天地瑞，洪涛状出古今奇。"① 由于太极桥是一座仅为风水而建的石板桥。据传民国元年（1912年），一位姓王的手工业家，为防止纺织业，欲利用水力带动织布机，便在距县城一公里处的大盈江瀑布岩头之上凿石引水，但却在所凿石中发现"太极"图纹，乡人哗然，认为是这位王姓手工业家破坏了风水，要求赔偿。亦有人认为，太极图是远古圣人伏羲首创，一个圆里有一阴一阳两条鱼，寓意神秘莫测，很难领会其中的奥秘，被凿之石呈现太极图，是天地的造化，是好运的吉兆，应该庆贺。世人滇西军都督府都督张文光特别重视，因大盈江瀑布岩头历来都是风水宝地，不能破坏，于是出面与地方乡绅商议，由王姓出资再所凿之石上建一座石桥，还将剖开的巨石予以复原，永镇风水。当太极桥建成后，民国腾冲的教育家、名士康占斗应都督张文光之邀，为太极桥撰写了这副楹联。上联道出凿石建桥时，却于所凿之石中发现太极图纹，被认为是天地造化之功，是天地祥瑞、地方安宁的征兆。下联说明该桥建在叠水瀑布之上，造型精巧别致，则是古今奇观。此联对仗工整，将太极桥的奇特由来和奇异景致和盘托出，意义深远。

2. 作者生平事迹简介

寸开泰，其生平事迹详见本节文述。

张文光（1882—1914），字绍三，云南腾冲县（今为腾冲市）董库村人，同盟会会员。1911年11月27日发动腾越起义。后任大理提督，1913年弃职归田，1914年1月14日被刺杀于腾越硫磺堂温泉。著述不详。

康占斗，生卒年及生平事迹、著述均不详。

---

① 王琨楼. 2010. 保山桥话//保山文化丛书. 昆明：云南人民出版社：70.

第六章 丽江市楼阁建筑与文学

丽江市地处青藏高原东南、横断山脉东部，滇西北中部。西与怒江傈僳族自治州兰坪白族普米族自治县、迪庆藏族自治州维西傈僳族自治县相接，西北与迪庆藏族自治州香格里拉市隔金沙江相望，东邻四川省攀枝花市，东北通凉山彝族自治州，南与大理白族自治州剑川、鹤庆、宾川三县及楚雄彝族自治州大姚、永仁两县相连或隔江相望。地势西北高东南低，流经全区的金沙江以及两岸拔地而起属云岭山脉的老君山、玉龙山、绵绵山三大山系，构成丽江市地形的基本经脉和骨架。金沙江从丽江西北端塔城乡入境，至丽江东南端华坪县腊乌渡出境，全区属金沙江水系的大小河流众多，其中有金庄河、冲江河、漾弓江、五郎河、马过河、仁里河、新庄河、乌木河及先流入雅砻江后归入金沙江的宁蒗白渠河、永宁河等。境内天然湖泊有丽江拉市海、永胜程海、宁蒗泸沽湖等。

丽江，纳西语称丽江为"依古堆"，意为金沙江转弯的地方。这是指从青藏高原奔腾南下的金沙江、澜沧江、怒江，在横断山脉的挟持之下，在滇西北境内形成"三江并流"奇观。丽江地区山区、平坝、河谷等多种地貌类型并存，海拔高差明显，形成亚热带、温带、寒带三种气候。江边河谷属亚热带气候,半山区和坝区属暖温带高原山地气候,山区为寒温带高山气候,由于纵横交错的高山挡住了北方寒流,全区大部分地区属低温带高原山区气候,冬无严寒、夏无酷暑,春秋相连,气候宜人。

战国时,丽江市属秦国边地,两汉时属越嶲郡、蜀汉和西晋先后改属云南郡,仍为遂久县,东晋、南北朝仍属云南郡,改称西姑复县。隋朝时属嶲州越嶲郡。唐朝初年,曾属姚州都督府(在今姚安)。不久,吐蕃统一青藏高原,势力强大,迅速南下控制了云南洱海地区和四川西南部,丽江一度成为吐蕃神川都督府的一部分。其附近的铁桥城(今玉龙纳西族自治县西北部的塔城),当时是吐蕃的16城之一。唐贞元十年(794年),南诏王异牟寻归唐,双方在点苍山会盟(即贞元会盟),以共同对付吐蕃,不久,南诏军队便将势力逐至金沙江以北,丽江又属南诏置于铁桥城的铁桥节度,后改为剑川节度。宋属大理国善巨郡(驻今永胜)、谋统府及么些部地。南宋理宗宝祐二年(蒙古宪宗四年,1254年),忽必烈为灭南宋先征大理而过丽江,在丽江设茶罕章管民官。元朝至元八年(1271年)改为丽江宣慰司。至元十三年(1276年)再改为丽江路军民总管府。明洪武十五年(1382年)置丽江府,治所在大研厢(今大研镇)。明洪武三十年(1397年)升为丽江军民总管府,仍属云南布政使司。丽江纳西族首领阿甲阿得因归附有功,明皇帝赐以木姓,并授世袭土官知府,丽江木氏土司制度发展进入鼎盛时期。清代又设丽江军民府,清雍正元年(1723年)丽江在云南率先实行"改土归流",木氏降为土通判,隶属云南布政使司。民国初年,废府改县,分设丽江、永北(辖宁蒗)、华坪等县。民国三十年(1941年)设云南省第七行政督察专员公署,后历经县改属第十三行政督察区,永胜、华坪、宁蒗属第十行政督察区。1949年7月1日丽江和平解放,归滇西北人民专员公署管辖,同年12月28日,成立丽江人民行政专员公署。1970年,丽江专区改为丽江地区。2002年12月26日,丽江撤地设市,将原丽江地区改设为丽江市,并将原丽江纳西族自治县分为古城区及玉龙纳西族自治县。而今,丽江市现辖1市4县,即古城区、玉龙纳西族自治县、永胜县、华坪县、宁蒗彝族自治县。

作为首开崇尚汉文化之先河的丽江市,在中华民族文化发展史上曾发挥过重要作用。元明以来,在改进耕作技术、发展工商业的同时,积极吸收汉文化,购进大量汉文典籍,建盖"万卷楼""光碧楼""五凤楼""得月楼""玄天阁""藏书楼"等极具汉族建筑风格的楼阁,并延请中原名师教其弟子,培养了一批用汉文写作并具有较高造诣的诗人,刊印出版诗文集,今存文者有木泰、木公、木高、木青、木增、木靖等六人,被后人称为"木氏六公"。清代"改土归流"政策的实施,打破了土司垄断文化的格局,先后创办义学、书院,民间子弟开始学习汉文化,出现了大批中下层贫寒出身苦读成才的诗人，如杨超群、和庚吉、杨庆远等。造就了丽江崇尚文化的良好社会风气，影响后代子孙。他们的诗文作品成为云南古代文学中一个不能忽略的重要组成部分。

第一节 丽江市楼阁建筑遗存

丽江市楼阁建筑遗存，除第二章论及的丽江忠义牌坊（牌楼），古城区福国寺五凤楼、指云寺大殿外，根据相关地方文献及调查，目前华坪县、玉龙纳西族自治县两地楼阁建筑遗存不存外，其他市县地方古代楼阁建筑遗存分述如下。

一、古城区

玄 天 阁

明中叶，有全真派道士云游至丽江。清乾隆《丽江府志略·人物略》有载，"蓟羽士，不传其名，明正德间至丽，爱玉龙山，遂栖焉。日写《黄庭经》数章，浑忘身世事，所居室，常见紫气缭绕，野鹤成群，驯服阶前不去。木公赠诗，有'山阴雨雪归来夜，玉杖夏裙引凤凰'之句。问其年，不言几甲子，寻复飘然他往。周月泉，明嘉靖间，携一鹤入芝山，称来自终南，丰肌美髯，黄冠羽衣，料事多奇中，纵口谈丹术，笔墨间喜为幻渺之说，杨慎每寓言之。居数载，辞去。木公送以诗曰：'艺客遥将访我楼，岭云海鹤共悠悠，醉馀说尽延生诀，袖拂苍髯不肯留。'"① 这段载录叙说了明代世袭土知府木氏在兼信汉传佛教、藏传佛教的同时，亦崇尚道教，礼待道士，并且出资建盖玄天阁、玉皇阁、文昌宫、真武祠等一批道教宫阁。

玄天阁，"建于清光绪年间，阁面阔五间，为重檐歇山顶，饰有悬鱼。明间、次间屋顶中间突起，两侧梢间屋顶降低。两端山墙封闭，细部处理如丽江民居，具有典型的地方建筑特色。"②"位于丽江（即古城区，作者注）城北门坡，清代建筑，光绪二十八年（1902年）重修。"③ 而今，仅存大殿、厢房、门楼建筑。该阁对研究丽江道教具有一定的价值。

福 国 寺 五 凤 楼

汉传佛教于明初传入丽江。明代以来，木氏土司推崇汉传佛教，先后捐

---

① 丽江县县志编委会办公室.1991.丽江府志略.丽江：丽江印刷厂：178-179.
② 杨大禹. 2015. 云南古建筑（下册）. 北京：中国建筑工业出版社：39.
③ 邱宣充，张瑛华，等. 1992. 云南文物古迹大全. 昆明：云南人民出版社：682.

巨资在丽江境内兴建福国寺、琉璃殿、皈依堂、大觉寺等一批寺院。福国寺"原名解脱林，在县城西北的白沙乡芝山间，明万历二十九年（1601年）建。明天启四年（1624年），明熹宗赐名为福国寺。原为汉传佛教寺院，清朝初年改住喇嘛僧，藏语名'奥米南杜林,'清同治甲子年（1864年）毁于兵燹。清光绪八年（1882年）寺僧重建，……'文化大革命'中，大殿'五凤楼'及门楼迁至黑龙潭公园，其余遭毁坏。"①

福国寺五凤楼，原名法云阁，始建于明万历年间（1573—1620年）。《徐霞客游记》曾载，"层台高拱，上建法云阁，八角层甍，极其宏丽。"② 福国寺的"寺内后殿法云阁即五凤楼，内藏万历帝所赐藏经一部。清同治三年（1864年）毁于兵火，光绪八年（1882年）重建。五凤楼为三重檐多角攒尖顶木结构建筑。"③ 楼基方正，结构对称，造型特殊。并呈"亚"字形（十字形），属佛教庙宇典型的平面布局形式。五凤楼"楼高20米，面阔、进深三间，通面阔18.92米，通进深17.78米。"④ 廊檐柱用两道木枋隔花板而成，粗大有力，具有坚实的稳定感。楼角起翘较高，一、二层楼檐四角各有两翼角，三层楼檐各有一翼角，三叠八角，共有24个飞檐，其上翘曲线，显出一种飞动感。三层空间由下而上渐收，斗拱形式各异，节奏感强。从楼的各个角度，均可看见五个翼角，形似凤凰，故名五凤楼。楼宇明暗间格门上雕有的石榴、梅花、牡丹等，造型独特，各具神姿，构图巧妙，飞檐斗拱，彩绘色彩绚丽，装饰格扇、花板、梁柱均精心雕刻、绘彩。展现出丽江地区独有的富含白族、藏族、纳西族、汉族建筑特点楼阁的风格，凝重又飘洒。

玉泉古建筑群中的得月楼、戏堂

玉泉古建筑群，"位于丽江（即古城区，作者注）城北玉泉公园内，它们坐落在由象山脚至玉泉湖心的一条主轴上。由建于清乾隆二年（1737年）的龙神祠和始建于光绪年间的得月楼及戏堂等建筑组成。"⑤ 该建筑群为古城区古建筑群的典型代表之一。

古城区古建筑群中的得月楼，始建于清光绪年间，即玉泉湖湖心上，四周都被潭水包围，形成楼宇倒影水中，潭水楼影若隐若现之景。为三重檐攒尖顶木结构建筑，该楼基座呈八角形，高约4米，提高20米，阔深三间，造型舒展，小巧玲珑，三层四角，层层角檐如翼，每层雕花门窗，工艺精细。

---

① 丽江纳西族自治县志编纂委员会.2001.丽江纳西族自治县县志.昆明：云南人民出版社：866-867.

② （明）徐霞客.2010.徐霞客游记.北京：中华书局：513.

③④ 邱宣充，张瑛华，等.1992.云南文物古迹大全.昆明：云南人民出版社：672.

⑤ 同③676.

楼尖贴金宝顶，金光闪闪。

关于得月楼的建造者，据当地人讲述是清光绪年间，丽江大研镇人杨兆瑞，当时杨兆瑞在广东为官期间，游览杭州西湖时看到西湖湖心有一座楼阁修得非常精致，于是萌生要在故乡丽江黑龙潭也要修一座这样的楼阁。随即，他请了一位篾匠仿着西湖这座楼阁，编制了一座竹楼模型，并把这一模型带回丽江，同时筹集建造款项。还请了九河乡的木匠等仿着模型兴建了楼阁，楼阁建好后，丽江大研镇文士们齐聚楼阁，都在议论该给楼阁取何名？这时，在场的古城瓦白人（今新华街）文士杨道田题写了楼阁名：得月楼。这一名称得到了在场的文士们的赞同，并沿用至今。

"戏堂悬山顶，平面呈'品'字形，是丽江现存最早的戏堂之一。"① 三面敞开，一面留作后台，为寺宇的单座建筑，飞檐斗拱，翘角翼然，宝鼎绕龙，脊带飞凤，戏堂周围白色墙壁有彩绘，戏楼三间，戏楼明间与戏堂水平相接，楼道雕花格扇装置。主次分明，木结构，庄重大气。

木府忠义坊、万卷楼、光碧楼、玉音楼

丽江土司姓木，属木氏家族，据《纳西族史》记载，"丽江纳西族木氏土司，曾经元、明、清三朝，传世22代，共470年。而明代木氏土司，承先启后，是其极盛时期，与蒙化、元江并称为云南三大土府。"② 由此说明纳西族首领木氏自元代（1253年）世袭丽江土知府以来，历经元、明、清三代22世470年。

"明洪武十六年（1383年），土知府木得在古城建造丽江军民府衙署，后经历代土司相继营建，至明末土司衙署、家庙、住宅已具相当规模。……衙署建在城西南，北靠狮子山，意为'玄武'；左有城池及金虹山，意为'青龙'；右临白马龙潭，意为'白虎'；前方坝子平展，远处有震青山，寓作'朱雀'。四方街、关门口一带，建筑平面呈阴阳图形，层层环拱，从里向外拓展，府前有流经古城而来的西河环绕，背依山陵，前抚平川。"③

而今，木府忠义坊、万卷楼、光碧楼、玉音楼，位于古城区，是丽江木氏土司当年在丽江的宫殿建筑群。据《丽江府志》记载，从前的木府殿堂巍峨，布局严谨，楼台亭阁，数不胜数，风格别样，且依山而布，高低错落，起伏有致。其总体建筑"仿紫禁城而建"。明代徐霞客《滇游日记》曾惊叹被

---

① 邱宣充，张瑛华，等. 1992. 云南文物古迹大全. 昆明：云南人民出版社：676.
② 郭大烈，和志武. 1999. 纳西族史. 成都：四川民族出版社：268.
③ 丽江纳西族自治县志编纂委员会. 2001. 丽江纳西族自治县县志. 昆明：云南人民出版社：855-856.

"宫室之丽，拟于王者。"① 誉为古城区中的"紫禁城"。木氏土司建造的宫殿式木府，坐向未按"坐北朝南"为佳的建筑选址，而是朝向太阳和东方。东方属木，太阳和木为纳西东巴教中的崇拜物，木亦为皇帝所赐纳西族之姓。因而，欲得"木"之气的想法，使得木府的建造者采取了坐西朝东的方向，自有一种山城古殿的独特风采，既体现出明代建筑风格特点，又将纳西族、白族古建筑简洁、厚重敦实的风格和精湛工艺贯穿其中，体现出丽江特有的建筑文化特色。

作为木府宫殿建筑之一的忠义坊，又称石牌坊，明万历四十八年（1620年），土司木增向朝廷纳银1200两，明神宗赐"忠义"二字，木增建忠义坊。对此《丽江府志略》有过载录，"在土通判署右，高数丈，栋梁斗拱，通体皆石，坚致精工，无与敌者。明万历间，土知府木增奉敕建。"② 并采自下虎跳金沙江边的汉白玉建成，石柱支撑牌坊上的碑、橼、檐和坊盖，石柱通天式，仿其木结构式样，上下有六檐，檐下有斗拱，下层二挑，都为斜拱，下依石柱而雄踞四头狮子，二公二母，后有两头石狮鱼和两个云鼓互撑，四柱顶座各有两头狮子。结构宏伟，雕刻精湛，对忠义坊的建筑结构，建筑学家刘敦桢是这样描述的，"坊三间四柱六楼，明间面阔较巨，其柱与楼亦较次间为高。柱皆通天式，以狮、鱼及抱鼓石自前后夹持。每间于龙门枋及额枋上，施绦环板及楼各二层，下层之楼仅为前、后坡顶，上层改为庑殿顶，且将山面之檐绕至柱外，为最鲜见。檐下斗拱，下层二跳，上层三跳，皆具斜拱。又于跳头上置三幅云，与当时木建筑作风大体符应。"③ 当地民间有"大理三塔寺，丽江石牌坊"的说法。匾额上镌刻着明神宗钦赐的"忠义"二字，是国内结构宏伟、雕刻精湛的石雕精品。现存建筑为1999年重修。

作为木府宫殿建筑之二的万卷楼，又名寿星楼。《丽江府志略》曾云，"寿星楼在城西门外土通判署右，高耸玲珑，备极工巧，土知府木增建。事载《云迈集》，详见《杂异》。"④ 取"万卷楼"名，乃"读书破万卷"之意，"'万卷楼'建于明代嘉靖九年（1530年，作者注），木氏勋祠于嘉靖七年（1528年，作者注）建完之后即开始策划建盖'万卷楼'，建楼所用木料石料都颇讲究，石脚基础用条石砌成，木柱粗实，柱脚均为汉白玉莲花底座，其结构为殿宇三层楼，窗梁门的雕绘古朴雅致，色彩鲜艳，是仿造中原殿宇建筑风格，

---

① （明）徐霞客. 2010. 徐霞客游记·滇游日记六. 北京：中华书局：510.
② 丽江县县志编委会办公室. 1991. 丽江府志略. 丽江：丽江县印刷厂：90.
③ 刘敦桢. 2007. 刘敦桢全集·第四卷. 北京：中国建筑工业出版社：64.
④ 同②90-91.

楼房四周均有汉白玉廊杆,整座楼宇高冲云霄,显得富丽雄伟"①。"自明孝宗弘治元年(1488年)至明崇祯末年(1643年)的155年间,相继涌现出以木泰、木公、木高、木青、木增、木靖六公为代表的木氏作家群,并有诗文传世;木氏府邸建有'万卷楼',收藏历代书籍数万册。"② 万卷楼为三重檐木结构建筑,也是木府内最为高大的建筑。一楼为土司读书之处,二楼是土司藏书之处,其所藏有千卷《东巴经》、百卷大藏经《甘珠尔》、《六公土司诗集》、众多名士书画,皆是翰林珍奇,学苑瑰宝,体现了木氏家族"学书明礼"的家规家风。

作为木府宫殿建筑之三玉音楼,据《丽江府志略》曰,"在土通判署右,上奉万岁圣位,为祝厘所,额曰:天颜咫尺。雄威奇丽,甲於滇西。明万历间,土知府木增建。"③ 这是木氏土司接圣旨之所和歌舞宴乐之地。"又名玉皇阁,原在古城木家院后,始建于明万历年间,清乾隆年间重修,咸丰年间毁于兵燹,光绪戊子年(1888年)重修。1982年,迁建于玉泉公园内。光碧楼平面呈长方形,重檐歇山顶。面阔5间(通14.9米),进深3间(通8.8米),前后皆出廊,上檐斗拱,内檐雕四季花鸟、如意吉祥图案。"④ 光碧楼属木府的后花园门楼,为二重檐木结构建筑,屋顶飞檐起翘。现存建筑为1999年重修。

文 庙 正 殿 楼

清代时,为达到"化导百姓""陶礼淑乐"的目的,丽江府的流官和木氏土司开始兴建府学、盖文庙。文庙始建于清康熙三十九年(1700年),位于古城区大研镇狮子山。清雍正三年(1725年)迁建北门坡,乾隆、道光、光绪年间重修。据《丽江府志》载,"庙学在府治北。旧无学,本朝康熙三十九年,通判孔兴询,详建於府治之东。雍正三年,知府杨秘、教授万咸燕,改迁今地。五年,知府元展成,建明伦堂。乾隆四年,知府管学宣、教授万咸燕,改建两庑、大成、棂星等门及魁星阁。五年,重建大成殿、崇圣祠、明伦堂、泮池、照壁、文庙坊,易以石砌,缭以通垣,绘以金漆,整齐宏敞,

---

① 木光. 2006. 木府风云录//丽江古城博物院(木府)系列丛书之一. 昆明:云南民族出版社:203.
② 丽江地区地方志编纂委员会. 2000. 丽江地区志(中卷)//中华人民共和国地方志丛书. 昆明:云南民族出版社:545.
③ 丽江县县志编委会办公室. 1991. 丽江府志略. 丽江:丽江县印刷厂:90-91.
④ 丽江纳西族自治县志编纂委员会. 2001. 丽江纳西族自治县县志. 昆明:云南人民出版社:818.

焕然一新，较前加壮丽焉。"① 该文庙建筑，依山起势，各纵向建筑层层高起。现存正殿、东西厢及棂星门，保存完好。正殿，面五进三，穿斗式构架设有中柱，四根角柱皆用方柱平面内外两圈柱构成，两圈柱外不设内柱，屋脊檐口平直略翘，明间横批为斜菱形木格装饰，简朴古雅。

雪山书院藏书楼

雪山书院，"雍正三年（1725年）知府杨馝，儒学教授万咸燕（云南石屏人，进士）同创。杨馝为丽江改土归流后第一任知府，到任后着手筹建书院，并聘儒学教授万咸燕任山长讲学半年后，适逢岁试，丽江生员列优等者五名，受到提学嘉奖"②。作为丽江改土归流后的第一任流官知府的辽宁人杨馝，上任后力倡发展丽江的教育。他对纳西族同胞授以种稻之方，鼓励其向学之志，"度地庀材，建书屋，若而楹既成"③，创建了雪山书院，同时他还"搜书籍，资膏火，俾诸生及民之秀者，咸肄业焉"④。其目的是要纳西族人"至教有四：文行忠信。文以明道，源清流睿；行以体道，必诚必慎；忠以尽心，神明独运；信尽其理，缘物一定。守此四者，可尧可舜。最哉多士，敬奉明训"⑤。清乾隆元年（1736年）江西安福人管学宣任丽江知府，"为修葺雪山书院，广设十七村义舍，肄业及之"⑥。此之后至光绪年间，书院历经多次修葺、扩建。

清光绪十九年（1893年）知府陈宗海、丽江晚清进士和庚吉、书院山长李福宝，在书院现有建筑的基础上改建了藏书楼。藏书楼坐北朝南，方形二层，砖石构造，歇山式仿木结构屋顶，屋顶飞檐翘角，墙壁四周浮雕系鱼龙、花卉图案，工艺精巧。该楼阁体现了丽江书院讲藏书的功能。改建了的藏书楼收藏的古籍有《诗经》《书经》《易经》《春秋三部》等数千册，以及《东巴经》古籍6000余册。

石鼓铁虹桥亭楼

石鼓，作为茶马古道上的一个咽喉驿站，迄今已有2000多年的历史，有老君山九十九龙潭水汇成的冲江河在此注入长江，终年水量较大，必建桥梁，但江水上涨，桥易毁，跨江而建的铁虹桥的古桥已无可考。

铁虹桥，有几种名称，据《丽江府志略》载，铁虹桥即"来远桥，又名

---

① 丽江县县志编委会办公室. 1991. 丽江府志略. 丽江：丽江县印刷厂：141-142.
② 丽江地区地方志编纂委员会. 2000. 丽江地区志（中卷）//中华人民共和国地方志丛书. 昆明：云南民族出版社：458.
③④ 同①262.
⑤ 同①266.
⑥ 同①252.

吊桥、关桥，在城西七十里石鼓，跨冲江河。本朝乾隆四年，知府管学宣奉文建。"① "清光绪十三年（1887年），县人周□等捐资修建。因形似彩虹，故名。"② 清末，数次遭洪水毁损后重修。民国二十二年（1933年）毁于洪水，"县人赖耀彩、黄之昌等集资重修，并将桥位向冲江河下游迁移"③。"现存铁虹桥总长54.5米，桥面宽3.2米，净跨度32米，底链由14根钢索组成，上铺木板，护栏两根。"④ 该桥建筑基本保存完好。贺龙、任弼时等率领的中国工农红军第二方面军长征时曾路经此桥。

桥亭楼，建在桥头两边，"两端桥亭上分别悬挂'上下天门''遐迩庆幸'匾"⑤。桥亭楼为"重檐歇山顶，抬梁木结构桥亭"⑥，飞檐翘角，雕梁画栋。

石 鼓 戏 台

石鼓戏台位于古城区"石鼓镇石鼓街心，建于清末。戏台坐东朝西，平面呈方形，单檐歇山顶，四脊飞檐。面阔1间（通6米），进深1间，后有面阔3间化装（妆，作者注）室，台基高2.5米，台下辟为地楼"⑦。戏台系当地乡绅出面有乡人分摊修建。石鼓自古以来就是南来北往的交通枢纽，戏台位于街市，周围居住的多为经商的外地迁来之人，因而戏台除为当地民众外，也为商贸团体往来聚会、消遣娱乐而修建，以达到他乡故里友好往来，增强情感沟通的目的。1934年4月，中国工农红军第二方面军长征至石鼓，红军将领在石鼓戏台宣传抗日救国的真理和北上抗日的重要意义，号召当地人民支援红军渡江，受到当地百姓的热烈欢迎和拥护。

二、宁蒗县

扎 美 戈 寺 偏 殿

扎美戈寺，相传明代西藏教祖师噶玛巴巡视西康，途径永宁，得知寺之所在地摩梭语称为"扎美戈"，藏语是"和平"之意，便决定在此建寺。这寺的藏名为塔洛扎美归，后来就称扎美戈寺。扎美戈寺"位于宁蒗县永宁区皮匠街西北，是一藏传佛寺院。始建于元代，由大殿、偏殿、禅房等组成。占地100余亩，为宁蒗境内最大的宗教建筑。现仅存偏殿。偏殿为重檐歇山顶，面阔五间（15.6米），进深三间（13.7米），正脊饰一塔式宝顶。二层出檐采用吊脚楼形式，出檐四周有28个吊柱出挑。明间檐柱间装修朱门，其余三面

---

① 丽江县县志编委会办公室.1991.丽江府志略.丽江：丽江印刷厂：78.
②③④⑤⑥ 丽江纳西族自治县志编纂委员会.2001.丽江纳西族自治县志.昆明：云南人民出版社：210.
⑦ 同②822.

均以厚实的夯土墙筑成藏式墙面。殿内现存六铺壁画,用笔工细,着色艳丽"①。偏殿主体建筑结构均以土木为主,外墙内木,墙的上部采用"鞭麻"装点,显示出古代藏族建筑技艺的精湛和高超。建筑整体梁架遍施彩画,绘制精美,雕梁画栋,十分壮观。

永宁土司衙署门楼

元代,在全国统一的建制下,在宁蒗县永宁、蒗蕖两地设置世袭土司。至民国,永宁土司共传26代,历时670余年;蒗蕖土司共传24代,历时670余年。明清时期,云南内地实行改土归流,但宁蒗社会历史原因的特殊,仍保留了土司制度,直到1956年民主改革后,土司制度才彻底废除。

永宁、蒗蕖两地土司皆为摩梭人,蒗蕖土司元代即为阿姓,永宁土司原系父子联名,自明天顺二年(1458年)传至阿苴,始以阿为姓。

宁蒗永宁土司衙署,又称为永宁土司衙门。原建在摩梭人称"开基瓦啊"的开基桥,那里是土司一、二、三世祖直到清光绪五年(1879年)任永宁知府职事阿恒芳的土知府衙署所在地,由历代阿氏土司出资相继营建。建筑壮观,但因战争被毁,现仅存遗址,后复建在永宁乡达坡村。"永宁为摩梭土司阿氏世居之地,它与蒗蕖土司南北对峙,管辖这一地区。阿氏在达坡村建有相当规模的土司衙署,还在距此东约20公里的泸沽湖湖心岛上盖过别墅,现建筑为四合院落,均为单檐悬山顶建筑,楼层有栏杆,正面有砖拱式门楼。1985年,阿土司后裔罗桑益世根据民族建筑艺术风格传统,对该幢房屋进行了修整。"② 四合院落为典型的纳西族庭院式建筑。

蒗蕖土司衙署正殿

宁蒗蒗蕖土司衙署,亦是由历代阿氏土司出资相继营建。"位于宁蒗县城南19公里新营盘乡东风村(又名衙门村)。民国以前,宁蒗的建置分为永宁、蒗蕖两部,皆由摩梭首领阿氏土司掌守。土司衙署原规模宏伟,现仅存一正殿及南北两厢房。正殿为重檐悬山顶,雕梁画栋,斗拱装饰,富丽堂皇。南厢房楼上还有一块宽3米,长1.25米的匾额(已残)。"③ 该建筑现今为宁蒗县境内保存较好的清代建筑之一。

---

① 邱宣充,张瑛华,等. 1992. 云南文物古迹大全. 昆明:云南人民出版社:689.
② 同①690.
③ 同①691.

三、永胜县

金沙江金龙桥亭阁

金龙桥，又名梓里江桥、梓里桥，金沙江上第一桥。位于丽江永胜县和古城区之间金沙江上，东连永胜，西接鹤丽，东距永胜城 150 余里（1 里合 500 米，作者注），西距丽江城 80 多里。金龙桥"在郡治西北一百五十里子（梓）里汛，西跨金沙江，为永郡通鹤丽要冲。计长二十八丈（即 93 米，作者注），宽九尺（约 3 米，作者注），系铁索十八股。光绪二年丙子，现授贵州提督鹤阳蒋宗汉炳堂捐资创修"①。"清光绪五年（1879 年）开工，光绪十年（1884 年）竣工。桥宽 8 尺 5 寸，长 26 丈，共用铁索 16 条，底链 14 根，上铺木板，护栏 2 根，每根铁链约由 500 个扣环连接，"②"现存金龙桥长 116 米，宽 3.5 米，净跨 94 米，枯水季节距水面约 50 米。"③是长江上现存最古老的桥梁，有关此桥的历史，《云南通志》《丽江府志》《永北直隶厅志》均有详细记载。金龙桥不仅是金沙江驿路交通的咽喉，也是历来兵家必争之地，其历史价值自不待言。

亭阁，建于桥东西两侧，为歇山顶，方形，四角飞檐，雕梁画栋，青瓦屋顶，瓦屋亭阁。建筑工艺精湛。

第二节 与丽江市楼阁相关的文学作品及作者

与丽江市楼阁相关的文学作品及作者，除第二章论及的与丽江忠义牌坊（牌楼）相关的文学作品及作者外，根据相关地方文献和调查，与古城区玄天阁，石鼓戏台，宁蒗县扎美戈寺偏殿，永宁土司衙署门楼，蒗蕖图书衙署正殿相关的文学作品及作者不详，待查实后再作补充。其余与楼阁相关联的作品下面将分地区作详细分述。

一、古城区

（一）与福国寺五凤楼相关的文学作品及作者

1. 碑记

（明）徐霞客《徐霞客游记》。明崇祯十二年（1639 年），著名旅行家徐霞

---

① （清）叶如桐修.刘必苏，朱庭珍.1999.永北直隶厅志//云南省永胜县地方志丛书.昆明：云南大学出版社：75.

②③ 丽江纳西族自治县志编纂委员会.2001.丽江纳西族自治县志.昆明：云南人民出版社：209.

客曾应丽江军民府土知府木增之邀,在五凤楼居住了8天,而后在其《徐霞客游记》中对五凤楼作了精心描写,"层台高拱,上建法云阁(今五凤楼,作者注),八角层甍,极其宏丽,内置万历时所赐藏经焉。阁前有两庑,……两庑之外,南有圆殿。以茅为顶,而中实砖盘。佛像乃白石刻成者,甚古而精致。"① 徐霞客对五凤楼的建造结构、内部构造、所珍藏的藏经,都作了细致的展现。"……其前即斋堂香积也。北亦有圆阁一座,而上启层窗,阁前有楼三楹,雕窗文槅,俱饰以金碧,乃木公燕憩之处,扃而不开。其前即设宴之所也。其净室在寺右上坡,门亦东向,有堂三重,皆不甚宏敞,四面环垣仅及肩,然乔松连幄,颇饶烟霞之气"。② 再细叙五凤楼周边建筑,尤其圆阁为木府土司下榻之处也作了说明,"余寓南庑中"③。还点明了作者自己住在此楼中的事实。描述细致、得当。

(明)张学懋《丽江府芝山福国禅林纪胜记》。作为当时云南唯一受明熹宗"皇封",赐名福国寺的佛寺,明天启七年(1627年),受当时的丽江土司木增之邀,鹤庆军民府知府张学懋为福国寺撰文《丽江府芝山福国禅林纪胜记》,并刻于碑上。该碑文对木增土司在福国寺的下榻处——五凤楼作了这样的记录,"构屋数楹,木不雕馊,土无缔绵,杉楯荆扉,盖隐公习静处也。"④ 这里"隐公"指木增,"习静处"点明五凤楼是木增的习静处。为我们考察五凤楼提供了一些佐证。

2. 诗歌

(清)姚应鹤《解脱林即事》。"公馀策马出青郊,日午风和兴更豪;绿野千畴翻麦浪,苍松万树起春涛。山门石径盘旋上,殿阁瑶台层叠高;多少紫衣来问讯,梵音鸟语两嘈嘈。"⑤ 第一、二句简洁道出春季诗人自己官衙当差之余,骑马郊野踏青,时值中午风和日丽,游兴豪放;第三、四句写景,春天绿绿的田野上,麦浪翻滚,芝山四周山峰万树苍松,遇风会掀起春涛;第五、六句具体描摹了处于芝山之中的福国寺五凤楼,沿着石径盘旋走进山门,大殿、楼阁、瑶台层层叠高;第七、八句说明五凤楼,曾经有多少位高权重、达官显贵来登临问候,得到的却是寺院师父诵经的声音和嘈嘈杂杂的鸟语声。全诗轻描淡写,却意味深长,让人回味无穷。

(明)木增《居芝山》。"草堂幽静北峰遥,桂树劳将隐士招。万卷开函随子史,三秋生计只渔樵。欲从郑谷聊生事,喜遂初衣荷圣朝。莫问长安车马客,子云门巷日萧萧。"⑥ 此诗是土司木增在明天启四年(1624年)退隐,让

---

①②③ (明)徐霞客. 2010. 徐霞客游记. 北京:中华书局:513.
④ 丽江县县志编委会办公室. 1991. 丽江府志略. 丽江:丽江县印刷厂:242.
⑤ 同④323.
⑥ 政协丽江市委员会. 2007. 丽江名诗名联//《神奇丽江》文化旅游丛书. 昆明:云南美术出版社:23.

位给儿子木懿，自己隐居芝山福国寺五凤楼，静居著述而创作的一首诗歌。首联语出《楚辞·招隐士》，"桂树丛生兮山之幽，偃蹇连蜷兮枝相缭。"首联诗人以色泽芳洁而冬夏常青的桂树自喻，点明隐居的芝山福国寺五凤楼，幽静、闲适；颔联写出隐居生活的情景：隐居三年除阅读万卷子史经书外，还从事渔樵的劳作；颈联透出诗人不甘隐居的生活，欲报效朝廷的心绪；尾联再次渲染隐居生活的孤寂、门前车马稀的落魄情景。全诗借隐居五凤楼的生活场景，喻指诗人报国无门的忧郁、惆怅之情。

3. 楹联

(民国) 黄辑熙题福国寺联。"白云天上闲来往；明月山中少送迎。"[①] 这是民国时期，楹联作者与友人同游黑龙潭是为福国寺五凤楼题写的楹联。该联叙写福国寺楼阁顶上白云悠悠来去自在，明月在山中的起落，与人一样，人依托自然本性来来去去无送无迎接。联语用"白云""天上""明月""山中"等具体可感之自然界形象来衬托福国寺环境的秀美，再用"闲""少"等字将福国寺的动静相映写出。充满了一种禅意，耐人寻味。

4. 作者生平事迹简介

徐霞客（1587—1641），名弘祖，字振之，号霞客，江苏省江阴人。明代地理学家、旅行家和文学家。自明万历四十一年（1613年）起至明崇祯十二年（1639年）游历祖国名山大川，写成有名的《徐霞客游记》，不仅对地理学有较大贡献，而且文学领域的造诣亦颇深，《徐霞客游记》既是地理学的珍贵文献，同时又是笔法精湛的游记文学。

张学懋，生卒年不详，四川梓州人，明天启七年（1627年）任鹤庆军民府知府时，受木增之邀为福国寺撰文，写有《丽江府芝山福国禅林纪胜记》一文。其他著述不详。

姚应鹤（1681—?），汉军镶黄旗人，清嘉庆三年（1798年）八旗科考举人，雍正至乾隆年间先后出任云南一州四府官职。据《新纂云南通志》载，"善吟咏，耻以俗吏自居。"《丽江府志略》收录其诗二首，即《望雪山》《解脱林即事》。

木增（1587—1646），字长卿，号华岳、又号生白。纳西名阿宅阿寺。丽江木氏十九世。明万历二十六年（1598年）袭父职，为第十九代土司。在位二十六年。明天启十三年（1633年）授为四川布政使死左布政，明天启十七年（1637年），加太仆寺卿职。任内，倡导学习汉文化，其本人的汉文化造诣很深，且博览群书，吟诗作赋。著有《云薖集》《云薖淡墨》《竹林野韵》《啸

[①] 政协丽江市委员会. 2007. 丽江名诗名联//《神奇丽江》文化旅游丛书. 昆明：云南美术出版社：118.

月函》《空翠居录》《山中逸趣》《光碧楼诗抄》等诗文集传世。其中《云薖谈墨》六卷收入《四库全书》子部杂家类存目。并与当时文人董其昌、周延儒、张邦纪、担当、章吉甫来往密切。《滇南诗略》《滇文丛录》《滇诗丛录》《云南丛书》均有其诗赋作品载录。

黄辑熙（1885—1939），"字穆侯，丽江纳西族，清秀才，后毕业于云南优级选科师范博物科，多年任教。曾受民国云南省政府传谕嘉奖。为丽江教育界、书法界名人"①。

（二）与玉泉古建筑群得月楼、戏堂相关的文学作品及作者

1. 诗歌

（民国）杨菊生《丽江杂述》。"山处指云寺，水边得月楼。天然工属句，人忆镇南州。"② 这是民国时期诗人杨菊生游览黑龙潭时有感而发创作的一首诗歌。诗歌把指云寺中"得月楼"位于黑龙潭水中央，以及巧夺天工的建造风格一一呈现出来。诗作简洁、通俗、含义丰富，是一首描写丽江山水风物的小品诗。

2. 楹联

（民国）和庚吉题黑龙潭得月楼联。"丞相祠边，子云亭下，只遗古意茫茫！欣故里依然，胜迹辉流丹阁影；屏开雪岭，镜拂晴波，不尽余情缕缕！问何时归去，曲栏醉倚绿杨春。"③ 该联是作者在四川任职时撰寄之作。曾有跋曰，"光绪甲辰（1904年）春，官羁西蜀，奉家书知重修斯亭，甚壮丽，撰此寄悬。"上联表达自己的历史感慨和对故乡的无限深情；下联先写景，雪岭、晴波，再叙说自己宦游之途何日结束？透露出对官宦生活的厌倦，欲返乡的心切。此副楹联得到了乡人的盛赞，一直为人们所传诵。

罗凤章集句题黑龙潭得月楼联。"故乡无此好湖山，至若春和景明，天高日晶，登斯楼也；今夕只可谈风月，又有清流急湍，锦鳞游泳，顾而乐之。"④ 此联有跋云，"庚戌春三月，既望薄暮，居亭李清浦军门约散步得月楼，见其山水清幽，游鱼可数，故集斯联。"此跋说明作者集此副楹联的时间是庚戌春三月，是与居亭的李清浦军门相约散步得月楼，看见得月楼山水清幽，游鱼可数，因而集句题写此联。上联借用范仲淹《岳阳楼记》、欧阳修《秋声赋》诗句写出得月楼景致的不同凡响；下联再借王羲之《兰亭集序》、范仲淹《岳阳楼记》、苏轼《后赤壁赋》诗句见出作者暂时忘记一切的不快，尽情享受此

---

① 政协丽江市委员会. 2007. 丽江名诗名联//《神奇丽江》文化旅游丛书. 昆明：云南美术出版社：118.
② 同①74.
③ 同①108.
④ 同①112.

刻的美景。

杨超群题黑龙潭得月楼联。"泉涣涣兮涟漪,问何时最是可人?须领略月到天心,风来水面;亭表表而矗立,看这般无穷佳景,好记取云飞画栋,雨卷珠帘。"① 上联写出得月楼最佳观景时间是"泉涣涣兮涟漪"和"风来水面"。下联写出得月楼这座建筑物的形貌"亭表表而矗立",让人过目不忘其"云飞画栋,雨卷珠帘"的神态。家乡天边月色、泉水涟漪、楼亭矗立的美景和作者的赞誉之情充盈整座得月楼,加之拟人化手法形象、韵味无穷。

杨庆远集句题黑龙潭得月楼联。"有亭翼然,装点在清凉世界;此游乐乎,洋溢于童冠心胸。"② 该联是作者为清光绪末,丽江重修黑龙潭得月楼时,于四川任上撰寄之作。上联引用欧阳修《醉翁亭记》中"有亭翼然"句点明得月楼四面环水,一派清凉的景象;下联写来此游玩,会涌动游人的童心。角度新颖,意蕴别致。

3. 作者生平事迹简介

杨菊生(1864—1936),字贡生、顺侯,名应先。曾两次进京会试。后在文峰寺从教多年,民国后,在中甸任教,晚年回到丽江。一生所写诗稿甚多,但大半佚失。"当时的县长何文选曾赠以联曰:'菊隐松竹梅兰外,诗在苏欧李杜间。'"③ 有诗集存世。

和庚吉(1864—1950),字星白,号松樵,晚号退仙,丽江古城纳西族。清光绪十八年(1892年)壬辰科进士,官兵部主事,后改外用,历任四川乐至、石柱、温江等县知县。著有《退园韵语》诗文选集,共收诗145首。

罗凤章,生卒年不详。生平事迹、著述亦不详。

杨超群(1868—1923),字龙山,丽江人,纳西族。十八岁即拔贡,旋即又重副榜,才名特著。虽家境贫寒但夙喜博览群书,涉猎主张著述,一生著述颇丰,现仅存《亦锦囊诗钞》一册。

杨庆远(1823—1909),"字玉泉,丽江古城纳西族,清咸丰辛酉(1861年)拔贡,光绪年间历任四川眉州州判、眉州水利府、留有政声。"④《眉州县志》有其事迹载录。

(三)与木府忠义坊、万卷楼、光碧楼、玉音楼相关的文学作品及作者

1. 诗歌

(明)木泰《两关使节》。"郡治南山设两关,两关并扼两山间。霓旌风送

---

① 政协丽江市委员会. 2007. 丽江名诗名联//《神奇丽江》文化旅游丛书. 昆明:云南美术出版社:112.
②④ 同①127.
③ 同①73.

难留阻,驿骑星驰易往还。凤诏每来红日近,鹤书不到白云闲。折梅寄赠皇华使,愿上封章慰百蛮。"① 这是土司木泰创作的唯一一首存留于世的七言律诗,"郡治南山设两关,两关并扼两间",描写了明代丽江边关邱塘关山形陡峭、位置险要的奇景。再用"霓旌、驿骑、凤诏、鹤书"叙述丽江土司与当时中央王朝的密切往来,最后再次表明为中央王朝镇守边关的决心。此诗中的"凤诏每来红日近,鹤书不到白云闲"两句表明诗人每当朝廷的诏书来到丽江,好似红日照临,倍感温暖,萌发了要为边疆的安宁、祖国的统一,尽绵薄之力的忠贞之情。这两句诗还被丽江土司用作木府光碧楼大门的对联,可见其影响之大,被学界誉为丽江纳西族第一首汉文诗。全诗对仗工整,通达流畅,诗人木泰对明王朝的忠诚之心历历在目。此诗后被《丽江府志略》收录传世。

(明)木公《述怀》。"丽江西迤西戎地,四郡齐名一姓和。权镇铁桥垂法远,兵威铜柱赐恩多。胸中恒运平蛮策,阃外长开捍虏戈。忧国不忘驽马志,赤心千古壮山河。"② 此诗是诗人木公袭职后,于明嘉靖二十三年(1544年)写就。丽江地处西南边陲,与吐蕃接壤。自唐以来,吐蕃与内地常有战争发生。丽江木氏土司归附明朝后,即以守土为己任,是丽江百姓免受战乱之苦,有一个安定的环境,以利于发展生产和文化。二木公的这首诗正是表达这种不忘忧国,赤心不移的爱国精神。首联点出丽江的地理位置以及"和"姓由来;颔联通过权、兵、铁桥、铜柱等意象表明诗人土司木公镇守丽江,得到朝廷恩赐的情形;颈联表达木公土司对朝廷的拳拳之心;尾联再次借景寄情。诗人木公对当时丽江地区社会安定,边疆稳定,国家认同的情感溢于言表。

(明)木公《江村晚眺》。"江上层云合,江村结暮阴;渔灯半明灭,风雨苇花深。"③ 这是《丽江府志略》收录的一首诗歌。作为一方地方官的土司诗人木公有时又会用笔墨来展现丽江百姓的美好生活和对丽江山水的歌咏。"江上层云合,江村结暮阴"两句再现了玉湖的美丽景致。"渔灯半明灭,风雨苇花深"两句描摹了金沙江两岸百姓的乡村生活和夏夜的景色。全诗通过对江上、层云、江村、结暮、渔灯、风雨、苇花等形象的描绘,再用"合、阴、灭、深"这四个词绘制出了一幅江边渔家风景图,给人一种灵动之感,字字句句透露出诗人对家乡美好生活的向往之情,而且采俗入诗,充满浓郁的乡土气息。

---

① 郭大烈,和志武. 1999. 纳西族史. 成都:四川民族出版社:338.
② 木光. 2006. 木府风云录//丽江古城博物院(木府)系列丛书之一. 昆明:云南民族出版社:92.
③ 丽江县县志编委会办公室. 1991. 丽江府志略. 丽江:丽江县印刷厂:325.

（明）木高摩崖诗。"金江不断流千古，雪岳尊崇接上台。扫苔梵墨分明见，七岁能文非等才。"① 木高没有诗集传世，流传下来的都是刻在岩石上的摩崖诗。这首七绝，写于明嘉靖十三年（1534年）木高19岁时刻写在白沙摩崖上的诗作。

（明）木高诗。"诚心报国家，男儿佩宝剑。双挥风雨忙，独舞鬼神惊。豪气边疆宁，寒光牛斗淡。石门锁钥坚，世作大明坫。"② 此诗是土司木高在明嘉靖二十七年（1548年）篆刻于石鼓碣《大功大胜克捷记》后面的诗。这在明代冯时可写的传记《明丽江知府木氏雪山、端峰、文岩、玉龙、松鹤、生白六公传》里就曾详细记录了端峰（木高），"公配凤氏，生端峰，讳高，字守贵，年十八，能挽数钧弓，发无不中，考令往遏吐蕃，屡奏捷。二十一，剿香罗腥胡，立三寨。二十四，御吐蕃毛佉，斩三千余级，添立三寨。二十五，克干陶诸番。……考雪山悉出所赐金牌带around之曰：'吾儿真韩白流也。'……君以累著功绩，诏授三品文职，升亚中大夫，玉音褒嘉，有忠孝文武语。"③ 这里将木高土司累著功绩，玉音褒嘉之事记录得很清晰完整。诗歌表达了木府土司为了边疆的安宁，佩宝剑、风雨忙、豪气守边、诚心报国的情感。其诗风有唐代边塞诗的韵味。

（明）木青《题竹》。"森森万竿入云高，风过依稀响翠涛。欲借清阴来入砚，任人和露写离骚。"④ 诗中借抄写《离骚》之机，再用竹的翠涛和墨汁的清阴来表明欲隐居，与山野为友，流露出寄情山水，超脱现实的思想情怀。此诗写竹，但品格不凡，颇耐人寻味。

（明）青《移石草亭》。"万松深窈处，独构此茅庐。锄地移新竹，通泉溜水渠。琴书常作侣，木石与为居。笑煞求名者，蟠溪一老渔。"⑤ 这首诗首联突显诗人住居"茅庐"所处的环境——万松深窈。颔联写明诗人劳作的场景——锄地栽移新竹，泉边有了水渠。颈联点出与诗人自己常做伴的是琴书、木石。尾联一再表明诗人自己只是一个老翁，将诗人隐居山间，悠闲自得的心态展露无遗。诗歌寓意廓然，畅达清雅，是诗人木青深居简出，苦读诗书，鄙视功名利禄的真实生活写照。

（明）木增《文笔凌云》。"东壁图书照丽阳，湖边文笔碧霄翔。峰常绚彩何须梦，天自书云为纪祥。列岫层峦皆几案，行云流水尽文章。巨灵千载题

---

①② 郭大烈，和志武. 1999. 纳西族史. 成都：四川民族出版社：344.
③ 木光. 2006. 木府风云录//丽江古城博物院（木府）系列丛书之一. 昆明：云南民族出版社：39.
④ 政协丽江市委员会. 2007. 丽江名诗名联//《神奇丽江》文化旅游丛书. 昆明：云南美术出版社：22.
⑤ 同③109.

春雪，始信如椽出大方。"①"文笔凌云"乃古时丽江十二景之一，与玉龙雪山遥相对望的是文笔峰。这是诗人隐居芝山福国寺五凤楼期间创作的一首诗歌。诗歌首联写出东壁的图书映照着丽阳，珊碧湖畔的文笔峰高耸入云。颔联再次写景，文笔峰顶上的彩云美如梦境，层峦叠嶂都是书桌，这一切都是苍天的吉兆。颈联对颔联内容做引申，认为风雨星云之变化，大概就是做不尽的文章吧！尾联借景抒发诗人自己的情怀，遥望千古不化的春雪，才悟出如椽大笔竟源自广袤的大地。诗作含蓄隽永，韵味醇美，想象丰富，语言朴实。

（明）木靖《雪山》。 "边关一窦隔巉屼，固守提封去路难；玉垒千年存古雪，金沙万里走波澜。舆图虽尽天犹广，月令无凭夏亦寒；磅礴远呈精白意，忽从日下见长安。"② 丽江土司府土司木靖的一首七言律诗，收录于《丽江府志略》。首联展现了诗人作为土司所管辖的封地和镇守的边关山势高峻、路途艰难。颔联细写丽江如天然屏障的玉龙雪山、金沙江景物异常壮观。颈联再写所管辖之地虽广，但不论四季冬寒还是夏凉，镇守边关之心不可动摇。尾联诗人借"精白意"（一片冰心）来象征自己忠于中央王朝的诚意和家国情怀的尽显。诗歌气势磅礴，境界开阔，歌咏祖国边疆，国家统一的愿望在诗中处处可见。

2. 匾额

唐初，分别崛起于青藏高原、云贵高原的吐蕃和南诏成为与唐王朝争雄的对手，因而滇西北地区成为唐朝的战略要地，也是滇、川、藏的交通要道，又是高原畜牧民族与河谷坝区农业民族交往交流交融的地方。而丽江地区地势险要、不闭塞，多种经济并存发展，能自给，这里的动乱与安定关涉滇、传、藏广大民族地区的安定和动乱。明王朝历代皇帝十分看重木氏土司拥有的军事实力和丽江地区的战略地位。加之元代"麽些军"曾随元军远征缅甸，作战勇敢无畏，因此，明王朝对木氏土司优渥礼加，多次封官赏赐。迄今仍能见其实物遗存的就有历代明王朝皇帝御赐的匾额。现分述如下：

"辑宁边境"匾。 现木府北门悬挂，上有朝廷印鉴。为"明嘉靖十五年（1536年）御旨颁敕木公'辑宁边境'四字"③。关于御旨颁敕时间，学界有争议，郭大烈、和志武《纳西族史》中认为应是1543年，《丽江纳西族自治县志》认为是1534年。这里作者采用木氏后裔木光《木府风云录》的说法。

---

① 政协丽江市委员会. 2007. 丽江名诗名联//《神奇丽江》文化旅游丛书. 昆明：云南美术出版社：22.

② 丽江县县志编委会办公室. 1991. 丽江府志略. 丽江：丽江县印刷厂：322.

③ 木光. 2006. 木府风云录//丽江古城博物院（木府）系列丛书之一. 昆明：云南民族出版社：67.

对于嘉靖皇帝的恩赐，木公创作了诗歌《嘉靖恩赐"辑宁边境"四字》，"辑宁边境自天来，跪捧黄章向北开；金画滚龙蟠御字，玉音玺篆焕云雷。"① 在诗中，木公明确表明了自己"跪捧黄章"的心境，并用"金画""龙蟠""御字""玉音""玺篆"这一系列具体可感的形象来表达自己受宠若惊的情感。

"乔木世家"匾（1560年）。② 现木府南门悬挂，上有朝廷印鉴。对于木光《木府风云录》里关于御旨颁敕时间，作者认为太过笼统，不明确。所以采用郭大烈、和志武《纳西族史》中的御旨颁敕时间。此御赐题字，是嘉靖皇帝御旨颁敕木高的。

"西北藩篱"匾。为"明万历二年（1574年）御旨颁谕木东"③。

"忠义"匾。关于御旨颁赐"忠义"二字的时间，木氏后裔木光《木府风云录》认为应是1621年，而郭大烈、和志武《纳西族史》，以及《丽江纳西族自治县志》均认为应是1620年。因而笔者采用后一种说法。"明万历四十八年（1620年），木增向朝廷纳银1200两，明神宗赐'忠义'二字，木增在南园建忠义坊。"④ 刘敦桢"此坊明间之绦环板上镌'忠义'二字。据《府志》人物志，木增尝输金助三殿工，并慨陈时事，神宗嘉其忠诚，晋职参政。疑此坊即建于是时，而忠义之名，亦当时所赐也。"⑤ 自明太祖开始，多次赠给木氏"诚心报国"金带，对此，木公曾写《自述》诗一首，"汉唐宋元世，宦历岂须夸。腰系黄金重，诚心报国家。"⑥ 此诗追溯木氏家族，自汉、唐、宋、元以来的官宦经历和忠诚相继。同时表达自己受宠若惊，感恩戴德的感受，以及诚心报国的决心。

"益笃忠贞"匾（1622年）。⑦ 木氏土司对明王朝忠诚，为当时丽江地区社会安定、边疆稳定，促进与内地经济文化交流立下了汗马功劳。这在木公的诗作《述怀》中有明确的表露："忧国不忘弩马志，赤心千古壮山河。"⑧

"位列九卿"匾（1644年）。⑨ 这是明王朝对木氏家族镇守边关，维护社会安定有贡献，而授予木氏土司的头衔。

"行化边徼"匾。丽江木府土司自木得土司起，非常重视并倡导学习汉文

---

① 丽江县县志编委会办公室. 1991. 丽江府志略. 丽江：丽江县印刷厂：328.
② 郭大烈，和志武. 1999. 纳西族史. 成都：四川民族出版社：270.
③ 木光. 2006. 木府风云录//丽江古城博物院（木府）系列丛书之一. 昆明：云南民族出版社：67.
④ 丽江纳西族自治县志编纂委员会. 2001. 丽江纳西族自治县志. 昆明：云南人民出版社：856.
⑤ 刘敦桢. 2007. 刘敦桢全集·第四卷. 北京：中国建筑工业出版社：64.
⑥ 同③90.
⑦⑨ 郭大烈，和志武. 1999. 纳西族史. 成都：四川民族出版社：270.
⑧ 同①319.

化。"嘉靖六年（1527年）木公袭职后不仅鼓励家族带头学习汉文化，并在辖区有重点的开办学馆推广汉文化的学习，明世宗御赐匾额，'行化边徼'4个字，给予嘉奖肯定（木高承袭后建坊立匾）。"①

3. 对联

（明）木公撰木氏家族联。"粤自汉唐，缙笏簪缨世胄；肇兴元宋，衣冠文物人家。"② 上联极言木氏家族先祖自汉、唐起一直是肩负朝廷重任的官宦；下联叙述木氏先祖在丽江喜迎忽必烈军，使家族勃兴。

（明）木东题家院正堂联。"翠柏参天秀，丹葵向日倾。"③ 上联用写出翠柏参天的秀丽之景；下联借用丹葵、向日喻指木氏土司忠于朝廷的诚心。此联写得富有生机和文意。

（明）木公撰"乔木世家"联。"云霞雨露兴乔木，竿国山河镇世家。"④ 该联是嘉靖皇帝御旨颁敕木高"乔木世家"四字并准建牌坊时所写。上联点出大自然的云霞、雨露可以使乔木茁壮成长；下联明示丽江山河可以振兴世家。

（明）木泰"凤诏每来红日近，鹤书不到白云闲。"⑤ 此对联出自木氏十二世土司木泰的《两关使节》中的诗句。讲皇帝的圣旨一到，就似离太阳更近，心里仿佛沐浴着温暖的阳光，如长时间接不到朝廷的诏书，就连白云都会感到悠闲无聊，心中的失落之意就会油然而生。表现了木氏土司对明王朝的忠心耿耿和对国家统一的维护。

4. 碑记

（明）木公《建木氏勋祠自记》。此碑记文字是明嘉靖七年（1528年）由土知府木公所撰写。先记述历代木府所辖地区"吾丽江，《禹贡》梁州之界，天文井鬼分野，汉为越嶲郡，居六诏之一。郡北有山曰玉龙，吾鼻祖世居其下，盖世守其郡也"⑥。然后说明历代土知府艰难创业，镇守边疆的经过，以及得到朝廷的御赐、封诰，"祖叶古年已上十一代，虽有俗老口传名讳，而无谱牒，不敢据信。自汉、唐、宋、元，迄今明朝，其间为诏、为公、为侯、为节度使、为宣慰使司、为茶罕章、为宣抚司、为参政、为知府，皆出自国家优典。"⑦同时告诫后代子孙"内不可耽於酒色，外不可荒於犬马。"⑧ 要

---

① 木光. 2006. 木府风云录//丽江古城博物院（木府）系列丛书之一. 昆明：云南民族出版社：191.

②④ 政协丽江市委员会. 2007. 丽江名诗名联//《神奇丽江》文化旅游丛书. 昆明：云南美术出版社：98.

③ 郭大烈，和志武. 1999. 纳西族史. 成都：四川民族出版社：346.

⑤ 丽江县县志编委会办公室. 1991. 丽江府志略. 丽江：丽江县印刷厂：316.

⑥⑦ 同⑤235.

⑧ 同⑤236.

"克恭可敬"①"学书学礼"②"忠君至恳，爱民至专，孝亲至勤"③，诚心报国。最后再次表明"拓守边城，不可有动挠患，以贻天子忧"④的忠诚和决心。

（明）木高《大功大胜克捷记》。这篇记是木高于明嘉靖四十年（1561年）刻写在石鼓碣上的。该记立意颇高，不是就事论事，而是从"忠孝大节"来立论作文，"功不著不足以成名，德不显不足以立身，盖功忠于君也，德孝于亲也。惟忠可以懋功，惟孝可以懋德，贵而能忠，保其世爵，富而能孝，守其世官，四海中外，忠孝大节，卓为天下轨由。"⑤该记为明代丽江碑刻中的上乘佳作。

（明）木高《万德宫碑记》。"万德宫"又称木家院，为当年土司木增托请徐霞客与其子授文和饯行徐霞客之处。该碑记写于明嘉靖三十五年（1556年）集丙辰六月九日吉时。开篇将敬佛与忠孝、仁义、报国、安定、人民安居乐业联系在一起，"佛即天矣，天即君矣。仁君（寿）。天下安矣。下天安，世官永矣。世官永，边土宁矣，边土宁，人民乐矣，人民乐，五谷丰矣。五谷丰，仁义兴矣。仁义兴，礼乐作矣。礼乐作，人神和矣。"⑥同时说明忠孝仁义、弘道与子孙长久有关，"所谓人能弘道，非道弘人，是故我皈依，愿我子孙长久之计。"⑦文末用"北岳之崇"⑧来喻指仁义、忠孝是"木本水源，万代无穷"⑨，世世代代的木氏子孙需遵从的。碑文写得文义明确，逻辑性较强，语言简洁。

（明）张志淳《丽江木氏勋祠碑记》。此碑记是明代永昌府司徒张志淳受木府土知府木公之邀而撰写的。开篇说明了木氏勋祠建造的时间，"嘉靖七年春，丽江嗣知府公，创建勋祠。"⑩而后记叙木氏家族镇守边关的功绩，同时叙述了从木氏始祖起，历代木氏土司受到朝廷嘉奖的经过，"唯丽江始祖叶古年，肇兴唐初，传二十二世，而麦宗大之，二十三世而宗良拓之，睿皇帝制《一统志》，并载人物，固已异矣。逮入圣朝，二十七世祖甲得，复著忠，洪武高皇帝嘉之，胙之土而命之氏，崇之官而畀之守。至三十二世，而祖泰又克槛固，不解培植，蝉嫣增益文教，迄於今，屏捍西极，吐蕃不扰，边圉不惊，内境不虞，习尚不狃，政令不兜，轨则不爽，树惇不斫，文缘不浮，恒绩不憩。而公又有以显，融昭文明，历世所未举者，肇祀其勋於不忘。"⑪并对木府后代"齐心饬躬，扬厉汎汎，秉执僮僮，克敬克畏，克孝克忠，推本

---

①②③　丽江县县志编委会办公室. 1991. 丽江府志略. 丽江：丽江县印刷厂：236.
④　同①237.
⑤　木光. 2006. 木府风云录//丽江古城博物院（木府）系列丛书之一. 昆明：云南民族出版社：78.
⑥⑦⑧⑨　同⑤77.
⑩　同①232.
⑪　同①232-233.

攸始，新祠是崇，礼教斯洽，爱敬斯兴"① 给予肯定。此碑现已遗失。

5. 作者生平事迹简介

木泰（1455—1502），字本安，号介圣，纳西族名阿习阿牙。丽江木氏十二世，土知府。明成化二十二年（1486年）至明弘治十五年（1502年）丽江土知府在任期间，因保卫边疆，有功于明王朝，屡次获得明孝宗朱祐樘（弘治）的特殊嘉奖。首倡学习汉文，并用汉文创作诗歌。其诗作《两关使节》为现存的纳西族的第一首汉文诗，开创了木氏土司用汉文写作的先河，是汉文化在丽江地区的传播的明证。目前仅有《两关使节》一首收录在《丽江府志略》，其著述不详。

木公（1494—1553），纳西族名阿秋阿公。丽江木氏十四世，土知府。明嘉靖六年（1527年）至嘉靖三十二年（1553年）间为纳西土司，在任26年。据《丽江府志略》载，"字恕卿，号雪山，世袭土知府。性嗜学，於玉龙山南十里为园，枕藉经书，哦松咏月。与永昌张禹山、蒙化左黄山相唱和，时有三山之誉。尝以诗质於杨慎，慎录其诗一百十有四首，名曰'《雪山诗选》'叙而传之。"② 一生著述颇丰，著有《雪山始音》《隐园春兴》《雪山庚子稿》《万松吟卷》《玉湖游录》《仙楼琼华》6部诗集，共1000余首诗，分别收入《列朝诗集》《古今图书集成》《四库全书》《云南丛书》。其诗作杨慎在《木公〈万松吟卷〉序》中评价颇高，"其所为诗，缘情绮靡，怡怅切情；多摹拟垂拱之杰，先天之英云。"③

木高（1515—1568），字守贵，号端峰，纳西族名阿公阿目。丽江木氏十五世，土知府。明嘉靖三十四年（1555年）世袭土知府。幼有才智，长立武功，性喜吟咏。曾被明朝皇帝朱厚熜屡赐褒嘉，诏授三品文职、升亚中大夫，玉音褒嘉，有忠孝文武语。木高曾于明嘉靖四十年（1561年）在"长江第一湾"立一面石鼓，纪述军功。鼓正面刻着他所撰的一文《大功大胜克捷记》和《醉太平》一诗。另有《题岩脚院》诗一首，题刻于丽江坝玉龙山脚下白沙岩壁上。

木青（1569—1597），字长生，号乔岳，别号松鹤，纳西族名阿胜阿宅。继父职，为丽江木氏十八世，明万历二十四年（1596年）世袭土知府。木公的曾孙，木增之父。"能诗善书，年二十九而殁。子增刻其诗曰《玉水清音》。如青云不障千秋雪，曲槛偏宜半亩荷。含烟翠筱共诗瘦，啄麦黄鸡佐酒肥。

---

① 丽江县县志编委会办公室. 1991. 丽江府志略. 丽江：丽江县印刷厂：234.
② 同①175.
③ 木光. 2006. 木府风云录//丽江古城博物院（木府）系列丛书之一. 昆明：云南民族出版社：154.

皆其佳句也。"① 其诗风仿魏晋嵇康、阮籍，写诗作赋，讲究声调音律和谐，曾组织文学团体"莲社"。著有诗集《玉水清音》传世。其诗作被《列朝诗集》《清诗略》《滇南诗略》收录。

木增，生平事迹及著述详见本节文述。

木靖（1628—1671），字晓苍，号文明，纳西族名阿春阿俗。承袭于清康熙八年（1669年）至康熙十一年（1672年）木增之孙。性格醇厚，喜读四书五经，善写诗文，学养高尚。任职三年不幸暴病而卒。木靖曾将木府所藏书籍木刻成册刊行。目前仅留下一首诗歌《雪山》，收录在《丽江府志略》。

郭大烈（1941—），纳西族，云南丽江市古城区宏文村人，云南社会科学院研究员。1964年毕业于中央民族学院历史系，历任云南省社会科学院民族学所所长、中国西南民族研究会副会长，云南省民族学会会长等职。与和志武合著《纳西族史》，主编《论当代中国民族问题》《纳西族文化大观》等著作。

和志武（1930—1994），纳西族，云南省丽江市玉龙纳西族自治县人。1952年毕业于中央民族学院干训班，历任丽江师范教员、云南省社会科学院历史研究所主任、云南省社会科学院民族学所研究员等职。与郭大烈合著《纳西族史》，主编《中国原始宗教研究资料丛编·纳西族》《纳西族东巴文化》《纳西语基础语法》《进取上进的纳西族》等著述。

木光（1929—?），纳西族，云南省丽江市大研镇人。丽江木氏土司第48代传人。大专学历，电影技术高级职称，中国管理科学研究院学术委员会特约研究员。编著有《木府风云录》。

刘敦桢（1897—1968），字士能，号大壮室主人。湖南省邵阳市新宁县人。现代建筑学家、中国建筑教育及中国古建筑研究的开拓者之一，1921年毕业于日本东京高等工业学校建筑科。1955年选聘为中国科学院院士。著有《苏州古典园林：图集》《中国古代建筑史》《中国住宅概说》等。

木得（1304—1390），字自然，号恒忠，纳西族。纳西族名阿甲阿得。丽江木氏七世，第一任丽江世袭土知府，是土司阿烈阿甲的长子。元末，阿烈阿甲病逝，木得继承通安州知州之职，后升丽江宣抚司副使，并率众归顺、臣服明朝，朱元璋赐木姓，明洪武十五年（1382年）至二十三年（1390年）任丽江土知府。

木东（1534—1579），字震阳，号文峰，道号郁华仙子，纳西族名阿目阿都。承续于明隆庆三年（1569年）至万历七年（1579年），木公嫡孙，木高之子。丽江木氏十六世，土知府。

---

① 丽江县县志编委会办公室. 1991. 丽江府志略. 丽江：丽江县印刷厂：175.

张志淳，生平事迹及著述详见本节文述。

（四）与文庙正殿楼相关的文学作品及作者

1. 碑记

（清）孔兴询《创建文庙碑记》。作为丽江通判、山东曲阜人、孔子后裔的孔兴询，在清康熙三十六年（1697年）到丽江府任通判。看到丽江没有供奉孔子的文庙，便"捐俸倾囊，创建学宫，化导夷民，迄今人识礼义，习诗书，皆公之力也。"①。同时也得到当时的土知府木兴的参允。学宫，即庙学，亦即文庙，丽江又了第一所文庙。孔兴询原把文庙建在府治之东，雍正时迁到府治之北。在该碑记中，孔兴询在这篇碑记里记录了创建丽江文庙的艰辛，"汉语不通，教化难施。"②强调传承孔子之道的责任可谓任重而道远。接着记述了修建的过程。文末叙说兴建文庙的意义，"自兹设学开科，将见庠序与宫墙相为表里，焕然大观。时而谈经课艺，讲道明伦，春秋之际，肃肃济济，士子左右趋跄，金声玉振，共沐圣天子之休风，礼乐兴而教化行。"③碑记平实、简洁。

（清）杨瑟《迁建丽江府学记》。作者系丽江通判杨瑟，该碑文先说明文庙现址的窘况"地势之不暇择，规模之不及宏"④及其迁建的缘由。孔兴询初建时，是地势不暇择，规模不及宏，故迁建于"正大爽垲、风气攸聚"⑤的府署北面，迁建时间是雍正三年秋，次年春建成。"自大殿及两庑、戟门、棂星门，率循旧制。"⑥迁建主持者是教授万咸燕。次年，知府元展成又添建了明伦堂。至乾隆四、五年，知府管学宣又加以改建、重建了魁星阁、大成殿、崇圣祠、泮池、文庙坊等。讲述学习圣人之道的益处，"学圣人之道，志当世之务者，茫乎未晓通籍。后日习吏牍，抑又未遑逊志焉。及待罪东昌，益近圣人居，登阙里之堂，宗庙百官，备瞻美富，心切向往，然后知获上治民，顺亲信友，由明善以要於诚者，虽簿书鞅掌，要未可以一息驰，良以圣人之道，范围天下而不过，曲成万物而不遗，固无人不可学，无地不当学者也。"⑦文末点明写作此文的目的，"若余固两游圣人之乡，未闻圣人之道，犹幸继圣人之裔，而同此劝学之诚也。是可与历任共勉也。"⑧碑记娓娓道来，文风质朴。

（清）管学宣《修丽江学记》。这是丽江府流官知府管学宣重修文庙后题

---

① 丽江县县志编委会办公室.1991.丽江府志略.丽江：丽江县印刷厂：133.
② 同①245.
③ 同①247-248.
④ 同①249.
⑤⑧ 同①250.
⑦ 同①248.

写了此碑记。该碑文开篇叙述迁建文庙的原因及建庙学的必要性，"丽有学，自康熙三十九年，丽通判孔公始。维时圣化翔洽，文教遐敷，丽以世守因仍土习，学校缺焉。"① 回顾始建文庙的历史，接着叙议圣人之道对教育纳西族百姓的作用，以及自己参观文庙的感受，"观庙堂礼器，与土著诸生十数人，言论风采，且喜且俱，是邦僻在滇末，夷俗淫靡，昔为王化之所不及，今者泮宫俎豆，俨然中土，故喜，是邦久隶版宇，居然秀壤，重以师儒之所游息，乃者环桥衣冠，貌似神非，故俱。"② 最后阐述重修文庙的重要性。语言简洁，耐人寻味。

2. 作者生平事迹简介

孔兴询，生卒年不详。据《丽江府志略·官师略》载，"山东曲阜人，圣裔（孔子）六十六代孙，通判府事，莅任年馀，见丽山川清奇，人才秀美，力请分学造士，事几挠於土舍，公持之益坚，捐俸倾囊，创建学宫，化导夷民，迄今人识礼义，习诗书，皆公之力也。通学呈请学使蒋转详，康熙五十五年十二月内，奉文入祠。"③ 其著述不详。

杨馝（1683—1765），字静山，辽宁人，汉族。丽江第一任流官知府。据《丽江府志略·官师略》曰，"正黄旗人，监生。雍正元年任，升湖南粮道。"④ 写有《杨馝奏章朱批谕旨》一卷传世。

管学宣，生卒年不详。汉族。据《丽江府志略·官师略》云，"江西安福人，康熙戊戌进士。乾隆元年任。"⑤ 曾纂修《丽江府志略》，于清乾隆八年（1743年）成书刊印。

（五）与雪山书院藏书楼相关的文学作品及作者

1. 楹联

（清）和虎臣题丽江雪山书院联。"问诸君无恙乎？刮目相看，奚啻士别三日；叹此事遂废矣！反躬自叩，恨不书读十年。"⑥ 该楹联是作者在外地题寄给丽江雪山书院的，表达了作者和虎臣对家乡丽江雪山书院学子寄予厚望之情。对仗工整，意旨明了。

2. 碑记

（清）杨馝《雪山书院记》。该碑记是作为丽江第一任流官知府杨馝在任职期间即清雍正三年（1725年）同教授万咸燕共同创设的。该碑记先说明建

---

① 丽江县县志编委会办公室. 1991. 丽江府志略. 丽江：丽江印刷厂：251.
② 同①251-252.
③ 同①133.
④⑤ 同①128.
⑥ 政协丽江市委员会. 2007. 丽江名诗名联//《神奇丽江》文化旅游丛书. 昆明：云南美术出版社：126.

书院的来历、经过，他初入丽江境，到东元桥，见二十多个学子在桥南迎接新太守，对话中，诸生说，"惟丽实新僻，素不奉君子教，且无拓业所，夫是以无学也。"① 他答应将此事当作自己任上的责任。于是"翌日，度地庀材，建书屋，若而楹既成，搜书籍，资膏火，俾诸生及民之秀者，咸肄业焉。"② 建成后，他任命万咸燕担任第一任书院山长。同时杨馝又解释雪山书院的名称的由来，有两重含义：一是"因其地榜以雪山，"③ 二是"盖取家文靖立雪程门之义。"④ 宋代学者杨时，谥"文靖"，号龟山先生，并以程颐为师，有次区间程颐是，程颐正瞑坐，杨时侍立不动，直至门外雪盈一尺。杨馝对此称颂备至，特寓借为"雪山书院"的名称。接着还叙述了雪山书院学子的精神风貌，"桥南环廿余人，礼甚恭而衣冠介，疑似通名刺，知为弟子员迎新太守。"⑤ "学四子章句训诂耳。"⑥ 并表明办学之旨，"丽虽边隅，士之天资明敏者，不下中邦，苟能宗程氏之旨，尊闻行知，不为异学邪说所惑，而一其志於道，则惟兹雪山，"⑦ 文末说明写作此文的缘由。文章用语朴直，颇具说服力。

蔡嵩《雪山书院记》。该碑记开篇点出"丽江遥连西蜀，近接吐蕃，为滇西要区"⑧，地理位置较为特殊，接着讲明建此书院缘由，"天子继治之二载，得泽覃敷，声教四讫，边徼赆棘皆俯首向化。时制府高公，抚军杨公，以广教化移风俗为己任，请於本朝改土设流，慎选贤能民牧。"⑨ 再进一步说明书院得到丽江子弟们的欢迎，"丽人士争来就试。"⑩ 进入书院学习的丽江子弟颇多，而且翻阅这些学子的文章与滇西诸郡学子不相上下，"阅其文，清恬醇谨，与滇西诸郡邑不相上下"⑪，最后提出书院教育必须遵循的忠信有四，"文以明道，源清流睿；行以体道，必诚必慎；忠以尽心，神明独运；信尽其理，缘物一定。"⑫ 该碑记言之有理、言之有序。

3. 作者生平事迹简介

和虎臣（1861—1910），原名廷彪，丽江白沙村人。出身将门，曾投笔从戎，参加抗英、抗俄的战争，历任浙江长林盐大使、广东清远县令，广西同知思恩府守等职。同时将自己亲临战争的感受写成不少诗篇，如《梦还乡》《表兄自丽江至浙东即兴以赠》等。

杨馝，其生平事迹及著述详见本节文述。

蔡嵩，生卒年不详。清乾隆年间提学。著述也不详。

---

①②③⑤⑥　丽江县县志编委会办公室.1991.丽江府志略.丽江：丽江印刷厂：262.
④　同①262-263.
⑦　同①263.
⑧⑨⑩⑪　同①264.
⑫　同①266.

（六）与石鼓铁虹桥亭楼相关的文学作品及作者

1. 碑记

（明）木高《大功大胜克捷记》碑。系明代丽江土知府木高向北进军吐蕃，得胜凯旋后的记功石碑，这在《新纂云南通志·五》里有记载，"丽江军民府世袭土知府亚中大夫木高立石。……嘉靖戊申己酉，丽江土知府木公命其子高御吐蕃得胜，刻石纪功。"① 石碑两面都有阴刻铭文。该碑呈鼓状，"刻石鼓前面，鼓圆径五尺，二十八行，行二十八字，正书。嘉靖四十年辛酉八月。在丽江县城西北九十里石鼓乡金沙江岸"②，竖于铁虹桥边，是目前丽江境内所发现的年代最早的石碑之一。

2. 诗歌

（明）木公《太平诗》刻石。与《大功大胜克捷记》碑同刻于一块呈鼓状的石碑上，竖于铁虹桥边。该诗全文"奉天征戎事事昌，上天荫福有余庆。野人扶老来归服，旧庶携儿观国光。戒杀全民阴骘厚，施谋大胜德威扬。旌旗蔽日彩云霭，剑戟下血寒锋芒。号令北催胡胆落，干戈西向虏魂亡。淑言化处风行草，俊骥巡方日照霜。勇略如神人莫测，貔貅满地敌难当。尽忠圣主宁边境，永镇乌师万里疆。"③ 全诗表明了木氏土司世世代代作为朝廷藩篱，世守丽江，诚心报国的愿望。诗中洋溢着丹心寝食不忘，子孙后代镇守边关的情感，文情并茂，颇能感染和鼓舞人。

3. 作者生平事迹简介

木高，其生平事迹及著述详见本节文述。

木公，其生平事迹及著述详见本节文述。

二、永胜县

与金沙江金龙桥亭阁相关的文学作品及作者

1. 碑记

《金龙桥岁修记碑》。碑立于金龙桥侧，"民国二十三年（1934年）4月立。碑为青石，高约150厘米，宽约60厘米，厚约15厘米。"④ 碑记记录了蒋宗汉捐资初建金龙桥的经过及金龙桥岁修经费的情况。由鹤庆赵耀基撰，丽江张宗瑛谨书。

《重修金龙桥碑记》。碑竖于金龙桥侧，"青石质地，民国二十七年（1938

---

①② 刘景毛，文明元，王钰等点校. 2007. 新纂云南通志·五. 昆明：云南人民出版社：346.
③ 木光. 2006. 木府风云//丽江古城博物院（木府）系列丛书之一. 昆明：云南民族出版社：79.
④ 丽江纳西族自治县志编纂委员会. 2001. 丽江纳西族自治县志昆明：云南人民出版社：815.

年）9月9日立。高160厘米，宽80厘米，厚15厘米。"① 碑文叙说了1934年正月初二午刻，金龙桥被大风震撼中断后重新修复的过程。邑人张恺谨撰，熊文炳谨书。

2. 作者生平事迹简介

蒋宗汉（1838—1903），字炳堂，大理鹤庆人，彝族。清咸丰年间投效清军，累建军功。谥壮勤，赐祭葬。著述不详。

赵耀基，其生卒、生平事迹及著述均不详。

张宗瑛，其生卒、生平事迹及著述均不详。

张恺谨，其生卒、生平事迹及著述均不详。

熊文炳，其生卒、生平事迹及著述均不详。

---

① 丽江纳西族自治县志编纂委员会. 2001. 丽江纳西族自治县志昆明：云南人民出版社：815.

第七章 红河哈尼族彝族自治州楼阁建筑与文学

红河哈尼族彝族自治州位于云南省南部偏东,西与玉溪地区元江哈尼族彝族傣族自治县、新平彝族傣族自治县及普洱地区墨江哈尼族自治县、江城哈尼族彝族自治县相依,东与文山壮族苗族自治州丘北县、砚山县、文山市、马关县相连,南与越南接壤,北与玉溪地区的通海县、峨山彝族自治县、华宁县,昆明市的石林彝族自治县及曲靖地区的陆良县、师宗县毗邻。

红河州历史悠久,蜀汉时红河州属兴古、建宁两郡;南朝时属梁水、建宁两郡;唐初属南宁州都督;南诏时属通海都督;宋朝大理国时属秀山郡;元朝设云南行中书省,州域多数地区属临安府。民国初,置蒙自道,后改为行政督察专员公署。中华人民共和国成立后,设滇南人民行政公署于建水县,后迁蒙自,成立蒙自区行政督察专员公署并改称云南省人民政府蒙自区专员公署。1957年,蒙自专区和红河哈尼族自治区合并建立红河哈尼族彝族自治州。现辖4市9县,即个旧市、开远市、蒙自市、弥勒市,建水县、石屏县、泸西县、红河县、元阳县、绿春县、河口瑶族自治县、屏边苗族自治县、金平苗族瑶族傣族自治县,是一个以哈尼族、彝族为主体民族的多民族聚居地区。

红河哈尼族彝族自治州漫长的国境线时期具有对外贸易的区位优势，汉唐时南方丝绸之路中的马援古道、步头道均从河口出入国境，清代曾将蒙自、河口辟为商埠，并设置海关开展对外贸易，滇越铁路从昆明出发，经河口可直达越南主要港口海防和首都河内。无论铁路还是公路，这里都是云南省到越南、老挝等东南亚国家进出的最短陆上通道。便利的交通捷径促进了经济和文化的交流发展。其境内各民族在生产、生活的实践中创造了璀璨夺目、风格各异的楼阁建筑，如唐代始建的石屏秀山寺凌云阁；元朝兴建的全国第二大孔庙——建水文庙，建水指林寺正殿楼；明朝兴建的建水朝阳楼、蒙自玉皇阁、个旧魁星阁、开远大庄清真寺宣礼楼等；建于清朝的建水双龙桥楼阁、石屏准提阁、石屏文庙、弥勒虹溪魁星阁、红河迤萨西山阁等。

享有"滇南邹鲁""滇南商埠"之美誉的红河哈尼族彝族自治州拥有深厚的文化底蕴，境内有锡都个旧、历史文化名城建水、滇南重镇蒙自，文化多姿多彩，汉文化与少数民族文化相得益彰。受中原文化影响，在这里出现了一大批以楼阁唱酬的文人雅士，如杨慎、林俊、郭登、袁嘉谷、袁嘉谟、陈荣昌、许贺来、朱庭珍等，他们的诗联作品为楼阁古建筑添彩、增色，成为闻名遐迩、传唱不衰的佳作名篇。

第一节　红河哈尼族彝族自治州楼阁建筑遗存

红河哈尼族彝族自治州楼阁建筑遗存，除本书第二章论及的石屏县秀山寺凌云阁、文昌宫，临安府（今建水）文昌阁，开远市大庄清真寺楼阁外，根据相关地方文献及调查，目前红河哈尼族彝族自治州现辖的绿春县、河口瑶族自治县、屏边苗族自治县、金平苗族瑶族傣族自治县的古代楼阁建筑遗存不详，待查实后再作补充。其他市、县古代楼阁建筑遗存梳理如下。

一、个旧市

凌　云　阁

凌云阁位于个旧市宝华路当街上，由于它是通往宝华山的门户，所以阁下门洞称宝华门。"凌云阁建于民国十年（1921年）。"① "阁为木石结构，三重檐歇山顶，共3层，底层东、西各宽6.6米，南、北各长10米，全阁通高13米。阁楼飞檐起翘，宝顶纳日，琉璃泛彩，斗拱、门窗、主柱彩绘

---

① 邱宣充，张瑛华，等. 1992. 云南文物古迹大全. 昆明：云南人民出版社：338.

逼真，雕工精湛。"①门洞是由条石砌成的拱门，二楼以上是木结构建筑，阁楼四周均由雕花木格扇门组成窗棂，登阁俯瞰，气势凌云。整座建筑保存较为完好。

魁 星 阁

魁星阁坐落于"个旧大屯街原文昌宫内。文昌宫建于明永历十二年（1658年），重建于清宣统元年（1909年）"②。该"阁坐北朝南，为方形八角攒尖顶重檐结构，翼角起翘，天花部分为露明造。阁分2层，上层用柱16棵，呈八边形；下层亦用柱16棵，柱网为平面。阁基石砌，高0.98米，其东西两面有垂带踏跺。阁高12米，边长8.4米，占地约100平方米"③。整座阁楼制作精良，构架精巧，风格独特。

二、开远市

大庄清真寺醒梦楼

元末，云南平章政事赛典赤·赡思丁重孙赛尔拾迪在临安总管府任职，其子孙亲族散居临安总管府辖区各地，开远市境内开始有回族。明初有江南回族随军入滇。开远市回族尤以大庄、羊街新寨城区为多，中和营乡次之。因而在聚居的村寨、地区建有清真寺，如大庄清真寺等，作宗教活动场所。

大庄清真寺"老寺始建于明代嘉靖年间（1522—1566年），占地1400平方米，今尚遗大门及南耳房。清代嘉庆十七年（1812年）于老寺东南30米外建新寺，有正殿、东大厅、南楼、北楼、醒梦楼、书房、大门、水房等建筑10处，道光十九年（1839年）竣工"④。

醒梦楼，位于开远市大庄乡大庄街南端清真寺内，醒梦楼又叫宣礼楼，叫拜楼。"始建于明，清嘉庆十七年（1812年）重建。……叫拜楼为三重檐攒尖顶楼阁，气势雄伟壮观。"⑤建筑井然有序，环境幽静，是滇南有名的礼拜胜地。

---

① 个旧市志编纂委员会．1998．个旧市志．昆明：云南人民出版社：1415.
② 邱宣充，张瑛华，等．1992．云南文物古迹大全．昆明：云南人民出版社：338.
③ 同①1414.
④ 云南省开远市志编纂委员会编撰．1996．开远市志//中华人民共和国地方志丛书．昆明：云南人民出版社：468.
⑤ 邱宣充．1999．云南名胜古迹辞典．昆明：云南科技出版社：197.

三、蒙自市

玉 皇 阁

玉皇阁坐落于蒙自市城区承恩街口东侧，又名通明阁。"原有山门、前殿、两厢、玉皇阁、月台、东西两阁等建筑。今仅存主体建筑玉皇阁及东西阁。……玉皇阁始建于明万历六年（1578年），阁坐南面北，三重檐歇山顶，为有通廊的方形木构架楼阁。通高约20米，通面阔、通进深各19.1米。梁架斗拱用材粗大，有明、清建筑风格。下层左右北面墙中嵌有明永历五年（清顺治八年，1651年）《常住通明阁碑记》、清康熙二十六年（1687年）《重修通明阁碑记》。东西两阁位于玉皇阁两侧。始建于清雍正十二年（1734年）。均为二重檐歇山顶方形楼阁，通高约10米，面阔进深都为12米，抬梁式，五架梁彻上明造。斗拱分布转角、柱头各1朵，明间4朵，次间2朵。拱瓣雕琢精美，属清代早期建筑风格。东阁内东侧有清雍正十二年（1734年）立的《公建东西两阁碑记》。"① 玉皇阁与东西阁并排横列，三阁鼎立为蒙自城区现存年代最早的一组建筑。

四、建水县

指 林 寺 正 殿 楼

指林寺位于建水县（古称临安镇）城内西南，"始建于元元贞二年（1296年），明永乐年间曾扩建，清嘉庆道光复修。为二进四合院，殿、庑、楼、阁、塔、坊齐备，现存正殿牌坊和二庑。正殿系重檐歇山顶围廊式建筑，台基宽23米，南北深20.9米，面阔进深各五间，呈正方形。殿内为抬梁式木结构，32柱，上下檐均施有斗拱，属双层覆斗式，举架高峻，正脊与翼角起翘显著，保存元代建筑特点。"② 正殿楼是指林寺遗存至今的建筑之一，是云南省尚存的元代建造，宋式做法的木结构建筑，对研究云南宋元时期建筑具有一定的参考价值。

朝 阳 楼

朝阳楼亦称东门楼，位于建水县城东南临安路东端。"明代古城东门城楼。唐元和年间南诏政府在此筑土城，明洪武二十年（1387年），设临安卫，在原土城的基础上拓地改建为砖城，朝阳楼建于明洪武二十二年（1389年）。

---

① 邱宣充，张瑛华，等. 1992. 云南文物古迹大全. 昆明：云南人民出版社：346.
② 同①356-357.

楼由48根巨柱和无数粗大的楹梁榫接成坚固的大木构架，三重檐歇山式屋顶，高24.45米，面积414平方米，面阔26.8米，进深12.31米，五开间，三进间，环廊周通，建筑宏敞。"① 作为当时建水城东门城楼的朝阳楼，因与北京天安门的建筑风格类似，有"小天安门"之称。且朝阳楼檐角飞翘，并挂有铜铃，画栋雕梁，巍峨挺拔、气势雄伟。城楼上木雕屏门雕镂精细、奇丽华贵、人物形象生动、透雕三层，堪称精品。朝阳楼的挺拔壮丽堪与黄鹤楼、岳阳楼相媲美，被称为"东楼凌汉"一景；朝阳楼"刱自明初，高百馀尺，势凌霄汉，每当旭日初升，晨光远映。望之如黄鹤、岳阳，登其上俯瞰城市烟火，万家风光无际，为南中大观。旧西南北楼皆准此。丁亥毁于兵，惟此岿然独存。"② 朝阳楼在建的600多年，历经无数兵灾战乱，饱受50多次大小地震的摧残，据《民国续修建水县志稿》载："每震时地作雷鸣，人民簸荡如载覆舟，见东城楼倾侧复起者数次。"③ 表明朝阳楼经受住了地震的考验，迄今该楼建筑仍然完好如初。

白 衣 楼

白衣楼"位于建水县城北正街91号，古称万岁楼，原诸葛庙（又名武侯祠）的白衣菩萨殿。始建于明，清同治八年（1869年），总镇梁世美为供奉清咸丰丙辰之乱阵亡将士的神位，将白衣菩萨殿改建为三层高楼，称白衣楼。楼为三重檐歇山顶，高14米，为城区寺庙最高者，面阔16.3米，深15米，出檐1.5米，梁柱粗大，楼面宽敞，玻璃瓦铺顶，古朴华丽，熠熠生辉"④。白衣楼榫卯精密，四面开轩，雄伟壮阔，工艺精湛。登楼可以眺望全城景色，视野开阔。

纳楼彝族茶甸长官司司署楼宇

有关纳楼彝族茶甸长官司土副长官普氏家族的情况，据《新纂云南通志》载："其先自唐至元，皆为蛮酋。明洪武十五年，金朝兴定云南，司酋普少赍历代印符纳款，授长官司副长官。十七年朝贡，给诰命冠带遣归。传十一世，至普率。率父廷兴，崇祯时与土酋普名声构难，死。率年八岁，沙定洲屡谋害之，赖其母禄氏匿之于元江，得免。清初平滇，投诚，仍授世职。康熙四年，附宁州禄昌贤反，官军讨之，率乞降，免死。二十年，清兵复滇，其子

---

① 邱宣充，张瑛华，等. 1992. 云南文物古迹大全. 昆明：云南人民出版社：357-358.
② （民国）丁国樑，凤楼. 2009. 民国续修建水县志稿（二）//凤凰出版社编选. 中国地方志集成·云南府县志辑57. 南京：凤凰出版社：5.
③ 同②47.
④ 同①359.

向化，呈缴吴三桂伪札，仍令承袭。向化卒，子仁袭。仁卒，子天民袭。卒，子济袭。济以事谪新疆，从父弟泽袭。泽卒，子承恩袭。承恩卒，道光七年，子永年袭。永年卒，子卫邦未及岁亡，土族争袭仇杀。光绪中，总督岑毓英、巡抚唐炯奏，择亲支分纳楼四土舍承袭。"①

"司署原在县城西南40余千米的官厅街，……清光绪九年（1883年）老土司死，族人争袭其职，临安知府采取分而治之、以大化小办法，将其领地划分给4个族人管理，以削弱其势力，称四'土舍'。四土舍驻地仍各冠以'纳楼司署'的总名。官厅街的老司署已经残破，惟第四舍建于回新寨的司署仍十分完好。"② 该回新寨土司"司署为纳楼茶甸长官司土副长官普氏的衙门之一，系民国二十六年（1937年）普氏传袭第十六代普洪武建。署坐北朝南，为回新村最高点。占地2895平方米，建筑面积2951平方米。……整个建筑按照壁、大门、前厅、大堂、后院一字排列，依山而上，有厢房、耳房、书斋左右对称，四周有土筑、石砌护墙两道，四角设堡，布置严谨。"③ 司署雄踞红河北岸山腰上，地势险要，造型奇特。

"大门屹立在3米高的台阶上，坊式，三楹，檐角飞翘、雄伟壮观。"④ 大门梁柱上的立体漆画具有鲜明的彝族传统文化内涵。上悬挂有"纳楼司署"匾额。衙门内四周各有石砌的二层三层碉楼，楼内有设计精妙的射击孔，楼顶四角飞翘，整座建筑为滇南现存规模较大、保存较为完好的彝族土司司署。

文庙牌坊阁楼

文庙，属历代尊孔崇儒的场所，是传播儒学教义的一种物质空间，其特殊地位和要求，从小到大、从古到今，已逐渐发展为介于帝王与百姓之间的公祭殿堂。一切礼仪设置皆是某种空间关系的设置。反映在文庙建筑中便出现了这样的布局：坐北朝南，强调中轴线，以大成殿为主体，尊经阁等周围楼宇对称均衡布置，通过一道道门坊如文明坊等层层递进，形成纵向空间序列，展现建筑空间的大小和长幼尊卑的社会等级秩序，让居于其中的人们既可以感受相关礼仪规范的约束，又与自然同在，来体现儒学的礼乐精神。而建水文庙的牌坊楼阁正是这一精神的体现。

建水文庙，是云南继中庆（昆明）、大理之后，最早创建的第三座文庙，总体布局采用中轴对称宫殿式，整座建筑仿照山东曲阜孔庙格局建造。"位于建水县城内北街。始建于元泰定二年（1325年），后经明、清两代扩建，形成

---

① 牛鸿斌，文明元，李春龙等点校. 2007. 新纂云南通志七. 昆明：云南人民出版社：718.
②④ 建水县地方志编纂委员会. 2010. 建水县志（1978—2005）. 昆明：云南人民出版社：335.
③ 邱宣充，张华瑛编著. 1992. 云南文物古迹大全. 昆明：云南人民出版社：360.

现在的规模。庙坐北朝南，六进院落，纵深625米。占地114亩，主要建筑有一殿、二庑、二堂、二阁、五祠、八坊，规制严谨，肃穆庄严，气势宏伟，具有我国古代建筑艺术传统风格。"①

棂星门，系乌头门与屋宇门相结合的门楼形制，"三开间，四根木柱穿脊而出，柱上有木刻饰物，柱顶各套雕龙青花陶瓷罩一具。"② 棂星门为文庙现存建筑之一。

太和元气坊，为文庙大门，三楹，中间一楹"高9米，石木结构。迎门立有香港人士汤恩佳先生捐助的孔子铜雕像。"③ 屋面青色筒板瓦单檐歇山顶。四角各垂一根檐柱，于明间两柱两侧伸出木枋相交，呈撑伞状，支撑出挑屋檐，明间为实塌木板门，门头书"太和元气"。"礼门""义路"分列两侧。为文庙现存建筑之一。

"洙泗渊源"坊及四牌坊，"洙泗渊源"坊，出檐深远，单檐歇山顶青瓦屋面。为四柱三楼三间，明间四角各垂一根雕龙檐柱，撑起挑檐。"高9米，木石结构，坊座有龙麟狮石雕。左右墙嵌有二龙戏珠、双凤朝阳砖雕壁画。坊后院内东西向横陈砖木结构石坊四座，各高10余米"，④ 紧靠"洙泗渊源"坊侧，东西对称布置有四牌坊四座，"上书'道冠古今''德配天地''圣域由兹''贤关近仰'"⑤。由此数坊组成文庙第三进院落。"德配天地"坊、"道冠古今"坊均为四柱三楼单门牌坊，单檐歇山覆青瓦；"贤关近仰"坊、"圣域由兹"坊相同，均为四柱三楼单门牌坊，木石结构，此两坊原为文庙两侧门。院内立有明清各时期的石碑，记载各代祭孔情况。"洙泗渊源"坊及四牌坊均为文庙现存建筑之一。

尊经阁，位于文庙崇圣祠后，为滇南最古老的藏书楼，该建筑已毁。

大成门，单檐歇山抬梁，覆黄琉璃瓦，白石须弥座台基，束腰刻花草纹，石阶正中设雕龙丹陛，御路两侧设石沟栏，为文庙现存建筑之一。

双 龙 桥 楼 阁

双龙桥，"坐落于建水城西三公里处，是一座三阁十七孔大石拱桥，横亘于南盘江支流的泸江河、塌冲河交汇点上，因两河犹如双龙蜿蜒盘曲而得名。"⑥ 此桥于"清乾隆年间（1736—1795年）始在泸江河上建桥三孔，后因塔冲河改道至此，又于道光十九年（1839年）续建十四孔，与原建三孔首尾

---

① 邱宣充，张瑛华，等. 1992. 云南文物古迹大全. 昆明：云南人民出版社：354-355.
②⑤ 建水县志编纂委员会. 1994. 建水县志. 北京：中华书局：629.
③④ 木基元. 2012. 云南历史文化名城研究. 昆明：云南大学出版社：174.
⑥ 李世凤，龙雨和主编. 建水揽胜//建水揽胜编写组. 建水县印刷厂：18.

相接，雁齿蝉联，浑然一体，俗称十七孔桥。桥高9米，初建三孔宽5米，续建的宽3米，全长148米。桥身用约500块打凿平整的石块镶砌。"①

桥上建有楼阁三座，造型别致，工艺精湛，布局得体。高耸入云，前后两阁互相辉映。"咸丰年间（1851—1861年）楼阁毁于战火。光绪二十四年（1898年）重建三座楼阁，比旧有更为宏敞。中间一楼层垒为三，高约20米，方形三重檐歇山顶，琉璃黄瓦，底层为桥面通道。顶层建小楼一楹三间，呈'山'字形排列，顶檐亦分解为'品'字状的三个歇山小顶。二层亦因势在四角隆起四个小顶。"②整座桥上楼阁层檐垂叠，檐角交错，雄伟壮丽。通过底层桥身通道，可以拾级登楼，远眺万顷田畴、千家烟火、群山起伏、波光粼粼等山青水韵。西端桥阁为重檐攒尖顶，檐角正翘，玲珑秀丽。可惜东端桥阁已毁。1956年，我国桥梁专家茅以升考察后认为应列入中国现存大型古石桥之列。桥上建楼阁，融桥梁建筑科学和楼阁建筑艺术于一体，凝结着滇南人民高超的建筑技术和智慧，是我国古桥梁建筑的佳作。

乡 会 桥 楼 阁

乡会桥位于建水县城西西庄镇新房村，横跨泸江河东西两岸，因科举乡试、会试的蔚然兴起而得名，为建水古桥中唯一的廊桥。

现存桥建筑建于明嘉靖十九年（1540年），为三拱石桥，桥身由万余块青石砌筑而成，桥拱用青石拱圈砌置，西引桥于中部向南弯曲。二层楼阁文星阁全部覆盖。一层为桥面通道，桥两端通道两侧设有桥廊，行人车通行兼具避风雨、防日晒和休息功能。二层供人观景和居住。乡会桥的楼阁建筑布局，为东西对称的横向重檐硬山楼阁，以纵向单檐卷棚屋顶建筑，过渡到主体建筑的纵向重檐硬山建筑楼阁——文星阁，体现了文星阁"居中为尊"的地位，构成乡会桥楼阁一高二低、两横三纵、大者居中、主次分明的外观特色，使桥阁浑然一体。

天 缘 桥 阁

天缘桥坐落于"建水城东南10里庄子河村西泸江河、南庄河、象冲河三水汇合处"③，为首尾卷曲、中间高耸的三孔石拱桥，俗名仙人桥，因桥面石板上有似人足印的洼坑，传说是仙人足迹，故名。"桥建于清雍正六年（1728年），临安知府栗尔璋手书'天缘桥'大字碑刻尚存。桥东头碑亭内有碑刻数

---

① ② 建水县志编纂委员会. 1994. 建水县志. 北京：中华书局：630.
③ 邱宣充，张瑛华，等. 1992. 云南文物古迹大全. 昆明：云南人民出版社：357.

块。嘉庆二年（1797年）被洪水冲毁，四年（1799年）重建。"①

天缘桥"全长121米，桥身东西横跨，引桥南北蜿蜒。桥三孔，高7.8米，宽7.2米，青石砌筑。桥侧有石栏，高1米；东西桥头踞石狮；桥面正中有重檐阁亭，雕梁画栋，雄伟壮观"②。桥的中孔顶端北面石雕龙头，南面出石雕龙尾。

桥"阁双重檐，底层为桥面通道，……顶层八角飞檐，攒尖屋顶，四面开轩"③，阁墙与桥面同宽，其斗拱、藻井使用彩绘，藻井居中处绘阴阳太极图，四周饰书画图案。登上高阁，听闻河水淙淙，举目远眺，广袤平坝、阡陌良田、千家烟火尽收眼底，缤纷多彩。

五、石屏县

秀山寺凌云阁

秀山寺位于石屏县城西秀山东坡上，始建于唐，名"真觉寺"，明朝末年更名为秀山寺。由山门楼、前殿楼、中殿楼、大殿楼、左右配殿及厢房楼组成，1924年由石屏名人陈钧倡导建造新修了凌云阁，共同组成秀山古楼阁建筑群。凌云阁"为二层重檐多角形阁楼，占地180平方米，长18米，深10米，飞檐系风铃8个，有仔角梁，花砖五孔重叠，飞脊有鳌鱼飞吻，有垂脊、角脊、柱子36棵"④，梁柱粗大，阁面宽敞，玻璃瓦铺顶，飞檐翘角，气势轩昂，二层楼檐上匾书"凌云阁"三个行草大字，笔力遒劲，豪气横溢，为云南著名书法家陈荣昌所书，登临远眺，宝秀城镇、村舍尽收眼底。

准提阁

准提阁坐落于"石屏县城珠泉街，始建于清顺治年间。现主要建筑为清光绪年间所建，民国十二年（1923年）在准提阁内倡建石屏中学"⑤。准提阁"坐北朝南，面阔19.6米，进深14.4米，高15米。抬梁式重檐歇山顶结构，上下各三开间，二进间。屋脊正中竖琉璃宝顶，两端有兽吻。阁周围建勾廊，阁前为月台，长15米，宽11.1米，高0.4米；阁东北侧复出一亭，为单檐攒尖顶，亭基青石筑成，高3.5米。台前柏树苍冉。阁前南向为三佛殿，穿斗式单檐歇山顶，三开间三进间。殿面阔19.2米，进深12.4米，高12米。殿前有石砌月台，台前有垂带踏跺。三佛殿左前方为天尊殿，单檐硬山顶，

---

① 建水县志编纂委员会. 1994. 建水县志. 北京：中华书局：634.
②③ 邱宣充，张瑛华，等. 1992. 云南文物古迹大全. 昆明：云南人民出版社：357.
④ 石屏县志编纂委员会. 1990. 石屏县志. 昆明：云南人民出版社：241.
⑤ 邱宣充. 1999. 云南名胜古迹辞典. 昆明：云南科技出版社：217.

占地面积266平方米。三佛殿南为民国年间建盖的企鹤楼"①。现今准提阁内还遗存有唐继尧、陈昌荣、涂晫等人题刻。

文庙棂星门坊（楼）、大成殿楼

文庙位于石屏县异龙镇北正街，据《石屏县志》卷七载："古文庙在州治东北。元至正间建，毁于兵。明洪武二十二年建，立大成殿、东庑、西庑各九楹，戟门三楹。正统五年，学正王骥重修，嘉靖癸未年，知州甘珂重修，天启五年，久雨殿忽倾，署州顾庆恩重建。"②坐北朝南。现存建筑有棂星门、泮池、大成殿楼、先师殿、尊经阁等。

棂星门，为木氏结构牌坊（楼），"明正统十年，知州顾震、学正王骥修。天启六年，署知州通判顾庆恩重修。历久尽颓，仅存四柱。康熙六年，知州刘维世、学正罗天柱捐俸重建。增高旧基二尺，榱梁门拱尽易新材，饰以五采，左右新作高垣，坚致辉煌，大胜于昔。"③牌坊为单檐歇山顶，呈品字型，侧门为单檐悬山顶，青瓦屋顶。

大成殿楼，为单檐歇山顶，木结构建筑，"东庑、西庑各九间，戟门三间。明正统五年，学正王骥重修。嘉靖癸未知州甘珂重修。景泰间知州任彬重修。万历戊戌知州萧廷对重修。天启五年久雨，大殿忽仆，署州通判顾庆恩重建。"④屋顶铺青瓦，殿顶竖琉璃宝瓶和兽吻。抬梁式和穿斗式相结合，九架梁，无斗拱，仅檐柱头呈一斗一昂状。

玉 屏 书 院 牌 坊

玉屏书院，"在石屏县城异龙镇正北街，为清道光九年（1829年）进士朱朣于咸丰初年捐资创建，是一四合院平房建筑，总面积2463平方米。书院大门上原悬着'玉屏书院'横匾"⑤。有大门、二门、龙门、讲堂、上房、中堂、碑亭等建筑。中堂为山长办公起居之所；大门左侧为碑亭，有碑4通各丈许，记建院宗旨、石屏人文等；讲堂北有花圃。坐北朝南，由大门、二门、牌坊、讲堂、学舍等组成木结构三进四合院建筑。

玉屏书院二门为龙门牌坊，"牌坊面阔3.72米，进深9.44米，高8.7

---

① 邱宣充，张瑛华，等.1992.云南文物古迹大全.昆明：云南人民出版社：370.
② （民国）袁嘉毂，树五纂修.2009.民国石屏县志//凤凰出版社编选.中国地方志集成·云南府县志辑51.南京：凤凰出版社：549－550.
③④ （清）程封.1991.清康熙十二年石屏州志（注释本）//石屏县地方志编纂办公室编.个旧.个旧市印刷厂：98－99.
⑤ 同①367.

米。为砖木石结构，三间四柱，雕刻甚精"①。该牌坊的4个石柱础分列明间4个角，正面和北面凹刻"暗八仙"作装饰，4个柱础上承托着4条昂首鼓目的石雕龙柱。次间以砖石作护墙。三间均为一斗三拱。藻井花板上面书写着100个篆体寿字。但牌坊中正处原悬挂的"龙门"制匾已毁不存。

秀山书院尊经阁

秀山书院位于石屏县宝秀镇玉屏山下，故又称宝秀秀山书院。明万历二十七年（1599年）知州萧廷对任内创建。清雍正七年（1729年）知州龙为霖重修，咸丰九年（1859年）毁于兵火。

尊经阁，据《石屏州志》载："万历戊戌，知州萧廷对建，高三丈八尺，阔六丈四尺。"② 这段记载明确了该阁建于明万历二十五年（1597年），为当时的石屏知州萧廷对倡议建造的藏书楼，系二重檐歇山顶，屋顶四角翘起，木结构。楼下、楼上分别塑有魁星像和仓颉像。

六、泸西县

钟秀山春风阁

春风阁，又称六角亭、奎星阁，位于泸西县钟秀山中部，据康熙《广西府志》载：康熙三十二年（1693年）"癸酉澶肃刘公治中复加修饰建鼎大魁阁、明伦堂"③。该阁"为二重檐六角攒尖顶木构建筑。通高25米，底层直径8米，设垂带石阶、回廊。特点是不设斗拱，十二根副阶檐柱直接起檐部承重作用。建筑占地80平方米，总建筑面积300平方米"④。现今的奎星阁建筑为1978年由泸西县人民政府拨款修缮。

七、弥勒市

弥阳建国楼

建国楼"位于弥勒县（今弥勒市）城北门街中段。1946年建。楼坐北朝南，四重檐歇山顶砖木结构，四周檐柱均用青砖包砌，……楼一至三层为五开间四进间，通面阔21米，进深15米。唯四层为三开间二进间，有木质梯

---

① 邱宣充. 1999. 云南名胜古迹辞典. 昆明：云南科技出版社：215.
② （清）程封. 1991. 清康熙十二年石屏州志（注释本）//石屏县地方志编纂办公室编. 个旧. 个旧市印刷厂：99.
③ （清）周埰等修. 李绥等纂. 1976. 广西府志（乾隆四年刊本）. 台北：成文出版社：407
④ 邱宣充，张瑛华，等. 1992. 云南文物古迹大全. 昆明：云南人民出版社：383.

沿楼而上，四面回廊，属民国时期典型建筑。"① 建国楼中四周方柱用青砖包砌，柱础为长条石镌刻楹联诗文，屋檐瓦当为特殊烧制，上铸篆书"建国"二字，尤有特殊的寓意，寓纪念抗战胜利后建设国家之意，故名建国楼。该楼宇建筑目前保存较为完好，是民国时期典型的建筑，进楼拾级而上，登高远眺，远近景物历历在目。

虹溪魁星阁

魁星阁坐落于"弥勒县（今弥勒市）虹溪镇南隅。建于清雍正九年（1731年），民国十年（1921年）重修"②。虹溪魁星阁"系木结构三重檐六角攒尖顶楼阁，面阔15.2米，进深8.9米，高13米。阁前20米处有石狮一对，高1.2米，长1.18米，宽0.8米，雕工精湛"③。三楼正中置一魁星铜像，楼顶悬一个约50千克重的木质葫芦。阁楼迄今保存完好，登阁可瞭望虹溪坝子风光。

八、红河县

迤萨文星阁

迤萨文星阁"位于红河县迤萨镇大观潭边。建于民国十三年（1924年）次年毁于兵燹。后又重建，高约12米，占地面积约100平方米。阁为木结构，重檐攒尖顶。四旁绿树成荫，后靠巍峨青山，下临一泓碧水，山水相映，蔚为壮观。"④ 是当地较为出名的一座楼阁建筑。

甲寅文星阁

甲寅文星阁"位于红河县南隅哈尼族聚居的甲寅乡，为瓦渣代理土司钱其光于民国十四年（1925年）所建，高约12米，占地面积约100平方米。阁为木结构，重檐攒尖顶，斗拱昂枋，雕梁画栋，云南书法家陈荣昌书'文昌阁'匾额"⑤。整座阁造型美观，气宇轩昂，登临阁楼，甲寅哈尼族村寨、梯田、群山都在视野之中，美不胜收。

迤萨西山阁

迤萨西山阁"位于红河县迤萨镇西山公园内，建于清同治十年（1871年），"⑥

---

① 邱宣充，张瑛华，等. 1992. 云南文物古迹大全. 昆明：云南人民出版社：375.
② 邱宣充. 1999. 云南名胜古迹辞典. 昆明：云南科技出版社：222.
③ 同②377.
④ 同②385-386.
⑤ 同②385.
⑥ 同②386.

"高约10米，占地面积约106平方米。阁为木结构，重檐卷棚顶，六角飞檐，斗栱昂枋。四壁卷洞圆窗，东西圆门通道，回廊曲折，造型美观，新颖别致，十分壮观。"① 是红河县重点保护的古建筑。

左能寨长官司土司署

关于红河左能寨长官司土副长官吴氏家族情况，据《新纂云南通志》载："左能乡土舍吴俊。其先吴蚌颇，居左能山下，开辟草莱，众夷推为长。明洪武时，纳粮有功，即以所开辟地别为一甸，不属思陀，授蚌颇长官司副长官。蚌颇传猎豆，猎豆传龙胜，龙胜传安，安传上登。数世皆桀骜，不听道府钤束，坐以除职。清初平滇，有吴应科者出投诚，稽其谱系为蚌颇十一世孙，因改授土舍。应科传顺，顺传世臣，世臣传弟世标，世标传义，义传廷辅。廷辅子俊，嘉庆元年袭。……距府治西南二百五十里，东至瓦渣乡界十里，南至溪处、瓦渣界二十里，西至思陀乡界十里，北至落恐乡界五里。"②

左能寨长官司土司署位于红河县宝华区嘎他乡嘎他村，是一组三重院三进间的木结构的瓦房。坐西朝东，建筑由东向西依山而建，东临河谷，西依雄伟的落恐尖山，南北两翼被两座小山环绕。

九、元阳县

勐弄土掌寨司署正门楼

关于勐弄寨土寨长白氏的情况，《云南文物古迹大全》认为："勐弄司署的第一代土司白从惹原为金平县者米区阁作村人，到元阳县黄草岭昂氏家上门，掌握实权，形成世袭土司制，惹死传子若扎承袭，共300余年历史。曾于清乾隆受封'世袭掌寨'，嘉庆又封为'登仕佐郎'，民国二十八年（1939年）龙云封为'陆军少将'的白日新，授权节制江外各土司武装。"③ 另据《新纂云南通志》中对勐弄土掌寨土司，也有一段记录："其先白安，清雍正十三年投诚，岁纳籽粒银四十四两，秋米七石。后传侄士正。士正死，子文龙继。文龙死，子如美继。如美死，子锦继。锦死，子文光继。文光死，子明继。"④

勐弄土掌寨司署位于元阳县城以南20公里的攀枝花乡所在地，该建筑为其子孙于民国年间所建，共设三院三天井，由四组台阶上下相连，"衙府背倚

---

① 邱宣充. 1999. 云南名胜古迹辞典. 昆明：云南科技出版社：233.
②④ 牛鸿斌，文明元，李春龙等点校. 2007. 新纂云南通志·七. 昆明：云南人民出版社：719-721.
③ 邱宣充，张瑛华，等. 1992. 云南文物古迹大全. 昆明：云南人民出版社：384.

鼻山，下临夕欧河（藤条江），地势险要，有125台陡峻石阶为建筑物的通道。正门高5米，宽9米，用石柱、石条砌成。门头横匾刻有'皇封世袭勐弄司署'八个大字"①。其正门楼斗拱飞檐，为二重檐土木构架，坐北朝南，依山傍险，居高临下，正门前有120级石阶，与整座司署连成一体，气势雄伟，彰显出土司至高无上及其尊贵的权威。

第二节　与红河哈尼族彝族自治州楼阁相关的文学作品及作者

与红河哈尼族彝族自治州楼阁相关的文学作品及作者，除本书第二章论及的石屏县秀山寺凌云阁、文昌宫、临安府（今建水）文昌阁相关的文学作品及作者外，同时，根据相关地方文献和调查，与开远市大庄清真寺醒梦楼、蒙自市玉皇阁相关的文学作品及作者不详，待查实后再作补充。其余与红河哈尼族彝族自治州楼阁相关联的作品及作者下面将分区、县、市地区作详细分述。

一、个旧市

与凌云阁相关的文学作品及作者

1. 楹联

（清）陈荣昌楹联。"柱石撑天，间阎扑地；云山俯首，星斗扣胸。"② 该联运用拟人手法，描摹了凌云阁的巨人状态：柱石撑天、云山俯首、间阎扑地、星斗扣胸，寄寓了文人墨客的凌云壮志，笔法苍劲古朴，谨严雄肆。

2. 作者生平事迹简介

陈荣昌，其生平事迹及著述详见第三章第二节所述。

二、建水县

（一）与指林寺正殿楼相关的文学作品及作者

1. 碑记

（明）郭登《重修指林禅寺碑记》。作者为明代锦衣卫勋卫郭登。此碑记立于明景泰元年（1450年），碑文首先介绍了临安（建水）边远荒僻的地理位置："而临安尤极要荒之外。密迩交广南，向望元江、车里、八百诸夷。骑驰

---

① 邱宣充，张瑛华，等. 1992. 云南文物古迹大全. 昆明：云南人民出版社：384.
② 王兴麒. 1999. 云南风景名胜楹联选. 昆明：云南美术出版社：334.

不半日即为绝境"①，以及凶险的环境："鸟言鬼面之徒带刀剑弩矢散处山谷，喜则人，怒则兽，声音气味与华夏迥异。抚之以恩，顽冥而不知怀；临之以威，愚骏而不知畏，此所以号称难理者也。"②然后用"圣朝抚有万方，用夏变夷，无远不服。临安实为边徼重地，洪武辛酉始立城廓庐舍，徙民之负辜者实其中……文武并用而威德兼施，并建儒医阴阳诸学，俾志学游艺者有所归就。复立僧纲司以领方外之教，及乎山林川泽之利、道路关隘之险亦各有官以守"。③指出要用华夏文化传统影响当地少数民族。并说明临安（今建水）是边疆重地，明洪武辛酉年（1381年）开始兴建砖城城楼和街道民居，文武并用，威德兼施，建立了儒学、医道、天文、术数、历法等，使立志于学习掌握技艺的人有自己的归宿。宗教事务由僧纲司负责，山林河湖的资源、道路关隘的险要之处由官员负责把守。再评述今日的临安早已不是过去被人看作是边远角落、偏僻的乡壤之地。接着记叙：指林寺"寺始于宋，成于元而兴于今"④的历史，以及禅宗传入滇南地区的情况。同时还涉及古临安（建水）的政治、经济、文化、军事、教育、宗教、民俗等内容，解答了建水有众多文物古迹的缘由。碑文有史实，有议论，有抒情，行文流畅，生动传神，文采飞扬。

2. 传说故事

《逐鹿指林》。据雍正《建水州志》曰："相传宋末，人见一鹿，因率众迹之。俄一异人出指其林曰：'鹿处此山久矣，无庸追捕。'言毕不见，众惊以为神，因立祠祀之。"⑤故事说明了指林寺之名的由来。

3. 密教故事

殿中佛教壁画《供养礼佛图》（位于正殿后墙上）、《南无观音三十二应遍尘刹界》（位于正殿左墙上）、《佛母大孔雀明王经变》（位于正殿右墙上）。三幅壁画中，《供养礼佛图》《佛母大孔雀明王经变》已由当地文物部门择地保管。仅有《南无观音三十二应遍尘刹界》仍留在正殿左面墙上，图中除三十二观音外，还有众多情节和人物，有男有女，有文有武，还有高山大川、森林河流、廊台围栏，祥云围绕等，讲述的是观世音菩萨游诸国土，显神通力，以三十二现身度化众生的故事。

4. 诗歌

（明）杨慎《指林寺》。"梵音妙音海潮音，前心后心皆此心。试问禅伯元

---

① ② ③ 建水县政协文史资料委员会. 1997. 建水文史资料选辑（第四辑）. 建水：建水印刷厂：25.
④ 同①27.
⑤ （清）祝宏修. 赵节等纂. 2009. 雍正建水州志（二）//凤凰出版社编选. 中国地方志集成·云南府县志辑55. 南京：凤凰出版社：179.

无语，白水青岭环指林。"① 建水归里进士叶瑞曾邀杨慎寓居小桂湖畔，并"游颜洞，栖指林"。由此诗人写下此诗。第一、二句指林寺诵读之声十分热闹，作者深受感染；第三、四句写明诗人想与禅师问询交流，但四大皆空的得道高僧能说些什么呢？满腹惆怅的诗人只能寄情于山水之间了。

（明）沐璘《指林寺》。"过城公暇兴偏赊，跃马来游释子家。绿映隔窗罗汉竹，红开满树佛桑花。山光水色如迎客，蒌叶槟榔当啜茶。又得浮生闲半日，此身忘却在天涯。"② 诗中首联点出诗人公暇之余是跃马来游指林寺。颔联描摹隔窗看到的是绿意葱葱的罗汉竹，以及开满树杈的、红彤彤的佛桑花。颈联由景及人，描写此时的诗人沐浴在山光水色中，用蒌叶槟榔当茶来饮用。尾联再次叙写自己又有了忙里偷闲的好时光，可以将一切置之度外。诗中洋溢着闲适、安逸的情致。

（明）林俊《指林寺》。"半亩禅宫杂市尘，上方心远地应偏。云生竹院鹤相对，日转苔阶僧正眠。白酒谩陶闲岁月，碧纱还护旧诗篇。迩来学得无生法，不向人间种福田。"③ 诗歌描写了指林寺作为禅宫，远离杂市尘嚣，终日与云、竹、寺院、仙鹤相伴。诗人就着白酒正在酝酿诗篇，好一幅充满禅意与诗情的画面。诗歌弥漫着一种灵气、情韵之感。

敖和《游指林寺》。"城外青山秀插天，城中佳寺景无边。寒潭雨歇苍龙返，幽谷云深白鹿眠。穿户影重花外竹，到池声静涧中泉。老僧出定因无事，坐看天花雨席前。"④ 诗歌用"青山""佳寺""潭""雨""苍龙""幽谷""云""白鹿""花""竹""池声""涧中泉""老僧"等多组意象勾勒出指林寺景色的妙不可言，既有静景，又有动景，还有人物（老僧）的活动，呈现出动静相宜，灵动神妙之韵，令人回味无穷。

（清）叶涞《登指林寺准提阁》。"谁指荒林见一灯，宋元住迹此堪凭。香花佛国无今古，烟火人家感废兴。曲磴草深忘逐鹿，垂檐云起过飞鹰。相传更有灵禽异，幻迹无从问任僧。"⑤ 诗歌首联点出荒林中闪现的灯光处就是指林寺。这也是宋元以来行旅之人常下榻之地。颔联写出飘溢花香的寺院，其兴废，只有周边的人家最能感受到。颈联描绘了由于曲磴草深而忘记去追逐小鹿，映入眼帘的只有飞过屋檐的老鹰。尾联进一步写出寺院还有更灵异的飞禽，它们的踪迹，寺里任何一个僧人都知道。全诗营造了一种神秘莫测的

---

① 建水县政协文史资料委员会. 1997. 建水文史资料选辑（第四辑）. 建水：建水印刷厂：17.
② 李春龙，王珏点校. 2007. 新纂云南通志·六. 昆明：云南人民出版社：184.
③ 建水县志编委会. 1994. 建水县志. 北京，中华书局：829.
④ 据（清）祝宏等纂修. 清雍正九年修. 民国二十二年重刊本影印. 1975. 云南省建水县志二册//中国方志丛书. 台北：成文出版社：1013-1014.
⑤ 同③969-970.

氛围，耐人寻味。

5. 作者生平事迹简介

郭登（？—1472），字元登，安徽凤阳人，明朝靖边大将，镇守临安。文武双全，治军严明，任锦衣卫勋卫，后有战功，被追封为定襄侯。明代黄道周所著《广名将传》中有其事迹载录。郭登曾与其父郭玘、其兄郭武合著《联珠集》二十二卷。《皇明经世文编》辑有《郭定襄忠武侯奏疏》一卷。钱谦益《列朝诗集》收录有其诗七十一首。《盛明百家诗》有《郭定襄伯集》一卷。其诗才恣肆，或沉雄浑厚，或委婉生动，语言平易而含义隽永，大都琅琅可诵。李东阳称其诗为明代武将之冠。王阮亭将其列为古今名将能诗的十一人之一。

杨慎，其生平事迹集著述详见第三章第二节文述。

沐璘，（1429—1457），字廷璋，号东楼居士，沐昂孙。初荫千户，进袭指挥佥事，以功迁云南都指挥佥事。明景泰元年（1450年）进右军都督同知，允总兵官，继沐斌镇守云南，整顿吏治，政务毕举。素好书善诗，工篆草书，建五华书屋，藏书史其中，时与士人讨论古今，竟日不倦，著有诗文集若干卷。

林俊（1452—1527），字待用，号见素、云庄，莆田人。明成化十四年（1478年）进士。弘治元年（1488年），擢云南副使。正德间为云南按察副使，分巡金沧。著有《林见素文集》二十八卷传世。

敖和，生卒年、生平事迹及著述均不详。

叶涞，生卒年不详。"字兆颖，号舫村。清康熙辛酉年（1681年）副榜，任南宁县教谕。……诗文擅诸家诗文之长，举笔洋洋洒洒数千百言，并考订郡国旧志，著有《兆颖诗文集》40卷，并修康熙《建水州志》。"①

（二）与朝阳楼相关的文学作品及作者

雍正《建水州志》云："东城楼（即朝阳楼，笔者注）高百尺，千霄插天，下瞰城市，烟火万家，风光无际，旭日初升，晖光远映，遥望层楼，如黄鹤、如岳阳，南天大观。"② 有"栋宇薄云霄，雄踞滇南八百里；气势壮河岳，堪称滇府第一楼"③ 的美誉，也成为古代名家吟咏的对象。

1. 匾额

"朝阳楼"匾额。悬挂"在东面二楼顶檐上正中处，立有2.5市尺（约

---

① 建水县地方志编纂委员会编.1994.建水县志.北京：中华书局：804.
② （清）祝宏修.赵节等纂.2009.雍正建水州志（一）//凤凰出版社编撰.中国地方志集成·云南府县志辑54.南京：凤凰出版社：64.
③ 骆锦芳.2014.楹联文化研究：以云南为例.北京：人民出版社：554.

0.83米）高的'朝、阳、楼'三块楷书独字方匾，为乾隆年间探花（进士第三名）、清代大书法家王文治出任临安知府时，于乾隆三十二年（1767年）春所书，匾字圆润秀丽，犹如'美女簪花'，耐看悦目，实为难得的古代书法艺术珍品。"①"朝阳楼"匾额，历尽历史的沧桑，迄今仍悬挂于东门城楼（朝阳楼）之上。

"日丽重城" 匾额。为清"咸丰年间建水解元（举人第一名）书法家曾彬书"②，但已经失传。

"雄镇东南" 匾额。立于朝阳楼正面顶层东面檐下，"立有高约两米的'雄、镇、东、南'四块楷行体的独字方匾，为乾隆四年（1739年）之夏出任临安府知府的浙江籍三甲进士来谦鸣所题，石屏籍书法家'涂晫书'（《建水县志》）。涂晫是石屏康熙乙酉年（1705年）举人"③，时任临安府师爷，为清代云南著名的四大榜书之一。相传来谦鸣请涂晫书好这四个匾字后，把字体立墙远望，认为这四个字，"雄"得生龙活虎，"镇"写得泰然自若，"东"呈昂首阔步之势，"南"显高瞻远瞩的神姿。民间传说道光年间，"镇"字一匾从顶楼檐下摔落到城脚处而损坏，仅存"金"字旁，"真"字系杨家庄举人王太平所补，至今，当地民间有"三条活龙夹着一条死蛇"之说。该楷书体的独字方匾。结构笔力冠绝于世，笔力刚劲，极有气魄。至今仍悬挂于东门城楼（朝阳楼）之上。

"飞霞流云" 匾额。"在城楼西面顶檐下，立有二米高的'飞、霞、流、云'四块狂草书体的独字匾额，为唐代草圣张旭于开元九年（721年）所书，这四个狂草书大字原刻于曲靖城上的四块巨石平面上。"④相传为清嘉庆进士、书法家、湖北省督粮道道台宋湘在嘉庆年间出任曲靖知府期间，由外省拓印来的。清光绪年间，建水拔贡、书法家王垂书，看到行笔流畅，气韵非凡的"飞霞流云"字体，十分赏慕，在随从的帮助下，亲手将其拓印下来，回到建水，请建水制匾名家刘凤将其拓印稿字迹，刻字在约六尺五寸（约2.16米）高的四块方形匾面上。光绪辛丑年（1901年），他回乡亲自率建水"官绅庶士"将其匾额立于朝阳楼西面顶檐之下。"飞"似魁星点斗，形态生动，"霞"如霸王举顶，盖世英姿，"流"像刘海戏蟾，悠闲自如，"云"似仙女散花，翩翩起舞。这四个狂草大字，形体洒落奔放，宛如行云流水，运笔连绵不断，仿佛龙蛇疾走。而今此"飞、霞、流、云"四块狂草书体的独字匾额，依旧悬挂于朝阳楼之上。

---

①②③④ 建水县政协文史资料委员会编. 1997. 建水文史资料选辑（第四辑）. 红文新内资字（97）第09号：45-46.

2. 楹联

佚名楹联。"栋宇薄云霄，雄踞滇南八百里；气势壮河岳，堪称滇府第一楼。"① 该楹联写出了朝阳楼直插云霄、雄踞南疆，气壮山河的雄姿。

邱廷栋楹联。"洪武建，天顺修，历乾嘉而来，屡废屡兴，问有无今朝壮丽；烟户稠，山川秀，据形势之秀，美轮美奂，足表现此种精神。"② 上联讲述朝阳楼的建造历史。下联描摹朝阳楼人烟稠密，四围山川锦绣，美轮美奂。

3. 诗歌

（清）邹佩铭《登东城楼》。"形胜据荒陬，翻身近斗牛。东南几属国，今古一高楼。山徼通交趾，江城拓步头。有功思击房，昫町汉时候。"③ 此诗描绘了东城楼（朝阳楼）虽地处云南边陲，但建盖于山川壮美之地，其楼之高可与天上斗牛星宿相邻。其所处的独特地理位置，呈现出历史上安置归顺朝廷的匈奴、羌、夷等少数民族而设为行政区划的遗迹，也再次彰显了朝阳楼不论古往今来，雄踞南疆八百里，成为实至名归的滇府第一楼。

邱廷栋《赞东门城楼》。"句町东楼在，巍巍建筑宏。凌霄擎绮柱，迎旭耸雕甍。地据南陲胜，星回北斗横。名区留古迹，登眺发幽情。"④ 首联写景，尽展东门城楼（朝阳楼）建筑的巍峨挺拔。颔联再次写景，描摹东门城楼（朝阳楼）被巨大精美的柱子托举，迫近云霄，初升太阳照射着雕镂文采的殿楼屋脊。颈联笔锋一转开始述史，转入写朝阳楼地据南陲，几经风雨侵蚀，见证了它所处城邑的沧桑变迁的历史。尾联写出登楼远眺，都会使人产生深远或高雅的情思。这首五律写得富有韵致，颇耐人寻味。

佚名《朝阳楼》。"巍巍百尺出长空，雄踞滇南建水头。飞彩流云干北斗，古今同赞此高楼。"⑤ 这首诗歌将朝阳楼高耸入云的雄姿，以及其为滇南地区楼阁建筑之冠的美誉都淋漓尽致地呈现出来。

4. 作者生平事迹简介

王文治（？—1802），字禹卿，号梦楼，丹徒（今江苏镇江）人，清乾隆进士，授翰林院编修、侍读，出为云南临安府知府，有善政，工诗文，善书法，精音律，与袁枚齐名，著有《梦楼诗集》传世。

曾彬，生卒年不详。字煦庵，建水人，"字小林，清咸丰乙卯（1855年）解元。天资颖迈，学历亦深，撰有《环翠山房诗稿》《香南馆诗集》其后裔曾传经印行于世，呈贡秦光玉为之序"⑥。

---

① 骆锦芳. 2014. 楹联文化研究：以云南为例. 北京：人民出版社：554.
②④ 建水县志编委会. 1994. 建水县志. 北京，中华书局：766.
③ 同②832.
⑤ 建水县地方志编纂委员会. 2010. 建水县志（1978—2005）. 昆明：云南人民出版社：745.
⑥ 同②806.

来谦鸣,生卒年不详。乾隆四年(1739年)之夏出任临安府知府的浙江籍三甲进士。著述不详。

涂晫,生卒年不详。"字煦庵,石屏城关人。……涂晫于清康熙乙酉年(1705年)科中举,曾任昆明教谕。生平嗜书法,善题对。书法劲逸奔放,草书多飞白。……涂晫除以书法传世外,他的诗歌朴实无华,有田园诗风。"① 著述不详。

王太平,生卒年不详。生平事迹及著述亦不详。

张旭(约685—约759),字伯高、季明,苏州吴县(今江苏苏州)人,唐代著名书法家,擅长草书,"狂逸"为其书法的最突出风格。同时也是一位诗人,其诗歌作品被《全唐诗》收录,有书法作品传世。

宋湘,其生平事迹及著述详见第三章第二节文述。

王垂书,生卒年不详。云南建水东林寺街人。"字炳文,号著臣。清光绪丁酉(1897年)拔贡,朝考一等知县,历署贵州仁怀等州县事,民国元年(1912年)人临安府知府兼建水行政事务。抒发早知名,福荫楼前后匾联、天君庙戏台匾额,皆未出任所书。草书学《十七贴》(应为《十七帖》,作者注)兼以颠旭狂素,又善双钩。"② 善书法,秀健超逸,体兼八法,榜书亦极擅长。著述不详。

刘凤,生卒年不详。生平事迹及著述亦不详。

邱廷栋(1877—1968),"字梦菘,建水城区人。清庠生,民国初年入云南省优级师范学堂就读。民国7年任建水劝学所(教育局前身)所长。民国十三年(1924年)人云南省议会议员。民国十九年至二十一年(1930—1932年)人建水县立哲学校长、县教谕会常务干事,并任县教育局局长至民国二十六年(1937年)。民国二十八年(1939年)2月人建水民众教谕馆馆长,同年8月受县人委托开办仲铭图书馆并任馆长。民国三十六年(1947年)任县修志局主任编辑,编修《民国建水县志稿》11册。"③ 长于诗文、楹联,对书法颇有研究。有诗歌、楹联作品传世。

邹佩铭,生卒年不详。生平事迹及著述亦不详。

(三)与纳楼茶甸长官司司署楼宇相关的文学作品及作者

纳楼茶甸各司署(清代一分为四个土舍)的大门旁都悬排着二副楹联。

楹联一。"九重锡命传金碧,五马开基至汉唐。"④ 楹联作者不详。上联点

---
① 云南省石屏县志编纂委员会编纂.1990.石屏县志.昆明:云南人民出版社:742-743.
② 建水县地方志编纂委员会编.1994.建水县志.北京:中华书局:806.
③ 同②765.
④ 建水县地方志编纂委员会.2010.建水县志(1978—2005).昆明:云南人民出版社:335.

出封建王朝封爵加赏纳楼土司；下联写出纳楼土司府的历史，并昭示该衙署兴建于汉唐，明代洪武十五年（1382年）开始正式诰封纳楼茶甸副长官司，已有六百多年的历史。

楹联二。"承国恩化洽三江茶甸，奉圣谕钦赐八里纳楼。"① 楹联作者不详。楹联清晰明确说明纳楼茶甸副长官司的领地不断扩张，号称"三江八里又三勐"②，是地跨红河南北的土司王国。三江，指其领地范围包括礼社江（即红河）、李仙江和藤条江，八里，指八个相当于乡的行政组织。三勐，指今天的越南莱州北部一带。该对联突出了纳楼土司的领地范围和基层行政组织情况。

（四）与文庙牌坊阁楼相关的文学作品及作者

1. 诗歌

张汉《学海观炬》。"焕文峰影泮池中，几点遥窥野炬红。陆地已成星宿海，灵槎欲贯斗牛宫。平生每爱寻幽僻，消息真如问卜翁。待得明年今夕见，科名有数信先通。"③ 诗写出如此情趣，绝无仅有。

《元代文庙》。"革囊飞跨统中华，尚武崇文立国家。创庙弘儒兴教化，年逾七百发新花。"④ 此诗记录了元朝统一云南后，既崇文又尚武，大兴儒学，建文庙迄今已有七百多年的历史。但作者不详。

2. 碑记

《元圣旨碑》。该碑文"高2.4米，宽1.2米，碑头刻有'追封圣诏'四字"⑤。因"碑文刻有元至大元年（1308年）武宗皇帝追封孔子为'大成至圣文宣王'的诏书，故称圣旨碑"⑥。此碑剥蚀严重，字体模糊。

《孔圣弦颂图》碑。该石刻"高1.5米，宽0.8米。镌有孔子席地而坐抚琴授课图，席前四弟子肃立恭听。图上刻有《宋高宗御制赞》"⑦。此石刻是从一房屋废墟中挖出，图上未发现刻石年月。

《满汉文碑》。系大成殿西碑亭所立满汉文碑。"通高5米，宽2米。"⑧两块石碑并列在碑座上，一碑刻满文，一碑刻汉文，两块碑之上镶一块完整的碑顶，将其联为一体。碑文"为清乾隆皇帝作《御制平定回部告成太学碑记》，记载的是乾隆二十至二十三年（1755—1758年）清军平定新疆准噶尔部反动贵族叛乱的史实"⑨。原碑立于北京文庙内，临安知府双鼎摹刻于建水文庙。满汉文碑，全国罕有。现存于文庙大成殿西北亭内。

---

①② 建水县地方志编纂委员会. 2010. 建水县志（1978—2005）. 昆明：云南人民出版社：335.

③ 建水县志编纂委员会. 1994. 建水县志. 北京：中华书局：832.

④ 同①745.

⑤⑥⑦⑧⑨ 同③638.

3. 匾额

"太和元气"匾。① 为太和元气坊门头上的贴金大字，意为"天地浩然之气"，其实是赞美孔子的思想如同天地生育万物。

"洙泗渊源"匾。② 为立于文庙路中间的一座高大威武的牌坊匾额。"洙泗"指的是孔子家乡的两条河"洙水"和"泗水"，该匾额的含义是儒家学说源远流长。

"万世宗师"匾。③ 悬挂于"洙泗渊源"牌坊背面。其意指孔子是千秋万代人的祖师，人人必须学习的典范。

"德配天地"匾。④ 系靠近"洙泗渊源"坊侧，东西对称四牌坊之一的匾额。语出《中庸》："博厚配地；高明配天；悠久无疆。"⑤ 意谓孔子之德高明博厚，与天地相齐。

"道冠古今"匾。⑥ 系靠近"洙泗渊源"坊侧，东西对称四牌坊之一的匾额。其意是赞叹孔子之道为古今之冠。

"贤关近仰"匾。⑦ 系靠近"洙泗渊源"坊侧，东西对称四牌坊之一的匾额。其意为进入圣贤之地。

"圣域由兹"匾。⑧ 系靠近"洙泗渊源"坊侧，东西对称四牌坊之一的匾额。意为圣贤之地由此进入。

清代皇帝御书贴金匾额八块。 指文庙"庙内悬挂清代皇帝御书贴金匾额 8 块"⑨。清朝自康熙帝开始，每一任皇帝登基都要为全国各地的文庙御书匾额。因而建水文庙仍遗存有康熙的"万世师表"、雍正的"生民未有"、乾隆的"与天地参"、嘉庆的"圣集大成"、道光的"圣协时中"、咸丰的"德齐帱载"、同治的"圣神天纵"、光绪的"斯文在兹"，八匾额均悬挂于大成殿檐下中间，系清王朝历代帝赞孔尊孔的"御题"贴金匾额。充分反映出清朝各代帝王尊孔尚儒、学儒的风尚。

4. 作者生平事迹简介

张汉，其生平事迹及著述详见第三章第二节文述。

双鼎，生卒年不详。生平事迹及著述亦不详。

康熙（1654—1722），清圣祖，全名爱新觉罗·玄烨。清朝第四位皇帝，顺治帝第三子，奠定了清朝兴盛的根基，曾开创出康乾盛世的大局面。著述不详。

---

① 建水县志编纂委员会. 1994. 建水县志. 北京：中华书局：628.
②④⑥⑦⑧⑨ 建水县志编纂委员会. 1994. 建水县志. 北京：中华书局：629.
③ 建水县政协文史资料委员会. 1997. 建水文史资料选辑第四辑：21.
⑤ 陈柱. 2010. 中庸注参. 桂林：广西师范大学出版社：43.

雍正，其生平事迹及著述详见第五章第二节文述。

乾隆（1711—1799），清高宗，全名爱新觉罗·弘历。清朝第六位皇帝，在位六十年，是中国历史上在位时间最长的皇帝，也是最长寿的皇帝。在位期间，实行"因俗而治"的民族政策。

嘉庆（1760—1820），清仁宗，全名爱新觉罗·颙琰，原名永琰，清朝第七位皇帝，在位二十五年。在位期间，正是清朝由盛转衰的时期。著述不详。

道光（1782—1850），清宣宗，全名爱新觉罗·旻宁，原名绵宁，清朝第八位皇帝，清仁宗嘉庆帝第二子，颇思励精图治，振衰除弊。主张整顿吏治，扼制奢靡之风。支持林则徐禁烟。1840年中英鸦片战争爆发，中国战败，签订丧权辱国的《南京条约》，内忧外患日益严重，清王朝陷入危机。在位三十年。著述不详。

咸丰（1831—1861），清文宗，全名爱新觉罗·奕詝，清朝第九位皇帝，清宣宗道光帝第四子，在位十一年。著述不详。

同治（1856—1875），清穆宗，全名爱新觉罗·载淳，清朝第十位皇帝，载淳继位时年仅六岁，依照咸丰帝遗诏，由肃顺等八位大臣辅政，后两宫皇太后发动"辛酉政变"夺权。同治十二年（1873年），载淳亲政，同年陕甘回民起义及云南回民起义被平定。同治十三年驾崩。

光绪（1871—1908），清德宗，全名爱新觉罗·载湉。清朝第十一位皇帝，起初由两宫皇太后"垂帘听政"，后由慈禧一人垂帘。光绪十五年（1889年），载湉亲政，支持维新派变法以图强，光绪二十四年（1898年）实行"戊戌变法"，历时103天变法失败，大权再次落入慈禧手中，光绪被幽禁于西苑瀛台，光绪三十四年（1908年）暴崩。

（五）与双龙桥楼阁相关的文学作品及作者

佚名《双龙桥》。"泸江塌水锁双龙，十七连环不朽工。三座桥亭穷碧落，超群技艺冠寰中。"① 诗歌作者不详。此诗描绘了双龙桥横跨沪江与塌冲河交汇处，似双龙盘曲游动，有十七孔雁齿蝉联，桥上三座楼亭雄伟玲珑，堪称桥中一绝。

（六）与天缘桥阁相关的文学作品及作者

1. 题刻

"天缘桥"题刻。在天缘桥"正中建有二重檐八角亭阁，阁内左侧石碑上，刻有临安知府栗尔璋行书'天缘桥'三字，其笔法柳筋颜骨，潇洒苍劲"②。该题刻迄今仍字迹清晰，保存完好。

---

① 建水县地方志编纂委员会. 2010. 建水县志（1978—2005）. 昆明：云南人民出版社：745.
② 建水县政协文史资料委员会. 1997. 建水文史资料选辑（第四辑）：49.

2. 碑记

"乡规民约"碑。为清"雍正八年（1730年，笔者注）立于碑亭一侧的乡规民约碑，就对保护天缘桥及周围环境做了规定"①。该碑历经几百年风雨浸蚀，有的字迹已经模糊不清，但大部分文字仍然能读解出来。作者不详。

3. 诗歌

《天缘桥》。"盘旋宛转似游龙，耸背腾身欲入空。借问桥形何故此，弯坡低度利行通。"② 诗歌作者不详。该诗描写了天缘桥似游龙盘旋于泸江河之上，利用地形特点，与桥身构成S形状，以适应车马人行。

4. 作者生平事迹简介

栗尔璋，生卒年不详，临安知府。著述亦不详。

三、石屏县

（一）与秀山寺凌云阁相关的文学作品及作者

据《石屏县志》云：秀山寺"原名真觉寺，位于宝秀镇西南笔架山下。唐代始建，明洪武十八年（1385年）宝秀屯中有百户侯吴熊在秀山建'瞿昙庵'，明末改为'秀山寺'，寺庙规模较小，清同治五年（1866年），一度重建；光绪二年（1876年）寺僧圆泰和尚重建"③。建筑群落分为山门、前殿、中殿、后殿、左右配殿、厢房等，为典型的四合院落。

1. 诗歌

（清）罗觐恩《秀山寺》。其诗云："林深苍蔼合，不辨超提境。萝径寻泉声，岩扉抱松影。晚齐蜂意善，云卧犬心静。随在皆菩提，群生各自领。谈空言已赘，眈寂相俱屏。僧与暮云归，鹤忘秋露警。昔闻紫烟客，对弈此峰顶。无处访仙杆，满衣空翠冷。"④ 此诗大量运用一系列意象"林深""萝径""泉声""岩""松影""蜂""云""犬""僧""暮云""鹤""秋露""烟客""峰顶"来构筑一幅秋天晚景图，把林深、萝径、松影、云卧、暮云、秋露等静态景象与泉声、僧人、烟客的动态融合在一起，营造出一种动静相衬的氛围，令人回味不已。

（清）前代《同友人游秀山》。其诗全文是这样写的："少小心情浪游癖，海内名山有行迹。我今老矣倦游身，便是家山怯攀陟。严溪先生惠然来，秀山约我寻仙宅。浑如竹林六七人，我家二阮咸偕籍。方外之交山僧一，时或

---

① 建水县政协文史资料委员会. 1997. 建水文史资料选辑（第四辑）：50.
② 建水县地方志编纂委员会. 2010. 建水县志（1978—2005）. 昆明：云南人民出版社：745.
③ 云南省石屏县志编纂委员会. 1990. 石屏县志. 昆明：云南人民出版社：240.
④ 云南省石屏县志编纂委员会. 1990. 石屏县志//中华人民共和国地方志丛书. 昆明：云南人民出版社：852.

出林皋时或。"① 这首七言古诗第一、二句先用"少小""浪游癖"点明从小诗人就喜爱浪游，再用"海内""名山""有行迹"说明诗人早已在祖国境内的名山留有行迹。第三、四句流露出诗人自己年纪大了，对攀登家山已有了胆怯之心。第五、六句描述游秀山的原因是严溪先生与诗人相约秀山寻仙宅之故。第七、八句指出与诗人同游秀山的还有竹林六七人、我家二阮。第九、十句进一步表明此次秀山行与一山僧成为方外之交，并时常结伴出入林皋。

2. 楹联

民国十三年（1924年）石屏人陈钧倡导新建了凌云阁，迄今山门楼、大殿楼宇、中殿楼、凌云阁等楼阁建筑都保留下明清文人的文迹。如山门楼口有石屏人清末经济科状元袁嘉谷二哥袁嘉谟题写的楹联："秀岭奇峰迎三宝；山色湖光聚七盘。"② 楹联概括了秀山的地势地貌和地理环境，也明示秀山的奇峰，山色湖光，是秀山一带、七盘之类的美妙景致。

大殿楼宇有袁嘉谷撰写的对联："游世界三千，只爱此空山明月、古寺烟霞，听澈梵钟，声声入耳；览营盘十二，问谁将绿雨桑麻、黄云稼穑，写来诗卷，事事关心。"③ 该联写于1910年9月，袁嘉谷从浙江提学使任上请假回石屏探亲，在冬月的一天，陪母亲游览秀山而作。对联字字句句对家乡秀山风月、古寺烟霞、梵钟梵语等清幽雅静景致和山下农事兴旺的景象作了生动描绘，以声声入耳的感受来渲染寺庙钟声，反衬其清幽之境，表达作者依恋乡土之情感。上联写景抒情，下联直抒胸臆，寓情于景，情中有景，对仗工稳，音韵和谐。

中殿楼有清代二次翰林张汉撰题的板联："几两屐入数重山，闻僧讲道；尺五天开方丈地，待我吟诗"。④ 记录了得道高僧主持秀山寺的盛况；临安府人王垂书游寺后题写的板联："西南诸峰此独秀，东北一览小众山。"⑤ 表露了对秀山美景的留恋和难忘之情。

中殿楼还有石屏人罗凤彩题的板联亦较为有名："高阁枕三峰，滴翠流苍，浓淡遍宜天半月；崇台栽万树，飞青舞碧，去来无碍岭头云。"⑥ 上联点出秀山寺楼阁坐落在笔架山奇峰秀灵之间，青翠的远山近壑欲滴落流淌，天上的明月浓淡相宜，将秀山寺楼阁，及远近实景勾勒得多姿多彩，生机盎然；下联继续描摹山间高台四围栽种的树木成千上万。青枝绿叶、飘飘欲飞，山巅的云层来去悠悠。语言典雅清新，句式灵活多变，景象的展现有极强的画面感。

---

① （清）管学宣纂修，2009. 乾隆石屏州志//凤凰出版社编撰. 中国地方志集成·云南府县志辑51. 南京：凤凰出版社：224.

②③④⑤⑥ 王兴麒. 1999. 云南风景名胜楹联选. 昆明：云南美术出版社：351-353.

由明代人张一甲题、陈荣昌书的一副楹联："秀巘插丹霄，环鸡鸣凤翥，虎额龙啼，拱峙层层，自古推屏山第一；高檐吞绿野，看童牧叟樵，男耕女馌，画图苑苑，于今辟法界三千。"① 上联写出秀山寺高耸入云、鸡鸣、虎额、龙啼的情景。下联构筑了秀山寺边的生活画面：牧童放牧，樵夫砍柴，男耕女织。情趣盎然，充满生活情调。

清代许贺来楹联影响较大，其楹联："古寺辟乾坤，树锁岩扉，一片烟霞飞鸟外；仙踪留岁月，苔封棋局，数声鸡犬白云间。"② 上联用"树""岩""烟霞""飞鸟"描摹了秀山寺的美妙景象。下联运用"王质烂柯"典故，喻指离家之人忘不了的、熟悉的秀山寺的旧有的场景："苔封""棋局""数声鸡犬""白云"。写景抒情融为一体，令人流连忘返。

清人任侯也写有一副楹联："佛场拱伏千层嶂；村树遥飞万点烟。"③ 此联描绘佛场——秀山寺秀美的山峦、被层层包裹的树木，以及周边的村庄、万家烟火。好一幅情趣灵动的画面。

清人任树南题、张国彬书的楹联："辟胜宇于云林，竹径泉声，恍如洞天福地；蹑芳踪于莲社，松风茶鼎，不减烟火神仙。"④ 上联描写了这样一幅画面：云林、竹径、泉声组成的洞天福地。下联尽展寺中伴随着松风念经、喝茶的逸趣闲适。

民国时人黄旭亦有楹联："秀色可餐，只缘松柏后凋，湖光遥映；山灵有赫，但愿闾阎安堵，烽火不惊。"⑤ 上联写景：松柏凋敝、寺与湖光遥相呼应。下联述史，叙写寺历经战火洗礼，依旧岿然不动。

3. 匾额

凌云阁悬挂的"底楼匾额'白云深处'"⑥ 为陈鹤亭书，"二层'气象万千'乃邑人向钟祥题；三层'凌云阁'为昆明陈荣昌书"⑦。

4. 作者生平事迹简介

罗觐恩，生卒年不详。字汝勤，号琴山，云南石屏人。清嘉庆元年（1796年）岁贡。著述不详。

前代，生卒年不详。生平事迹及著述亦不详。

陈钧（1874—1931），字鹤亭，石屏宝秀郑营人。清光绪十八年（1892年）与兄陶斋同入庠，肄业于五华书院。光绪二十七年（1901年）乡试中举，光绪二十九年（1903年）癸卯科取三甲第十名进士。曾历任湖北天门县令、黄陂县令、宜都县令、民国滇督蔡锷的参事、蒙自道道尹、被举为云南省政府委员等职。著述不详。

---

①②③④⑤ 王兴麒. 1999. 云南风景名胜楹联选. 昆明：云南美术出版社：350-353.
⑥⑦ 云南省石屏县志编纂委员会. 1990. 石屏县志. 昆明：云南人民出版社：587.

袁嘉谟，生卒年不详。清末云南经济科状元袁嘉谷的二哥，贡生，擅长诗赋。其著述亦不详。

袁嘉谷（1872—1937），字树五，号澍圃，晚年自号屏山居士，云南石屏人。1891年离开石屏至昆明师从陈子潘、张竹轩，22岁入经正书院研习。1903年6月，应经济特科试，列一等一名，授编修，是云南唯一的状元。1904年7月赴日考察学务、政务，著有《东游日记》四卷。1905年8月回国，任国史馆协修，1909年9月，升任浙江提学使，1911年辛亥革命离浙归滇。1912年5月应蔡锷之聘任省参议员，1915年应唐继尧之聘为顾问，并修《云南丛书》，在东陆大学（今云南大学的前身）执教，主编《滇文丛录》，曾在文渊阁中辑录《四库全书》中有关滇人的文献，如抄录谢肇淛《滇略》、沐昂《沧海遗珠》等。主持编撰《云南图书馆图书目录》二编。其著述有《卧雪堂文集》二十二卷、《卧雪堂诗集》十二卷、《卧雪堂诗话》八卷、《移山簃随笔》等。

张汉，其生平事迹及著述详见第三章第二节文述。

王垂书，其生平事迹详见本节前文述。

罗凤彩（1695—1772），字苞仪，号竹园，别号桐冈。清"雍正癸卯（1723年）科中举。同年联捷进士。初任刑部广西主事，继而调四川司员外郎。……戊申（1728年）授广东道监察御史，……凤彩先后居官二十年期间，平生义利之辨最严，待人宽厚谦和。"① 视荣名虚誉为浮云，以清廉著称，乡声亦好。著述不详。

张一甲，生卒年不详。云南石屏人。明崇祯十三年（1640年）庚辰科进士。"任礼部主事，四川叙马卢兵备道等职，任中多惠绩，有诗文传世。"②

许贺来（1656—1725），字燕公，号秀山，云南石屏人。清康熙二十四年（1685年）乙丑科进士，选翰林院庶吉士，授编修，升侍讲。诗文享誉滇中，有《赐砚堂诗集》《纪恩集》等行世。

任侯，生卒年不详。云南石屏人。清康熙四十一年（1702年）举人。曾任弥勒州学政。诗文、书法俱佳，但著述不详。

任树南，生卒年不详。云南石屏人。清乾隆五十二年（1787年）丁未科进士。历任吏部文选司主事、员外郎中。书法名噪一时。著述不详。

张国彬，生卒年不详。云南石屏宝秀大杨营人。清宣统元年（1909年）拔贡。民国初毕业于云南政法学校。曾历任新平县县长、石屏石坊学校校长等职。著述亦不详。

---

① 云南省石屏县志编纂委员会编纂.1990.石屏县志.昆明：云南人民出版社：722.
② 孙官生主编.2005.石屏人物.昆明：云南大学出版社：31.

黄旭，生卒年不详。字建平，湖北黄冈人。民国十九年（1930年）任石屏县知事。著述亦不详。

（二）与准提阁相关的文学作品及作者

1. 诗歌

朱庭珍《准提阁二首》其一："春水弄秋色，春山含夏姿。水添辰雨后，山爱午晴时。芳草绿迎客，杂花红满地。湛然丛树里，仿佛古滇祠。"① 这首诗用春水、春山、辰雨、午晴分别形象地再现出石屏准提阁秋天和夏天的景致，以及被四周绿茵茵的芳草、红灿灿的杂花、一丛丛树木所点点染的情景。其二："两水一桥跨，石栏三面开。喷珠浮石镜，洒雪覆寒苔。花气随风散，泉声夹雨来。边隅藏异境，莫谓地无才。"② 此诗中的两水、石栏、喷珠、石镜、洒雪、寒苔、花、风、泉、雨这些意象构筑成石屏准提阁又一别样的景观，诗歌写得细腻、朴实、耐人寻味。

2. 对联

涂晫的狂草石刻对联。"不是虎丘，宁无聚石谈经处；谁穿花径，为有喷泉喜客来。"③ 该石刻对联立于石屏城西部准提阁前喷珠池畔。书写劲逸奔放，别具风采，交互生辉。

3. 作者生平事迹简介

朱庭珍（1846—1911），"字筱园，石屏城关人。朱家学之子。光绪戊子（1888年）科举人，举孝廉。庭珍才思敏捷，工诗能文，……又博览顺治、空虚以后各家诗集，妙领神会。生平著述有《穆清堂诗集》《穆清堂诗续集》。"④ 且喜作诗，对历代诗家均有研究，对诗歌有自己独特的见解，他的《筱园诗话》颇得后人赞誉。袁嘉谷在评论石屏文学人物时曾曰："史学则许五塘（印芳）、朱筱园（庭珍）、张榛与（思敬）为博。"⑤

涂晫，其生平事迹详见本节前文述。

（三）与文庙棂星门牌楼相关的文学作品及作者

1. 匾额

"棂星门"牌坊"坊后面书'洙泗渊源'。旁楹匾额右为'德配天地'。左为'道冠古今'。再两旁有'玉振''金声'二门，全部字迹均为清乾隆时石屏学政、蒙化（今巍山）人张端亮所书。"⑥ "棂星门"牌坊"坊下壁上正面刻'太和元气'四字，为屏人涂晫所书。后面'鸢飞鱼跃'四字。为屏人刘宣

---

①② 云南省石屏县志编纂委员会编纂. 1990. 石屏县志. 昆明：云南人民出版社：854.
③ 同①743.
④⑤ 同①747.
⑥ 同①586.

所写。"①

2. 碑记

《庙学记略》。作者为编修周洪谟。此记开头叙说办学宗旨"学校所以明人伦也"②，解释了"人伦"的同异："而着于君臣、父子、夫妇、长幼、朋友之间。此人伦之所以同也。然人伦虽同，气禀或异，是以有昧于理而坏之者。"③接着记录了创建庙学的时间、经过。文章饱含情感，以理服人。

《重修庙学记略》。作者系吏科给事中阎闳。该记阐明创办庙学的意义："开儒学以教乡俊，建文庙而祀吾夫子者十之四。"④并回顾了庙学创办的历史以及重修的经过。文末表达了作者对庙学的情感："安知不有豪杰之士大立功、大立言，名起南服哉！呜呼，凡我大夫士祀于庙，肄于学，其尚慎诸言行斯可矣，而顾自限以远不以惑乎？"⑤文章叙事细致，述史谨严，言之有序。

3. 民谣

"一门三进士，对门两翰林"⑥，**"举人满街走，秀才家家有"**⑦。"一门三进士"，指清道光己丑科（1829年），石屏朱腾（字丹木）、朱家学（字箕峰）、朱淳（字瀛山）三叔侄同榜进士。另外石屏城内还有另一家"一门三进士"，即武进士罗氏三兄弟（罗长春、罗长华、罗长林）。"对门两翰林"，指石屏城内西正街原小衙门巷口的杨鹤荣〔杨鹤荣于清嘉庆丙辰（1796年）科取翰林〕与张汉〔张汉于清康熙癸巳（1713年）科、乾隆丙辰（1736年）科两次取翰林〕，该民谣反映出石屏文庙重教兴文，民间不论贫富，皆以教子读书为荣，文风日盛，冠于南滇。因而清雍正四年至七年（1726—1729年）曾担任知州的龙为霖留下了"山川东迤无双境，文学南滇第一州"⑧的名联来赞美石屏人重教兴文、尊师倡学的好风气。

"隔壁两翰林。"⑨指的是清康熙二十四年（1685年）己丑科取二甲第30名进士，并于同年选入翰林院的许贺来，和清雍正元年（1723年）癸卯恩科翰林杨胪赐为两隔壁。

4. 楹联

"八子联镳三进士，九旬上寿一将军。"⑩这是石屏城内武进士三兄弟（罗

---

① 云南省石屏县志编纂委员会编纂. 1990. 石屏县志. 昆明：云南人民出版社：586.
②③④⑤ （清）程封纂修. 1991. 清康熙十二年石屏州志（注释本）//石屏县地方志编纂办公室编. 个旧. 个旧市印刷厂：166-168.
⑥⑦ 木基元. 2004. 石屏史话//云南名城史话丛书. 昆明：云南人民出版社：47.
⑧ 同⑥31.
⑨ 同⑥49.
⑩ 同⑥48.

长春、罗长华、罗长林）的父亲罗镇方（武举）写的门联。此联既是对其三个儿子的褒奖，又是对后代人的激励。

5. 作者生平事迹简介

张端亮，其生平事迹详见第四章第二节文述。

涂晫，其生平事迹详见本节前文述。

刘宣，生卒年不详。云南石屏人，事迹及著述不详。

周洪谟，明成化年间巡抚，景陵人。事迹及著述不详。

阎闳，吏科给事中。其生平事迹及著述均不详。

朱腾（1794—1852），"字丹木。清嘉庆癸酉（1813年）科举人，道光己丑（1829年）科取三甲第53名进士。历任安徽绩溪、阜阳两县知县，无为州知州，贵州兴义府知府，江西督粮道，陕西按察使、布政使。……生平学问渊博，工诗古文词，著有《积风阁初集》《味无味斋诗集》《绿杉野屋试贴》《居敬持志斋制艺》《唐十家集》《经诗考误》等。"①

朱家学，生卒年不详。字簣峰，"道光戊子（1828年）科中举。己丑（1829年）科取三甲第66名进士。历任山东海阳、文登、蓬莱、泰安、顺天、宛玉、大兴等县知县，易州直隶州知州。补永平府知府。因与上官顶撞，引疾归里。……著有《簣峰文集》《经史疑义》若干卷藏于家中。"②

朱淳，生卒年不详。"初名峤，字瀛山，嘉庆年间优贡。道光辛巳（1821年）科举人。己丑（1829年）科与朱家学、朱腾二叔父同取进士。中二甲第一名（传胪），钦点翰林院庶吉士，授编修，任国史馆纂修。丙申（1836年）会试，同考官，武会试作内监试。丁酉（1837年）顺天乡试监试。历掌河南、湖广道监察御史。巡视西域吏、兵科给事。外任浙江金华府知府，历署绍兴、宁波、温州等府知府，所到有政声。"③但著述不详。

罗长春，生卒年不详。字松年，云南石屏人。其父罗镇方，与罗长华、罗长林系同胞兄弟。自幼随父习武，"光绪己卯（1879年）科，云南乡试，长春取武亚元；庚辰（1880年）科，京都会考，再取武进士，初任督运守备，后因功擢升参将。甲申（1884年）中法战争时，长春随滇军出关参加越南之役；同年12月15日，西线滇军和黑旗军包围法军所占据的宣光城，大败法军，后因染疟疾病故，长春除以武功卓著外，工书法，屏中称誉。"④但著述不详。

罗长华，生卒年不详。云南石屏人。云南乡试取武亚元，"清光绪己丑

---

① ③ 云南省石屏县志编纂委员会编纂. 1990. 石屏县志. 昆明：云南人民出版社：723.
② 同①722-723.
④ 同①724.

(1889年)科取武进士,任驻湖北荆州守备,掌安徽宣州、江南江淮兵权,后调任江苏水师统带兼苏防营务,成为我国早期海军将领。"① 著述不详。

罗长林,生卒年不详。云南石屏人。"清光绪己丑(1889年)与其兄罗长华同入京应考双取武进士,授御前蓝翎侍卫职,钦派乾清门行走。"② 著述不详。

杨鹤荣,生卒年不详。"清嘉庆丙辰(1796年)进士,钦点翰林院检讨,城西符营人,县城西正街3号有故居,对门即翰林张汉宅,故有'对门两汉林'之美谈。"③ 著述不详。

张汉,其生平事迹及著述详见第三章第二节文述。

龙为霖,生卒年不详。四川巴县人。十七岁取进士,二十八岁任石屏州知州。著述亦不详。

许贺来,其生平事迹详见本节前文述。

杨胪赐,生卒年不详。"县城西正街人。清雍正癸卯(1723年)进士,后入翰林院,官至知州,为陕西名宦,擅书法,工行草。"④ 著述不详。

罗镇方,号启堂,云南石屏人。清同治九年(1870年)庚午科武举。著述不详。

(四) 与秀山书院尊经阁相关的文学作品及作者

1. 诗歌

萧廷对《尊经阁》。"杰阁新成启帝坟,奎章点点焕人文。诸生精进三竿日,大史遥占五色云。翠结砚峰横斜篆,碧连湖水漾湘纹。从今窗下燃藜火,济济应空冀北郡。"⑤ 诗歌点明尊经阁建成,成为石屏读书诸生结砚、斜篆、焕人文之场所,亦成为人才济济的地方。

2. 对联

龙为霖题联。"山川东迤无双境;文学南滇第一州。"⑥ 这是清雍正七年(1729年)知州龙为霖重修文庙秀山书院后题写的对联。点出秀山书院是滇南有名的书院,石屏成为文学南滇第一州的"文献名都"。

3. 作者生平事迹简介

萧廷对,生卒年不详。字观我,江西泰和人,举人由国子监助教出知州

---

① 木基元.2004.石屏史话//云南名城史话丛书.昆明:云南人民出版社:83.
② 同①84.
③ 同①14.
④ 同①12.
⑤ (清)程封纂修.1991.清康熙十二年石屏州志(注释本)//石屏县地方志编纂办公室编.个旧:个旧市印刷厂:153-154.
⑥ 云南省石屏县志编纂委员会编纂.1990.石屏县志.昆明:云南人民出版社:776.

事。曾鼎建尊经阁。其著述不详。

龙为霖，其生平事迹详见本节前文述。

四、红河县

与甲寅文星阁相关的文学作品及作者

1. 对联

钱奇光题联。"以斗量才问何人能当一石，如金惜墨看此日横扫千军。"①上联用浅显的语言写出人的才能可以用斗量；下联从金惜墨看就可见出人才是否是横扫千军之人。该对联写出作者对年轻一代智力开发的期待，以及希望人才辈出的心情。

2. 作者生平事迹简介

钱奇光（1899—1932），字赏斋，瓦渣代理土司，云南红河县人。为瓦渣第25代土司钱荣光胞弟。曾求学于昆明明德中学。其兄死后侄儿钱祯祥年幼，故由其代理土司之职。并对管辖之地倡导破除旧规旧俗之举，捐资筹资兴办学校，开发智力，发展教育。但著述不详。

---

① 红河县志编纂委员会. 1991. 红河县志. 昆明：云南人民出版社：642.

第八章 文山壮族苗族自治州楼阁建筑与文学

文山壮族苗族自治州，位于云南省东南部，西与红河哈尼族彝族自治州相连，东与广西壮族自治区百色市相邻，南与越南毗邻，北与曲靖接壤。地处云岭高原东南岩溶地貌区，山水林泉凝聚为峰、岫、瀑、湖四绝奇观。境内山岳连绵，苍翠重叠，多为山区、半山区。南盘江、清水江、西洋河、南利河、驮娘江、盘龙河、普厅河、畴阳河等依山而行。全州属亚热带和温带气候，日照充足，雨量充沛，气候适中，夏无酷暑，气候条件优越。土地肥沃，资源丰富，大自然的鬼斧神工造就出山明水秀的普者黑，似蓬莱仙境的砚山浴仙湖，白练腾空的三腊、普阳瀑布等自然美景。住于此的汉族、壮族、苗族、彝族、瑶族、蒙古族、回族、傣族、白族、布依族、仡佬族等民族，由于历史渊源的不同，生产、生活方式各异，形成了多姿多彩的民族习俗和风情。使文山壮族苗族自治州成为人们关注和向往的地方。

文山壮族苗族自治州历史悠久，秦代时，句町国所辖今广南县，西汉时汉武帝置牂牁郡、越嶲等郡，蜀汉时，诸葛亮率兵平定南中、益州、越嶲、永昌4郡，后改建为建宁、朱提、云南、永昌、兴古、越嶲、牂牁7郡，兴古郡所辖广南、富宁、镡封县地丘北，进乘县地文山、马关、西畴、麻栗坡。西晋设宁州领南中7郡，今文山州各县属宁州兴古郡。东晋时宁州又划分为17郡，今文山州各县分属兴古郡、梁水郡。隋朝时，今文山州属南宁州总管府辖，后改州郡县制为州县制，设昆州、恭州、协州，今文山州属昆州地。唐代置南宁州都督府（治所曲靖）。南诏时设通海都督管辖今文山、砚山、西畴、麻栗坡、马关、丘北，设岭南西道安南都护府管辖今广南、富宁。宋代，广南、富宁属广南西路广源州的特磨道、左江道，丘北属维摩部地，文山、马关、西畴、麻栗坡分属王弄山部地、教合三部地、矣尼迦部地。元代设广南西路宣抚司，治所今广南县，文山、马关、西畴、麻栗坡分属教合三部地、矣尼迦部地，隶宁远州。明代，广南西路宣抚司改广南府，辖今广南、富宁。临安路改临安府，辖教化长官司（文山、砚山），八寨长官司（马关、西畴、麻栗坡），丘北属广西府维摩司。清代，实现改土归流，设开化府，裁撤开化府、广南府，改称文山县、广南县，富州厅改富州县，安平厅改安平县。民国时，直属云南省都督府，安平县改马关县，西洒、畴阳设正县名西畴县，江那、小维摩两县合并设砚山县，富州县改称富宁县。中华人民共和国成立后，成立文山壮族苗族自治州，实行民族区域自治。文山壮族苗族自治州现辖1市7县，即文山市、砚山县、西畴县、麻栗坡县、马关县、丘北县、广南县、富宁县。

在漫长的历史长河中，文山州各族人民也创造了丰富多彩的民族文化，遗留下许多实物古迹遗存，如文山寿佛寺戏台，马关玉皇阁，广南昊天阁，广南侬氏土司衙署小衙门殿堂，广南文庙棂星门石坊、大成殿，西畴牛羊太平桥牌楼，丘北半边寺山门楼等楼阁建筑。不仅体现出各族人民对美好生活的向往和追求，同时也成为不同时期文士，如茹仪凤、龙蓉仙、付炳焊、刘德荣等记录史实、述志抒怀的对象，成为文山壮族苗族自治州历史的见证物。

第一节　文山壮族苗族自治州楼阁建筑遗存

文山壮族苗族自治州楼阁建筑遗存，根据相关地方文献及调查，目前文山壮族苗族自治州现辖的砚山县、麻栗坡县、富宁县的古代楼阁建筑遗存不详，待查实后再作补充。其他现辖的古代楼阁建筑遗存分述如下。

一、文山市

寿佛寺戏台

寿佛寺在文山市"开化镇佛寿街中段，初建于清雍正三年（1725年），系湖南衡州籍人氏集资创建，故又称'湖南会馆'。后分别于乾隆、嘉庆直至光绪年间修缮扩建，形成以寿佛寺为中心轴，兼布濂溪祠、关圣殿以及配殿厢房、客房、戏台等组成的建筑群体"①。

戏台位于寿佛寺右侧禹王宫内，为二重檐悬山抬梁式结构，三面敞开，一面留作后台，为寺宇的单座建筑，屋脊、壁柱、梁枋、门窗、屏风等用木石雕镂彩绘，精工细凿、构思周密，内容丰富。花鸟人物图案各具千秋，朱漆彩画，历时百余年色彩犹存。

二、马关县

玉 皇 阁

玉皇阁坐落于马关县"安平镇镇中高处。始建于清嘉庆五年（1800年），1932年、1987年维修。玉皇阁占地约110平方米，为三重檐四角攒尖阁楼式木构架建筑，琉璃瓦覆面，葫芦宝顶。通面阔18.9米，通高约21米。底层墙体系青砖包柱，二、三层为木格窗装修，二层上有四根支柱，承受着上层楼板、梁架、配柱和屋面。各层枋子穿过檐柱，作装饰性斗拱，具有较高的工艺技巧。"② 门窗雕龙画凤，阁楼栋梁彩绘"八仙过海""天女散花""牛郎织女"和各种花鸟虫兽，图案逼真新颖。玉皇阁是马关县城内仅存的古代建筑。

三、广南县

昊 天 阁

昊天阁"又称玉皇阁。位于广南县城东北角，建于清代。原为皇经观内的建筑之一"③，而今皇经观殿宇已毁，仅存昊天阁。"阁三重檐歇山顶，筒瓦屋面。底层为方形，门朝南，后墙及两侧皆为青砖砌筑。阁内共26柱，内金柱四棵，通顶。通面阔12.2米，通进深11.6米。上两层纯为木结构，为六角形，每边宽3.4米，最高层前檐下悬挂'昊天阁'横匾，每层檐下均有斗拱，翘角下吊铁铸风铎。"④ 整个阁雕刻工艺造型生动，刻工精湛。登阁眺望，视野开阔，莲城风光尽收眼底。

---

① 邱宣充，张瑛华，等. 1992. 云南文物古迹大全. 昆明：云南人民出版社：400.
② 同①411.
③ 邱宣充. 1999. 云南名胜古迹辞典. 昆明：云南科技出版社：252.
④ 同①421.

广南侬氏土司衙署小衙门殿堂

1275年，元灭南宋后，即在云南壮族地区推行土司制度，立宋时壮族中的抗法名人侬志高的后裔为广南西路宣慰使，后改宣抚使，一直沿袭至民国末年。广南侬氏土司"元间置属广南西路，洪武十五年因之后俱废，十七年建富州城，在今普厅。侬人归附，以土官侬郎金为同知"①。据《新纂云南通志》记载："滇之土官，肇于元而盛于明，清代因之。"② 广南"农（侬）氏土司从元至元十二年（1275年）起至民国三十七年（1948年），在广南世袭28代，673年"③。广南侬氏土司衙署遗址就是土官侬郎恐当事时使用过的衙署。

广南侬氏土司衙署，位于文山州"广南县城北街，坐北向南，占地面积约一万一千多平方米。衙署沿四道台阶而上，分设大门、中门、三门。大门上原竖有'广南世袭清军府'直匾，筑一座青砖照壁，宽约6米，高5米。……现存小衙门殿堂，保存尚为完好，七开间，歇山顶，抬梁式木构架，高9米，通面阔14.3米，通进深21米，木柱42棵，用材粗大，屋宇宏伟。据《广南府志》记载，广南土司元代设宣抚司，为侬智高之后裔世袭宣抚职。"④

文庙棂星门石坊、大成殿

文庙"位于广南县莲城镇南后街。始建于清康熙四十八年（1709年）。雍正五年（1727年）、乾隆六年（1741年）增建，乾隆三十八年（1773年）、道光六年（1826年）重修"⑤。文庙建筑地势高敞，由前往后依次增高，为五进院落，棂星门石坊、泮池、大成殿为现存建筑。

棂星门石坊，"位于大（成）殿前，青石结构，为四柱四墩三开间石枋，须弥座上前后各有伏卧翘首的石狮。石坊上刻有'棂星门'匾额，两旁横额刻鱼跃、鸢飞"⑥，隽秀遒劲，此坊雕刻艺术精湛，结构严谨，比例匀称。

大成殿"为单檐歇山顶，抬梁式木构架，通面阔19.73米，通进深15.5米，高9米。檐下枋、昂翘、耍头等都精雕龙、凤、象、花卉等图案，明间安置刻工精细的雕花格扇门、窗"⑦。前檐枋雕"双龙抢宝""双凤朝阳"，造型生动，古朴典雅。

---

① （清）李熙龄等纂. 2009. 道光广南府志//凤凰出版社编选. 中国地方志集成·云南府县志辑43. 南京：凤凰出版社：88.
② 牛鸿斌，文明元，李春龙等点校. 2007. 新纂云南通志七. 昆明：云南人民出版社：659.
③ 《广南县志》编纂委员会. 2001. 广南县志. 北京：中华书局：155.
④ 邱宣充，张瑛华，等编著. 1992. 云南文物古迹大全. 昆明. 云南人民出版社：421-422.
⑤⑥⑦ 同④419.

四、西畴县

牛羊太平桥牌楼

牛羊太平桥"位于西畴县老街乡沿河街东侧100米畴阳河上，建于清乾隆十三年（1748年），咸丰年重修，宣统三年（1911年）增修。桥长34.2米，宽3米，高6米，有四个石砌桥墩。桥上建有木结构避风雨长廊，九格十排，横跨穿梁屋架，板瓦屋面"①。其扁圆形桥墩，悬臂双层托梁，穿斗式五架梁及通廊均独具匠心，颇有特色。瓦顶、椽子、木基层、柱子、楼板、圆檩、条凳、楼楞等皆含壮家建筑的身影，整座楼具有鲜明的壮族建筑风格，而独具风情。为风雨长廊桥。

牌楼，建于桥两端的桥头堡，东端牌楼内侧有碑五块。铭文详细记载了西畴牛羊太平桥在滇南的交通枢纽位置。

五、丘北县

半边寺山门楼

半边寺，又称云居茶庵、云庵寺。"位于邱北县冲头乡，距县城80余公里。寺坐东朝西，为一般木架穿斗式结构，半边依洞壁而筑"②。沿山势而建造，半嵌于天然岩壁之中，故得名半边寺。"寺建于清光绪七年（1881年）。"③由武举楚国均，把总杨举、李正兴、杨殿等捐资修建。现存山门、石缸、碓窝、古碑等建筑。其山门楼，半嵌于岩壁中，有飞阁流丹之势。重檐歇山顶，四角起翘、门楼前丛林密布，古树参天，环境优雅，风光秀丽。

第二节　与文山壮族苗族自治州楼阁相关的文学作品及作者

与文山壮族苗族自治州古代楼阁相关的文学作品及作者，根据相关地方文献和调查，目前与文山壮族苗族自治州现辖的文山市、西畴县相关的古代楼阁文学作品及作者不详，待查实后再作补充。其余与文山壮族苗族自治州古代楼阁相关联的作品及作者下面将分区、县、市地区作详细分述。

---

① 邱宣充，张瑛华，等．1992．云南文物古迹大全．昆明：云南人民出版社：406．
②③ 同①416．

一、马关县

与玉皇阁相关的文学作品及作者

1. 诗歌

刘德荣《玉皇阁》。"几经烟云到如今,仍含春色仍含情。人间沧桑已阅尽,不减霄汉捧日心。"① 诗歌回顾玉皇阁虽几经烟云,历尽人间沧桑,但仍然饱含固有的韵味和情致。

2. 作者生平事迹简介

刘德荣,生平事迹及著述均不详。

二、广南县

与文庙棂星门石坊、大成殿相关的文学作品及作者

1. 碑记

(清)茹仪凤《新设广南府学碑记》。竖于文庙泮池石雕护栏左侧,碑质青石,碑文系清康熙四十七年(1708年)广南知府茹仪凤所撰,龙蓉仙书丹兼篆额。碑文内容:反映广南自汉虽早已入版图,但未设学。民众出现了一些状况:"凶悍成风,由礼教之不讲也,典故湮没,由文征之无征也,至于不讲无征,岂非由学校之未建哉?"② 对此,知府茹仪凤提倡办学,以培育地方人才,并以此作为改变地方落后状况的根本方法。同时该碑文还阐析了广南历史悠久,由于教育晚开,不知理,常乱之事较多,希望发展教育,让民众知礼仪,懂道理,"使干戈为礼让,朴鲁为秀文,人事气化交孚以升"③,说明了建立府学的重要性和必要性。

2. 楹联

广南文庙联。"出乎其类拔乎其萃自生民所未有;仰之弥高赞之弥坚其为人之本与。"④ 上联语出《孟子·公孙丑上》"圣人之于民,亦类也。出乎其类,拔乎其萃。自生民以来,未有盛于孔子也。"⑤ 意指人的品德才能没有超出同类,超过孔子的。下联出自《论语·子罕》"仰之弥高,钻之弥坚。瞻之在前,忽焉在后。夫子循循然善诱人,博我以文,约我以礼,欲罢不能。"⑥ 意思很明确,要博学文章典籍,要以礼约束自己言行。但作者不详。

---

① 云南省马关县地方志编纂委员会. 1996. 马关县志. 北京:生活·读书·新知三联书店:909.
②③《广南县志》编纂委员会. 2001. 广南县志. 北京:中华书局:1256.
④ 张芳明. 2011. 广南风物传说下//句町神韵系列丛书. 昆明:云南大学出版社:494.
⑤(战国)孟子著. 王刚译注. 2015. 孟子译注. 北京:北京联合出版公司:71.
⑥ 杨伯峻译注. 2009. 论语译注//中国古典名著译注丛书. 北京:中华书局:127.

3. 作者生平事迹简介

茹仪凤，生卒年不详，监生出身，河北省宛平人。康熙四十三年至五十五年（1704—1716年）任广南知府。兴学宫，设义学，倡文教，创建广南府学。并组织编修《初辑广南郡志》。《广南府志》有其事迹载录。

龙蓉仙，生平事迹及著述均不详。

三、丘北县

与半边寺山门楼相关的文学作品及作者

1. 诗歌

"半壁灵岩半边住，半边风景半边雾。杨柳岸上柳如烟，红石岩头花滴露。"① 该诗集中笔墨描绘了半边寺地处清幽灵奇之地，烟雾缭绕，古奇静雅。作者不详。

"棒檄南来怕问津，邮程金马莽荆榛。江流地底穿山腹，路人天中避日轮。窟暗青林时卧虎，村荒白昼不逢人。微臣未有涓埃报，那合衡茅寄此身。"② 该诗系清光绪三年（1877年）丘北知县付炳墀所写，诗歌着力展现了半边寺边藏于冲头大山与六郎山之间峡谷中的丘北"西南丝路"——茶马古道的崎岖艰险。

2. 作者生平事迹简介

付炳墀，丘北知县。其生平事迹及著述不详。

---

① 高燕文，赵敏建. 2013. 文化文山·丘北. 昆明：云南人民出版社：13.
② 同①10.

第九章 昭通市楼阁建筑与文学

昭通市地理位置特殊，位于云南省东北部，地处云、贵、川三省结合部的中心位置，南与曲靖、昆明接壤，北与四川宜宾相连，西与四川凉山相接，东与贵州毕节相邻，有"锁钥南滇""咽喉西蜀"之誉。全市海拔悬殊，地势由西南向东北倾斜，地貌特征明显，地质结构复杂。东北有绵延的乌蒙山，西南有逶迤的五莲峰，还有奔腾北流的金沙江、自东向西流淌的牛栏江、从东浩荡北流的横江，江流环抱，山峰矗立，明山秀水相得益彰。全区为亚热带、温带、寒温带共存的立体气候。

昭通，古称朱提、乌蒙。夏商属梁州地。周代属窦地甸、大雄甸。春秋时属靡莫部。秦代属蜀郡地。西汉时汉武帝设犍为郡，所辖今昭通市、川东南、会泽县、昆明市。东汉时改犍为属国为朱提郡。三国时为蜀地。两晋、南北朝时仍属朱提郡。隋朝属恭州，后属开边县辖地。唐朝复置恭州，后分置取州、靖州、协州。南诏时属乌蒙部。元朝设乌撒路、乌蒙路，后改称军民总管府和乌撒乌蒙宣慰司兼军万户，辖乌撒路、乌蒙路、东川路、芒部部，隶四川行省。明朝乌蒙、东川、芒部府升为军民府，后改芒部府为军民府、镇雄军民府。清朝实行改土归流，降镇雄州为镇雄直隶州，乌蒙府、东川府仍旧，属云南行省。民国时设昭通行政督查专员公署，中华人民共和国成立后设专员公署，后改昭通地区行政公署。后又划出昭通县部分辖区成立昭通市，后撤销昭通县建置，其辖区并入昭通市。而今，昭通市现辖1区9县1市，即昭阳区、鲁甸县、巧家县、大关县、盐津县、绥江县、彝良县、永善县、镇雄县、威信县、水富市。

历史上，秦代"五尺道"的开凿，开通了云南与中原、巴蜀的往来通道。西汉汉武帝开修"南夷道"，扩大了中原与西南边地的经济文化交流，并将昭通地区纳入中央政权的管辖。作为"五尺道"枢纽的昭通，成为云南境内最早接受中原文化影响的地区。加之元末明初时，谪戍、从军、屯田、入仕、经商、迁徙，回族、苗族在昭通的落籍，与境内的其他民族相互融合发展，呈现出本土文化、外来文化、各种民族文化并存发展的态势，创造了各种风格特色的文化景观，其中的楼阁建筑文化，就是众多文化丛中的一簇，曾引起许多当地文人墨客如李枞甫、李开仁、谭其筊等，以及在昭通为官的文士谢文翘、林绍年等驻足、观赏、抒怀，留下令人回味无穷的名篇佳作。

第一节　昭通市楼阁建筑遗存

昭通市楼阁建筑遗存，除本书第二章论及的鲁甸拖姑清真寺叫拜楼外，根据相关地方文献及调查，目前昭通市现辖的巧家县、大关县、盐津县、绥江县、彝良县、永善县、镇雄县、威信县、水富市的楼阁建筑遗存不存外，昭通市其他区县地方楼阁建筑遗存现分述如下。

一、昭阳区

望　海　楼

望海楼又名恩波楼。据《民国昭通县志稿》载："在城南八里。清乾隆二十四年（1759年，笔者注），知县沈生遴建。有碑记惜仅存半碣。于闸岸植柳，映日摇风，游赏甚众。楼原名望海，总督爱星阿更额曰：'恩波其下，水光瀲灩，叠浪摇天，凤山楼阁参差倒影，有蜃楼海市之风。'咸丰中毁于火闸，亦旋癈无复旧观。光绪末邑绅杨履恒募贤重建。"[①] 该楼宇"为三重檐攒尖顶，楼前曾设屋宇、回廊，现仅存孤楼矗立，行将倾倒。1929年初，中共云南省临委派浦光宗到昭通传达省临委关于《加强农村工作的指示》，地点就

---

① （民国）卢金锡修. 杨履乾，包鸣泉纂. 2009. 民国昭通县志稿//凤凰出版社编选. 中国地方志集成·云南府县志辑4. 南京：凤凰出版社：135.

在望海楼。以后昭通地下党经常到此接头、联系工作。是境内早期革命活动纪念地之一"①。

清 官 亭

清官亭，原名卫泉公园，《民国昭通县志稿》云："在城外西北隅，初名三多塘。嘉庆中，知县王禹甸修庙凿池，……水中建楼，人呼为清官亭。历来官府均有修葺……安旅长恩溥建亭而新之。层楼曲槛，水木清华，气象迥不侔矣。每至夏日，游人甚伙。"② 该清官亭"亭为二层，殿顶，外回廊水榭，石桥相通，建筑面积304.7平方米。相传王为官清廉，故名清官亭"③。

大龙洞寺庙正殿、戏台

大龙洞寺庙坐落于城北郊10公里北闸镇龙洞山麓。"清乾隆三十年（1765年）镇军佟国英创建，历代均有修治。寺庙一进二院，前院宽阔，山门后设有戏台。第二院由正殿、穿堂和两厢组成四合院，正殿单檐硬山顶，左右有耳房，殿前两侧有防护石栏，由殿间可直达殿后龙泉溶洞。"④

二、鲁甸县

拖姑清真寺正殿、叫拜楼

拖姑清真寺坐落于鲁甸"县城东部约10公里的桃源乡拖姑村玉盘山中，为伊斯兰教礼拜寺。全寺占地约4000平方米。由正殿、唤醒楼（即叫拜楼）、无倦堂、后殿（即后亭）、厢房、水房、照壁等建筑组成。共有殿阁亭堂30多间，庭院4处。雍正八年（1730年），穆斯林各姓祖人随军落籍桃源，哈元生中军侍卫马相乾及从征举人马鳞灿、鳞炽兄弟捐资，建造正殿，作为当地回民'朝拜真主之地'。乾隆二十年（1755年）有坐寺阿訇赛焕章牵头，当地绅士、告母（回民），亲临川黔陕甘和省内各地挂公德，建唤醒楼、厢房等建筑群体，后几经修葺增建，达到今天规模"⑤。

"正殿，又叫大殿，是全寺主体建筑。高13米，长18米，宽15米，由36根圆柱支撑。殿中有两根硕大的横梁，仅由4条小薄方支抬。殿宇雕梁画

---

① 昭通市志编纂委员会. 2000. 昭通市志. 昆明：云南人民出版社：609-610.
② （民国）卢金锡修. 杨履乾，包鸣泉纂. 2009. 民国昭通县志稿//凤凰出版社编选. 中国地方志集成·云南府县志辑4. 南京：凤凰出版社：132.
③ 同①610.
④ 同①608.
⑤ 云南省鲁甸县志编纂委员会. 1995. 鲁甸县志. 昆明：云南人民出版社：567.

栋，气势雄伟，脊走蛟龙、四角飞檐、古朴壮观、结构独特，技艺精湛。"①其建造形制体现出中原建筑艺术与当地建筑艺术的最好结合。

"唤醒楼，即叫拜楼，为全寺最引人注目的建筑，与巍峨的大殿相辉映。高25米的5层楼阁，由46根圆柱撑起层层叠叠的梁宇。外观全楼似乎全由木叠而成，毫无钉锲之痕，内望全楼犹如一柱到顶，技艺精湛，构筑奇妙。"为鲁甸县境内典型的清代建筑。

第二节　与昭通市楼阁相关的文学作品及作者

一、昭阳区

（一）与望海楼相关的文学作品及作者

1. 楹联

佚名联。"万千气象增堈野，杨柳楼台接凤凰。"② 楹联叙写登楼远眺，看到的是遥远郊野的万千气象，楼台四围杨柳相依，迎接五彩鸟的到来。

（清）李崧甫联。"砥柱锁中流，望海上波涛滚滚，几曾容滔滔西去；河山撑半壁，玩楼台风月峥峥，那能得个个南来。"③ 楹联写出望海楼面水背山，站在楼宇只见波涛滚滚，滔滔西去，恩泽千家万户，灌溉千亩良田。似中流砥柱，撑起半壁河山。

（清）谢文翘联。"蜃影漾清波，暇日选胜登临，右看凤翥，左拂稻香，风景足留连，万户黎元欣乐岁；乌蒙征轶事，斯楼沿时隆替，载咏翚飞，重赓天棘，规模艰缔造，一家甥男结良缘。"④ 该联写景、述史、抒怀，其情感不言而喻。

（清）林绍年联。"此地我曾来，想当年缔造艰难，嗟幸有基堪继作；斯楼名不朽，望他日人文蔚起，更看盛事共长留。"⑤ 楹联作者表达了当年修筑望海楼的艰辛，同时希望他日人文蔚起，盛事长留。

2. 作者生平事简介

佚名，生卒年、生平事迹及著述均不详。

李崧甫，即李效培。生卒年不详。字崧甫，云南昭通人。清光绪十五年（1889年）己丑科举人。

谢文翘，生卒年不详。字秀山。清光绪六年（1880年）庚辰科进士。曾

---

① 云南省鲁甸县志编纂委员会. 1995. 鲁甸县志. 昆明：云南人民出版社：568.
②③④⑤ 王兴麒. 1999. 云南风景名胜楹联选. 昆明：云南美术出版社：274.

任刑部郎中、贵阳知府。在任屡著劳绩，保二品。敏而好学，有《红药山房诗集》行世。

林绍年（1849—1916），字赞知、赞虞。福建闽侯人。林则徐嫡孙。清同治十三年（1874年）进士，曾任昭通知府，后调任云南巡抚。著述亦不详。

（二）与清官亭相关的文学作品及作者

1. 楹联

饶起孝题联。"者点水无多，一官已留清白去；此间尘不染，何人更踏软红来。"① 楹联说明了修筑清官亭的官员已把清白留下离开了，所以该亭阁一尘不染。

2. 作者生平事简介

饶起孝，生卒年不详。字性初，云南昭通人，清光绪五年（1879年）己卯科举人。有《竹山馆诗集》传世。

（三）与大龙洞寺庙正殿、戏台相关的文学作品及作者

1. 摩崖石刻

（清）汪人瑞题"云霞蒸蔚，永远流长"。② 该摩崖石刻系清代恩安知县汪人瑞题。此联将大龙洞层峦叠嶂、云烟缭绕、一泓清泉源远流长之景象淋漓尽致地展现出来。

2. 楹联

（清）李崧甫联（一）。"生面忽别开，看峭岩骨耸，峥石乳悬，问谁只手撑天，劈空此玲珑一洞；尘氛都净涤，俯孤屿泓清，寒潭泉洁，仗兹源头活水，流出去灌溉万家。"③ 该联尽情描绘大龙洞峭岩骨耸、石乳倒悬、嵌空玲珑、活水灵源、龙泉吸月，一泓清泉，滋润、灌溉千家万户。

（清）李崧甫联（二）。"何处觅蓬瀛，恐海上仙山，不饶斯清幽胜境；此间来觞咏，听潭中泉水，别添出丝竹佳音。"④ 全联巧用设问自问自答，要去寻觅蓬瀛、海上仙山，大龙洞就是这样的清幽胜境，可以驻足，忘情地听潭中泉水、丝竹佳音。楹联意象具体、韵致高远。

（清）李开仁联（一）。"冠盖且消停，听片刻松声、鸟声、水声，机心顿息；林泉随俯仰，看四围天影、山影、树影，万象都涵。"⑤ 此联系大龙洞大殿联。上联写出来到大龙洞听到只是松声、鸟声、水声，营造出一种动态美的景致。下联叙说随着俯视、仰视的视角变幻，大龙洞周围都是天影、山影、树影所涵盖的一幅风景秀丽的景象。对仗工整，意蕴深远。

---

① 昭通市志编纂委员会. 2000. 昭通市志. 昆明：云南人民出版社：610.
② 同①608.
③④⑤ 王兴麒. 1999. 云南风景名胜楹联选. 昆明：云南美术出版社：272-273.

（清）李开仁联（二）。"天地几闲身，试问名利场中，哪有此清凉世界；光阴如过客，幸逢山水佳处，莫更负潇洒胸襟。"① 为大龙洞戏台楹联。楹联上联说明舞台展示的闲情逸致是各种名利场找不到的清凉世界，时光似匆匆过客，不要辜负山水佳处和潇洒胸襟。

（民国）谭其贠联。"故乡信有灵源，古木参天，一样名山胜境；是邦大好龙洞，化机满目，居然鱼跃鸢飞。"② 此联上联描摹作者故乡灵源洞（龙潭）古木参天，也是名山胜境。下联描述昭通大龙洞满目林溪，鱼跃鹰飞。全联思乡之情溢出。

3. 作者生平事简介

汪人瑞，生卒不详。清恩安县知县。生平事迹据著述均不详。

李崧甫，其生平事迹详见本节前文述。

李开仁（1829—1894），字乐山，云南昭通人。清同治十二年（1873年）癸酉科经魁。有《云山房诗文》传世。

谭其贠，生卒年不详。云南永胜人。擅长书法绘画。

二、鲁甸县

与拖姑清真寺正殿、叫拜楼相关的文学作品及作者

1. 匾额

"慈善万有"。该匾额，"为乾隆十一年（1746年），镇守云南昭通东雄总兵官世袭骑都尉冶大雄书赠，匾块约1.5米，长约3.5米"③。

2. 楹联

寺门楹联。"层各重挥、华赠榭益。"④ 楹联概述了层叠的楼阁气势非凡，肃穆雅致。作者不详。

佚名撰联（一）。"道抱天地人抱道；真显本原德显真。"⑤ 该联阐明学礼做人的道理，富含哲理，耐人寻味。

佚名撰联（二）。"教源清真，凡事必须清白；道本仁爱，一切不外仁慈。"⑥ 此联阐明"清真"二字蕴含清净无染、至清至真、宽厚仁慈之意。

3. 作者生平事简介

冶大雄，生卒年不详，昭通东雄总兵官世袭骑都尉，生平事迹及著述均不详。

佚名，生卒年、生平事迹及著述均不详。

---

①② 王兴麒. 1999. 云南风景名胜楹联选. 昆明：云南美术出版社：273.
③④ 云南省鲁甸县志编纂委员会. 1995. 鲁甸县志. 昆明：云南人民出版社：568.
⑤⑥ 骆锦芳. 2014. 楹联文化研究：以云南为例. 北京：人民出版社：486-487.

第十章 曲靖市楼阁建筑与文学

曲靖市位于云南省东部、珠江源头,西与昆明相接,东与贵州、广西相邻,北与昭通、贵州毕节相连,南与文山壮族苗族自治州、红河哈尼族彝族自治州接壤,是连接内地的重要陆上通道,素有"入滇门户""滇黔锁钥"之美誉。为珠江的发源地,为此在王治远的《珠江源碑记》中是这样描述的:"珠流南国,得天独厚,沃水千里,源出马雄。"[1] 展现了马雄山"一水滴三江,一脉隔双盘"[2] 的奇观,即以马雄山为分水岭,北水入北盘江、牛栏江,牛栏江汇入金沙江流入长江,北盘江在贵州境内汇入珠江,南水入南盘江汇入珠江。梁王山、乌蒙山、北盘江、南盘江、牛栏江等构筑成曲靖市群峰兀立、峡谷深幽、千山竞秀、万水争奇、山水相映、湖河港汊交错纵横,飞瀑暗流遍布的泽国水乡。

曲靖市也是云南省开发较早的地区之一。公元前280年,楚国将领庄蹻入滇,曲靖成为古滇国腹心地带,秦时,秦始皇修"五尺道"由四川宜宾(古称僰道)至曲靖(古称建宁),开通了古滇国与中原地区的联系。曲靖直接纳入中央王朝

---

[1] 沾益县水务局编. 2013. 沾益县水务志. 昆明:云南人民出版社:238.
[2] 同[1]218.

的统治，属建宁郡。西汉时设益州郡，辖味县（曲靖）、牧靡（寻甸）、铜濑（马龙）、固劳（陆良）诸县。蜀汉时，诸葛南征平地平定南中，改益州郡为建宁郡，统辖南中（今云南全省及川南、黔西），曲靖成为云南政治、经济、文化的中心。唐时，南诏灭爨，曲靖属拓东节度使管辖，云南政治中心西移大理。宋大理国时，设石城郡。元、明、清时，先后设曲靖路、曲靖府、迤东道，成为滇东政治、经济、文化中心。民国时，废曲靖府，改南宁县为曲靖县，设第二区督察公署，中华人民共和国成立后，设曲靖专员公署。"1997年5月6日，经国务院批准，曲靖撤地设市，撤销曲靖地区和县级曲靖市，建立地级曲靖市，建立地级曲靖市，实现了由省的派出机构向市级地方政权实体的转变。……至此，曲靖市现辖1区（应为3区，作者注）1市5县，即麒麟区、沾益县（今沾益区）、马龙县（今马龙区）、宣威市、富源县、罗平县、师宗县、陆良县、会泽县。"①

曲靖亦是多种民族杂居的地区，有汉族、彝族、回族、壮族、苗族、布依族、瑶族、水族等民族在此世居。在漫长的历史发展中，中原文化频频传入，官兵移民纷至沓来，广袤的土地被屯垦，南盘江流域村落密布，商市繁盛，人口骤增，楼阁建筑艺术应运而生。既满足了各族人民居住、祭祀、实用等所需，同时文人学士也借楼阁来表情明志，留下了脍炙人口的诗联名篇行世。

第一节　曲靖市楼阁建筑遗存

曲靖市楼阁建筑遗存，根据相关地方文献及调查，目前曲靖市现辖的沾益区、马龙区、陆良县的楼阁建筑遗存不详，有待查实后再作补充。其他曲靖市所辖地方楼阁建筑遗存现分述如下。

一、麒麟区

道　台　衙　署　斗　阁

道台衙署位于麒麟区城关镇东门街（今曲靖师范附小内），"始建于明洪武年间，经清康熙、乾隆重修。因其高耸于城东道台衙门内，故称斗阁。阁坐北向南，三重檐悬山顶，抬梁式木结构建筑。面阔五间，19.5米，进深3间，12.5米，高13米，占地336平方米。四周回廊，内柱为通柱，屋檐由下

---

① 王启国编著.2017.曲靖史话，昆明：云南人民出版社：76.

向上逐层内收，一二层四角垂脊向上翘起。保持了明代朴素、简易的建筑风格"①。整座阁楼建筑保存较好。

古 城 址 城 楼

古城址坐落于"曲靖坝子西部边缘，东北倚麒麟山，西南靠寥廓山，东临南盘江，地形西北高、东南低，潇湘江、白石江横贯古城南北两翼，是曲靖地区的古老城池之一。现保留的城址是明洪武二十年（1387年）修筑的。古城址不足一平方公里，分东、南、西、北四门，东名乐耕门，南名来薰门，西名胜峰门，北名迎恩门。城门拱洞下部用五面石、中部和顶部用长条石和斧形砖砌成。城门外有小城，又名月城，同城墙相连接。在四城门拱洞上建有四座城楼"②，即东为太阳阁，西为夕阳阁，南为纯阳阁，北为都天阁。

"城楼为土木结构抬梁式三重楼飞檐"③曲靖古城为滇东最大的城镇，在历史上的战略位置十分显要，又是兵家必争之地，曾遭遇多次兵燹，清代康熙、雍正、乾隆、嘉庆、道光年间均进行过修缮，中华人民共和国成立后还基本保持其原貌，现存城楼为典型的清代建筑。

二、宣威市

东山寺暮鼓楼、牌楼式寺门、二阁

东山寺坐落于宣威市城东5公里的东山，"系佛、道两教合一的建筑群体。寺以祖师殿为主，沿中轴线建有中殿、前殿和照壁。祖师殿两侧建有斋房，中殿前面的左右两侧建有晨钟、暮鼓楼，均为抬梁、悬山，单檐建筑。在照壁前68米处，立有一牌楼式寺门。寺门前68米处，为瀑布下跌的岩面，岩石上架有二阁，分别称为活佛洞和大王阁"④。

关于东山寺建寺的时间，"据现存庙碑记载，该寺始建于明初，大都落成于清代，现存中殿，为清乾隆十九年（1754年）所建，且具有山、水、林、院融为一体的特点"⑤。依山傍水，树木葱郁，景色秀丽宜人。

多 乐 村 观 音 阁

观音阁位于宣威县（现为宣威市）城南25公里的多乐村。始建于民国十九年（1930年），"阁，坐东向西，为楼阁式五重檐四角攒尖顶木结构建筑，

---

① 邱宣充. 1999. 云南名胜古迹辞典. 昆明：云南科技出版社：93.
②③ 曲靖市地方志编纂委员会. 1997. 曲靖市志. 昆明：云南人民出版社：726.
④ 邱宣充，张瑛华，等. 1992. 云南文物古迹大全. 昆明：云南人民出版社：193.
⑤ 同④194.

高15米，依岩而建。一、二、三层有前檐而无后檐，四、五两层高出岩面才出现完整四檐。底层面阔三间，其中明间3.35米，左右次间1.95米，第二进间深2.9米，以左右次间及明间第一进间为回廊。阁依岩就势立柱，层层内收0.5米，用长挑梁架飞角，显得雄伟壮观。初建时为风水阁，后供'观音'，故称'观音阁'"①。整座阁基本保存了当初的建筑建构。

三、会泽县

万寿宫戏台

万寿宫"位于会泽县城北江西街中段南侧，又名'江西会馆'。坐南朝北，占地9800平方米，始建于清康熙五十年（1711年），乾隆二十七年（1762年）重修。道光、咸丰、民国年间均作修葺"②。

雍正八年（1730年）曾毁于战火，乾隆二十七年（1762年）经东川、南昌、临江、瑞川、建昌等五府公议，并由参加公议的五府及九江、南安等府捐银重建。"万寿宫沿中轴线作纵深布局，建立门楼（戏台）、正殿、后殿。门楼建筑为五重檐歇山顶建筑。"③万寿宫整座建筑为三进两跨院。

门楼后为戏台，为穿斗抬梁混合式歇山顶一楼一底台式门楼建筑。前檐开山门，楼层作戏台，前檐三重，后檐五重，檐下有装饰性的密集型斗拱挑檐，屋顶前后翼角，如仙鹤展翅凌空，遨游蓝天，十分别致。前檐与山门形成一高二低三道门呈八字形的外观格局，庄重而又威严。后檐大小不同，宽窄不等，偏正不定的翼角于戏台中部形成一个宫殿式的佛龛，龛内置一高两矮福、禄、寿三星。"戏台檐高13.6米，通面阔16米，进间三间为6.5米。石基上立柱，柱上架梁，梁上重叠五层，台下通道紧接山门，台檐三重，面阔三间。斗拱，井字天花板上绘人物与山水等，柱上雕龙，工艺精湛。"④戏台可供较大型的传统戏曲演出。戏台前有广大平整场地，可容纳近2000人观看演出。戏台屋顶藻井天花，梁枋图案色彩艳丽，装饰华贵。

钟屏镇云南会馆戏台

云南会馆始建于清乾隆六十年（1795年），由云南各府、厅、州、县合建，馆内建有大殿、侧殿、戏楼、书楼、花亭、文星楼、亭台、水池等，融清代宫廷、民间建筑于一体，结构复杂，设计精巧，现存大门、戏楼、书楼、文星楼等建筑。

---

① 邱宣充，张瑛华，等. 1992. 云南文物古迹大全. 昆明：云南人民出版社：201.
②③④ 同①236.

戏楼，为穿斗抬梁混合式歇山顶一楼一底台式门楼建筑。五重檐飞翘，自上而下，层层展开，飞檐之间，有戏剧片段木雕。戏台之下，是自大门向内通道，戏楼与门楼各有朝向，一反一正，巧妙结合，整座戏楼砖木结构，木雕、砖雕、彩绘配合，给人华丽却不失庄重的感觉。

白 衣 阁

坐落于会泽县城东南处，"始建于清雍正年间，旧祀神医华佗，后建后殿祀白衣大士，故得名'白衣阁'。乾隆、道光、民国年间均作修葺。白衣阁占地1万平方米，坐西向东，斗阁、吕祖阁、武侯祠均被毁，现仅存白衣阁正殿及一些附属建筑。正殿为三重檐歇山顶，楼阁式构造，前檐置装饰性斗栱，檐高8.5米，面阔3间，二层檐内收，置雕花格子门32扇，阁内顶上装有天花板。二楼上有回廊，廊宽0.80米"①。曾经当地历代文人骚客常聚集于此吟诗作画，艺人们在此演奏交流洞经音乐。

文 庙 大 成 殿 楼

会泽文庙大成殿楼位于会泽县城南门外的平头山文庙内，今会泽一中校园内。由知府任俊昉、署知府王廷钰捐资修建。始建于清康熙六十年（1721年）。大成殿楼"系单檐歇山顶抬梁结构，斗拱重叠五层，琉璃金顶，镂刻门窗，气宇轩昂。大殿前有走廊，石栏，雕刻精湛。殿前置一长宽各11米的天子台，用五面石砌成。台中，浮雕一螭，造型严谨，有较强的装饰性"②。大成殿楼为会泽文庙现存的建筑。

四、罗平县

罗 雄 文 庙 大 成 门

"罗雄文庙位于罗平县城西1公里处。万历十九年（1591年），署州同黄宇建，后因战争焚毁。康熙六年（1667年），知州王鸿勋、学正尹嗣陞，迁于城东白腊庙旁。康熙二十二年（1683年），知州康孟侯改迁于文昌宫左。康熙三十二年（1693年），知州孙士祯、学政杨于鼎，迁城东南虎豹营。清乾隆二十年（1755年），知州王琨，仍迁回于城北太液湖旁现址。"③ 大成门"单檐歇正顶。通面阔18米，通进深6米，高7米。明间重檐，通高9米。石台基

---

① 邱宣充，张瑛华，等. 1992. 云南文物古迹大全. 昆明：云南人民出版社：239.
② 同①237.
③ 同①219.

高 1.77 米，前有 10 级石阶，大成门两侧各有耳房三间。"① 大成门为罗雄文庙现存建筑。

五、富源县

文庙魁星阁

富源文庙魁星阁，"建于清嘉庆十八年（1813 年），位于今文化馆内。清光绪六年（1880 年）修。为 3 层 8 角飞檐阁"②，该阁"三重檐八角顶，抬梁式木构架楼阁，通高 17 米。南北两面均设有雕花隔扇门"③。一楼为墙柱式门窗结构六开式雕花木门，用雕花格子窗采光；二楼、三楼均为回廊圆形式观景走廊。阁基和阁身均为八面八角形，阁身线条对称工整，精巧挺拔，阁檐每层转角处起一翘角。屋顶为攒尖式顶，中间为金色琉璃宝顶，每层为黄色琉璃瓦，屋面铺以青瓦。各层都有 8 个飞檐和 8 个翘角。整座阁楼雄浑古朴，轻盈飘逸，典雅美观。

六、师宗县

丹凤书院大门楼

丹凤书院位于师宗县城内，清道光二十六年（1846 年）知县李光谦建于训导署遗址。该书院由讲堂、大门、学舍、考棚等组成。

大门楼，为单檐悬山顶牌楼式建筑，面宽三间，石木结构，明间高，次间低，前檐下设斗拱，屋顶飞檐翘角，明间为七踩三昂，次间为五踩重昂，仅作局部雕饰。

保太古戏台

保太古戏台（楼），位于"师宗县五龙乡保太村小学内。戏台始建于清道光十年（1830 年），多次重修。为亭阁式建筑，通高 7.5 米，台面阔 7 米，进深 6 米，台高 2 米。观众能从三面看戏。台后设有戏楼三间，其楼与戏台水平相连，楼道雕花格扇装置"④。戏台为凸字形建筑。左右两间为服装、道具、化妆及演员休息室，戏台飞檐斗拱。保存较好。该戏台遗存为研究师宗花灯源流提供了实物资料。

---

① 邱宣充. 1999. 云南名胜古迹辞典. 昆明：云南科技出版社：112.
② 富源县志编纂委员会. 1993. 富源县志. 上海：上海古籍出版社：627.
③ 同①109.
④ 同①117.

第二节　与曲靖市楼阁相关的文学作品及作者

与曲靖市楼阁相关的文学作品及作者，根据相关地方文献和调查，目前与曲靖市现辖的宣威市多乐村观音阁、会泽县钟屏镇云南会馆戏台相关的楼阁文学作品及作者不详，待查实后再作补充。其余与曲靖市楼阁相关联的作品及作者下面将分区、县、市地区作详细分述。

一、麒麟区

(一) 与道台衙署斗阁相关的文学作品及作者

1. 匾额

"铁柱飞云"横匾。"在阁二层正面悬挂'铁柱飞云'横匾。"[1]

2. 碑文

《曲靖军民府六属公立府治碑》。"碑立于清康熙二十年（1681年），原存曲靖府台衙门（道台衙署，笔者注）（南门街今曲靖卫校），现立于曲靖麒麟公园建府碑亭内。碑作长方形，碑额不存，碑阴无字，全长2米，宽0.22米，厚0.14米。碑版四周有规则图纹线饰。碑文20行，每行13~73字不等，正书，右行，碑文主要记述清康熙二十年建府情况、府城范围、城内主要建筑物及曲靖的历史沿革，是研究清初曲靖地方史的宝贵资料。……该碑书法较佳，颜体，端庄典雅。"[2] 但作者不详。

《葛仙会旧章碑》。该碑"立于清光绪十二年（1886年），现镶嵌在曲靖东门街曲靖师范学校第一附属小学内斗阁前的平地上，残破。碑为半圆首长方形，青石质，高1.08米，宽0.50米。碑额题'福禄来同'4字，题碑名一行'葛仙会旧章碑记'7字。碑文14行，每行7~45字不等，共358字，拓片后除5字残损外，其余皆可辨，文正书右行。'葛仙会'是以民间印染行业的祖师命名的行会，碑文主要记述该行会的规章制度和入会要求，是研究晚清曲靖手工业的重要资料"[3]。作者不详。

(二) 与古城址城楼相关的文学作品及作者

1. 匾额

曲靖古城址"在四城门拱洞上建有四座城楼：东名太阳阁，悬'平瀚滇

---

[1] 邱宣充. 1999. 云南名胜古迹辞典. 昆明：云南科技出版社：93.
[2] 曲靖市地方志编纂委员会. 1997. 曲靖市志. 昆明：云南人民出版社：734.
[3] 同[2]735.

云'匾;南名纯阳阁,悬'文明丽政'匾;西名夕阳阁,悬'胜峰起秀'匾;北名都天阁,悬'恩迓神枢'匾"①。

2. 碑文

《察院禁约碑》。"察院禁约碑原存曲靖城内东门城墙上,1982 年文物普查时发现,碑作长方形,高 1.4 米,宽 0.68 米,沙石质,无碑颜。碑文 16 行,每行 2~38 字不等,全碑共 338 字,颜体,右行书。碑版周围有直线纹饰。该碑立于明崇祯二年(1629 年),是云南巡按监察御史甘宪牌为除弊安民的告示牌,其内容是针对当时贪官污吏征收钱粮、摊派夫马徭役、审理诉讼案件等方面的舞弊行为制定的'察院禁约'。"② 作者不详。

二、宣威市

与东山寺暮鼓楼、牌楼式寺门、二阁相关的文学作品及作者

1. 楹联

(民国)赵藩联。"于胜地探奇,鸿雪因缘留我辈;藉神道设教,龙山灵异话前朝。"③ 楹联上联中"鸿雪因缘"是指偶然到此留下作品,犹如飞鸿在雪上留下足迹,典出苏轼《和子由渑池怀旧》。全联展现曲靖大地葱茏俊茂,和风习习的景象,说明圣人效法自然的神妙设教于天下,其要义在于审察下情,教化百姓,使下观仰顺服。此联表达了作者对清朝统治的批判、对民国新政的期望。

(民国)袁嘉谷联。"神居以北极为尊,有五龙雷电,七宿旌旗,上映彩云辉碧汉;地灵据东山之胜,看交水烟波,炎方风月,遥呈瑞气拥玄都。"④ 楹联驰骋想象,极力描绘寺庙的尊崇和寺庙所处之地,即宣威、沾益、曲靖一带雷电星光、彩云碧汉、交水烟波、炎方风月等瑞气升腾的实景。

(民国)浦在廷联。"普陀高悬,清泉倒洒,试看佛地洞天,直向当头寻胜迹;榕峰耸翠,桂阁凝香,遐想方壶员峤,好从对面访神仙。"⑤ 楹联展现了陀岩石高悬,飞瀑似清泉倒洒,榕峰耸翠,桂阁凝香的佛地洞天,就好像神仙胜境,令人神往。

(民国)郑开文联。"石龙岭信步游来,怅尘世迁流,空遗真仙伏古刹;碟大天一拳打破,看珠帘倒卷,还须老将挽狂澜。"⑥ 楹联用"石龙岭""真仙""古刹""珠帘""老将"等形象营造出东山寺瀑布飞流直下,万绿丛中掩映出

---

① 曲靖市地方志编纂委员会. 1997. 曲靖市志. 昆明:云南人民出版社:726.
② 同①734.
③④⑤⑥ 王兴麒. 1999. 云南风景名胜楹联选. 昆明:云南美术出版社:285-286.

一座古刹的景致。

照鹤联。"阁架岩头，云横洞口；泉飞天外，烟接空中。"① 此联刻在宣威东山普陀岩石门两侧。写出普陀岩天造地设的殿宇精舍，以及乱云飞渡的奇妙景观，对悬泉飞瀑、日照紫烟的情态均做了充分的描摹。该联用语简明，富于节奏感，视野开阔，深受人们喜爱，传颂至今。但写作年代不详。

李东升联。"万余里磅礴蜿蜒，占黔、粤、瓯、闽、越、吴、豫、楚之先，初基胜地分水岭。大致也，龙回枝干全身力，江绕盘花半壁天，一样的毓秀钟灵。溯金沙丽水，望洋洋西泽合流。仰雪岫笔峰，葱郁郁东林障锁。愿大众放开眼孔，睹此川媚山辉，直建到如许湖海泓深，衡庐岧峻。数千年沿革建置，历虞、夏、商、周、汉、唐、元、明之后，奄有名区宣威关。其由乎，沿更平宛银青篆，部变摩弥曩棷书，几时要化民成俗。稽禹甸尧封，道平平坤维甫靖。荷皇图帝范，纥缦缦方兴。趁我辈拓展心胸，识得文昭武布，尽费了好些圣贤经济，豪隽功能。"② 楹联的上联主要写景。点染出东山寺的地理位置：占据黔、粤、瓯、闽、越、吴、豫、楚的分水岭，源自金沙江的江水环绕寺院，东山葱郁是其屏障，川媚山辉，湖海泓深的绮丽景色。下联历数宣威的历史沧桑和历史事件。写景述史，写得波澜壮阔，让人遐思，耐人寻味。但写作年代不详。

2. 作者生平事迹简介

赵藩，其生平事迹详见第三章第二节文述。

袁嘉谷，其生平事迹详见第七章第二节文述。

浦在廷（1871—1950），又名浦钟杰，云南宣威榕城镇人。著名实业家。与邝鸣相、林桂清、刘国裕等辑刊《宣威松鹤寺文辞初编》，与赵鹤清辑刊《松鹤寺楹联》，保留了地方文萃。

郑开文（1876—1922），字炳然。云南玉溪通海县杨广乡郑家营人。"光绪三十年（1904年）……就学于日本陆军士官学校，并加入同盟会。毕业后返回北京，……奉调回滇，任云南讲武堂教官。……民国四年（1915年）袁世凯复辟帝制。云南成立护国军出师讨袁。郑开文为护国军将领之一，随师北上。……民国六年（1917年）被委任云南讲武堂校长，兼云南陆军宪兵司令。"③ 著述不详。

照鹤，生卒年不详。工于书画。原东山寺住持。

李东升，生卒年不详。字镜堂，云南宣威人。著述不详。

---

① 王兴麒. 1999. 云南风景名胜楹联选. 昆明：云南美术出版社：286.
② 同①286-287.
③ 玉溪地区地方志编纂委员会编. 1994. 玉溪地区志第六卷. 北京：中华书局：11-12.

三、会泽县

(一) 与万寿宫戏台相关的文学作品及作者

1. 匾额

"玉隆万寿"匾和"砥柱江西"匾。万寿宫戏台"东西两侧为偏殿,东西偏殿各悬'玉隆万寿'(现悬挂的'玉龙万寿'中'龙'字实为'隆'之误)和'砥柱江西'匾额"。①"西偏殿悬'砥柱江西',是指旌阳令斩蛟除水灾之故事。东偏殿的'玉隆万寿',则指宋徽宗赐的额名。"②

"半入云"匾,这是指万寿宫戏台佛龛"向上有一直匾,上书'半入云'三字"③悬挂于戏台中部的宫殿式佛龛之上,该匾意即戏台的唱、念、坐、打和佛龛里的福禄寿三星的恬淡自然、一动一静,相映成趣,整座戏台呈"半入云"状态,显示出大写意的神韵。

2. 楹联

"思维古昔衣冠事,点缀承平雅颂声。"④上联叙说戏台表演的都是借古喻今,教育民众的戏曲。下联点染出点当时会泽戏剧活动的情况以及经济文化的气象。但楹联的作者不详。

3. 作者生平事迹简介

宋徽宗(1082—1135),即赵佶,号宣和主人,宋朝第八位皇帝,宋神宗第十一子,在位34年,重视学校教育,设置书、画、算三学,建立"宣和画院",编纂《宣和画谱》《宣和博古图》等。

(二) 与白衣阁相关的文学作品及作者

1. 洞经音乐

这是在白衣阁演奏的一种音乐。又名堂琅古乐,"洞经"系道家经典的统称,洞经音乐用于道教礼乐活动,该音乐传到会泽已有两百多年的历史,演奏前在阁内两侧设几案,各种乐器依次排列,首座(乐队指挥)鸣锣示意,先以三通鼓5唢呐开场,继而各种乐器按曲谱演奏,演奏中随调唱诵道教经文、颂歌是洞经音乐的主要内容。经文共4部,即文昌《大洞仙经》、吕祖(吕纯阳)《一贯真经》、观音《大乘法宝》和武帝《觉世真经》。"洞经音乐乐曲有吹牌、曲牌两种,吹牌演奏时以唢呐为主,配以鼓、锣、钹,曲调有《将军令》《白鹤令》《山坡羊》《万年花》等;曲牌用胡琴、筝、三弦、笛子,再配合小鼓、提手、面铛、云锣、苏钹、碰铃、木鱼等,曲调有《开经赞》《大成赞》《清河颂》《重蕴咒》《懒梳妆》和《怅腔》。另外还有几支拉谱如

---

①②③④ 卞伯泽. 2002. 历史文化名城会泽揽胜. 昆明:云南美术出版社:164-165.

《小鹧鸪》《小开门》和《小桃红》等。"① 洞经音乐将礼、乐、教合为一体，集经卷、宗教、音乐于一身，是一种高雅、庄重的综合性艺术。

2. 楹联

佚名楹联（一）。"白衣仙人，瓶中水杨柳；赤芾男子，天上石麒麟。"② 此联明示白衣阁属道教寺庙。

佚名楹联（二）。"音亦可观，方信聪明无二用；佛何称士，须知儒释本一家。"③ 该联一再强调儒释（道）是一家。

3. 作者生平事迹简介

佚名，生卒年、生平事迹及著述均不详。

（三）与文庙大成殿楼相关的文学作品及作者

1. 匾额

御书"万世师表"。④ 为清康熙帝御笔，语出晋代葛洪《神仙传》"及诸隐士，其尊老子之术者，皆外损荣华，内养生寿。无有颠沛于险世。其洪源长流所润，洋洋如此。岂非乾坤所定，万世之师表哉！故庄周之徒，莫不以老子为宗也"⑤。意为孔子是千秋万世的老师和表率，表明康熙皇帝对孔子的尊崇和对会泽百姓的安抚。

御书"生民未有"。⑥ 为清雍正帝御笔，语出《孟子·公孙丑上》："自有生民以来，未有孔子也。"⑦ 意为自有生民以来，世上就只出现了这一位圣人。表达乾隆皇帝将孔子作为全民学习的楷模并借此表达对富源百姓的亲善。

2. 作者生平事迹简介

康熙，其生平事迹及著述详见第五章第二节文述。

雍正，其生平事迹及著述详见第七章第二节文述。

四、罗平县

与罗雄文庙大成门相关的文学作品及作者

1. 碑记

（清）尹嗣陟《鼎建文庙碑记》。此碑记为康熙六年（1667年），云南通海举人、学士尹嗣陟所撰。先说清建造文庙的缘由"学宫为储才地，虽钟川岳

---

① 卞伯泽. 2002. 历史文化名城会泽揽胜. 昆明：云南美术出版社：238.
②③ 骆锦芳. 2014. 楹联文化研究：以云南为例. 北京：人民出版社：340.
④ 陈晋. 2017. 会泽史话//云南省社会科学界联合会. 云南史话地方系列. 昆明：云南人民出版社：150.
⑤ （晋）葛洪原著. 周国林译注. 1998. 神仙传全译. 贵阳：贵州人民出版社：15.
⑥ 同①177.
⑦ （战国）孟子著. 王刚译注. 2015. 孟子译注. 北京：北京联合出版公司：71.

之灵，尤必赖司牧者，教育其间，振兴而培育之，以大人文秀杰之气，然后可垂永久，而歌思于不忘"①，接着记叙文庙创建的历史经过。再记述文庙地处"屏峦叠耸，峙岳环包"②，最后指出写作此碑记的目的是"鼎新庠序以宏化育，文事与武备交修，语教养之政，孰大于是，……为征文勒石，俾与南国之棠，岘山之石，同垂不朽云。"③碑记记录严谨、说理得当，语言晓畅，充满情谊。

2. 作者生平事迹简介

尹嗣陟，生卒年不详。云南通海举人，清代学士。著述不详。

五、富源县

与文庙魁星阁相关的文学作品及作者

1. 碑记

（清）陈溢《重修平彝县学宫记》。富源历史上隶属关系复杂，变迁极大。从历史文献典籍里可以看到，战国末期其为滇国的组成部分，"秦时富源属夜郎苴兰县地，汉属牂牁郡宛温县，两晋、南北朝时北部属宁州兴古郡宛温县（今富源、盘县），南部亦佐属漏卧（罗平），爨氏统治时期属阿芋路部，隋属益州犍为郡，唐初属西平州辖地，南诏为摩弥部，宋大理国时为夜苴部，属石城郡。直至元朝，富源才较稳定地发展起来，北部古称平夷乡，元世祖至元十三年（1276年）置罗山县；南部古称巴兰乡，元惠宗至元二年（1336年）置亦佐县。……明洪武二十三年（1390年）4月，太祖朱元璋以罗山县地处南北要冲，……派遣右军都督佥事王成、千户卢春率军至罗山县境置平夷卫。"④ "清康熙三十四年（1695年），将平夷废卫、亦佐废县合置平彝县，……民国时期：1912—1949年9月前，平彝县建置沿清末建制，改县署为县公署；……1954年9月1日，经中央人民政府内务部批准，平彝县改称富源县。⑤"

该碑记记载了作为当时平彝知县的陈溢重修平彝县学宫的情况。开篇讲述改卫设县是"自国初改卫设县，"⑥接着叙说康熙四十余年间，平彝知县任中宜建造学宫以及后来间经培修的情况："康熙四十余年间，任君中宜宰兹邑，建造学宫，廓新殿宇，规模焕然一新。自是以还，间经培修，不过仍抚旧制，略加修葺而已。"⑦迄今学宫的建造已有二百余年。但"迭遭兵燹，宫墙

---

①②③ 罗平县地方志编纂委员会. 1995. 罗平县志. 昆明：云南人民出版社：694-695.
④ 富源县委史志工作委员会编. 1993. 富源县志. 上海：上海古籍出版社：39-40.
⑤ 同④41.
⑥⑦ 同④749.

殿庑多半颓坏，荆棘丛生"①。点明作者奉檄来守平彝，诣庙登堂，瞻仰之余，发现学宫建造工程均未告竣。后问询皆因同邑缙绅互相讼讦，致捐资莫继，猝尔中止。于是，"爰敦请两学李孔二君，并传集在在学诸生，谓之曰'今日之事，功亏九仞，业败垂成，若不悉心妥议筹款，次第加修完善以葳阙功，何以安圣灵而培文教？愿出清俸若干为之倡。'同人是其言，欣欣然竭立倾囊解囊，并于城乡人士广为激劝，集腋捐资，共勷斯举。"②，接着叙述修建经过，最后说明写作该碑记的缘由"得平彝诸生致书索志于余，余不敏，又何敢以不文辞？综其巅末而为之志"③。该文写得平实、诚恳、真挚。

2. 作者生平事迹简介

陈溢，生卒年不详。平彝知县。其著述亦不详。

六、师宗县

(一) 与丹凤书院大门楼相关的文学作品及作者

1. 楹联

(清) 何桂珍题联。"论秀重升乡，万里丹山，雏凤声宜清老凤；育才期报国，十年黄卷，古人道不薄今人。"④ 系清道光年间乡人翰林院编修何桂珍书院讲堂的题联。上联写出回乡到书院所见的景象：书声琅琅。下联写出寒窗十年育才、苦读为的是报国，期望今人超越古人。

2. 碑文

《丹凤书院考棚碑》。"碑立于清道光三十年（1850年），1984年8月发现，碑身呈横置长方形体，青石质地，高0.93米，广1.18米，厚0.12米，碑铭序文凡16行，行25字，主要记载师宗清初学校的沿革及丹凤书院考棚的筹建始末。'丹凤书院考棚'于道光二十七年（1847年）始建，以原副学旧署为基础，建有讲堂、号舍，规模宏大，其中院称'鸣盛堂'，后院为'东园书舍'。"⑤ 此碑记对研究清代滇东地区的教育具有一定的历史价值。

3. 作者生平事迹简介

何桂珍（1817—1855），"字子香，号丹桂，师宗人。"⑥ 清"道光十八年（1838年）进士，选翰林院庶吉士，授编修，三十年（1850年）命在上书房行走，授孚郡王读，时文宗（咸丰）亦读书潜邸"⑦。"著有《训蒙千字文》

---

①②③ 富源县志编纂委员会. 1993. 富源县志. 上海：上海古籍出版社：749-750.
④⑦ 王兴麒. 1999. 云南风景名胜楹联选. 昆明：云南美术出版社：290.
⑤ 邱宣充，张瑛华，等. 1992. 云南文物古迹大全. 昆明：云南人民出版社：225.
⑥ 蓝华增编. 2007. 云南历史文化名人录. 昆明：云南美术出版社：13.

《何文贞公文集》等。《清史稿》有传。"①

(二) 与保太古戏台相关的文学作品及作者

《关帝庙重修及新建戏台碑记》。系清道光十四年（1834年）立于戏台左侧，线条流畅，形象生动。"碑青石质，有碑额及碑座，身通高 2 米，宽 0.95 米，厚 0.14 米。碑额呈半圆形，上刻二龙抢宝浮雕图案，碑文 17 行，行 49 字，阴刻，正书左行。"② 碑记主要记录了该村重修关帝庙及新建戏台的筹建情况。碑记保存较好，对研究师宗清代中叶的文化历史渊源及当地民间文化艺术活动、师宗花灯源流等，都是难得的实物资料。但作者不详。

---

① 蓝华增编. 2007. 云南历史文化名人录. 昆明：云南美术出版社：13.
② 邱宣充，张瑛华，等. 1992. 云南文物古迹大全. 昆明：云南人民出版社：228.

第十一章 玉溪市楼阁建筑与文学

玉溪市位于云南省中部,北面和东北与昆明接壤,南面和东南与红河哈尼族彝族自治州相邻,西北与楚雄彝族自治州相依,西南和西面与普洱地区相连。古以"滇中粮仓"誉满全滇。

玉溪市,先秦时属古滇国所辖。两汉分属益州郡、牂柯郡。蜀汉时为益州郡、牂柯郡、兴古郡所辖。西晋分属晋宁郡、建宁郡、兴古郡。东晋、南朝分属晋宁、建宁、梁水、兴古四郡。隋属昆州郡。唐初分属黎、钩二州。唐南诏时分属拓东节度、通海都督、银生节度。宋大理国时,分属三十七部、鄯阐府、银生节度。元时设云南行省,分属澄江路、临安路、元江路、中庆路。明时,澄江路改澄江府,通海、华宁、峨山属临安府,新设新平县为临安府所辖,易门属云南府,元江设元江军民府。清时除新平属临安府外,其余沿明治。民国废府、州,设道,属蒙自道、普洱道、滇中道,设第六行政督察专员公署。中华人民共和国成立后,设滇中专员公署,后改称玉溪专员公署,而今,玉溪市现辖1市、2区、3县及3个民族自治县,即澄江市、红塔区、江川区、通海县、华宁县、易门县、峨山彝族自治县、新平彝族傣族自治县、元江哈尼族彝族傣族自治县。

玉溪市地势西北高，东南低，山地、峡谷、高原、盆地交错分布，形成高山峡谷地形。由于地处地纬高原，高原季风气候特点显著，加之地貌类型复杂，海拔悬殊，具有亚热带、温带等多种气候类型。除元江流域干热河谷长夏无冬，属典型亚热带气候外，大部分地区气候温和，冬暖夏凉，四季如春。境内河流如曲江、绿汁江、朵迭河、小河底河、清水河、南溪河等支流分属南盘江及元江两大水系，加之群山耸峙，重峦叠嶂的巍巍哀牢山，"秀甲南滇"、林翠径幽的通海秀山，"一山观四海"、挺拔险峻的澄江梁王山，以及波光迷人、水色秀丽的杞麓湖、星云湖、抚仙湖和阳宗海。

在玉溪这片美丽富饶的热土上，生活着汉族、彝族、哈尼族、回族、蒙古族、白族、苗族、拉祜族等民族，他们和睦相处，在这奇山秀水之间，各族同胞充分利用大自然的恩赐，吸取他人之长，创造了许多别具特色的人文奇观。利用山水相连、山色各异、水流争秀、丰富多彩的自然景观，寺阁楼亭依山而建，傍水而立，湖中阁院亭楼等与山水湖泊融为一体，楼阁诗联巧妙呼应，相映成趣、光彩熠熠，美不胜收。

第一节　玉溪市楼阁建筑遗存

玉溪市楼阁建筑遗存，除本书第二章论及的澄江市三清阁、玉皇阁，江川区雄文阁、文昌宫，元江哈尼族彝族傣族自治县文昌阁外，根据相关的地方文献及调查，目前玉溪市辖的易门县、峨山彝族自治县的楼阁建筑遗存不详，有待查实后再作补充外，其余玉溪市所辖的其他区、市、县楼阁遗存将分述如下。

一、红塔区

九 龙 池 大 观 楼

九龙池建筑群，位于玉溪市西北奇黎山麓，距州城10公里。原建于明代，清代康熙丙戌（1706年），雍正七年（1729年），嘉庆五年（1800年），光绪十四年（1888年），民国二十六年（1937年）扩建重建。由大观楼、龙神祠、层霄殿、三圣阁、文星阁、听泉楼、古戏台等明清建筑组成。

大观楼坐落于玉溪市九龙池公园内，"始建于明代万历中叶（1587—1602年），清光绪十四年（1888年）重建。楼居池西，依山面池。单檐歇山式屋顶，两侧山墙沿檐柱砌筑，面阔12.02米，进深9.6米，高15米。系抬梁式木结构建筑，屋面覆琉璃瓦，屋檐串角，圆鼓式柱础，浮雕麒麟"①。该楼宇为玉溪市境内著名的明代建筑。

高鼓楼

高鼓楼又名状元楼。坐落于玉溪市"北城镇街道中心，建于清光绪十九年（1893年）。三重檐四角攒尖顶，招（'招'应为'抬'，笔者注）梁式木结构，平面方形，边长8米，高约20米，底层通行人，二、三层四周设廊，除北面外，均置格扇门窗"②。该楼为清代建筑。

文庙大成殿、文星阁

文庙位于玉溪市州城镇东南隅。"始建于清康熙五十二年（1713年），占地8500平方米。现有大成殿和文星阁。"③

大成殿为"单檐歇山顶，抬梁式木结构，通面阔21.7米，通进深9.1米，前有1.65米高的月台"④。

文星阁系"三重檐四角攒尖顶，高约13米，壁有重建新兴州文庙碑记"⑤。

二、澄江市

孔庙（文庙）棂星门、大成殿

孔庙，又称文庙，"始建于清康熙四十一年（1702年），乾隆、道光、光绪时重建"⑥。系当时澄江路总管魁纳在金莲山建成，以崇尚孔子。有关孔庙的修建情况，在《县志两种》有载录："旧在金莲山麓。元大德年间，魁纳建。明洪武十六年重修，正德丁丑，知府童玺建旸晡山麓。隆庆四年，知府徐可久迁城于舞凤山麓，学随建城东南隅。万历十四年，知府刘光裕重修。三十一年，巡按宋兴祖复迁于金莲山麓。其时县学未建，诸生归并府学教授约束，春秋祭祀俱入文庙供职。天启六年，御史朱泰祯疏准创建县学，知府李若金、知县赖子崇卜地于城之西北隅建正殿三间、两庑各四间、大成门三间、棂星门三间、启圣祠三间、明伦堂三间、照壁、泮池俱备。"⑦

崇祯九年（1636年），知府李以衮重修府学庙宇。明末兵燹折毁，自明隆

---

① 玉溪市地方志编纂委员会.1993.玉溪市志.北京：中华书局：830.
②③④⑤ 邱宣充.1999.云南名胜古迹辞典.昆明：云南科技出版社：171-172.
⑥ 邱宣充，张瑛华，等.1992.云南文物古迹大全.昆明：云南人民出版社：313.
⑦ 梁耀武.1995.县志两种//玉溪地区地方志编纂委员会办公室.玉溪地区旧志丛刊.昆明：云南人民出版社：103.

庆五年（1571年）迁府城于舞凤山下之后，改旧文庙为玉笋书院。清康熙四十一年（1702年），知府黄元治为解决澄江、河阳两级学宫，倡议在新府城建造文庙；澄江文庙突破一般府城规格，建筑规模特别宏大、壮观。现存文庙建筑为光绪二年（1876年）重修建筑，坐北朝南，整座建筑群均建在一条南北向的中轴线上。且旧志群体均保存完好。

"棂星门，门高13米，宽15米，三开间，重檐，铺琉璃瓦，梁与檐间完全用斗栱联结装饰。两棵中柱用3米高的石雕基座砌成，基座正面托着约有1.5米高的两头石狮，背面托着麒麟，雕工精巧，整座门构思严谨而协调。"①下层分左右两边为上层覆盖，柱脚立于石鼓上，石鼓花纹精致。正背两端有龙形正吻，造型和谐，庄重雄奇，壮丽美观。

"大城门后为大成殿，是孔庙最高大的建筑，七开间，重檐歇山顶，顶铺琉璃瓦，雄狮装饰。梁柱彩绘，透雕木格子门。殿前还辟有宽敞的月台，青石铺地，东、西、南三方有石阶。"②为土木结构抬梁式构架，双层屋檐，不用斗栱，举架甚高，殿宇宏深，巍峨雄奇。扇门均雕刻龙凤形象，殿前两棵大柱金龙环抱，檐枋透雕花鸟走兽，雕刻精美，纹理清晰，极富立体感。

西龙潭古戏台

西龙潭古戏台位于澄江"县城4公里的西龙潭畔，始建于清光绪十七年（1891年）。民国二十一年（1932年），刘承功任县长时，重修西浦公园，并进行过一次较大的修整。台高6米，通宽11米，进深8米，中间为演出戏台，两侧为文武场面所在地。台基高1.2米，台前有石狮一对支撑两根石柱至屋檐，正面檐枋饰有木雕飞龙一对，戏台周围为木结构，化妆室前木隔板向台口一面绘山水图，屋顶向两面翘出，典雅古朴"③。明清以来西龙潭每年立夏节的庙会都要在此戏台演戏三天，唱戏聚餐成为当地的一大盛事。

三、华宁县

盘溪西南各纳甸开化寺魁阁

开化寺坐落于华宁县盘溪镇西南各纳甸村东，"始建于清雍正十三年（1735年），至光绪三十一年（1905年），屡经复修"④。"魁阁三重檐六角形，通高17.5米，边长6.3米。"⑤登阁远望，盘溪坝子尽收眼底。

---

① ② 邱宣充，张瑛华，等. 1992. 云南文物古迹大全. 昆明：云南人民出版社：313.
③ 澄江县史志编纂委员会. 2001. 澄江县志. 昆明：云南人民出版社：599.
④ 同①333.
⑤ 邱宣充. 1999. 云南名胜古迹辞典. 昆明：云南科技出版社：184.

盘溪清真寺叫拜楼

盘溪清真寺叫拜楼坐落于华宁盘溪镇北盘江街清真寺内,"始建于清光绪十二年(1886年),最后完成于民国十五年(1926年),整个建筑群坐西向东,占地2200平方米,由大殿、叫拜楼、厢房、沐浴室组成。原叫拜楼为三层楼阁式建筑,通高20余米,结构严谨精巧,登临可望尽盘溪坝,名'醒梦楼'。1968年毁于派性武斗,1979年重建,改名'复兴楼'。复兴楼为中西合璧建筑,共5层,通高28米。一至三层为西式钢筋混泥(凝)土结构,通面阔21.6米,通深11米。四五层为中式重檐六角亭,底面边长5.9米。"① 该叫拜楼现今保存完好。为华宁县内清代建筑之最。

尊 经 阁

华宁尊经阁系藏书、阅览之所,位于"县城北部龙山南麓。建于清道光十五年(1835年),占地572平方米,由倒座、厢房、阁楼、花园组成。阁楼通高12.4米,两层,四方形,重檐歇山顶、抬梁式构架,檐柱、额枋等雕刻彩绘。登阁凭窗远眺,宁州城和附近田野、村寨尽收眼底"②。该阁楼雕梁画栋,阁顶铺琉璃瓦,建筑尚为完整。

宁阳书院奎阁

宁阳书院位于华宁"县城西北街,清乾隆四十八年(1783年)始建讲学堂5间、书舍14间、厨房2间,后陆续扩建,至光绪三十二年(1906年)完成,整个建筑群坐北向南,由倒座、奎阁、中礼殿、讲堂、厢房等组成,沿一条中轴线对称布局,占地1305平方米。建筑风格为歇山顶和硬山顶,抬梁式构架"③。

"奎阁和中礼殿设有斗拱,额枋雕刻彩绘。奎阁戗脊尖端各悬一青铜风铃"④,奎阁重檐歇山顶,抬梁式结构,面阔、进深各三间,为典型的清代建筑。

四、江川区

江城镇文星阁

江城镇文星阁坐落于江川区城北19公里处,"建于清道光十九年(1839年)。阁分三层,高30米,占地面积121平方米,基石高出地面60厘米,长

---

①②③④ 华宁县志编纂委员会. 1994. 华宁县志. 北京:中华书局:478-479.

宽各11米，呈正方形，木结构。阁的底层各通东西南北方向，36棵圆柱砥立楼阁，各层楼均雕花与图案，属透雕、浮雕、彩绘之类。二层楼长、宽各7.3米，原有铜钟一口，相击数里内可听到钟声。三楼长、宽各5.5米。有花窗十道，原塑有魁星神位"①。现存阁楼建筑为"1987年政府拨款进行修复，油漆彩画并配置众多匾联。"②登阁举目四望，数千亩良田、星云湖水风光、周边群山一览无遗。

金 甲 阁

金甲阁"位于江川县城西1公里大庄乡早街，始建于清道光十八年（1838年），三重檐八角攒尖顶，平面呈方形，二、三层为八角形，通高20.5米，造型庄严雄伟，别具一格。"③屋檐下斗拱承梁雕刻得玲珑剔透，1991年曾进行大规模修缮，使得该阁楼迄今保持了清代建筑风格。

文 庙 大 成 殿

"文庙又名孔庙，坐北朝南，位于江川县城北约20公里处，在原县城江城北门外一公里左右，钟秀山旁，属江城镇所辖。于乾隆四十四年（1779年）至道光四年（1824年）建成。历时45年。其建筑为宫殿式（三层）土木结构，两侧配有东、西两庑，祠堂、耳房、厢房等。"④为当时云南第二大文庙。其中"大成殿为正5间，中供奉孔子牌位，屏门24扇，雕有鸟兽花卉等。雕梁画栋，精雕细绘，巧夺天工。殿前有高1.4米，约134平方米的青石平台（古时称月台）。台上两边竖有石雕龙抱柱，雕有'云托日月'，雕龙鳞甲、须、爪、口、鼻活现，造型别致，工艺精湛，栩栩如生，四周有石栏，雕石狮8对，平台台阶宽4米，中雕'盘龙朝圣''鲤鱼跃波。'"⑤顶端雕雏凤一只，呈相向中鸣之姿。柱础三层，下层正方形，中层八角形，上层螺旋形，柱础与柱身、苍龙、雏凤合为一体，且为一石雕成，为世间少有。

云 岩 寺 戏 台

云岩寺，又称三台寺。"位于江川县城之西北18公里龙街云岩村的半山上。始建年月不详，清乾隆五十一年（1786年）重修。宣统三年（1911年）

---

① 邱宣充，张瑛华，等. 1992. 云南文物古迹大全. 昆明：云南人民出版社：308.
② 云南省江川县史志编纂委员会编纂. 1994. 江川县志. 昆明：云南人民出版社：589.
③ 邱宣充. 1999. 云南名胜古迹辞典. 昆明：云南科技出版社：175.
④⑤ 江川县史志编纂委员会. 1994. 江川县志. 昆明：云南人民出版社：588.

改修南北厢房，属前三后三，四合院，大小32间。寺内有碑碣三块，戏台、水池完整"①，云岩寺建筑虽有部分损坏，但其建筑结构基本保持原来风貌。

戏台为抬梁构架重檐歇山顶阁楼，坐西朝东，中式土木结构建筑，飞檐叠角，宝鼎绕龙，脊带飞凤，结构精巧，玲珑剔透，屋檐下木雕极为精美。

五、通海县

聚奎阁

聚奎阁位于通海县城东、西、南、北4条街交汇处，据《云南名胜古迹辞典》云："始建于明，"②"清康熙年间建，光绪二年（1876年）三月遭大火焚毁，光绪八年（1882年）在原址重建。重建的聚奎阁，气势雄伟，建筑别致，古雅壮观。面积137平方米，高17.5米，共3层，每层飞檐翘角，雕梁画栋，琉璃覆顶，金碧辉煌。聚奎阁建筑结构严密，工艺精巧，阁楼由40棵大木柱支撑，底层的16棵铁栎木大柱，直径均是36厘米，内层的4棵中柱，从柱础直通阁顶，外檐柱每边4棵，中柱与外檐柱连接紧密，梁柱拉接点全用木箍头套榫和鱼鳃形双重银锭榫，全无钉楔痕迹，有'滇中古建筑中的瑰宝'之称，……阁楼底层，原为东西、南北大街的对穿通道。"③第二层的南、北、东、西四面分别悬挂"聚奎阁""冠冕南州""四维统纽""高拱辰居"匾。重建至今百余年，经历多次地震而毫无损坏。

河西文庙文明坊、大成殿

河西文庙，据康熙《河西县志》载："旧在治东一里古城上。元泰定年建，洪武二十九年重修，嘉靖十二年知县吴绍祖改迁今县治前。三十一年兵备蒋宗鲁重修，康熙二十四年知县杨汝楫奉旨增修。"④

位于通海县河西镇。坐东朝西，为中轴线分幢迭起单体组合式建筑群。"建于明嘉靖十二年（1533年），亦按当时统一布局规划建造。"⑤现存建筑有文明坊、大成门、东廊西庑、大成殿明伦堂等。文庙内尚存有明洪武、正统、宣德、成化、正德、嘉靖和清代的重修碑记。尤以"礼部批文""儒学箴"碑较为宝贵。

---

① 邱宣充，张瑛华，等．1992．云南文物古迹大全．昆明：云南人民出版社：308．
② 邱宣充．1999．云南名胜古迹辞典．昆明：云南科技出版社：180．
③ 通海县史志工作委员会．1992．通海县志．昆明：云南人民出版社：549．
④ 梁耀武．1993．康熙玉溪地区地方志五种//玉溪地区地方志编纂委员会办公室．玉溪地区旧志丛刊．昆明：云南人民出版社：448．
⑤ 同③232．

"大成殿五间通宽19.2米，进深11.3米，高11米，单檐硬山顶，抬梁式木架，琉璃瓦屋面。文明坊为三间牌楼式样，高8米，宽13.5米，四棵大圆柱直承屋顶，中间两柱基石上前后有石雕狮子、麒麟、青石雕刻的护栏板，屋架用小型斗拱叠架支撑，宏伟壮观。"① 河西文庙文明坊、大成殿，均为通海县有名的古建筑。

文庙文明坊

文庙文明坊位于通海县城南隅，坐南朝北，"始建于明弘治十七年（1504年），历代扩建修葺。主体建筑由文明坊、大成门、大成殿、崇圣祠等组成，依地势高低顺序排列在中轴线上，东西廊庑房以对称格局配于正殿两厢，为四进三大院落，整座文庙建筑群共占地2.56万平方米"②。现存建筑为清初康熙、雍正之物。整座建筑给人以层见叠出，庄严肃穆之感。历经明、清两代扩建。尤其"文明坊高大雄伟，高11.6米，面阔15.9米，八角飞檐，双重斗拱密集交错，建筑技艺高超，精巧别致"③，为滇南之冠。

六、新平县

土司府正堂、大门楼

新平土司府，又称哀牢山土司府，岩旺土把总衙署。属宋代大理国时期新平"岩旺土司衙署"，由傣族岩旺家族世袭管辖。清乾隆年间，乾隆帝把原傣族"岩旺土司"爵位转封陇西李氏家族世袭管理哀牢山，形成了傣族、汉族两个土司，上下一千年的新平土司历史。关于新平县岩旺土把总李氏的相关情况，《新纂云南通志》有记载："新平县岩旺土把总李世康。其先李显智，随父毓芳讨叛夷有功，清乾隆三年，授显智土把总。传子鹏林，鹏林无子，传侄世英，世英无子，嘉庆十八年，世英从弟世康袭。世康死，子权袭。权死，子国俊袭。管地东至斗门界牌八十里，南至戛赛江五十里，西至磨沙江五十里，北至哀牢山一百里。"④

该正堂建筑位于新平县嘎洒镇耀南村的半山腰上的土司府内，斗拱飞檐，红柱粉墙黛瓦，雕花的门窗富贵荣华，其三道门，由六扇带雕花格子门组成。"大门为大理石拱顶结构，宽约6.5米，高约7米，厚约2米，构造坚实、造型殊异、气势不凡、雄伟壮观"⑤，大门由灰色的尖顶、蓝色的墙面、高耸峭

---

①② 通海县史志工作委员会. 1992. 通海县志. 昆明：云南人民出版社：232.
③ 同①550.
④ 牛鸿斌，文明元，李春龙等点校. 2007. 新纂云南通志七. 昆明：云南人民出版社：714.
⑤ 可春晖. 2011. 哀牢枭雄——李润之. 昆明：云南人民出版社：180.

立的青瓦屋檐构成，其大门的设计是中西结合的样式，造型独特。

第二节　与玉溪市楼阁相关的文学作品及作者

与玉溪市楼阁相关的文学作品及作者，除本书第二章论及的与澄江市三清阁、玉皇阁，江川区雄文阁、文昌宫，元江哈尼族彝族傣族自治县文昌阁相关的文学作品及作者外，根据相关地方文献和调查，目前与玉溪市现辖的红塔区高古楼、华宁县盘溪西南阁纳甸开化寺魁阁、盘溪清真寺叫拜楼、江川区云岩寺戏台相关的楼阁文学作品及作者不详，待查实后再作补充。其余与玉溪市楼阁相关联的作品及作者下面将分区、县、市地区作详细分述。

一、红塔区

（一）与九龙池大观楼相关的文学作品及作者

1. 楹联

（清）飞之岗联。"日影映清池鸟跃波间鱼上树；月光照碧沼兔沉水底龙吞珠。"① 该联用"日影""清池""鸟""鱼""树""月光""兔""龙""珠"等意象，以及"跃""上""照""沉""吞"等字营构出大观楼楼景辉映成趣的静态美和动态美。

九龙池古戏台联。"山色石色草色相点乎春色；风声树声水声更妙于歌声。"② 作者不详。该联上联写景，描摹了九龙池古戏台的山、石、草将戏台点染得春意盎然。下联写舞台，描绘了风、树、水的声音与舞台上演员的歌声相得益彰，令人回味无穷。

佚名联（一）。"泉涌九龙，高山流水琴声妙；楼台叠翠，明月清风笛韵幽。"③ 楹联细写九龙池的泉水喷涌的声音，就像高山流水般的琴声美妙动听，楼台掩映于叠翠簇拥的绿林，好似明月清风般的笛声，优雅清幽，韵味久远。极尽彰显楼台建筑与九龙池、珍珠泉、平泉、麻龙潭交相辉映的美景盛况。

佚名联（二）。"只一座楼台，占断九龙景色；问几人技艺，能争绝代风流。"④ 该联指名听泉楼占据了九龙池的景色，其建筑技艺的高超能争绝代风流。

---

① 玉溪市地方志编纂委员会. 1993. 玉溪市志. 北京：中华书局：830.
② 同①1029.
③④ 骆锦芳. 2014. 楹联文化研究：以云南为例. 北京：人民出版社：359.

2. 诗歌

（明）雷耀龙《九龙池倚树问溪》。 "试问溪流几变迁，溪流曾否是桑田？浮云何事常舒卷，皓月奚为也缺圆。载酒可能方赤壁，题诗若个是青莲。相逢今古人多少，那客于君有宿缘。"① 这首七律的首联对溪流的变迁、是不是桑田发出疑问，颔联进一步提问浮云为何会常舒卷？皓月为何缺圆？颈联用"载酒""赤壁""题诗""青莲"回答颔联的提问。尾联再次明示不论今人还是古人，无论是客还是君，相逢就是有宿缘。此诗采用提问方式，通过九龙池溪流的变迁来喻指时代社会的变迁，时过境迁，不变的只是九龙池的溪流、浮云、皓月。诗歌写得极富哲理，耐人寻味。

（明）毛琨《九龙池》。 "叠石奇峰旭照开，碧凝秋水浸楼台。鹤飞岭外遥天雪，龙隐池中满地苔。几处云堆随马去，一行人影渡桥来。滇南胜地多雄峻，作赋相如仔细裁。"② 这首七律，首联用"叠石""奇峰""秋水"这些具体可感的形象点染出上下相叠的岩石、高耸凸起的山峰沐浴在旭日的阳光下，凝聚成青绿色的秋水浸满楼台，好一幅美妙的静态山水画。颔联再用"鹤""岭""雪""龙""池""苔"组合成一幅充满动态感的大自然的图景。颈联笔锋一转，写出"云堆""随马""人影""渡桥"构筑成的人文景观。尾联用诙谐的语言暗示滇南（含玉溪）胜地山水相连，雄峻的气魄，吟诗作赋要像司马相如一样仔细斟酌。全诗动静相协，自然与人文交织，勾勒出人与自然和谐共处的景致，令人神往。

（民国）汤希禹《九龙泉涌》。 "山满青光水满池，滔滔利泽本无私。未知百里临民候，可似九龙作雨时。"③ 这首七绝尽情展现九龙池水造福百姓，利泽无私。

3. 作者生平事迹简介

飞之岗，生卒年不详。清乾隆新兴州名士。玉溪飞井村人。著述亦不详。

佚名，其生卒年、生平事迹以及著述均不详。

雷耀龙（1602—1661），字伯麟，号石庵。云南玉溪高仓人。明万历四十六年（1618 年）中举人，次年中进士，被选为翰林院庶吉士，崇祯时任礼部尚书。学识渊博，贯通经史，除工诗文外，还精通书法。著有《葵草集》《逸余集》若干卷。

毛琨，生卒年不详。明代名士。著述亦不详。

汤希禹，生卒年不详。民国十九年玉溪县知事。玉溪诗文社社长。著述

---

① 玉溪市地方志编纂委员会. 1993. 玉溪市志. 北京：中华书局：1025.
② 同①1026.
③ 同①1031.

亦不详。

(二) 与文庙大成殿、文星阁相关的文学作品及作者

1. 诗歌

严天骏《登古城文星阁有感》。"风鸣铁马急，独客上危楼。春挟树声至，日为塔影留。一眼欲望尽，万山都已收。高擎云汉表，终古自悠悠。"① 这首五律首联写景描述了诗人登临文星阁听到的是风的鸣叫好似铁马急促奔驰的声音。颔联再次写景细叙春风挟带着春的信息，阳光沐浴着塔和阁楼，留下了美丽的倒影。颈联由景生情，叙说诗人登高远眺，四周葱郁的万山尽收眼底。尾联尽展自古以来文星阁高耸入云的气势。全诗借描摹文星阁的美景以及登高寄情的情怀，来表达对美好生活的向往之情。

2. 作者生平事迹简介

严天骏（1868—1927），字仲良，号仲叟，又号玉湖。云南玉溪研和镇古城村人。清光绪辛卯十七年（1891年）举人。民国初年众议员。擅长诗文、书法，吟诗作对能出口成章，其著作多已散佚，今存《仲叟诗存》一卷。

二、澄江市

(一) 与孔庙（文庙）棂星门、大成殿相关的文学作品及作者

1. 匾额

"棂星门"。② 镌刻于棂星门坊正中上方，红底金字。由清光绪贡生洪云程用楷书书写。

"玉振""金声"。③ 两块匾额，均是歌颂孔子德行的，镌刻于棂星门坊侧门，红底金字。由邑人张鑫用篆书书写。

"天下太平"④ 镌刻于大成殿正脊下方，红底金字。用篆书书写。

光绪御书"斯文在兹"。⑤ 为原悬挂于大成殿的木匾，传为光绪帝手书。"斯文在兹"语出《论语·子罕》："子畏于匡，曰：'文王既没，文不在兹乎？天之将丧斯文也，……匡人其如予何？'"⑥ 意指世间所有文化盖源于儒学创始人孔子。悬挂于大成殿正门檐下，显要、夺目。光绪帝的用心可见一斑。

"德配天地""道冠古今"。⑦ 两匾悬挂于大成殿正门两侧，为邑人张鑫手书。

2. 碑记

赵孟頫书《范忠宣公格言碑》。该石碑嵌于大成门西面墙壁内，"刻于明万历三十四年（1606年），由当时任澄江知府的河南扶沟人刘懋武以赵孟頫手

---

① 玉溪市地方志编纂委员会. 1993. 玉溪市志. 北京：中华书局：1029-1030.
②③④⑦ 澄江县史志编纂委员会. 2001. 澄江县志. 昆明：云南人民出版社：596.
⑥ 杨伯峻译注. 2009. 论语译注//中国古典名著译注丛书. 北京：中华书局：124.

书拓于石上镂刻而成,后遭兵燹流入民间。至清光绪八年(1882年)发现后移置书院"①。

"此碑为墨石碑,呈黑色,长1.2米,宽1.35米,行楷书体,正文共11行"②,碑上刻有范忠宣公教育其儿子的一段话。"文末第11行为'吴兴赵孟頫子昂书'。"③系元朝名书法家赵孟頫(子昂)的真迹,书范忠宣公格言,其大意是:范忠宣对忠恕之道的体会以及"忠恕"二字对自己一生受用匪浅。强调要尊崇孔孟之道。石碑上还刻有赵孟頫真迹来源及历代保护该碑情况。此碑原在旧城,迁城时,随着迁来新府镶在文庙今碑址。关于"范忠宣公"是范仲淹本人还是其子范纯仁,学界多有争议,这里作者认为是其子范纯仁为妥。

《捐修文庙碑记》。该石碑嵌于大成门西墙上,刻于"清雍正二年(1724年)。知府柳正芳为修葺'圣庙'(文庙,笔者注),置备明伦堂祭器、乐器及捐修义学等事项的记载"④。

《修文庙碑记》。该石碑嵌于大成门东墙上,刻于"清乾隆二十一年(1756年)"⑤。该碑记记录了乾隆二十一年(1756年)修葺文庙捐资情况及姓氏名录。

《御制赞碑》。系大成殿次间正墙上镶嵌的"御制孔子赞"。"清康熙二十五年(1686年)立,碑为砂石,全长3.4米,宽1米,碑额宽1.4米,长0.9米,碑身长2.5米,碑额为半圆形,上刻云龙图纹,云纹中有篆书'御制'二字。碑文为楷书,共13行,左行。碑中对孔子的四位较有成就的学生颜子(颜回)、曾子(曾参)、子思(孔伋)和孟子(孟轲)的德行进行了赞扬。书法工整有力,是清顺治时进士、康熙时任户部尚书、文华殿大学士张玉书所写。"⑥

3.作者生平事迹简介

洪云程,生卒年不详。清光绪贡生。著述亦不详。

张鑫,其生卒年、生平事迹以及著述均不详。

光绪,其生平事迹及著述详见第七章第二节文述。

赵孟頫(1254—1322),字子昂,号松雪道人、水晶宫道人、鸥波。中年曾作孟俯,吴兴人氏。系元代著名大书法家,楷书四大家之一,篆、隶、真、行、草五体均擅,尤以行楷著称于世。

范忠宣公(1027—1101),即范纯仁,为北宋大臣,人称"布衣宰相"。字尧夫,谥忠宣,今江苏苏州人,范仲淹次子。在其父过世后才出来做官,累官侍御史、同知谏院,出知河中府,徙成都路转运使等职。其家风俭朴,并言传身教,著有《范忠宣公集》、《台谏论事》五卷、《边防奏议》20卷。《宋史》有其事迹载录。

---

①②③④⑤⑥ 澄江县史志编纂委员会. 2002. 澄江县志. 昆明:云南人民出版社:600-603.

刘懋武，生卒年不详，字忠父，号衡山，河南扶沟人，明万历三十二年（1604年）进士，明万历年间任澄江知府。著述不详。

柳正芳，生卒年不详，"号惪隅，河南太康人，贡生，康熙五十六年（1717年）知府事。兴废举坠，率多善政。"① 著述不详。

（二）与西龙潭古戏台相关的文学作品及作者

1. 碑记

《轮流演戏碑记》。立于"清乾隆二十年（1755年）"②，碑记主要记载"澄江县正堂对西龙潭立夏节派定坝区各村营轮流演戏的规定"③。该碑现存立于西龙潭。作者不详。

2. 楹联

吴鹏名联。"歌馆楼台声细细，闲云潭影日悠悠。"④ 楹联道出歌馆楼台表演的歌舞与闲云潭影一样常演不衰。作者为清末举人吴鹏。

3. 作者生平事迹简介

吴鹏，其生平事迹及著述详见第四章第二节文述。

三、华宁县

（一）与尊经阁相关的文学作品及作者

1. 楹联

楹联（一）。"四面云山都到眼；万家烟火最关心。"⑤ "原悬宁州城尊经阁。民国署黎县知事李上理题书。"⑥

楹联（二）。"半空虚阁有云住；六月深松无暑来。"⑦ "原悬宁州城尊经阁。民国宁州张知名题书。"⑧

2. 作者生平事迹简介

李上理，系民国署黎县知事。生卒年、行事、著述均不详。

张知名，系民国宁州名士。生卒年、行事、著述均不详。

（二）与宁阳书院奎阁相关的文学作品及作者

1. 楹联

"宁静致远淡泊明志，阳春烟景大块文章。"⑨ 该联为朱家宝书。

---

① 梁耀武. 1995. 府志两种//玉溪地区地方志编纂委员会办公室. 玉溪地区旧志丛刊. 昆明：云南人民出版社：357.

②③ 澄江县史志编纂委员会. 2001. 澄江县志. 昆明：云南人民出版社：602.

④ 王胜华. 2009. 云南古戏台. 昆明：云南大学出版社：109.

⑤⑥⑧ 华宁县志编纂委员会. 1994. 华宁县志. 北京：中华书局：544.

⑨ 同⑤478.

2. 作者生平事迹简介

朱家宝（1860—1923），字经田，华宁县宁州镇人。清光绪十八年（1892年）进士。"选翰林院编修，再授礼部祭司，后历任直隶平乡、新城、南和知县。为直隶总督袁世凯所赏识，被袁推为'近畿循吏第一'，升保定知府，被派往日本考察政务，回国后升江苏按察使。光绪三十二年（1906年）由东三省总督徐世昌荐为吉林巡抚，未赴任。三十三年移任安徽巡抚。"① 工书法，取黄庭坚，深得黄体精髓，堪称清末大家。有《海藏园序》《廷尉天下之平论》等传世。

四、江川区

（一）与江城镇文星阁相关的文学作品及作者

1. 楹联

（明）侯必登楹联。"一阁峙城中，倚汉凌霄，试凭栏俯瞰溪山，最易东岭秋清，西湖春晓；千家环槛外，熙来攘往，倘携酒朗吟风月，好待子安词伯，崔颢诗豪。"② 上联写出文星阁坐落于城中，以及"倚汉凌霄"的雄姿，再写登楼远眺，溪山、东岭、西湖尽收眼底。下联写出楼阁周边的人们"熙来攘往"时常登阁，有的携酒，有的吟风月，写的诗词堪与崔颢、诗豪（刘禹锡，笔者注）相媲美。

赵星聚楹联。"稽往古以拓胸襟，谈及侯颐真、杨勉斋、许厢汀、张朴园诸先达，闻者莫不兴起；登斯楼而阔眼界，览遍南星湖、北关岭、东金山、西云岩各佳境，焕乎其有文章。"③ 上联主要述说稽往古，回忆侯颐真、杨勉斋、许厢汀、张朴园诸先达。下联写明登文星阁，视野开阔，南星湖、北关岭、东金山、西云岩等佳境不仅可以尽收眼帘，同时又能激发登阁者的闲情逸致。

2. 作者生平事迹简介

侯必登，"江川（今龙街）人。生卒年不详。明嘉靖三十八年（1559年）进士，曾任广东潮州府知府，升江西参政，均有政声"④。其文才出众，诗文过人，曾写有诗歌《星云湖对月》传世。

赵星聚，生卒年不详。"生平不详，著有《甲申官民殉难记》等"⑤。

（二）与金甲阁相关的文学作品及作者

1. 对联

木刻对联。"天与雄区欲游目骋怀一层更上；地因多景喜山光水色四望皆

---

① 华宁县志编纂委员会.1994.华宁县志.北京：中华书局：551.
②③④⑤ 骆锦芳.2014.楹联文化研究：以云南为例.北京：人民出版社：434.

通。"① 此对联为本地名士李嘉猷所书。原联撰者无考。上联将天与雄区（金甲阁）相比拟，尽展金甲阁的雄姿、高大；下联又将地与金甲阁周边山光水色的景致相通作比，尽显金甲阁的美景。

2. 作者生平事迹简介

李嘉猷（1888—1959），字克宣，号巨卿，别号熊山逸民，江川县大庄乡魏官村人，中学文史教员。曾主持重修金甲阁。绘画功底较深，篆刻艺术也颇见长。著述不详。

（三）与文庙大成殿相关的文学作品及作者

1. 匾额

林则徐"钟秀书院"匾额。② 这是林则徐由广东赴新疆，途经云南时到过江川文庙，为其所书匾额。原悬挂于文庙西院的"钟秀书院"。此匾额也可佐证江川文庙已成为当时清政府培养人才、灌输统治思想的阵地。

2. 作者生平事迹简介

林则徐（1785—1850），字元抚，又字少穆，谥号文忠。乾隆五十年七月二十六日（1785年8月30日）生，福建侯官（今福州市）人。"嘉庆十六年进士，选庶吉士，授编修。历典江西、云南乡试，累迁至两广总督。道光二十二年，以办洋务被议，谪戍伊犁。二十五年九月，赐环，以四五品京堂用。十一月，署陕西总督。二十六年，授陕西巡抚。二十七年，迁云贵总督。"③ 后林则徐曾奉道光帝特命为钦差大臣赴粤查办禁烟，并组织著名的虎门销烟，在其任云贵总督期间，组织迤西一役，士民讴思至今，其政绩卓著。工书法，寸缣尺幅，得者珍如拱璧。著有《云左山房文钞》《云左山房诗钞》《使滇吟草》和《林文忠公政书》等。所遗奏稿、日记、公牍、书札、诗文等，1949年后辑为《林则徐集》。清咸丰元年（1851年），入祀云南名宦祠。其事迹《国朝先正事略》《国朝耆献类征》《续碑传集》《清史列传》皆有载录。

五、通海县

（一）与聚奎阁相关的文学作品及作者

1. 诗歌

朱崿《登聚奎阁望秀山》。"崔巍杰阁接重霄，选胜登临破寂寥。万里风云开碧落，数峰缥缈出烟绡。乍凭栏槛招空翠，却忆舳棱望斗杓。且喜时清

---

① 江川县史志编纂委员会. 1994. 江川县志. 昆明：云南人民出版社：589.
② 同①588.
③ 江燕，文明元，王钰点校. 2007. 新纂云南通志八. 昆明：云南人民出版社：59.

庠序乐,要听歌咏答虞诏。"① 首联点出聚奎阁直冲云霄的雄姿,吸引八方闲人墨客登临,打破了阁楼的寂寥。颔联描绘万里风云打开了阁楼四周的碧色,群峰笼罩在虚无缥缈的云烟之中。颈联再次描写站在阁楼凭栏远眺,可以把周围的翠色、阁中屋角瓦脊都招入眼帘,不禁感到人又要添一岁,流露出时光短暂之感。尾联尽展人们在聚奎阁听奏乐、歌咏、唱和诗词、答虞诏的情景,表达了诗人对聚奎阁的赞美之情。

2. 碑记

(清)宋宝械《重建聚奎阁记》。写于清光绪十一年(1885年)八月前,由当时通海县事蜀西宋宝械撰并书。此记刻于聚奎阁二楼板壁上,楷书,绿底金字,现今保存完整。该记首先介绍了通海的地理位置"通海为滇南一大都会。县治南面秀山,北枕杞水,方城如斗,四逵八衢"②,接着说明聚奎阁建造位置"城中央建高阁以统制之,并祀奎星于其上"③,描绘了聚奎阁的雄姿"阁凡三重,上倚霄汉,凭栏四望,江山形胜奔赴目前,而万家鳞次,千壤绣错,皆在几席之下,此形势所由统摄而灵气于以翕聚也"④。同时,也吸引"大比登贤、书捷南宫者踵相接"⑤。然后记述了该阁的修建历史及作者的感受:"今老矣,行将归息于故乡,既喜予未竟之愿得偿之于今,而又喜虽未获一登是阁,躬览山水风月之盛,写闾里和乐之象,而犹得托之文字以补当日之未逮,以传无穷,与有荣焉。"⑥该碑记不仅展现出聚奎阁巍然耸立的气势,而且将重建聚奎阁的种种经历如数家珍,娓娓道来。语言平实,颇具感染力。

3. 作者生平事迹简介

宋宝械,生卒年不详。字蕤湾,四川双流人。云南平彝县知县。精于书法。有《益州书画录》行世。

朱嶟,据《通海县志》载:"朱嶟(1791—1862),字仰山,号桎堂,通海县城人,自幼勤奋好学,庄重寡言,志气纯正。清嘉庆十八年(1813年),中癸酉科举人。二十四年(1819年),中己卯科进士,朝考后钦点翰林院庶吉士。"⑦"道光十二年(1832年)朱嶟任湖广道监察御史,……道光十七年(1837年),朱嶟任兵部左侍郎。……道光二十四年(1844年)朱嶟调任礼部左侍郎。次年补授内阁侍读学士,……咸丰八年(1858年)朱嶟升任礼部尚书。十年,出任全国会试大总裁,"⑧去世后,葬于京郊,"朝廷谥'文端',有'学粹品端''克尽阙职'等评语。光绪初年,地方绅耆报请朝廷批准,建'礼部尚书朱文端公故里碑'于通海县城东门外大桥驿道旁"⑨。但著述不详。

---

① 通海县史志工作委员会. 1992. 通海县志. 昆明:云南人民出版社:671.
②③④⑤⑥ 同①686.
⑦⑧⑨ 同①701.

(二) 与河西文庙文明坊、大成殿相关的文学作品及作者

1. 碑记

《礼部批文碑》。又名《右仰通知碑》,立于明洪武十四年(1381年)。"青砂石,高1.02米,宽1.52米,厚0.12米,四周刻花边装饰。楷书,共46行,1250字。内容为明洪武十年(1377年)明朝廷礼部发布到各郡(县)学堂的批文。"① 批文内容以教育为主,其中有尊师重教,择优提举,以及司法和民风道德之规定。其目的是维护"礼治"。该碑文对研究明代教育有一定历史价值。

《儒学箴碑》。该碑记立于"明宣德七年(1432年)立,现保存在河西文庙内。红砂石,长条形,长1.4米,高0.95米,厚0.14米,碑文共16行141字"②。内容为治学格言,阐述发展教育,要养成尊师重教,以德为本,学业为重的风气,重视人治的目的。

王佐《重修河西庙学碑记》。该碑记开篇将孔子之道与天地、日月、四时的"大""明""序"相媲美。以此表明"盛德必享百世之祀,故自古有天下者莫不亲祀,以致尊崇之意"③。同时说明了"建学"原因:"我国家隆重圣道,四海之内靡不建学。……云南僻在京师万里外,而孔子庙祀无异中原。"④ 然后回顾河西庙学的历史,以及修建经过。最后点明修建的意义:"士有所止,民有所仰,岁时释奠,洋洋在上。于维圣道,于国有光,皇风清穆,千古纲常。"⑤ 文章侃侃而谈,道理阐述简洁、明确。

2. 作者生平事迹简介

王佐,其生卒年、生平事迹以及著述均不详。

(三) 与文庙文明坊相关的文学作品及作者

1. 碑记

(清)吴应枚《重修通海学宫记碑》。"保存在通海文庙大成门左侧新建碑亭内,青石,长方形,高3.1米,宽1.4米,厚0.15米,有碑座,无额和纹饰,为通海最大的碑碣。碑文共22行720字,叙述通海原学宫建于元代,明代迁建于秀山北麓,清康熙末年,绅士赵城、陈宏谋等人主持并集银700两,扩建学宫。"⑥ 碑记作者为清雍正十三年(1735年),钦赐二品提督、云南学政吴应枚再次来通海,看到学宫巍峨壮丽、大改旧观,因而特撰写了此碑记。

2. 作者生平事迹简介

吴应枚,其生卒年不详。清雍正二品提督、云南学政。著述亦不详。

---

①②⑥ 通海县史志工作委员会. 1992. 通海县志. 昆明:云南人民出版社:537-538.
③④⑤ 梁耀武. 1993. 康熙玉溪地区地方志五种//玉溪地区地方志编纂委员会办公室. 玉溪地区旧志丛刊. 昆明:云南人民出版社:477-478.

六、新平县

与土司府正堂、大门楼相关的文学作品及作者

1. 匾额

"陇西世族" 匾[①],置于新平土司府大门拱顶第五层。该匾明示新平土司始祖来自陇西的历史。

2. 楹联

"积金积玉莫如积德;问富问贵还须问心。"[②] 这是悬挂于正堂的长幅楹联。作者不详。

---

① 可春晖. 2011. 哀牢枭雄——李润之. 昆明:云南人民出版社:180.
② 同①185.

第十二章 普洱市楼阁建筑与文学

普洱市,别称思茅,位于云南省西南部,东与玉溪市、红河哈尼族彝族自治州相邻,东北与楚雄彝族自治州相连,东南与越南相邻,西北沿澜沧江与临沧市分界,西南与缅甸毗邻,北与大理白族自治州接壤,南与西双版纳傣族自治州相接。由于地处云贵高原西南边缘,横断山脉南段,山川相间排列,地势北高南低,无量山、哀牢山、怒山南段余脉的大黑山、西盟山,由北向南,纵贯全境。分属红河、澜沧江、怒江三大水系的支流分布于崇山峻岭之中。受地形、海拔影响,立体气候明显,主体为南亚热带山地湿润季风气候,冬无严寒,夏无酷暑。

自古以来,普洱市就是一个多民族聚居区,有汉族、哈尼族、彝族、拉祜族、佤族、傣族、布朗族、傈僳族、回族、白族、苗族、瑶族、蒙古族、景颇族等。西汉时属哀牢地。东汉、蜀汉、西晋时属永昌郡。东晋、南朝时属宁州永昌郡。北朝、隋朝属濮部。唐朝属剑南道。唐南诏国时设银生节度。宋大理国时设威楚府,管辖当箸赕(今景东彝族自治县)、威远赕(今景谷傣族彝族自治县)、步日部(今宁洱哈尼族彝族自治县)、思么部(今普洱市)、马龙部(今墨江哈尼族自治县);今澜沧拉祜族自治县、西盟佤族自治县、孟连傣族拉祜族佤族自治县属永昌府。元朝时设开南州（今景东彝族自治县）、威远州（今景谷傣族彝族自治县），隶属威楚路；步日部（今宁洱哈尼族彝族自治县）、思么部（今普洱市）、马龙他郎甸（今墨江哈尼族自治县）隶属元江路；澜沧江以西（今澜沧拉祜族自治县、西盟佤族自治县、孟连傣族拉祜族佤族自治县）属木连路。明朝设景东府、镇沅府、威远州、恭顺州（今墨江哈尼族自治县）；今宁洱哈尼族彝族自治县、普洱市属车里宣慰司，今澜沧拉祜族自治县、西盟佤族自治县、孟连傣族拉祜族佤族自治县属孟连长官司。清朝设普洱府，辖三厅一县一司，即思茅厅（今普洱市）、威远厅（今景谷傣族彝族自治县）、他郎厅（今墨江哈尼族自治县）、宁洱哈尼族彝族自治县、车里宣慰司（今西双版纳傣族自治州）；镇边直隶厅，辖今澜沧、孟连、西盟三县；景东为直隶厅，镇沅为直隶州。民国时曾设普洱道，第二殖边督办公署，第一、四、七区行政督察专员公署。中华人民共和国成立后曾先后设思茅临时人民行政委员会、普洱区行政专员公署、思茅专员公署（辖今普洱地区和西双版纳傣族自治州）、思茅地区行政公署。2007年1月21日，成立普洱市。而今，普洱市辖1区9县，即思茅区、宁洱哈尼族彝族自治县、景东彝族自治县、镇沅彝族哈尼族拉祜族自治县、景谷傣族彝族自治县、墨江哈尼族自治县、澜沧拉祜族自治县、西盟佤族自治县、江城哈尼族彝族自治县、孟连傣族拉祜族佤族自治县。

起伏的群山、纵横的沟壑、众多的江河、多彩的各民族风情，呈现出多元的文化特色和意蕴，极具汉民族文化与各族文化相融合的楼阁建筑艺术，与楼阁诗联交相呼应，彰显出"文因楼成，楼因文兴"的人文内涵和审美情趣。

第一节　普洱市楼阁建筑遗存

普洱市楼阁建筑遗存，根据相关的地方文献及调查，目前普洱市辖的镇沅彝族哈尼族拉祜族自治县、景谷傣族彝族自治县、西盟佤族自治县、江城哈尼族彝族自治县四县的楼阁建筑遗存不详，有待查实后再作补充外，其余普洱市所辖的其他区县楼阁遗存将分述如下。

一、思茅区

思 茅 文 庙 大 殿

思茅文庙在今思茅区北，"建于清道光二十三年（1843年），今仅存大殿"[①]。

---

① 邱宣充. 1999. 云南名胜古迹辞典. 昆明：云南科技出版社：262.

大殿"系抬梁式单檐歇山顶,坐北向南,面阔五间26米,进深三间20米,台基高1.75米,占地面积750平方米。檐下彩画甚精"[①],为普洱市典型的清代建筑。

思茅石屏会馆楼阁

始建于清乾隆年间,光绪二十一年(1895年),石屏茶商大批涌入思茅(今普洱市)将其扩建成大门、祖师楼、经楼、钟鼓楼、关圣殿、玉皇阁、观音阁、花厅、斋房、耳房等一门七殿建筑群。为茶马古道上的商旅往来的重要驿站。是普洱市典型的清代古建筑。

二、宁洱哈尼族彝族自治县

文 昌 宫 门 楼

文昌宫坐落于"普洱县(即今宁洱哈尼族彝族自治县)城凤新街口。文昌宫建于清道光二十三年(1843年),同治元年(1862年)兵燹被毁,光绪六年(1880年)重修前殿,二十三年(1897年)重建崇圣殿。呈纵向建筑,坐北面南,前为门楼,中为前殿后为后殿。总建筑面积888.8平方米,门楼为重檐歇山顶,面阔3间12米,进深5米,雕梁画栋,檐下有斗拱三层"[②]。背面中隔为戏楼,下面大门。门楼正壁有叙事古画数幅,门面上端悬挂阴刻"文昌宫"行书体字匾,楼内由16棵红毛树木质圆柱支撑,柱头嵌有各类木雕兽头,门楼墙体为土基墙,墙四角用砖砌成砖礅,屋檐风沿板均画有各式花纹图样,屋檐四角安有风铃。门楼建造考究,屋架组合严密,历经多次地震均无损。系古典式汉族建筑。

宏 远 书 院 藏 书 楼

宏远书院位于今宁洱哈尼族彝族自治县城北莲花塘南部高地。始建于清"光绪二十二年(1896年)迤南道陈灿、知府陈宗海、知县谢诗纯及绅士艾芳馨等倡捐并拨提公款"[③],于清光绪二十三年(1897年)八月建成。建筑形制仿"五华书院",由大门、讲堂、师生书舍、澄心亭、藏书楼等建筑组成。

---

① 邱宣充. 1999. 云南名胜古迹辞典. 昆明:云南科技出版社:262.
② 邱宣充,张瑛华,等. 1992. 云南文物古迹大全. 昆明:云南人民出版社:435.
③ 云南省普洱哈尼族彝族自治县地方志编纂委员会. 1993. 普洱哈尼族彝族自治县志. 北京:生活·读书·新知三联书店:590.

西门龙潭龙王庙楼宇

西门龙潭，位于宁洱哈尼族彝族自治县城西部天壁山麓。为宁洱"龙潭秋月"一景，龙潭中有温泉喷出。"清乾隆二十四年（1759年），建龙王庙于潭西侧。四十四年（1779年），知府张铭捐修潭堤。其中龙王庙于咸同年间毁于兵乱。光绪三年（1877年），道台许继衡，总兵何秀林率民众重修。光绪十八年又修南、北厢房，组成庭院。"①

龙王庙正殿三间，殿前龙潭边有六角亭名观稼轩，但清末失修倒塌。"民国初年，潭南堤改为石堤。十六年（1927年），道尹徐为光于'观稼轩'旧址复建'迎月楼'一幢。……油彩新楼，金碧辉煌。"②

三、景东彝族自治县

林街村清真寺叫拜楼

林街村清真寺叫拜楼位于"景东彝族自治县林街乡林街村正中，建于清光绪二十年（1894年）"③，"叫拜楼系重檐攒尖顶，面阔3间，16.1米，进深3间，10米"④，明间向上扩建成六角形楼阁，造型别致，楼上六面分别装置楼阁，可以登临远眺。椽檩间雕刻有龙、凤、狮、象，楼门上镂刻有花卉、鸟兽图案，造型生动。整座楼阁建筑保存较为完好。

文庙钟鼓楼、棂星门坊、魁星阁

景东文庙，初建于塘窑，"明正统七年（1442年）改建于城北南仓井西。明万历十五年（1587年）复迁塘窑，明末焚毁。康熙二十一年（1682年）迁至玉屏山麓，康熙三十九年（1700年）再迁塘窑。乾隆十七年（应为乾隆二十一年，笔者注）（1756年）复迁玉屏山麓。嘉庆十一年（1806年）、道光二十一年（1841年）、同治元年（1862年），三次遭兵燹而多被毁坏。同治十五年（应为同治十三年，笔者注）（1874年）捐资修复。"⑤现存文庙坐落于景东彝族自治县城西玉屏山麓下，坐西朝东，以纵向建筑为主，是中轴对称的台阶式建筑，由泮池、魁楼、钟鼓楼、棂星门、大成殿、大成门组成。前观川河，后枕玉屏，依山傍水，古木参天，阁楼角亭，铃声四扬，古朴雄伟，十分壮观。

---

①② 云南省普洱哈尼族彝族自治县地方志编纂委员会. 1993. 普洱哈尼族彝族自治县志. 北京：生活·读书·新知三联书店：683.

③④ 邱宣充，张瑛华，等. 1992. 云南文物古迹大全. 昆明：云南人民出版社：439.

⑤ 景东彝族自治县志编纂委员会. 1994. 景东彝族自治县志. 成都：四川辞书出版社：497.

钟鼓楼，位于文庙石拱桥上五级台阶处，该楼宇为二重檐歇山式，分上下楼，登楼可举目远眺，县城川河尽收眼底。楼顶檐角挂有铜铃，该楼为1985年重修建筑。

棂星门坊，位于文庙石拱桥再上七级台阶处，"是七基八拱的斗拱建筑，为三间重檐式双柱牌坊，棂星门的须弥莲花基座由两块高2米、长约3米的巨石雕凿而成"①。四周为各种浮雕图案，有动物鸟鱼、植物花朵等图案，图像逼真。须弥座前后分置滚墩石，屋檐下有斗拱，计有七层，置于额枋承托檐檩屋顶，屋顶为歇山式，铺紫黄绿三色琉璃瓦。屋脊安有宝狮、宝龙、宝瓶等，檐角挂风铃，柱梁挂枋，诗画相配。前后平板上有"棂星门"三字。整座坊飞檐交错，金碧辉煌，甚为壮观。现存建筑为1983年、2004年重修。

魁星阁，始建于清道光元年（1821年）位于泗水牌坊后，又称藏书楼，二重檐歇山顶木结构建筑，左右各建有金声坊和玉振坊，以喻孔子思想是集先贤之大成。但毁于清同治初年的战火。阁内供奉孔子塑像。建成时藏书较丰，供县学诸生阅读。原阁在清同治初年部分被战火焚毁，又于清同治三年（1864年）修复。清代晚期，典籍毁于战火。

龙 泉 寺 戏 台 楼

龙泉寺戏台楼位于景东彝族自治县城南郊，"清光绪十四至十六年（1888—1890年）募修，民国二十五年（1936年）修建，一楼一底单檐歇山顶穿斗式建筑，宽5.35米，进深5.44米"②，是景东彝族自治县具有代表性的清代建筑。

四、景谷傣族彝族自治县

迁糯村迁糯佛寺大殿楼

迁糯佛寺坐落于景谷傣族彝族自治县永平镇迁糯村。始建于清乾隆四十三年（1778年），清道光七年（1827年）复修。"大殿为三重檐歇山顶圆廊式建筑，面阔三间15.5米，进深五间22.5米，檐下均有斗拱三层。大殿墙基有佛经故事石雕，挑檐和藻井上的木雕具有较高的艺术价值。"③ 且图案丰富，古朴典雅，颇富民族特色。殿门为两棵飞龙抱柱，是一座典型的南传上座部佛教楼阁。迄今大殿楼建筑保存较为完整。

---

① 景东彝族自治县志编纂委员会. 1994. 景东彝族自治县志. 成都：四川辞书出版社：497.
② 思茅地区地方志编纂委员会. 1996. 思茅地区志（下）. 昆明：云南民族出版社：650.
③ 邱宣充，张瑛华，等. 1992. 云南文物古迹大全. 昆明：云南人民出版社：443.

东那村东那佛寺大殿楼

东那佛寺位于景谷傣族彝族自治县威远江畔的东那村寨中。始建于清光绪五年（1879年），该大殿楼坐西向东，由八根圆柱支撑，"大殿为二重檐歇山顶围廊式建筑，面阔5间，15米，进深7间，25米，殿高9米。大殿格扇门有木雕龙凤，隔板有花卉鸟兽图案，门上悬有普洱府威远厅光绪五年立的'法界庄严'匾额"①。整座楼保存较为完好，显示出汉傣文化交融的特色。

茂密村曼岛佛寺大殿楼

曼岛佛寺坐落于景谷傣族彝族自治县永平乡茂密村曼岛寨南边。建于清光绪二十五年（1899年），大殿楼坐北向南，"大殿为三重檐歇山式围廊建筑，面阔3间，20米，进深5间15米。柱门、藻井上均有花卉、鸟兽、人物金水图案，殿门上悬有'西天古圣'匾额"②，大殿楼木雕龙凤图案的格扇门、花卉鸟兽图案的隔板，以及一些傣族的民间传说故事等，将汉傣两种文化融合得非常巧妙。

五、孟连傣族拉祜族佤族自治县

芒中村芒中佛寺大殿楼

芒中佛寺位于孟连傣族拉祜族佤族自治县娜允镇东芒中村，始建于清光绪年间。"大殿坐东朝西，三重檐歇山顶木结构，挂瓦屋面。长19米，宽14米，面积266平方米。"③整座楼的建筑保存还算完好，但墙壁的绘画破损严重，目前还残存有傣族壁画约7平方米，绘有白象、白马、宝塔、花卉、人物、孔雀等。

中城佛寺佛殿

中城佛寺位于孟连傣族拉祜族佤族自治县城西侧的娜允古镇内，傣语称"佤岗"，"始建于傣历1272年（1910年）。南传上座部佛教寺院，由山门、大殿等建筑组成"④。大殿主体为"抬梁式三重檐歇山顶围廊建筑，屋脊正中饰宝顶，挂瓦屋面，面阔5间，宽17.8米，长22.8米，面积405.8平方米。内柱6排24棵，均用金粉贴印花卉纹饰。外柱24棵，覆盆式柱础，柱头镶饰

---

① ② 邱宣充，张瑛华，等. 1992. 云南文物古迹大全. 昆明：云南人民出版社：444-445.
③ 同①453.
④ 邱宣充. 1999. 云南名胜古迹辞典. 昆明：云南科技出版社：275.

有彩色玻璃仰莲，大殿隔板贴印宝塔、佛像、孔雀、乐舞、花卉等图案。"①大殿建筑工艺精湛，为孟连傣族拉祜族佤族自治县境内著名的佛教建筑。

宣抚司署议事厅

宣抚司署"位于孟连县娜允镇允贺罕寨，是傣族世袭土司刀氏的衙署。始建于明永乐四年（1406年），清康熙四十八年（1709年），刀氏被封为孟连宣抚司。清末衙署被焚，光绪五年（1879年）重修"②。从明朝第一代土司罕罢法到1949年末代土司刀派洪，五百多年间，"此司署共有二十八代傣族世袭土司在这座衙署内行使统治权"③，"傣历1240年（光绪四年，1878年），刀派全在任时建宣抚司（即宣抚司署）议事厅"④。

议事厅为宣抚司署主体建筑。该建筑"为三重檐歇山顶干栏式楼房，长23.2米，宽16.1米，高10.2米。干栏基柱6排，共47棵，对称排列。其斗拱、飞檐等吸收汉族建筑形式。木刻浮雕，纹饰精美，形象生动，具有浓郁的傣族风格"⑤。该议事厅建筑是傣汉建筑融合的精品杰作，体现了云南边疆少数民族精湛优美的建筑技艺。至今该座议事厅建筑保存完好。

六、澜沧拉祜族自治县

下允寨下允佛寺大殿楼

下允佛寺位于澜沧拉祜族自治县上乡下允寨内。始建于傣历1222年（1860年）大殿楼坐西向东，"大殿为抬梁式重檐歇山顶建筑，面阔5间，19米，进深6间，19米。大殿格扇门和窗上有动物木雕，上下隔板有贴印金水人物花卉图案"⑥，整座楼尚完好，但楼内壁画有残缺。

七、墨江哈尼族自治县

文庙凌霄阁、魁星阁

文庙"位于墨江县城东正街口，建于清道光元年（1821年），系纵向庭院式建筑群，座（坐）东北、朝西南，前为大门。沿石踏跺而上，第二台为左右对称的凌霄阁和魁星阁，第三台为左右厢房，第四台为大成殿及后殿"⑦。这些台层，依山而建，层层相连，每个台层之间由左中右道级数相等的石阶

---

①②③⑤ 邱宣充，张瑛华，等. 1992. 云南文物古迹大全. 昆明：云南人民出版社：452-453.
④ 孟连傣族拉祜族佤族自治县志编纂委员会. 1999. 孟连傣族拉祜族佤族自治县志. 昆明：云南人民出版社：226.
⑥ 同①455.
⑦ 同①451.

上下连接。层次分明，互为对称。其中"凌霄阁为抬梁式重檐歇山顶建筑。魁阁为重檐攒尖顶建筑，檐下均有斗拱"①。凌霄阁和魁星阁是墨江哈尼族自治县有名的古建筑。

涟漪桥魁阁

涟漪桥，被誉为千里思普"茶马古道第一桥"。系墨江通往普洱的古驿道桥。位于墨江哈尼族自治县城南郊2公里半处，横跨清溪河与他郎河交汇处。"建于清朝康熙初年，道光二年（1822年）洪水冲圮，道光四年（1824年）重修。同治六年（1867年）又冲塌，同治九年（1870年）署游击孙世恒等捐资重修，光绪二年（1876年）五月落成。桥身系土砖木混合结构，木梁、木板铺桥面、木架筒、板瓦屋面。"②故又称"新桥"。

魁阁，为涟漪桥现存尚完整的魁阁。涟漪桥的"桥中央为重檐攒尖顶亭阁，长5.5米，宽5.8米，高10.65米。攒尖顶下四壁均用四方砖砌成菱形"③，为二层方形楼阁，阁顶屋面为四面分水式，阁两侧为两座小魁阁，该阁青瓦粉墙，四角飞檐，错落有致，美观大方，结构严谨，古朴优雅，玲珑别致。

观音阁

观音阁位于墨江哈尼族自治县城西，"建在天溪河与涟漪河交汇处，两河环绕观音阁交汇后向南流去，"④形成他郎（墨江县原名他郎厅）八景之一"双溪绕阁"。但楼阁今已不存。

第二节　与普洱市楼阁相关的文学作品及作者

与普洱市楼阁相关的文学作品及作者，根据相关地方文献和调查，与思茅区文庙大殿，宁洱哈尼族彝族自治县文昌宫门楼，景东彝族自治县林街村清真寺叫拜楼、龙泉寺戏台楼，景谷傣族彝族自治县东那村东那佛寺大殿楼，孟连傣族拉祜族佤族自治县芒中村芒中佛寺大殿楼、中城佛寺佛殿，澜沧拉祜族自治县下允寨下允佛寺大殿楼，墨江哈尼族自治县文庙凌霄阁、魁星阁、涟漪桥魁阁相关的文学作品及作者不详，待查实后再作补充。其余与普洱市

---

① 邱宣充，张瑛华，等. 1992. 云南文物古迹大全. 昆明：云南人民出版社：451.
② 墨江哈尼族自治县志编纂委员会. 2002. 墨江哈尼族自治县志. 昆明：云南人民出版社：238.
③ 同①450.
④ 同②796.

楼阁相关联的作品及作者下面将分区、县、市地区作详细分述。

一、思茅区

与思茅石屏会馆楼阁相关的文学作品及作者

1. 楹联

袁嘉谷联。"是先君子游钓之区，好水好山，此中有人应识我；愿后来者联翩而起，异乡异客，每逢佳节倍思亲。"① 上联点明会馆地处好水好山之地，是往来客商都熟悉的地方。下联再次表达出在此驻足经商的异乡异客，都会思念远在故乡的亲朋故旧。此联写得乡情浓郁，令人久久难以忘怀。

2. 作者生平事迹简介

袁嘉谷，其生平事迹详见第七章第二节文述。

二、宁洱哈尼族彝族自治县

（一）与宏远书院藏书楼相关的文学作品及作者

1. 碑记

（清）陈灿《新建普洱府宏远书院记》。该碑记于清代"光绪二十一年（1895年），迤南道陈灿立，原文载光绪《普洱府志》，碑已无存"②。

2. 楹联

（清）王伯锐宏远书院大门联。"天壁飞鹰隼；池心欲凤凰。"③ 清代普洱府王伯锐题书。"后为省立普洱中学大门联。"④ "池心欲凤凰"语出唐代白居易《渭村退居，寄礼部崔侍郎翰林钱舍人诗一百韵》中"楼额题鹓鹭，池心欲凤凰"⑤ 喻指宏远书院是培养人才、人才聚集之地。

（清）陈灿宏远书院大门檐柱联。"坦荡荡襟怀，看山梁翔雉，濮濠游鱼，放眼时无非道妙；活泼泼天趣，喜绿草风光，白莲霁月，满腔子都是生机。"⑥ 此联为清代迤南道台陈灿题。

（清）许之载宏远书院中门厦柱联。"吾辈为国求贤，拥六经巨著，已足令小子咋舌；尔曹励志读书，得万门广厦，岂徒教寒士欢颜。"⑦ 该联为思茅同知许之载题书。

---

① 王兴麒. 1999. 云南风景名胜楹联选. 昆明：云南美术出版社：327.
② 云南省普洱哈尼族彝族自治县地方志编纂委员会. 1993. 普洱哈尼族彝族自治县志. 北京：生活·读书·新知三联书店：681.
③④ 同②15.
⑤ （唐）白居易著. 1992. 白居易集. 长沙：岳麓书社：229.
⑥⑦ 同②16.

3. 作者生平事迹简介

陈灿（1850—?），"字岷山，贵州贵阳人。清同治八年（1869年）中举人，光绪三年（1877年）中进士。授吏部文选司主事。历任澄江、楚雄、顺宁云南等府知府，护盐法道、授迤南道、署临开广道、迁粮储道、云南按察使。三十一年署布政使。在滇20余年，……开辟省垣商埠，设立作作学堂，两次与英人勘界，严辞力争，维护国土。著有《宦滇存稿》等。"①

王伯锐，其生卒年、生平事迹以及著述均不详。

许之载，浙江钱塘人。清光绪二十五年（1899年）思茅同知。

（二）与西门龙潭龙王庙楼宇相关的文学作品及作者

1. 碑记

（清）单乾元、牛稔文《普阳八景》诗碑。为龙王庙正殿"左右墙嵌有单乾元、牛稔文《普阳八景》诗碑"②。

"品物流行"大字刻碑。悬挂于龙王庙正"殿前龙潭边有六角亭名观稼轩。内有'品物流行'大字刻碑，清末失修倒塌"③。但作者不详。

2. 匾额

"霖雨苍生"横匾。④该匾悬挂于龙王庙殿门。作者不详。

3. 楹联

（民国）徐为光"三顷寒潭七尺水，一弯新月满楼风。"⑤此联刻于龙王庙迎月楼，系民国徐为光题书。

（清）孙崇纬"暖泉丽日鱼虾长；酿云慈雨鸥鹭闲。"⑥该联系清代普洱知府孙崇纬题。

4. 作者生平事迹简介

单乾元，生卒年不详。江苏人，举人，清代乾隆二十五年（1760年）任宁洱知县。善诗文，尤工书法，公余之暇以课士为乐，捐廉修理坛庙。著述不详。

牛稔文，生卒年不详。字用余，号师竹。直隶天津人。清乾隆丙戌举人。嘉庆六年（1801年）任普洱府知府。有宁洱八景诗传世。

徐为光，其生卒年、生平事迹以及著述均不详。

孙崇纬，江苏泰兴人。清光绪九年（1883年）进士。普洱知府。

---

① 《云南辞典》编辑委员会编辑.1993.云南辞典.昆明：云南人民出版社：648.
②③④ 云南省普洱哈尼族彝族自治县地方志编纂委员会.1993.普洱哈尼族彝族自治县志.北京：生活·读书·新知三联书店：683.
⑤ 王兴麒.1999.云南风景名胜楹联选.昆明：云南美术出版社：328.
⑥ 陈天骥监修.黄桂枢总纂.1992.思茅地区文化志.昆明：云南民族出版社：429.

三、景东彝族自治县

与文庙钟鼓楼、棂星门坊、魁星阁相关的文学作品及作者

1. 诗歌

邹开元《观文庙题句》:"倚山耸立如座椅,川河滔滔护前庭。画栋紫阁雕鸟兽,入门疑是登仙境。凭栏遐想翰林意,兴学重教费苦心。黄卷青灯虽已逝,苦攻继贤有后人。"① 首联用比喻手法说明文庙倚山耸立、门前川河滔滔的景象,写远景;颔联写文庙近景:紫阁画栋雕满鸟兽,进入文庙仿佛来到了仙境;颈联笔锋一转,由写景转而抒情,写出文庙是培养国家翰林之地,述说兴学重教的意义;尾联继续抒发诗人的感慨和期望:伴着黄卷青灯,只要下苦功用心读书,都可以成为孔圣贤的后人。诗歌写景与抒情结合,表达的意旨不言而喻。

2. 作者生平事迹简介

邹开元,其生卒年、生平事迹以及著述均不详。

四、景谷傣族彝族自治县

(一) 与迁糯村迁糯佛寺大殿楼相关的文学作品及作者

1. 楹联

"寺门对池道德喜同荆山璞"②"星日临殿文明兴此傣邑乡。"③ 原为清乾隆三十四年(1769年)所制,下联在"文革"中下落不明,现下联为今人黄桂枢补撰,上联"荆山璞"来源于《韩非子·和氏》中的典故"楚人和氏得玉璞楚山中……奉而献之厉王"④,点出佛寺大殿楼面对千余平方米的大水池,所传播的道德文化堪比荆山璞。透射出汉族文化已深入景谷境内。是目前景谷迁糯佛寺大殿楼唯一保留下来的木刻楹联的上联,但作者不详。而下联"星日临殿文明兴此傣邑乡"为今人重新写就的,既承继了上联的写景,又将文明的兴盛呈现出来。

2. 民间叙事长诗及故事

景谷迁糯村迁糯佛寺大殿楼内两侧悬挂的画幡上绘有《召树屯》《翁帕罕》《千瓣莲花》等傣族民间叙事长诗及故事。

《召树屯》。傣族民间叙事长诗,又称《召树屯与婻唔婼娜》《孔雀公主》

---

① 景东彝族自治县志编纂委员会. 1994. 景东彝族自治县志. 成都:四川辞书出版社:473.
②③ 黄桂枢. 2000. 新编思茅风物志//云南风物志丛书. 昆明:云南人民出版社:42.
④ 梁启雄. 2009. 韩子浅解//新编诸子集成续编. 中华书局. 北京:中华书局:98.

《嫡俏罕》。流传于西双版纳、德宏一带傣族地区。另外，还有异文《召洪罕与嫡拜芳》流传于西双版纳，《召西纳》流传于德宏。

《翁帕罕》。 又名《召翁帕罕》，为傣族民间故事，广泛流传于德宏、西双版纳一带傣族地区。

《千瓣莲花》。 是贝叶经中记录的众多动人故事之一。该故事以莲花为主线贯穿整个故事的全过程。莲花是佛教的象征，寓意吉祥和清净，该故事叙述了基帝寻找千瓣香莲花的过程，表明对人世间因果报应的独特理解。

3. 作者生平事迹简介

黄桂枢（1936— ），云南墨江人。笔名斯文广，字墨水，号茅塞愚人。侨眷。著有《墨水浪花》《茅塞愚人诗词选》《新编思茅风物志》《思茅文物考古历史研究》等十几部著述。

（二）与茂密村曼岛佛寺大殿楼相关的文学作品及作者

楹联 "西天如来慈悲普度，东鲁圣人教育汪洋"。① 上联说明慈悲普度的如来来自西方。下联说教育众生的孔子来自东鲁（东方）。但作者不详。

五、孟连傣族拉祜族佤族自治县

与宣抚司署议事厅相关的文学作品及作者

1. 诗歌

吕国琛《孟连宣抚司署吟》。 "昔时宣抚今成古，人去屋留众赏临。古老刀枪言历史，土司文物有乡音。"② 这首七绝描述了孟连宣抚司已成历史，该衙署成为今天人们欣赏的对象。睹物思人，土司衙署成了文物。诗写得平实、耐人寻味。

莫如德《孟连宣抚司署》。 "虎踞龙盘古镇中，边疆百姓唤金宫。久经沧海今犹在，傣汉文明两汇融。"③ 该七绝写出昔日的宣抚司署位居龙盘古镇，成为边疆百姓心中的金宫。经历了沧桑历史，其司署可谓是傣汉民族文化相互融合的产物。

万亿《孟连宣抚司署》。 "花红蕉绿拂香风，兵燹沧桑遗傣宫。官服印章陈史迹，殿堂仪仗显雄风。犀牛望月雕民愿，双凤朝阳刻国忠。各族相亲驱外寇，春秋七百多勋功。"④ 这首七律首联点染出花的红、芭蕉的绿以及弥漫空间香气的地方，就是孟连宣抚司署，历经历史沧桑，曾遭兵燹，现今遗留下来的司署就是傣宫。颔联细叙司署遗留下来的官服、印章尽显司署的史迹，

---

① 云南省景谷傣族彝族自治县志编纂委员会. 1993. 景谷傣族彝族自治县志. 成都：四川辞书出版社：607.

②③④ 思茅地区行署旅游局，思茅地区诗词楹联协会. 2003. 思茅地区风光名胜诗词选. 昆明：云南科技出版社：265-267.

其殿堂仪仗仍遗存其司署当年的雄风和威严。颈联再次用司署殿堂木雕的犀牛、望月、双凤、朝阳等具体形象来表达民愿和国忠的意义。尾联明示司署七百多年来，各族相亲相携共驱外寇的勋功。

胡隆富《孟连宣抚司署》。"此间更替几朝主，历经风尘七百年。盛世难长成旧事，空楼犹在伴孤烟。曾为尊者封黄土，又是高阳照浩天。自古傣乡今更好，升平歌舞乐无边。"① 这是一首七律，其首联写出司署多位土司世袭土司一职，历经七百多年的沧桑。颔联说明司署的盛世难长并已成为旧事，司署已成空楼只有孤烟相伴。颈联表明曾经高高在上的司署土司早已成黄土，只有高阳依然照耀着上空。尾联讲述过去作为司署领地的傣乡今日比往昔更美好，傣族同胞过着歌舞升平的幸福生活。

章开元《孟连宣抚司署》。"汉傣遗风宣抚宫，南疆世代早称雄。苍松翠竹傍司署，画凤雕龙贯碧空。猎猎经幡萧肃静，声声鼓号壮威风。明皇御授土官印，敲响边庭镇慑钟。"② 这首七律的首联叙述了司署世代称雄南疆，司署殿堂具有汉傣遗风。颔联描摹了司署被苍松、翠竹傍依，殿堂有画凤、雕龙装点。颈联用经幡、鼓号进一步彰显出司署的肃静、威风。尾联指出明王朝给司署土司御授土官印，带领辖区各族人民，为朝廷镇守边关，保家卫国的历史功绩。

2. 作者生平事迹简介

吕国琛，其生卒年、生平事迹以及著述均不详。

莫如德（1931—?），云南墨江人，编辑。曾任云南省孟连县地方志办公室主任，《孟连县志》主编。

万亿，其生卒年、生平事迹以及著述均不详。

胡隆富，其生卒年、生平事迹以及著述均不详。

章开元（1942—?），汉族，籍贯湖南省长沙人。任职普洱市法制办公室。著述不详。

六、墨江哈尼族自治县

与观音阁相关的文学作品及作者

楹联"九叠珠联三宝地；双环玉报小西天。"③ 在该联中作者竭尽全力地赞美观音阁四围山峦叠嶂，说明这是人杰地灵的三宝圣地，加之天溪河、曲香河二河环绕，真是大自然的鬼斧神工之杰作。楹联用词准确、喻指贴切，字里行间皆倾注了对墨江的情感态度。

---

①② 思茅地区行署旅游局，思茅地区诗词楹联协会. 2003. 思茅地区风光名胜诗词选. 昆明：云南科技出版社：267.

③ 王兴麒. 1999. 云南风景名胜楹联选. 昆明：云南美术出版社：330.

第十三章 楚雄彝族自治州楼阁建筑与文学

楚雄彝族自治州，位于昆明至大理的滇西通道上。自古就有"省垣屏障""滇中走廊""川滇通道"之誉。世代居住着彝族、汉族、苗族、傈僳族、回族、傣族、白族、哈尼族等民族。地处云贵高原西部、滇中高原的主体部位。地势由西北向东南倾斜。北矗百草岭，南靠哀牢山，东倚乌蒙山，南盘礼社江、北走金沙江，呈三山鼎立，二水分流之势。全州河流分属金沙江、红河两大水系，群山起伏，河溪纵横。气候差异大，从亚热带到寒温带不同类型的气候皆有。如阳春三月，平坝呈桃红柳绿，春意盎然之景，元谋盆地早已进入绿肥红瘦的初夏，而高耸入云的百草岭上却寒风刺骨，冰雪犹存。而今，楚雄彝族自治州现辖2市8县，即楚雄市、姚安县、禄丰市、武定县、双柏县、牟定县、南华县、大姚县、永仁县、元谋县。

楚雄州境是人类史前文明的发源地。生活在170万年前的元谋人，是中国迄今发现的最早的人类。楚雄，又名威楚。先秦时，楚雄州境活动着氐羌、百越、百濮三大族群。西汉时，中原王朝相继在西南地区设郡县，加强了楚雄与中原的经济文化交往。隋唐时，州境形成以乌蛮、百蛮为主体的民族融汇的居住区域，"'南诏三十七部'

在州境有白鹿部（楚雄）、罗部（罗次）、罗婺部（武定）、华竹部（元谋）以及抬萼部（牟定）、易裒部（广通）、摩刍部（双柏）等，它们是以彝族先民为主体的少数民族土长政权。"① 元朝时设威楚路及府、州、县。明朝时，改威楚为楚雄，设楚雄府及县，同时，大批中原汉族移民楚雄屯田，汉族逐渐成为州境人口最多的民族。加之元朝开始实行土司制度，到清朝"改土归流"的数百年间，楚雄州境大部分地区已完成从领主制经济到地主制经济的过渡。中原先进的科技文化得到推广和普及，出现了以汉族为主体的封建经济、文化的繁荣景象。

由于所处的地理环境与历史条件，楚雄州境的文化发展，呈现出汉文化与彝族文化长期相互交融、相互影响、相互吸收的双重特征，在坝区及交通沿线地区，形成以汉文化为主的地方文化；在山区少数民族地区，形成以彝族文化为主的少数民族传统文化。由此，一座座极具中原汉族建筑传统，又融入彝族、白族等民族风格的楼阁建筑，在楚雄州境内拔地而起，这些楼宇建筑成为我们考察汉族与少数民族文化相互交融、影响的历史见证物。并且，这些高高矗立的楼阁又吸引了不同时代文人墨客的关注，他们登高远眺，借楼阁述史实、抒真情、表志节，留下了许多值得回味、充满韵致的诗联等作品。

第一节　楚雄彝族自治州楼阁建筑遗存

楚雄彝族自治州楼阁建筑遗存，主要按照市、县的区域划分，根据楼阁建筑选址的不同以及存世情况对其楼阁遗存进行梳理。除姚安县聚远楼，大姚县魁星阁，牟定县大魁阁、魁星阁、姚安聚远楼、禄丰黑井大魁阁、琅井魁星阁、白井魁星阁其建筑遗存详见本书第二章文述外。另外双柏县、牟定县、南华县、大姚县、永仁县、元谋县的楼阁建筑遗存有的不存，有的还需核实，待查实后再作补充。

一、楚雄市

文庙大成殿楼、崇圣殿楼

文庙位于楚雄市城内东门街，有关文庙建筑的布局，据清嘉庆《楚雄县志》载：光绪年间，楚雄文庙"大成殿五间，后崇圣祠三间，尊经阁三间，

---

① 楚雄彝族自治州地方志编纂委员会编.1993.楚雄彝族自治州志（第一卷）.北京：人民出版社：11.

两庑各六间，戟门三间，门外名宦、乡贤祠各三间，左右齐房各三间，棂星门三间，门外泮池、石桥三座，左建魁星阁，前文明坊，左德配天地坊，右道冠古今坊、忠孝节义二祠在宫墙内。乾隆五十年知县周名炎重修"[①]。关于大成殿楼的始建年代，大成殿脊檩下有建于明成化五年（1469年）的题记。大成殿楼"系重檐歇山顶建筑，坐北向南，五开间，正面三间装十八扇屏门，雕刻各种民间艺术图案，雕工精湛，栩栩如生。大成殿建筑基本保持明代原貌"[②]。崇圣殿楼，位于大成殿楼后，为楼阁式建筑，整体高度与大成殿楼相当，但未施斗拱，正脊无吻兽，屋檐角略翘，整座建筑过于简陋。

吕 祖 阁

吕祖阁坐落于楚雄市吕合中心小学内，"坐北向南，正面与吕合街相对。4米多高的基座，采用五面石支砌，粘（黏）接原料是黄豆浆合石灰，十分坚固。式样呈正方三层塔形楼阁。其底层内堂高约6.5米；第二层内堂高约5.5米；第三层高约4米，阁楼整高度16米左右，占地近400平方米。楼阁的主要支架是四根青松木中柱，从底层直连通三层屋脊，其余各层又有各层圆柱，梁柱开榫穿连。每层都单独设置枋板楼梯，三层楼阁的四周都有月台和砖砌的围栏，站在月台上，人们可以观赏吕合景致。楼阁整体为砖木结构，飞檐翘角，屋面披盖琉璃碧瓦，外加陶瓷制作的飞禽走兽装饰，美妙精巧。"[③]登阁远眺，邻近四野景色尽收眼底。

龙泉书院藏书楼

龙泉书院位于楚雄市楚雄一中校内。"（明）嘉靖四十年（1561年），由分巡洱海金事彭谨倡导，地方官员及士绅捐资赎地兴建雁峰书院，后因原址有泉水一眼，故匾题'龙泉书院'。隆庆元年（1567年），提学杨守鲁任内扩建。清康熙十九年（1680年），倾圮于地震。光绪二十三年至二十五年（1897—1899年），知府石鸿韶主持，在龙泉旧址重建书院，规模比以前扩大，题名'古龙泉书院'。光绪三十一年，书院改为中学堂，兼师范学堂，规模逐渐扩大。"[④] 龙泉书院原有藏书楼、揽秀亭等建筑。

---

① （清）陈瑾撰. 苏鸣鹤修. 2009. 嘉庆楚雄县志//凤凰出版社编选. 中国地方志集成·云南府县志辑59. 南京：凤凰出版社：57.
② 邱宣充，张瑛华，等. 1992. 云南文物古迹大全. 昆明：云南人民出版社：252.
③ 楚雄市地方志编纂委员会. 1993. 楚雄市志. 天津：天津人民出版社：861.
④ 同③613-614.

藏书楼，"在城内高等小学堂，后知府石鸿韶易名万卷楼"①。

二、姚安县

德丰寺正殿楼

"德丰寺为两进四合院，由山门、前殿、中殿、正殿、两厢、两耳地藏寺及《兴宝寺德化铭》碑亭组成。"②坐落于"姚安县城南大街。寺始建于明永乐二年（1404年），嘉靖三十八年（1559年）重修"③。德丰寺"正殿面阔五间，进深四间，单檐歇山顶，梁柱为抬梁式，系叠木而成，无钉楔痕迹。正殿施斗拱以增强荷载力和延伸出檐"④。殿门由18扇木雕门组成，每扇门都雕有山水、人物，千姿百态、生动形象，是木雕艺术的佳作。布局严谨，是云南现存明代较为完整的木结构建筑。

姚安路军民总管府衙署玉振堂

关于姚安路军民总管府衙署土知府高氏的情况，据《滇志》记载："上官高仁义，初为姚安府土同知高贤族兄，以兵从定西伯攻䍧川上江，累功姚安府照磨。贤死，其子高贵继，于仁义为从子，面官居其上，以为嫌，因调广西，世职巡缉。沿至高齐嵩死，世绝，仍于姚安取其亲枝高文启至郡，承其职。"⑤

该总管府衙署，位于姚安县光禄镇。姚安路军民总管府旧址又称高让公故里（俗称高土司衙门）。元朝开始设置总管府衙署，衙署土知府由当时的名门望族高氏子孙世袭。衙署历经两汉、唐（南诏）、宋（大理）、元、明、清七代。其间或军镇或府衙或自治土司衙署，皆有政治管理机构相延，世称"七朝古衙"。其建筑为三横一竖的"王字型"结构。玉振堂位于楚雄姚安县光禄谷古镇龙华山下西总官府衙署内，为二重檐木结构抬梁式建筑，四角飞翘、粗梁大柱、雕梁画栋、透雕门窗、八方砖铺地。为该总管府衙署现存保留较好的建筑。

三、禄丰市

碧城魁星阁

光绪《罗次县志》曾载："本朝康熙四年（1665年），知县李溵、训导陈

---

① （清）崇谦等修. 清宣统二年抄本影印. 1975. 云南省楚雄县志//中国方志丛书. 台北：成文出版社：209.
② 钟仕民. 2008. 楚雄彝族自治州文物志. 昆明：云南民族出版社：100.
③ 邱宣充. 1999. 云南名胜古迹辞典. 昆明：云南科技出版社：138.
④ 邱宣充，张瑛华，等. 1992. 云南文物古迹大全. 昆明：云南人民出版社：260.
⑤ （明）刘文征撰. 古永继校点. 王云，尤中审订. 1991. 滇志. 昆明：云南教育出版社：981.

起鲲修，九年知县马光、训导王勉修，继迁於明将军府第，康熙三十二年知县彭轸迁於学后南向，三十八年知县梁衍祚修置几案俎豆乐器，训导杨友春刊设两庑主座，四十八年知县谢曾祚重修之购民地复迁魁阁於学宫左。"① 碧城魁星阁"后经历次重修。阁梁上存有'清光绪十五年重修'字样。现阁建于公元1889年。清初建阁至清末共迁修六次。1974年修缮一次。"② 阁位于禄丰碧城镇中，"阁为正方形，三重檐，基长11.2米，阁高12.5米。四棵11米高的粗柱贯通阁顶。楼梯贯通三层门窗仍昔日之状"③。为禄丰市保存较好的清代建筑。

琅井魁阁楼

据《禄丰县志》载：琅井魁阁"清康熙四十八年（1709年）建，雍正二年（1743年，应为1724年，笔者注）重修，重建时铸魁星铜像供其内，像于1958年被毁"④。琅井魁阁楼"在禄丰县（今禄丰市，笔者注）妥安乡琅井小学内。三重檐，六方形，基长10.6米，楼高14米，每层檐均为斗栱掌托。第一层檐厦均由象鼻形斗栱撑托。第二层斗栱与第一层相同。第三层檐厦由象鼻、灵芝、如意形斗栱撑托"⑤。该阁楼为禄丰市保存至今的建筑。

星宿桥木枋、石坊

星宿桥，原名永丰桥。位于禄丰市城西星宿江上。据万历《云南通志》卷二《云南府桥梁》云："永丰桥，在禄丰县（今禄丰市）西，星宿河之水经其下。"⑥ 该桥"始建于明万历四十一年（1612年）（应为1613年，笔者注），清康熙三十九年（1700年）、四十二年（1703年）、四十六年（1707年）3次冲塌，3次修复。在1712年的修复中，在桥上'建龙王庙，铸铁牛3头'。雍正五年（1727年）冲塌，道光五年（1825年）琅井杨安园致仕回籍，首倡捐银，城乡居民继而捐资，邑生章云标勇担理财之任，对客商按货抽收厘金，募化往来官商，历6年收银万两，于道光十二年（1832年）落成"⑦。该桥"为七孔尖拱石桥，长96.5米，宽9.8米，两旁砌成实体栏杆高0.6米，厚

---

① （清）杨钟壁等撰．胡毓麒修．2009．光绪罗次县志//凤凰出版社编选．中国地方志集成·云南府县志辑62．南京：凤凰出版社：47．
②③ 邱宣充，张瑛华，等．1992．云南文物古迹大全．昆明：云南人民出版社：295．
④ 云南省禄丰县地方志编纂委员会．1997．禄丰志．昆明：云南人民出版社：526．
⑤ 邱宣充．1999．云南名胜古迹辞典．昆明：云南科技出版社：159．
⑥ （明）李元阳著，刘景毛，江燕点校．2013．万历云南通志（上）．北京：中国文联出版社：101．
⑦ 同④527．

0.4米。两头分水桥墩长18米左右，宽4.3米。桥身系红砂石砌成，用石灰掺糯米浆浇灌，粘连紧密牢固"①。

木枋，建于桥东，为重檐牌楼。系琉璃龙脊木枋，"4柱3门，高12米，宽11米，中门额'星宿桥'"②。层层重檐，四角上翘，斗拱飞檐，木柱两旁为扁形石鼓，上雕龙虎，制作美观。

石坊，建于桥西，为石阙。"10柱9门，高8米，宽12.3米。阙额：坤维永镇"③，石雕檐瓦，中嵌九碑，述建桥始末。

四、武定县

万德那氏土司府观音阁

武定万德彝族那氏土司，是明代凤氏土司的后裔，"凤氏土司最早先祖为古代彝族六祖之第五支布部始祖慕阿克（又称慕克克）。慕阿克裔孙德布艾系第四十七代为阿历"④，而后阿历裔孙"凤英为罗婺部第十七任部落酋长，也是凤氏土司改汉姓'凤'的开始"⑤。"隆庆元年（1567年），云南巡抚吕光洵奏请改设流官。是年，明朝廷正式任命江西籍汉族刘宗寅为武定军民府首任流官知府。同时，为安定彝族民心，择索林凤氏宗支凤思尧为武定府土经历，明王朝实现了对武定土知府的改流"⑥。"凤氏被改土归流的同时，那氏即兴起。那氏土司在明万历年间以功授和曲十马掌管司，易姓那，清初授那天凤慕连土司。"⑦"由此可知，那氏土司的先祖为凤氏，凤拨先祖居大黑山，生凤者峨，始姓那，叫作那者峨。自那备至民国时期的那维新，传十辈，袭授土职十二代。……到公元1950年土司制度结束，那氏在金沙江以南的慕连土司那氏领地上共五次迁建衙署，苦心经营387年。"⑧

万德土司府，又称万德那氏土司府、罗婺土司府，位于楚雄武定县万德乡。观音阁位于土司府第三进殿堂后，是万德那氏土司家庙，为三重檐木结构建筑，是专门供奉祖宗的阁楼。该阁楼既是明清典型的古建筑，又是罗婺故土彝民信奉佛教文化的遗迹。

---

① 邱宣充，张瑛华，等. 1992. 云南文物古迹大全. 昆明：云南人民出版社：287.
②③ 云南省禄丰县地方志编纂委员会. 1997. 禄丰县志. 昆明：云南人民出版社：527.
④ 杨甫旺，高薇，杨杨，等. 2017. 云南彝族土司史研究. 昆明：云南人民出版社：121.
⑤ 同④123.
⑥ 同④125.
⑦ 同④126.
⑧ 同④129.

第二节　与楚雄彝族自治州楼阁相关的文学作品及作者

在楚雄彝族自治州境内，与楚雄彝族自治州楼阁相关的文学作品及作者，除与姚安县聚远楼，大姚县魁星阁，牟定县大魁阁、魁星阁，姚安聚远楼、禄丰黑井大魁阁、琅井魁星阁、白井魁星阁相关的文学作品及作者详见本书第二章文述外。其他将按照市、县划分进行分叙。

一、楚雄市

（一）与文庙大成殿、崇圣殿相关的文学作品及作者

楹联"道若江河，随地尽成洙泗；圣如日月，普天犹是春秋。"① 该联说明孔孟之学随时伴随着人们，圣人的学说普天下皆是。但作者不详。

（二）与吕祖阁相关的文学作品及作者

1. 碑记

《吕阁亭碑》。吕阁亭碑现存于楚雄市吕合镇文化站内。该碑"碑长2米，宽81厘米，厚11厘米；碑的顶端呈半圆形，其半径62厘米。石碑两面都刻阴字，四周有花纹图案，一面是功德碑，刻捐款人名字；另一面刻有楷体《吕合亭诗》。全文如下：吕合亭读吕公遗事有感，书以警民者，并以自警。'五台山下仙人骨，莹如水晶皎如月。自言功行犹未满，留捄（救）疮痍作马勃。我来把骨意徘徊，精光逼人犹咄咄。受（爱）人牛羊牧与刍，忍看赤子如秦越。亦有苍鹰乳虎者，鼓吹肉部堦（皆）流血。漫计黄金可满篝，不恤柳蛇与齐蝎。'吁嗟乎！南阳召杜桐乡朱，声华高并日月揭。世间何物可长存？五台山下仙人骨。万历丁未年阳月，吉州鹤峋居士周懋相书。"②

2. 作者生平事迹简介

周懋相，生卒年不详。明万历十七年（1589年）己丑科殿试金榜第三甲第17名同进士出身。明代万历镇南州知州。著述亦不详。

（三）与龙泉书院藏书楼相关的文学作品及作者

1. 楹联

韦文明联（一）。"满院桃李芬芳，紫万红千，全赖春神鼓荡；一堂英才萃集，冠五童六，咸沾化雨栽培。"③ 该联描绘龙泉书院英才萃集，是栽培人

---

① 王兴麒. 1999. 云南风景名胜楹联选. 昆明：云南美术出版社：233.
② 楚雄市地方志编纂委员会. 1993. 楚雄市志. 天津：天津人民出版社：861-862.
③ 同①231.

才的沃土，因而桃李满天下，万紫千红。

韦文明联（二）。"飞羽觞而醉月；开琼筵以坐花。"① 该联语出唐代李白《春夜宴桃李园序》"开琼筵以坐花，飞羽觞而醉月"②。

韦文明联（三）。"碧松影里天常静；红藕池边水亦香。"③ 此联着力描摹龙泉书院有池植莲，池水清澈，荷香馥郁，碧松倒影，幽赏徘徊之景。

杜乙简联。"万里忆长征，三迤健儿，写就光荣一页；古城留胜迹，满墙桃李，好吟壮志连篇。"④ 该楹联是作者杜乙简"作于1946年校庆。"⑤ 此联点出龙泉书院曾有过光荣辉煌的历史，为古城留下了胜迹，桃李满天下。

2. 作者生平事迹简介

韦文明（1871—1923），字丽南，云南楚雄鹿城镇人。民国初曾任楚雄县教育会会长，对桑梓的教育事业有贡献。著述不详。

杜乙简（1916—2005），云南大理人，白族。曾任楚雄中学教师。

二、姚安县

（一）与德丰寺山门相关的文学作品及作者

1. 铭文

系清代铜铸高奣映睡像中枕上及右膝上铸的铭文。高奣映（1647—1707），字雪君，清康熙年间世袭为姚安府土同知，自幼好学，过目成诵，有"神童"之誉。曾筑庐结璘山，博览群书，故号结璘山叟，著述甚丰，经、史、子、集及佛学无不涉及，是清初著名的彝族文士。其晚年为自己铸铜像1尊，铜像为明代装束，髻发、以葫芦作枕，作"安"字形，神态潇洒自如，悠然大方，呈瞑目酣睡状。枕上及右膝上铸有铭文。但作者不详。

枕上铭文："有酒不醉，醉其太和，有饭不饱，饱德潜阿；眉上不挂一丝丝愁恼，心中无半点点烦嚣；只是一味黑甜，睡到天荒地老。"⑥ 将高奣映对日常生活中的酒、饭的理解，和对佛教四大皆空的阐释示意世人。

膝上铭文："屈子曰，众皆醉我独醒夫。夫人也，而反是不中山之酒，睡则千千日，不糜熙乎王事，不劳困其肌骨，胸中贮有烟霞，一睡乃逾三万六千日雪君。"⑦ 表现出高奣映的潇洒自适，寄情三酉的神态。

2. 碑文

《兴宝寺德化铭》《嵇肃灵峰明帝记》与《重修阳派兴宝寺续置常住记》

---

① 王兴麒. 1999. 云南风景名胜楹联选. 昆明：云南美术出版社：231.
② 钟基，李先银，王身钢译注. 2011. 古文观止（下）. 北京：中华书局：516.
③④⑤ 同①232.
⑥⑦ 云南省姚安县志编纂委员会. 1996. 姚安县志. 昆明：云南人民出版社：663.

同刻于一石,呈半月形。"《兴宝寺德化铭》为《大理国上公高逾城光再建弄栋华府阳派郡兴宝寺德化铭并序》的简称,该碑立于大理国段智兴元亨二年,即南宋淳熙十三年(1186年)。为记载当时大理国姚府演习定远将军高明清之孙高逾城光再建兴宝寺的事迹。碑文共33行,行50字,第4、10行各51字,共1600余字。尾6行刻于右侧,左行正楷直书。"①碑额有佛像,碑座有莲花图案。"《嵇肃灵峰明帝记》刻于《兴宝寺德化铭》碑右侧,碑文左行直书,8行,行50字,计360字,是在篆刻《兴宝寺德化铭》之后所题,为奉祀嵇肃山神而立。"②碑文记载建寺经过、高氏功德以及祭祀嵇肃山之盛典,涉及大理国官制及行政设施等史实,有重要的历史价值。"《重修阳派兴宝寺续置常住记》刻于《兴宝寺德化铭》碑阴面,右行直书,行书20行,行45字,计649字。定远北山(白马山)住持僧用源撰、前鹤庆路知事杨吉圆书。……碑文记载了姚州历史上的重大事件,特别是高氏自大理国段正严(1109—1118年)封相国高泰明之子高明清为姚府演习至元宣光六年(1376年)的260年间,宋元更迭,高氏仍世袭姚州,子孙承袭,经营姚地,兴建寺宇。"③三块碑刻的碑文骈散兼行,文辞优美。书法峻整瘦劲,内含北齐风采,现已列为云南"八大名碑"之一。

(二)与姚安路军民总管府衙署玉振堂相关的文学作品及作者

1. 对联

李贽府衙官署对联(一)。"从故乡而来,两地疮痍同满目;当兵事之后,万家疾苦总关心。"④上联写出作者所看到的姚安的现状:"两地疮痍";下联表明作者任姚安知府以来把关心民众疾苦当作做官的头等大事。

李贽府衙官署对联(二)。"听政有余闲,不妨甓运陶斋,花栽潘县;做官无别物,只此一庭明月,两袖清风。"⑤这是李贽于明万历五年(1577年),出任姚安知府,上任伊始,就在府衙的楹柱题了这副楹联,作为自己的座右铭。上联表明勤力尽职、造福于民的听政理念。下联再次明示甘于清贫,乐于清贫,"两袖清风"的气节操守。该联是李贽襟怀明朗高洁、为政廉洁清明的追求和理想。

2. 作者生平事迹简介

李贽(1527—1602),明代著名思想家。原姓林,初名载贽,后改今名,"字宏甫、号卓吾、别号温陵居士、宏父居士、思齐居士、白泉居士等。福建

---

① 钟仕民. 2008. 楚雄彝族自治州文物志. 昆明:云南民族出版社:147.
② 同①149.
③ 同①150.
④⑤ 陈九彬. 2002. 悠悠蜻蛉河:漫话两姚历史文化. 昆明:云南民族出版社:38.

晋江县人。回族。"① 明万历五年至八年（1577—1580年）以南京刑部尚书郎之衔，被贬谪入滇，出任姚安知府。兴庙学，制祀典，修桥路。"李贽在姚3年，留下了一批诗文，如《贺世袭高金宸膺奖状序》《光明宫记》《龙山说》《论政篇》。"②

三、禄丰市

（一）与碧城魁阁楼相关的文学作品及作者

1. 碑记

《重修学宫迁建魁阁记》。碑记写于清康熙四十九年（1710年），作者为谢曾祚邑令。此碑记首先记录学宫重修是因"皇帝四十有七年，岁在戊子，诏天下学宫倾圮者，有司率博士弟子员修葺如制"③，再叙因陋就简修缮的过程及继迁名将军府。接着说明迁建魁阁于学宫之左，"盘龙之大魁阁，卜地于学宫左，购民地以迁之"④，最后讲明县志此文的目的。

2. 诗歌

张修业《魁阁纪胜上谢公》。"乾坤屯尽欲开蒙，感得工师起越东。凤翩凌霄新鼎甲，鳌头掀浪鼓春风。眼空确许魁天下，额点应知贯彀中。璀璨逼人光射斗，每从瞻拜叩文翁。"⑤ 诗歌颂扬了兴教化，移风易俗，魁天下，贯彀中，瞻拜叩文翁的情形。

3. 作者生平事迹简介

谢曾祚，其生卒年、生平事迹以及著述均不详。

张修业，其生卒年、生平事迹以及著述均不详。

（二）与星宿桥木坊、石坊相关的文学作品及作者

1. 匾额

"星宿桥"⑥ 金匾，为桥东木坊上木匣题匾，一面系清太子太保、云贵总督阮元篆书，一面为滇南使者伊里布楷书。"均题书于清道光十年（1830年）。"⑦

"坤维永镇"⑧ 匾，嵌于桥西石坊，系迤西兵备道"庆春题于道光十年"（1830年）⑨，为楷体。意为江山永固。

2. 碑记

（明）袁茂英《建星宿桥记》。此记写于明万历甲寅（1614年），作者为按

---

①② 云南省姚安县志编纂委员会编纂. 1996. 姚安县志. 昆明：云南人民出版社：957.
③④ 杨成彪. 2005. 楚雄彝族自治州旧方志全书·禄丰卷. 昆明：云南人民出版社：313-314.
⑤ 同③340.
⑥⑦⑧⑨ 云南省禄丰县地方志编纂委员会. 1997. 禄丰县志. 昆明：云南人民出版社：527.

察司袁茂英。碑记记录了修建星宿桥的原因:"北、西门俯临星宿河,民病涉,复下令成梁。"① 以及建桥的经过。

(清)于三贤《重修星宿桥碑记》。该碑记写于清康熙辛未年(1691年)。作者为潘司于三贤。碑记叙述作者奉命重修星宿桥的缘由:"桥梁跨于惊涛湍激之中,岁月既久,其不至于倾圮者几希。"② 再叙星宿桥"为迤西孔道,羽书络绎,行旅往来,莫不经此,今一旦隔岸相呼,褰裳莫济,岂为政者所可漠视哉?"③ 接着记录自己会同迤西郡守、邑令等官吏共捐资修建的过程,文末写明作者自己写作该文是"遵奉宪行,命余记其事以志,无缓"④。碑记记录详尽,并将重修之经过娓娓道来,用语朴实。

(清)刘自唐《重修星宿桥碑记》。此碑记写于清康熙壬辰年(1712年)。作者为刘自唐。碑记先叙述星宿桥几次坍塌的经过:"己丑(1709年)冬,余恭膺简命,来莅兹土,见桥梁倾圮,硐石坍塌,查修筑之役甫兴于癸未(1703年)之春,旋颓于丁亥(1707年)之夏,万不得已,于是搭木以供行走。"⑤ 再叙说重修过程和写此碑记的原因。

(清)赵荣恭《修建星宿桥碑记》。"在县城西,高3.3米,宽0.95米。载'西门外有河如带,古名星宿河,亦号绿衣江。其西源来自武定,东源来自罗次……两水汇合,顺城直下达沅江注交趾入于南海。'桥建自明,清康熙末3塌3修,'雍正五年又复坍塌,历今百余年而不能修举'。琅井杨安园带头捐银,邑生章云标勇担重任,六年募捐银万两。'桥已落成,计桥之大,长三十六丈,宽三丈六尺,为洞七,为墩七'。"⑥ 嵌于桥西石坊上雕瓦檐斗拱冲间,刻于道光十二年(1832年),该石刻碑记详细叙述建桥始末和名人题联,共9通。系禄丰儒学训导、滇西保山赵荣恭撰并书。

3. 楹联

木枋中柱楹联。"北极拱星垣西域车书通万里,南郊尊礼社东山碌琫壮三迤。"⑦ 上联写出迤西古道可以通达滇西以西的印支半岛各国,交通便利。下联迤西虽地处边陲,其行政行为也和中原一般同步,而重修的星宿桥,那宏伟的气势足以为三迤之最。

木枋两侧楹联。"居者养而不穷行者利有攸往实受其利,前人经始勿亟后人津观厥终始其明途。"⑧ 上联写出长居星宿桥附近的人不会为生养之事而遭受贫穷,往来此的商旅会为各自的利益、不同目的而行色匆匆,都感受到经过

---

① 杨成彪. 2005. 楚雄彝族自治州旧方志全书·禄丰卷. 昆明:云南人民出版社:52.
②③④ 同①57.
⑤ 同①74-75.
⑥ 云南省禄丰县地方志编纂委员会. 1997. 禄丰县志. 昆明:云南人民出版社:530.
⑦⑧ 同⑥527.

星宿桥通行方便的好处。下联点出前人修桥历经风雨，而今的过客站在渡口上观赏大桥，才明了修桥者所付出的艰辛和给人带来的便利。

（清）庆春石坊匾额联。"数载绩方成既倒狂澜难独挽，千秋名不朽中流砥柱赖同擎。"① 为清道光十一年（1831年）中秋月迤西兵备道庆春题。上联语出韩愈《进学解》："障百川而东之，绘狂澜于既倒。"② 喻指星宿桥历经世事沧桑，经受住了时间的考验。下联再次叙说星宿桥建成惠民利民的千秋功绩。

（清）庆春石坊中柱题联。"举首测星垣，望井鬼分躔，一道彩虹天外度；披胸罗宿海，喜莋邛归极，五都贡象日边来。"③ 为清道光十年（1830年）四月迤西兵备道庆春题。上联记述星宿桥似一道彩虹使往昔的畏途变通途。下联描述星宿桥成为大清国与中南半岛各国朝贡、商贸往来的桥梁。

（清）胡启荣石坊侧联（一）。"雄跨通津看夹水虹光直引星辰而上；功资利涉喜朝天骠乐咸遵道路以来。"④ 该联"署云南府事永昌府知府橘洲胡启荣题并书于道光十一年（1831年）。"⑤ 系方形篆文印。上联叙述站在星宿桥上就似站在彩虹上将你引领至天边。下联修桥工程已完工，商旅民众聚会庆贺，宛如骠国朝贡般，皆是沿迤西古道而来。

（清）王崧石坊侧联（二）。"汉人昔越兰津，中外咸通，遂使西南半壁车同轨、书同文、行同伦。象占得朋，端藉此桥远达；舆地今橘黑水，圣明相继，久经震旦谐蕃赖其利，畏其神、用其教，民无病涉，因将旧迹重兴。"⑥ 系道光十二年（1832年）八十一岁老人浪穹王崧乐山题。该联上联记录了修桥的意义及益处。下联认为星宿桥的修建为边疆少数民族部落学习中原的先进技术扫清了阻碍，而这一切的取得全凭皇恩，以及英明之士的辅佐。

（清）陆沅石坊侧联（三）。"人从铁索西来，雁齿重经，雄争津要，水合金江南注，鳌头永镇，庆叶康庄。"⑦ 此联为"禄丰县事前翰林院庶吉士陆沅题于道光十一（1831年）。"⑧ 该联上联说明来往商旅通过星宿桥就像大雁飞行般头尾相衔、排列有序。下联描绘星宿桥似状元及第般独占鳌头，永跨星宿江上。

（清）赵荣恭石坊侧联（四）。"觉路指迷津敢冒天功为己力，安澜通坦道全凭共事有同心。"⑨ 系保山赵荣恭题并书。该联上联指出星宿桥的兴建虽归功于大清国的皇恩浩荡，但桥的建成都是靠民众自己来完成的。下联表明太平盛世才得以重修星宿桥，盼望世道清净平安。

---

①③④⑤⑥⑦⑧⑨ 云南省禄丰县地方志编纂委员会.1997.禄丰县志.昆明：云南人民出版社：527.

② （唐）韩愈著.钱仲联，马茂元校点.1997.韩愈全集.上海：上海古籍出版社：131.

4. 诗歌

（清）黄枢《星桥远眺》。"星桥西郭驾长虹，万象登临霁色中。水底有天流化日，山间飞瀑响清风。深林茅屋烟初散，古寺鸣钟韵暗通。忽听隔溪田父语，桑麻从此喜芃芃。"① 诗歌首联展现了星宿桥势如长虹的非凡气势。颔联俯瞰星宿桥水底犹如天流化日，山间飞瀑、清风骤响的奇妙景象。颈联再写远景，桥的四周森林零星点缀的茅屋烟火、古寺鸣钟。尾联继续写近景，好像听到了隔溪田父语，看到桑麻茂盛的情景。作者为县令黄枢。

5. 作者生平事迹简介

阮元，其生平事迹详见本书第三章第二节文述。

庆春，生卒年不详。满族，满洲人，时任云南滇西兵道备，道光二十六年（1846年）任姚安府知府。其著述亦不详。

袁茂英，生卒年不详，明万历进士，曾官至按察司、布政使。著述亦不详。

于三贤，其生卒年、生平事迹以及著述均不详。

刘自唐，字尧村，陕西凤翔人。清康熙四十五年（1706年）进士。康熙四十八年（1709年）任禄丰县令。为官清廉正直，但著述不详。

赵荣恭，生卒年不详，保山人。时任禄丰县儒学训导。著述亦不详。

伊里布（1772—1843），清末满洲镶黄旗人，爱新觉罗氏，字莘农，嘉庆进士。历任陕西、山东、云南巡抚，云贵总督。1838年调任两江总督。1842年与耆英代表清政府同英国签订《南京条约》，后任钦差大臣，办理鸦片战争善后事，1843年在广州病死。其著述不详。

胡启荣，生卒年不详。永昌府知府。著述亦不详。

王崧（1752—1837），字白高，号乐山，大理洱源人。清嘉庆四年（1799年）进士，官山西武乡县知县。曾主纂《道光云南通志》，另著有《说纬》六卷，《滇南志略》十六卷，《云南备征志》二十一卷。

阮沅，生卒年不详。禄丰县事前翰林院庶吉士。著述亦不详。

黄枢，生卒年不详。籍贯广东，清康熙二十九年（1690年）举人。康熙四十七年（1708年）禄丰县令。著述不详。

四、武定县

与武定万德那氏土司府石坊相关的文学作品及作者

1. 碑文

《武定万德禁赌碑》。该"碑存武定县万德乡政府（原那土司衙门）内。

---

① 杨成彪. 2005. 楚雄彝族自治州旧方志全书·禄丰卷. 昆明：云南人民出版社：84.

高88厘米,宽58厘米。直行楷书,文13行,行31字,约400字。清光绪三十三年(1907年)合乡头目公议仝立"①。碑文开头指出"自近年来,时值干旱,年岁荒歉,有等不法棍徒,往往聚集窝赌"②。为防止恐滋事端,特规定"不遵示谕,邀游聚赌……但凡夷民无知子弟,套场以银钱相戏,我欲图尔之财,尔欲图我之产。……倘敢故违,将原案重咎处,所属夷汉一体遵照"③。对贪心套赌、图财谋命之徒予以查办。文末告诫民众"胆敢隐匿窝留者,定即抄家,逐出境外,决不稍容"④。并刻石立碑,各宜慎之戒之。碑文写得严肃、恳切、晓之以理,动之以情。

2. 诗歌

顾起纶《武定歌》。明代官员顾起纶在昆明碧鸡关偶遇武定女知府瞿氏,对其骄奢华贵的排场感到惊讶,于是写下一首诗,记录这次偶遇,并在诗前写了一段感慨之言:"凤武定,女守也。乙卯(1555年)夏,余发安宁,忽于碧鸡关遇焉,因书其事。诗曰:碧鸡关下凤君过,白头紫绶锦阑那。毗卢冠子犀皮鞋,小蛮细马金鞍驮。青鹊窠,白鹊窠,髦髻半额交双娥。前军后军齐踏歌,帐里币麻呼叵罗,金叵罗、银叵罗,凭陵博具朱颜配,夜来野宿空山阿。月落吹芦渡黑水,客子听之泪如何!"⑤ 这是描写武定女土官瞿氏出行昆明碧鸡关的装扮、随行仪仗队的排场,将女土官瞿氏的威风凛凛、奢侈豪华、风姿绰约淋漓尽致地展现了出来。

3. 作者生平事迹简介

那魁,康熙二年袭父职,任第五代土司。其生卒年及著述均不详。

顾起纶,明代官员。其生卒年、行事及著述均不详。

---

①② 钟仕民. 2008. 楚雄彝族自治州文物志. 昆明:云南民族出版社:207.

③④ 同①208.

⑤ 米切若张. 2002. 天谴狮蹲留宝地:武定狮山及罗婺文化解读. 昆明:云南民族出版社:144.

第十四章 临沧市楼阁建筑与文学

临沧市位于云南省西南部，是通往缅甸和东南亚的重要门户，北、西北与保山地区、大理白族自治州相接，南部、西南部与缅甸交界，东与普洱地区相连，自古就是南方丝茶通道。"西汉时，属益州郡哀牢地；东汉、蜀汉、晋时属永昌郡；唐代隶属南诏永昌节度；宋代属大理国永昌节度；元代设顺宁府、镇康路、孟定路和谋粘路；明代属永昌府、顺宁府的一部分；清代改土归流后设缅宁厅；民国时，废府建县，先后属于第五、第九行政督察专员公署。中华人民共和国成立后，为了加强边疆民族地区的工作，改变不合理的政区划分，经国务院批准，1952年将大理专区的缅宁（1954年7月改称临沧县，因濒临澜沧江而得名），保山专区的双江、耿马，普洱专区（现称思茅地区，今为普洱市）的沧源等四县划出，建立缅宁专区。"① 后改称临沧专区。2004年12月26日，经国务院批准，撤销临沧地区，设立地级临沧市。而今，临沧市现辖1区7县，即临翔区、凤庆县、云县、永德县、镇康县、双江拉祜族佤族布朗族傣族自治县、耿马傣族佤族自治县、沧源佤族自治县。

---

① 蒋颖荣，李湘云，李洁编著. 2002. 云南乡土文化丛书·临沧. 昆明：云南教育出版社：6.

临沧市属横断山纵谷地区南部,北高南低,山脉为怒山山脉余脉,怒江、澜沧江环抱。境内河流有罗闸河、小黑河、南汀河。气候属亚热带低纬度山地季风气候,四季温差小,干湿分明。汉族、彝族、佤族、傣族、拉祜族、布朗族、白族、苗族、回族、傈僳族、德昂族、景颇族等民族聚居于此。众多的民族,带来不同的民族风情和习俗。加之峭壁险峻,密林苍翠,泉瀑其间,幽谷宁静的独特地貌和气候特点,各民族因地制宜,修建了许多不同功能、建制的楼阁建筑,这些拔地而起、直插云霄的楼阁,其雄伟、庄严的气势,亦成为历代文人墨客们争相歌咏的对象,留下了脍炙人口的名篇佳作,成为云南古代至近代文学作品中一个不容小觑的部分。

第一节 临沧市楼阁建筑遗存

本节临沧市楼阁建筑遗存,主要按照区、县的区域划分进行分述。除凤庆县眺阙楼、瞰川楼的建筑遗存详见本书第二章文述外。根据楼阁建筑选址的不同以及存世情况对其楼阁遗存进行梳理。另外临翔区、云县、永德县、镇康县、双江拉祜族佤族布朗族傣族自治县、耿马傣族佤族自治县的古代楼阁建筑遗存,目前有的不存,有的还未查实,待查实后再作补充。

一、凤庆县

洛党乡石洞寺云岩双阁

在凤庆县城东南30公里洛党乡箐头村旁一块巨石上,盘坐着两座楼阁,一座叫云岩阁,另一座叫清虚阁,两阁合称云岩双阁。"建于清乾隆末年(1795年),民国十五年(1926年)重修。"[①] 双阁间以石桥相通,登临双阁,遥望远山拱立,有诸峰罗列于脚底之感,且地势险要,风景优美。云岩阁为单檐攒尖顶四角起翘砖木结构建筑,清虚阁为单檐歇山式四角起翘砖木结构建筑。

文 明 坊 楼

"文明坊位于凤庆城西文明街,文庙建筑群右侧,俗称文明楼。建于明万历三十一年(1603年),清雍正三年(1725年)重修。砖木结构,歇山顶式由一主两耳组成,四壁风窗,雕花刻草,高约10米,通宽15.1米,纵深7

---

① 邱宣充,张瑛华,等. 1992. 云南文物古迹大全. 昆明:云南人民出版社:721.

米，主房分上下两层，现保存较好。"① 为凤庆县著名的明清建筑。

文庙鸣凤阁、龙门石坊

凤庆文庙又称黉学，位于凤庆县城南虎山东麓（现凤庆一中内）。"始建于明万历三十四年（1606年），清康熙八年（1669年）、同治十二年（1873年）两次迁建并多次增建。"②凤庆文庙有泮池、金声玉振坊、棂星门、大成门、两庑、大成殿、崇圣祠、魁星阁等，是一组沿中轴对称，台阶递进的建筑。

鸣凤阁，又称魁星阁。坐落于凤庆县城西文庙街，"鸣凤阁，建于清光绪十八年（1892年）。木结构，高16米，边宽11米，三重檐，尖顶，其上两层为六角型（形）"③鸣凤阁，为文庙最高点，底层为正方形。整个建筑结构灵巧，登高放眼四望，胸怀为之阔朗。

龙门石坊，"棂星门下9.7米为龙门石坊和泮池，建于清康熙八年（1669年），迁建于清光绪七年（1881年）。石坊为中高两边低，四根方石柱并立，大碑三，小碑四，石浮雕二。上书'龙门''金声玉振''江双秋阳'等"④字，并有修建年代及修建姓氏。该石坊雕工精细，为凤庆著名的古建筑。

青龙桥桥楼

青龙桥"位于凤庆城东北约60公里，正义、金马两地交界的澜沧江上。始建于清乾隆二十六年（1761年）"⑤，顺宁知府刘靖亲自督造青龙桥的修建。"嘉庆十九年（1814年）、道光二十四年（1844年），两次大毁复修。咸丰七年（1857年）复毁于兵乱。同治十三年（1874年）两次复修。光绪十三年（1887年）暴风簸落全毁，重修。民国十四、十九、二十一、三十四年屡次重修。桥长93.52米，宽3米，离水面高15.64米，桥由十六根铁链缠绕在两岸槽石柱上，上铺木板而组成，两端有楼房五间，摩崖碑刻数块。"⑥整个桥面江心高，两端低，状如飞虹，飞渡两岸，形成高桥飞虹之奇。其气势的宏伟、风光的秀丽，曾吸引历代无数文人墨客，或雕刻诗词于石壁，或书写对联悬挂于楼门，成为云南省境内澜沧江上三座古桥之一，为研究云南古铁索桥建筑，亭阁建筑提供了重要的实物资料。

桥楼，建于青龙桥两端，桥、廊、楼相连，白墙青瓦，飞檐翘角，为二重檐歇山顶，内连一条石梯甬道廊。廊可供行人歇息避雨，凭栏远眺澜沧江风光，楼可令守护的兵丁住宿守望。而两岸驿路相接，楼门暮闭晨开，更有

---

①②③④⑤⑥ 邱宣充，张瑛华，等. 1992. 云南文物古迹大全. 昆明：云南人民出版社：719-721.

一夫当江、万夫莫开之势自成"桥楼江关"的景观。

二、沧源县

广允缅寺主殿楼

广允缅寺位于"沧源佤族自治县城勐懂街北。俗称'学堂缅寺'为小乘佛教建筑"①。"广允缅寺建筑,据传是道光八年(1828年)清政府调停耿马土司内讧,册封罕荣高为土司的时代,距今约170多年。建筑风格较多地受到汉式建筑的影响,又保留了小乘佛教寺院的基本形式,是汉式建筑外形与傣族寺院内部的有机结合,在建筑艺术上独具一格。"②广允缅寺"现存主殿建于高0.5至1.5米的基座上,面阔14.8米,进深24.4米,为穿斗式木架结构,由一围廊式歇山顶三重檐殿堂与四方型(形)五重檐亭阁组合而成"③。亭阁位于殿前,形成过厅,门前二柱倒悬两条木雕巨龙,"亭阁作重檐歇山顶,檐下饰斗拱,五重上跳,拱部雕刻云纹。大殿作三重檐歇山式木结构建筑,第三层檐下侧面和后背形成殿堂四周的围廊。殿堂门窗作透雕装饰,梁坊门柱遍饰刻版漏印的'金水'图案,技艺精湛,是傣族的传统工艺"④。主殿建筑殿堂与亭阁均为清代汉傣建筑有机结合的独特形式。

三、西盟佤族自治县

勐梭乡南归寨南归佛寺大殿楼

南归佛寺坐落于西盟佤族自治县勐梭乡南归寨东北。始建于民国五年(1916年),"大殿为重檐歇山顶围廊建筑,抬梁式木构架,平板挂瓦屋面,砖墙木隔板,门堂向东,前厦围廊入大殿处有五级石踏跺。大殿面阔5间,长18.6米,宽14.2米,高12米,柱子上绘有傣族图案。"⑤琉璃瓦屋顶。整座大殿楼建筑保存较好。

第二节 与临沧市楼阁相关的文学作品及作者

在临沧市境内,与临沧市楼阁相关的文学作品及作者,除与凤庆县眺阙楼、瞰川楼相关的文学作品及作者详见本书第二章文述外。根据相关文献及调查,

---

① 邱宣充. 1999. 云南名胜古迹辞典. 昆明:云南科技出版社:447.
②③④ 邱宣充,张瑛华,等. 1992. 云南文物古迹大全. 昆明:云南人民出版社:730.
⑤ 同②458.

与凤庆县文明坊楼、西盟佤族自治县勐梭乡南归寨南归佛寺大殿楼相关的文学作品及作者未查实,待查实后再作补充。其余查实的将按县划分进行分叙。

一、凤庆县

(一)与洛党乡石洞寺云岩双阁相关的文学作品及作者

1. 楹联

(民国)李辉祖题联。"石楼耸翠微,宛如天台,好向山中寻药草;洞府探玄妙,若逢吕子,愿从笛里听梅花。"① 上联既写出石洞寺云岩双阁建筑的奇——高耸于绿树包裹的两座山岩上,似天台一般,又展现其蕴藏丰富的中药材,是寻药的好场所;下联再次渲染双阁建筑的独特、奇妙,双阁左右及阁后,均是石柱、石栏围护,可任你临崖仙飘神游,吹笛轻唱,布阵对弈,感受云从脚下走的神仙生活。李辉祖题联把双阁的奇妙景致描摹得如临其境,如见其人般,令人神往。

(民国)杨香池题联。"双阁耸岩巅,拾级登临,休忘月白风清夜;万山收眼底,凭栏远眺,最好花红草绿时。"② 这是杨香池写于1949年的题联。上联先仰视,将矗立于两座石岩顶上的云岩阁、清虚阁的高耸,需拾级登临的建筑奇观,以及夜晚登临时有皎洁的月光和缕缕清风陪伴,由下而上,写景同时,拾级登临的感受自然而然地也流露出来;下联再俯视,把站在双阁凭栏纵眺,万山都尽收眼底,映入眼帘的尽是花红草绿的景象,由上而下,一览众山小的感慨都融汇在独特的景观之中。该联最大的特色是通过观察视角的变换,展现双阁不同角度的奇特和美景。

2. 作者生平事迹简介

李辉祖(1898—1979),曾少年投笔从戎,追随孙中山先生,官至少将参谋。著述亦不详。

杨香池(1893—1964),原名森,云南顺宁(今凤庆县)凤城人。幼承庭训,在文学艺术上的造诣深厚,一生著述颇丰,有《偷闲录集言》《偷闲庐诗话》《香池信稿》《滇南异闻》《秋窗梦醒录》《短篇小说》《偷闲庐联话》《杂录》《燕居杂录》等十余种。

(二)与文庙鸣凤阁、龙门石坊相关的文学作品及作者

1. 楹联

(民国)郑仕樵题联。"更上一层楼,看东凭乐嶂,南俯龙湫,北倚盘陀,西邻凤岫,况复双城烟火,四面云山,百里风光归眼底;远稽往古事,想唐

---

① 王兴麒. 1999. 云南风景名胜楹联选. 昆明:云南美术出版社:262.
② 同①589.

属姚州，宋名庆甸，元置土府，明设流官，益以勐氏孤忠，尚书大节，千秋史鉴注心头。"① 该联上联写景，将四周东南西北之山峰奇景，以及登高放眼四望，胸怀为之阔朗的感触极尽显现，下联回忆凤庆宋代名庆甸、元代置土府、明代设流官的历史以及勐氏孤忠、尚书大节的千秋史鉴尽述。

2. 作者生平事略考

郑仕樵（1895—1972），凤庆县凤山镇文庙街人，白族。曾任职于军、政、教、医等部门，为当地名中医。

（三）与青龙桥桥楼相关的文学作品及作者

1. 诗歌

毕映霄题诗。"报罢南闱十一秋，苏秦已敝黑貂裘。题桥漫自追司马，气阻长江水不流。"② 此诗着重描写置身青龙桥的感受。为凤庆当地广为传诵的名诗。

2. 楹联

（清）张汉皋、（民国）毛健青龙桥题联。上联："笔扫千军，题桥早已羞司马；"③ 下联："图开八阵，排石还当法卧龙。"④ 该联上联由张汉皋撰写，下联则由江北诗人毛健对上。整副对联工整、严谨，自成一体。

佚名青龙桥题联。"万里试披榛，遥穿屈曲羊肠，渐成砥道；一江如束带，小驻须臾马足，来听涛声。"⑤ 上联尽显青龙桥自明万历以来渐成砥道。下联写出青龙桥给来往商旅行人带来的便利。作者佚名。

杨国栋青龙桥题联。"是几时混沌凿开，铁锁连环，万壑千峰通鸟道；将半壁河山撑住，金汤巩固，蛮烟瘴雨落虹流。"⑥ 该联曾被许多人视为青龙桥上最为精辟叫绝的对联。作者杨国栋。

佚名联。"励志图名，不羡题桥司马；鞠躬尽瘁，当思辅国卧龙。"⑦ 楹联表明了励志图名，不用羡慕司马相如；下联指出要论鞠躬尽瘁，当属辅助国君的诸葛亮。

3. 作者生平事迹简介

毕映霄，其生卒年、生平事迹以及著述均不详。

张汉皋，生卒年不详。字寿彭，湖南醴陵人。清代举人。清光绪三十四年至宣统三年（1908—1911年）任宾川知州。1912年任顺宁（今凤庆）知府。著述不详。

---

① 王兴麒. 1999. 云南风景名胜楹联选. 昆明：云南美术出版社：263.
② 凤庆县志编纂委员会. 1993. 凤庆县志. 昆明：云南人民出版社：456.
③④⑤⑥ 同②764.
⑦ 同①262.

毛健（1876—1933），字秉乾，云南省巍山县人。十三岁应童子试，名列榜首。1903年废除科举，又入省丙级师范就读，毕业返乡任教十余载，造就大批人才。后辞职在家设私塾，善教不倦，满门桃李。善写诗文。诗文朴质自然，清新隽永。但著述不详。

杨国栋，其生卒年、生平事迹以及著述均不详。

二、沧源县

与广允缅寺主殿楼相关的文学作品及作者

佛教故事及风俗故事。广允佛寺现保存有十幅壁画，其中两幅反映的是佛教传说故事《逾越上走》《菩提树下成佛》，其他八幅均为风俗故事，反映当时的风土人情、礼俗制度、社会关系、建筑艺术等内容。画中人物有官员、仕女、兵丁、民众等，画面背景有楼阁、城镇、园林等，官员的穿戴，多像明朝的打扮，兵丁的马蹄窄袖上衣、顶戴等衣着又是典型的清代服饰。其中有一幅风俗画记录了当时的清政府册封当地土司的场景，这与西藏大昭寺的壁画《文成公主进藏图》有异曲同工的寓意。还有的壁画中部分妇女的装扮及衣着，与现代沧源、耿马一带的汉族、傣族妇女也比较相似，是当时世俗生活的真实反映。

第十五章 建筑与文学——德宏傣族景颇族自治州楼阁

　　德宏傣族景颇族自治州，地处云南省西部，高黎贡山南麓，为滇西峡谷区。东北与保山地区龙陵县、腾冲县相邻，南、西、西北与缅甸相接。属于横断山脉西南部、高黎贡山以西的一块自东北向西南倾斜的切割山原。峻岭峡谷相间排列，地表景致由"三山""三江四河"构成。"三山"即高黎贡山、打鹰山、大娘山，"三江"即瑞丽江、大盈江、怒江。"四河"，即芒东河、芒市河、南苑河、户撒河。地处低纬度高原，太阳辐射量大，热量丰富，气候温和，属南亚热带气候。冬无严寒、夏无酷暑。不同的地域特性和生存空间形成了不同的民族群落，成为傣族、景颇族、阿昌族、德昂族、傈僳族、汉族等多民族杂居的民族自治州。

　　"德宏"，意指"怒江下游以西的地方"，是贝叶经记载的"勐卯古国"，司马迁《史记》记录的"滇越乘象国"，《马可·波罗游记》里的"金齿国"。德宏地区古代为滇越乘象国及哀牢故地。"东汉时设哀牢县，属永昌郡。蜀汉、两晋沿之，唐南诏时属永昌节度和丽水节度。宋大理国属永昌、腾冲金齿部地。元代时设茫施（今芒市）路、镇西（今盈江）路、平缅（今陇川）路、麓川（今瑞丽）路、南赕（今盈江盏西）路及南甸（今梁河)、干崖、陇川、盏达、遮放、芒市、户撒、腊撒等宣抚、安抚、副宣抚、长官司、土守备及土把总,隶属永昌府腾越州。清代属永昌府腾越、龙陵二厅,腾越厅辖南甸、干崖、陇川、盏西、勐卯、户撒、腊撒七司;龙陵厅辖芒市、遮放二司,清光绪二十五年(1899年)中英勘界后,增设勐板土千总,属龙陵厅。民国初年,设弹压委员,分设芒板(芒市、勐板)、勐遮(勐卯、遮放)、陇川、干崖、盏西五个弹压区及南甸八撮县佐。民国六年(1917年)前后改弹压委员为行政委员,分设芒遮板(芒市、遮放、勐板)、勐腊(勐卯、腊撒)、千户(干崖、户撒)、陇川、盏达五行政区及南甸八撮县佐,隶属于云南第一殖边督办,民国二十一年(1932年)改行政区为设治局;置潞西、瑞丽、陇川、盈江、连山、梁河六设治局,仍属殖边督办。民国二十九年(1940年)废殖边督办,隶属于腾龙边区行政监督。1942年5月,德宏地区被日寇占领。1945年1月光复后,仍为设治局,先后隶属云南第六区(保山)和第十二区(腾冲)行政督察专员公署。1949年7月潞西设治局改为潞西县,芒市土司代办被委为县长。"[1] 1950年成立德宏傣族景颇族自治州,德宏州现辖2市3县,即芒市、瑞丽市、陇川县、盈江县、梁河县。

在德宏州境发现了芒市尖山大园子、瑞丽芒约等新石器遗址的发掘考证,德宏既是远古人类的活动地带,又是人类文化的起始地,也是民族乡土艺术的发源地。虽然德宏山高路远,地处偏僻,与中原内地相距较远,但华夏文明之光,数千年来,就已经在这里与土生土长的远古文化交相辉映,融合发展,成就了德宏灿烂文化的过去和现在。早在东汉时,德宏就出现过由濮(德昂等佤德语先民)和僚(傣族先民)所创造的哀牢文化辉煌时期。从现存的建筑遗址、遗物看,当时的建筑艺术也有了相当的水平。山川秀美、平坝广阔、独树成林的德宏州,随着经济社会的迅猛发展,中原文化与州境各民族文化的交融,其楼阁建筑艺术得到进一步的保护和传承,而今,楼阁建筑艺术亦被人们用以表达愿望和理想,谱写时代风范的一种艺术表现形式。

第一节　德宏傣族景颇族自治州楼阁建筑遗存

本节德宏傣族景颇族自治州楼阁建筑遗存,主要按照市、县的区域划分进行分述。根据楼阁建筑选址的不同以及存世情况对其楼阁遗存进行梳理。另外陇川县的楼阁建筑遗存,目前有的不存,有的还未查实,待查实后再作补充。

---

[1] 张方元.2000.新编德宏风物志.昆明:云南人民出版社:8-9.

一、芒市

勐嘎村观音寺玉皇阁、钟鼓楼

观音寺"位于潞西县（现为芒市，笔者注）勐嘎乡勐嘎村南一公里，始建于清。据碑载：道光二十八年起修（1848年），咸丰八年（1858年）完工。……由弥勒殿、观音殿和玉皇阁等建筑组成。……左侧为钟鼓楼，内存钟鼓，钟高71厘米。……玉皇阁单开间，重檐歇山顶楼阁"[①]。现存的玉皇阁、钟鼓楼建筑保存都较为完整。

佛光寺正殿

佛光寺在芒市"芒市镇建国路中段北侧。始建于清道光十六年（1836年），现存建筑于1983年修葺。寺占地面积2124平方米，建筑面积233.6平方米。由正殿、偏殿、亭阁、佛塔组成。正殿面阔三间，宽12.8米，进深四间，长16.6米，重檐歇山顶，抬梁式木结构"[②]。为著名的南传上座部佛寺建筑。

菩提寺大殿楼

菩提寺"位于潞西县（今芒市，笔者注）芒市镇正南路中段西侧，传始建于17世纪，后毁于兵燹，清嘉庆十六年（1811年）重建。占地面积3125平方米，建筑面积580.85平方米。大殿为干栏式三重檐歇山顶，面阔三开间，21米，进深六间，23.80米，抬梁式木结构，脊角反翘，脊端有悬鱼装饰，门窗、梁枋均有雕刻饰物"[③]。既保留有傣族的干栏式建筑风格，又融进汉族歇山顶式屋顶木结构形式，同时又借鉴缅甸引进的黄铜镂空、璎珞垂吊工艺，曲线流畅，造型优美。是该寺目前保存较为完整的建筑。

二、瑞丽市

姐东奘寺大殿楼

姐东奘寺"位于瑞丽县（今瑞丽市，笔者注）姐东寨。约建于1945年。大殿通面阔六间，19.3米，通进深21.8米，高11.3米。为重檐干栏式建筑。寺顶呈三叠式。原殿内壁画为勐卯镇相老所绘，木雕为本寨和尚伍吉亚所雕刻。殿内藻井现存壁画45幅，绘有佛像、佛传故事等"[④]。色彩明亮、浓重，

[①②③] 邱宣充，张瑛华，等. 1992. 云南文物古迹大全. 昆明：云南人民出版社：655-657.
[④] 同[①]664.

艺术价值高。

等喊弄奘寺正殿楼

等喊弄奘寺"位于姐相乡大等喊村内。始建于清乾隆年间（1736—1795年）"①。正殿楼两层，由32根木柱撑起，底层空敞，上建楼台，"正殿系干栏式殿堂建筑，面阔三间，宽17.3米，进深七间，深19.6平方米，抬梁式木结构，重檐硬山顶，檐高5.16米，屋面铺波形瓦，藻井由木雕图案嵌成"②，正殿主脊正中央，由上到下依次叠有四层由大到小屋顶，其上转为四棱柱体、四棱锥体，顶端形如上座部佛教塔顶，整个屋顶层叠呈锥状，向上收缩，顶端有风标、塔帽，四周悬挂风铃。整座楼多重复叠，线条流畅，轮廓分明，造型独特。

喊沙奘寺大殿楼

喊沙奘寺位于瑞丽市喊沙寨，"为干栏式建筑，大殿通面阔20.7米，通进深21米，高15.9米。檐高5.93米。因屋面呈三叠坡面，故又称洁达温寺"③。殿内绘有故事中的孔雀、白象、麒麟等吉祥物，梁上挂有色彩斑斓的长幡，传达出浓郁的傣族文化与佛教文化的气息。

三、梁河县

南甸宣抚司署大堂、戏楼

南甸宣抚司宣抚使刀氏土司家族自明正统五年（1440年）至新中国成立前夕，历时28代，"在明代是滇西著名的'三宣六慰'之一，直到民国都是当地土司中最有地位的人物"④。南甸宣抚司司署"位于梁河县遮岛镇，始建于清咸丰元年（1851年），为第25代南甸土司刀永安所建，民国二十三年（1934年）扩建"⑤。

南甸宣抚司司署"建筑为宫殿式，按封建衙门等级，分为大堂、二堂、三堂、正堂，一进四院，逐堂升高。周围有七拐二十四间耳房、花园、佛堂、戏楼、小姐楼、佣人住房、厨房、粮库、马房、军械库、监狱等建筑。大堂均为五开间的抬梁式木结构屋架，单檐歇山屋顶，筒瓦屋面。脊部为琉璃瓦镶砌成80厘米高的各种鸟兽图案花脊，脊的两端饰翘起的鸱狐。大堂檐高4.5米，进深12米，通面阔23米。每幢正殿30棵木柱，柱径42厘米，柱础

---

① ② 邱宣充，张瑛华，等. 1992. 云南文物古迹大全. 昆明：云南人民出版社：665.
③ 同①666.
④ ⑤ 同①658.

为石狮、宝装莲式和鼓镜式"①。用椿、栗、楸木建造，粗梁大柱，琉璃瓦镶砌屋脊，脊有鸱尾，雕梁画栋，透雕门窗，八方砖铺地，两侧有月拱门，四廊典院相通。现存建筑是目前云南境内保存较为完好的土司衙署建筑。

戏楼，位于司署三堂左侧，是专供土司和眷属看戏的楼宇，形似包厢，为三进间，两侧为厢房楼。在当时的傣族社会里，主仆平民的等级划分得比较严格，因而从戏楼座位也可看出等级的划分。戏楼正堂中为土司、土司夫人专座，左为土司儿子专座，右为土司女儿专座，戏楼侧厢楼为官员看区，地面为百姓看区。右厢楼除看戏外，曾做学堂。戏楼四角飞檐，戏台面不甚大，戏剧表演以傣戏的唱功戏为主。戏楼木质结构，粗梁大柱，青龙屋顶，雕梁画栋。

四、盈江县

干崖宣抚司署大堂

在云南古代历史上，"元至元十三年（1276年），云南迤西设金齿六路，干崖为镇西路，授以军民总管府土职，为干崖有土官之始"②。自从"明洪武十五年（1382年），朱元璋平定云南后，于同年三月己未，改设镇西路军民总管府为镇西府，为云南布政司所设52土府之一，诰封干崖傣族酋长任土府职"③ 起，到1956年，干崖土司历经25任，共存续了500余年。

干崖宣抚司署，历史上一直由刀氏家族掌管，刀氏家族本姓郗，原籍南京应天府，第一代郗忠国明洪武年间随沐英南征，因功授干崖千夫长、长官职，从此便在盈江扎下根来。后来历代刀氏土司一直为国家镇守边疆，安邦定国，功劳大而被升到宣抚使，成为滇西十土司中地位最高的"三宣"之一。

该干崖宣抚司大堂为二重檐土木结构建筑，粗梁大柱、勾角翘檐、青瓦屋檐，石、木斗拱雕刻极为精湛，整座大堂建筑全部采用黑、金、红、银的色彩搭配，外枋用金、红两色，里枋用绿色、黑色，子行挂枋用大红色、金色。现存建筑为民国十四年（1925年）重修。

第二节　与德宏傣族景颇族自治州楼阁相关的文学作品及作者

在德宏傣族景颇族自治州境内，与德宏傣族景颇族自治州楼阁相关的文

---

① 梁河县志编纂委员会. 1993. 梁河县志. 昆明：云南人民出版社：684.
② 盈江县志编纂委员会. 1997. 盈江县志. 昆明：云南民族出版社：588.
③ 同②589.

学作品及作者，根据相关文献及调查，与芒市勐嘎村观音寺玉皇阁、钟鼓楼，佛光寺正殿，菩提寺大殿楼，瑞丽市喊沙奘寺大殿楼相关的文学作品及作者未查实，待查实后再作补充。其余查实的将按市、县划分进行分叙。

一、瑞丽市

（一）与姐东寨奘寺大殿楼相关的文学作品及作者

1. 佛教传说故事

三联画：即版画，傣族民间绘画。多用于装饰奘寺大殿楼的天花板、重檐的板壁。姐东寨奘寺大殿楼的天花板、重檐的板壁上共有经画45幅。一幅"三联画"，由"《释迦牟尼诞生》《在森林中苦修》《菩提树下成佛》"① 三部组成。采用单线平涂画法，构图自由，作者主要出自民间艺人和寺中和尚之手。风格直白朴素，装饰性强，但色彩单一。

2. 动物题材的佛经故事

动物画：以具有代表意义的动物去触发信众的宗教联想，教化信众。如《西令林大鸟和带路猴》。作者多为寺中和尚和当地民间艺人。线条流畅，色彩艳丽。

（二）与等喊弄奘寺正殿楼相关的文学作品及作者

瑞丽等喊弄奘寺，是傣族典型的傣式奘房，外观与傣家竹楼相似，保留着傣族干栏式的传统建筑风格，但建筑面积比竹楼大，装饰也比竹楼华丽。三层歇山顶重檐楼台，左右是两间重檐顶亭阁，穿斗走廊与亭阁相连，加之，传说佛祖释迦牟尼曾路经此地，后世人们于是在佛祖经过的地方建盖了此寺。每到太阳西下，奘寺金顶生辉，与如火的晚霞相互交映，俨然是一座沐浴在晚霞中的傣族古代宫殿，成为人们拍摄影视剧的场地，《孔雀公主》《勐龙沙》《天下第一剑》《西游记》《舞乐传奇》等都曾在此寺拍摄，之后被人们称为"孔雀王宫"。成为今天人们心目中的傣族王宫的象征。

二、梁河县

与南甸宣抚司署大堂、戏楼相关的文学作品及作者

1. 石碑文

"永镇边夷"碑。② 该石碑文，为梁河南甸宣抚司署大堂门外立的一块石碑文字。

---

① 云南省瑞丽市志编纂委员会编．1996．瑞丽市志．成都：四川辞书出版社：573．
② 梁河县志编纂委员会．1993．梁河县志．昆明：云南人民出版社：684．

"德政碑"。① 该石碑文，为梁河南甸宣抚司署大堂门外立的一块石碑文字。

2. 匾额

"世袭南甸宣抚使司宣抚使署"直匾。② 悬挂于梁河南甸宣抚司署大堂，"长3尺，宽2尺，红漆底金字面的直匾"③。

"十司领袖"横匾。④ 悬挂于梁河南甸宣抚司署大堂上。

"南天锁钥"横匾。⑤ 悬挂于梁河南甸宣抚司署大堂上。

"守镇边陲"横匾。⑥ 悬挂于梁河南甸宣抚司署大堂上。

"南天一柱"横匾。⑦ 悬挂于梁河南甸宣抚司署二堂正中。

"永固南疆"横匾。⑧ 悬挂于梁河南甸宣抚司署三堂正中。

3. 诗歌

（清）王家士《刀母衍太夫人七十寿》（南甸宣抚刀化南母）。"南国钟闺秀，其仪仰淑人。女箴曹比迹，母范孟为邻。家世承茅土，婚姻旧晋秦。克勤匡内政，遗爱在边民。钗钿中分折，干戈历苦辛。依依儿女意，烈烈丈夫身。有子诚如勖，诸孙幸得璘。旧封由再造，世泽见重新。禄养酬恩育，含饴乐性真。福兮攸好德，寿者必其仁。珠斗杓旋未，璇闱闹设晨。"⑨ 诗歌回顾了南甸土司刀化南母亲的一生，她本是南国闺秀、淑女，家世显赫，婚姻幸福，克勤内政，遗爱边民。辅佐丈夫，教育子女，历尽艰辛，厚德载物。用诗歌形式记载一个人一生的经历，在云南古代诗歌创作中不多见。

（民国）曹琨《步南甸宣抚刀化南》。"为避年荒到左营，结茅陋巷待时清。一生事业诗兼酒，两字家传读与耕。视发每伤秋后落，看山却喜晚来晴。身闲好把柴门闭，且课儿书说治平。"⑩ 诗歌呈现南甸土司刀化南为避年荒到左营，隐居生活除读与耕外，以诗酒为伴，看到秋风落叶就伤感，看山喜欢晚来晴。诗歌的伤感之情表达得细腻、具体。

4. 作者生平事迹简介

王家士，生卒年不详。清代诗人。著述亦不详。

曹琨（1847—1930），字佩瑶，晚号饭蘔老人、九保人。云南腾越人（今腾冲市）。善诗文，诗随性成咏，重在寄情。著有《腾越杜乱纪实》一卷、《饭蘔山房诗稿》一卷，《永昌府文征》收录其诗121首。

---

①②③④⑤⑥⑦⑧ 梁河县志编纂委员会. 1993. 梁河县志. 昆明：云南人民出版社：684.

⑨ 德宏州史志办. 2011. 德宏州志·文化卷. 潞西：德宏民族出版社：111.

⑩ 同⑨113.

三、盈江县

与干崖宣抚司署大堂相关的文学作品及作者

1. 碑文

《刀建章碑刻》。"（1898年立）。此碑位于盈江县旧城区东山之麓。刀建章为世袭干崖宣抚使第十一世刀镇国之长子，明清交替之际，地方大乱，刀镇国为清兵所杀，刀建章则更名换姓，避居盏西，死后其子孙于光绪二十四年（1898年）修墓立碑，墓表高约75厘米，宽约35厘米，楷书，直行，有'皇清诰授定远将军昭武大夫建章公老大人之墓'字样。墓志分刻于二石，大小与墓表略同，由腾越厅进士撰文，腾越厅进士尹希元题书，凡16行，300余字。"①

《刀世侯墓表》。"此碑位于盈江县新城区芒旦村槟榔江西岸。高105厘米，宽50厘米。碑文直行，计17字，前4字为篆书，阳文；后13字为楷书，阴文，其中有3字已残。其文曰：'皇清诰封宣抚司□□世侯□老太爷墓。'"②

《刀盈廷碑刻》。"（1907年立）刀盈廷碑刻有墓表、墓志、祭文、石雕等。墓表高85厘米，宽50厘米，碑文'皇清诰封振威将军安庄慧喜朝卿世藩刀公讳盈廷老大人之墓'，为宋书，阳文，其余则楷书，阴文。其墓志石碑高106厘米，广52厘米，楷书，镶于墓室左右两楹正面，计33行，计1225字。由钦命二品顶戴前署浙江南盐运使丁彦和，光绪乙卯科举人、刀盈廷幕客（即秘书）彭坤年二人合撰，光绪庚子、辛丑并科举人革孚言、五品军功吏部候选巡政厅黄国梁二人题书。"③

2. 楹联

在刀盈廷"墓室左右两楹壁，嵌有傣文碑刻各一，均高105厘米，宽45厘米，计72行"④。其楹联："志在高山流水，情深种桂培兰。"⑤ "其才兼文武，所好在佛仙。"⑥ 作者不详。

3. 诗歌

王芝**《夜至干崖》**。"烛能饶鼓竞纷纭，宣抚旗旄驻水濆。更有干崖诸士女，深宵来看故将军。"⑦

王芝**《赠刀盈廷》**。"宣抚丰仪秀，文书好尚用。此心常向日，吐气自如虹。况俪秦候室，能追冼氏风。所期休艳乐，戒武御西戎。"⑧

---

①② 德宏州史志办. 2011. 德宏州志·文化卷. 潞西：德宏民族出版社：94.
③④⑤⑥ 同①95.
⑦⑧ 同①109-110.

4. 作者生平事迹简介

刀建章，生卒年不详。又称刀建勋。第十二世刀镇国之长子，清顺治十六年—康熙三十一年（1659—1692年）袭父职任干崖宣抚使。干崖宣抚司世袭土司第十三代祖。

刀世侯，生卒年不详，清"乾隆四十四年（1779年）—嘉庆二年（1797年）"①袭父职。系世袭土司第十八代祖。

刀盈廷，生卒年不详。"清光绪四年（1878年）—光绪十六年（1890年）袭父职，"②干崖宣抚司世袭土司第二十二世。亦是目前已知傣族中用汉文创作诗歌的第一人。但著述不详。

丁彦和，生卒年不详。字畅之，江苏无锡人。清代监生。前署浙江南盐运使。

彭坤年，清光绪乙卯科举人、干崖土司刀盈廷幕客。

革孚言，清光绪庚子、辛丑并科举人。

黄国梁，清五品军功吏部候选巡政厅。

王芝，字子石，晚清文人。生平事迹及著述均不详。

---

①② 盈江县志编纂委员会. 1997. 盈江县志. 昆明：云南民族出版社：591.

第十六章 怒江傈僳族自治州楼阁建筑与文学

怒江傈僳族自治州，地处云南省西北部，为滇西北重要国防屏障。东与迪庆藏族自治州、大理白族自治州、丽江市相连，西与缅甸接壤，北与西藏自治区察隅县相接，南与保山市相邻。由于全州处于横断山脉腹地，地势西北高，并向东南倾斜。州境内云岭、高黎贡山、担当力卡山、碧罗雪山四座高山与怒江、独龙江、澜沧江三江，形成四山夹三江，由东向西四山对峙，由北向南三江并流，江河纵贯，山高谷深，狭窄陡峻，构成怒江州独特的高山峡谷地貌。受此地貌特征的影响，全州气候呈现出南部较热，中部温暖、北部寒冷，气温日差较大，年差较小。

怒江州境，人类活动较早，从其境内发掘的几处新石器时代遗址、遗存证明新石器时代就有人类活动。据史料记载，怒江地区"汉代分属越嶲、益州、永昌等郡管辖；魏晋时分属永昌、西河等郡管辖；唐代南诏国时分属铁桥、剑川、永昌节度；宋代大理国政权时分属西河郡、永昌郡；元代分属丽江路、大理府和永昌府；明清两代为丽江、大理、永昌三府属下的六库、老窝、鲁掌、卯照、登埂、练地、兔峨、康普、叶枝等土司分别统管。辛亥革命后，1912年1月，云南地方政府成立了怒俅边务委员会，分兵三路进入怒江进行殖边，设立了知子罗、上帕、菖蒲桶三个行政委员公署，并将原属保山县的登埂、鲁掌、卯照及原属云龙县的六库、大兴地五土司的辖地合并，成立鲁掌行政公署。1933年，知子罗、上帕、菖蒲桶、鲁掌行政公署先后改建为相当于县级建制的碧江、康乐（后改为福贡）、贡山、泸水四个设治局。其中碧江、福贡、贡山设治局隶属丽江行政专员公署，泸水设治局隶属保山行政专员公署。"[①] 1949年，中华人民共和国成立后废除设治局建制，成立碧江县、福贡县、贡山县、泸水县人民政府，后成立怒江傈僳族自治州人民政府。怒江州现辖1市3县，即泸水市、福贡县、贡山独龙族怒族自治县、兰坪白族普米族自治县。

怒江州境内居住有傈僳族、怒族、独龙族、白族、普米族、汉族、彝族、纳西族、傣族、回族、藏族、景颇族等多个民族。各民族历史悠久，各族民众勤劳勇敢，和睦相处，在长期的发展过程中，创造了特有的民族文化，并吸收、融合中原文化的精髓，建造了极富民族特点和中原汉民族特色的楼阁建筑艺术，其楼阁建筑艺术得到历代文人雅士的青睐，并留下了令人难忘的诗联等作品传世。

第一节 怒江傈僳族自治州楼阁建筑遗存

怒江傈僳族自治州境内的楼阁建筑遗存，主要按照市、县的区域划分，根据楼阁建筑选址的不同以及存世情况对其楼阁遗存进行梳理。另外福贡县、贡山独龙族怒族自治县的楼阁建筑遗存，目前有的不存，有的还未查实，待查实后再作补充。

一、泸水市

老窝圆通寺魁星阁

老窝圆通寺坐落于"泸水县（现为泸水市，作者注）老窝乡苦木丹村。始建于清同治年间（1862—1874年），光绪十五年（1889年）重修"[②]。魁星阁为三重檐四角起翘歇山式建筑，底层由24根木柱支撑，二、三层木格窗精雕细刻，琉璃瓦屋顶，登高可以远眺。

六库土司衙署三衙门

六库土司衙署"位于泸水县（今泸水市，笔者注）六库镇东约500米处。

---

① 《怒江傈僳族自治州文物志》编纂委员会编.2007.怒江傈僳族自治州志文物志.昆明：云大学出版社：4.

② 邱宣充.1999.云南名胜古迹辞典.昆明：云南科技出版社：419.

清乾隆十二年（1747年）因协助清政府生擒当地民族领袖有功，授六库土司段氏千总世职，至民国二十一年（1932年）废黜。原土司衙署由二衙、三衙、五衙、六衙等组成，总占地面积3500平方米。现仅存三衙，系一幢三坊一照壁庭院建筑，均为硬山式楼房"①，雕梁画栋，勾角翘檐，梁柱压顶，牌楼立门，颇具白族民居特色。

泸水老窝土司衙门

泸水老窝土司衙门，位于泸水市老窝乡西1公里处。明万历四十八年（1620年）云南道府赐予段氏后裔继续管辖澜沧江西岸老窝等地的少数民族地区，老窝土司由此产生。"清乾隆十二年（1747年），土千总段克勤招擒鹅毛顶十寨夷民归顺，清政府授段克勤千总世职，传袭七代，至段承功（1941年），此处均为土司衙署。"②

"衙署为土木结构，呈三方一照壁形。内有白族习用的雕刻，共占地440平方米。现门窗和室内陈设已毁，仅存房屋建筑。"③该土司衙门为泸水市清代古建筑之一。

二、兰坪白族普米族自治县

通甸乡黄松魁星阁

通甸乡黄松魁星阁"位于兰坪县通甸乡黄松村西北。阁始建于清代，原为两层，民国十四年（1925年）重修，改为三层。为穿斗式木构架结构，重檐歇山顶，第一层面阔9米，二层6.55米，三层4.1米"④，二、三层木格窗绘有典型的白族灰白图案。现存魁星阁为民国时建筑。

兔峨土司衙署大堂

兰坪"兔峨土司，白族，为明洪武十五年（1382年），授封兰州土知州罗克的后裔。清初裁州入丽江府，雍正年间降为土舍迁兔峨。民国以后，传至罗星，为最后一个土司。在兰坪已有500多年的统治历史。"⑤该土司衙署"民国元年（1912年）始修建，位于澜沧江西岸、兔峨河南面的小山梁上，坐西朝东，为一进二堂院落，雕梁画栋，富丽豪华，梁柱结构，均衡对称的庭院

---

① 邱宣充，张瑛华，等. 1992. 云南文物古迹大全. 昆明：云南人民出版社：695.
② 同①697.
③ 泸水县志编纂委员会. 1995. 泸水县志. 昆明：云南人民出版社：406.
④⑤ 同①702.

布局，共计房屋54间，占地面积990平方米"①。整座大堂建筑，为二重檐抬梁式木结构建筑，粗梁大柱、勾角翘檐、青瓦屋檐，工艺精雕细刻，精美无比，兔峨土司衙署是现今唯一保存较为完好的白族土司衙署。

宏文书院大门牌楼

宏文书院位于兰坪白族普米族自治县金顶镇箐门村古盐井下井衙署内，"清雍正九年（1731年），盐大使郑大位于下井创建。乾隆四十五年（1780年）重修后遭火灾，书院搬迁至玄景寺"②。大门牌楼为单檐歇山顶，木结构，屋顶四檐飞翘，三间四柱，雕花构件甚多，梁、枋、花罩、雀替、或平雕或镂雕，皆作花卉、鸟兽图形，形象生动。

沧江书院大门牌楼

沧江书院位于兰坪白族普米族自治县营盘街西，清"光绪三年（1877年），杨玉科回吉尾（今营盘街）省亲时，捐资创建。在小村（今营盘镇连城启文村）购置16份田，年收租谷67石2斗，作为书院办学经费，并在书院内立碑文'沧江书院序'和'沧江书院条规'。光绪四年（1878年），书院收徒开教，在澜沧江沿线招收白族、傈僳族子弟，为边疆民族地区的教育做出了贡献。民国十一年（1922年），境内开办新学，在书院基础上创建兰坪县第四高等小学"③。书院为一四合院，通面阔三间，两边厢房、学舍。书院大门牌楼为单檐悬山顶牌楼式建筑，屋顶四檐飞翘，三间四柱，该牌坊的四个石柱础分列明间四个角，木石结构，左右各一，南北相望，四柱三层，由青石砌成，上有龙雕等饰物。牌楼内外侧均有题额，均是对孔子的赞辞。

分江本主庙戏台

分江本主庙位于兰坪白族普米族自治县通甸镇丰华村北，由山门、两厢、正殿组成一院。始建于清道光年间，民国十四年（1925年）重修。

戏台在本主庙中四合院的正前方，"山门外16米处，面向山门，为两层三间建筑，平面呈'凸'字形，戏台前半部分面阔5.7米，进深3.5米；后半部分面阔11米，进深4.7米"④。歇山顶，木结构瓦屋。属清代建筑，上装饰有镂空木雕及吉祥如意图案，工艺精美，具有典型的白族建筑风格。每年

---

① 兰坪县志编纂委员会. 2003. 兰坪白族普米族自治县志. 昆明：云南民族出版社：920.
②③ 同①803.
④ 《怒江傈僳族自治州文物志》编纂委员会. 2007. 怒江傈僳族自治州文物志. 昆明：云南大学出版社：105.

正月初十盛会，唱戏三天，祈求本主（系白族传统崇拜的偶像）保境安民，五谷丰登。

第二节 与怒江傈僳族自治州楼阁相关的文学作品及作者

在怒江傈僳族自治州境内，与怒江傈僳族自治州楼阁相关的文学作品及作者，根据相关文献及调查，与泸水市六库土司衙署三衙门、六库土司衙署三衙门、兰坪白族普米族县通甸乡黄松魁星阁、宏文书院大门牌楼相关的文学作品及作者未查实，待查实后再作补充。其余查实的将按市、县划分进行分叙：

一、泸水市

与老窝圆通寺魁星阁相关的文学作品及作者

《创修圆通寺碑记》。"现保存在泸水县（今泸水市，作者注）老窝乡中元村土门当村土门当山山脊上的圆通寺内，碑高1.1米，宽0.65米，厚0.06米。"① 碑记叙述了圆通寺建造的历史及经过。

《修理魁星阁碑记》。该碑记现保存于泸水市圆通寺内。清代"光绪二十三年（1897年）《修理魁星阁碑记》一通"②。

《杨德勤捐款碑》。该碑记现保存于泸水市圆通寺内。清代"光绪年间《杨德勤捐款碑》一通"③。

《圆通寺重修碑记》。该碑记现保存于泸水市圆通寺内。"1911年《圆通寺重修碑记》一通。"④

二、兰坪白族普米族自治县

（一）与兔峨土司衙署相关的文学作品及作者

1. 楹联

"兔窅作干城固我边隅一方人民资保障，峨山当要隘守兹锡土全区黎庶享安宁。"⑤ 该联系民国十年（1921年）兔峨土司衙署建成后，大门上的对联。上联之意认为兔窅作干城，是边隅百姓安居乐业的保障；下联说明一定要把

---

① 《怒江傈僳族自治州文物志》编纂委员会. 2007. 怒江傈僳族自治州文物志. 昆明：云南大学出版社：54.
②③④ 同①89.
⑤ 兰坪县志编纂委员会. 2003. 兰坪白族普米族自治县志. 昆明：云南民族出版社：901.

峨山作为要隘来镇守,才能使全区黎庶享安宁。但作者不详。

(清)赵藩挽联。"兰沧戴德怒俅沾恩允矣万家生佛,父作于前子述其后卓哉六诏完人。"① 这是清光绪年间白族历史文化名人赵藩题写的挽联。

2. 作者生平事迹简介

赵藩,其生平事迹见第三章第二节文述。

(二)与沧江书院大门牌楼相关的文学作品及作者

1. 碑文

(清)赵子骧《沧江书院序》碑。此碑序文为"云阶氏杨玉科率弟发科并官绅谢在朝、田禾富立。金波氏赵子骧撰。"② 文章开篇"从来荆榛之下,尚产兰芝;岩穴之前,亦储桢木"③,借兰坪家乡的兰芝、岩穴说明:要开化边疆,提高民智,唯有兴办学校。只要重视教育,落后的地方同样能出优秀人才。接着叙述家乡古名吉尾的地理位置:"吾乡古名吉尾,属丽江县之山后里,千里长江湾环若带,四周远岫排列入云。"④ 然后分析乡中子弟入馆诵读者存在的问题和原因:"地太边鄙,汉少夷多,或囿于习俗,视读书为末务;或破于境遇,欲肄业于无资。"⑤ 最后表明办学发展教育的愿望:"予生长是乡,情深梓谊,久怀作育之心,欲竭栽培之力。"⑥ 以及创建"沧江书院"的经过和用心:"故军务未了,遂分鹤俸,急于鸠工,建立学舍一所,题其额曰:'沧江书院'。"⑦ 以及带头将自己的鹤俸捐出,用于兴建书院,来改变家乡百姓不重视子弟读书的状况,可谓高瞻远瞩,推动了滇西北的教育发展。文章情真意切,令人难忘。

《沧江书院条规》碑。⑧ 该条规作者计开。《沧江书院条规》碑,"碑高0.56米,宽0.88米,大理石质,碑文竖书楷体阴刻24行,每行字数不一,全文366字"⑨。条规将沧江书院的各项规章制度,条分缕析地分成七项,并用七个段落来表述。细致明晰,一目了然。这也是云南古代不多见的校规文书。

2. 作者生平事迹简介

杨玉科（1838—1885）,字云阶,白族,"原丽江县山后里吉尾汛涧村(今兰坪白族普米族自治县营盘镇西营村)人。少年时,入本地私塾读书,"⑩ 但更喜学拳练武。后投清军,并效忠王室,清同治初,以义勇入清军滇池营,

---

① 兰坪县志编纂委员会. 2003. 兰坪白族普米族自治县志. 昆明:云南民族出版社:901.
②③④⑤⑥⑦ 同①980.
⑧ 《怒江傈僳族自治州文物志》编纂委员会. 2007. 怒江傈僳族自治州文物志. 昆明:云南大学出版社:50.
⑨ 同⑧49.
⑩ 同①928.

隶和耀曾麾下，擢为前锋、守备，后因战功升为游击、参将、总兵、提督等职。曾赐号"励勇巴图鲁"，赐黄马褂。清朝著名的爱国将领。光绪十年（1884年）参加中法战争，不幸为国捐躯。生前重视发展家乡教育。但著述不详。

（三）与分江本主庙戏楼相关的文学作品及作者

楹联（一）。"风调雨顺祈祷天子无量法；河清海宴（晏）祝愿众生有余年。"① 此联点明风调雨顺，国泰民安，众生有余年。作者不详。

楹联（二）。"鼓声惊醒世间名利客；香火点亮子民善良心。"② 楹联强调善良、淡泊名利是为人处世的方式。作者不详。

楹联（三）。"乾坤老我头中发；岁月磨人架上书。"③ 该联喻指时光易逝，颇有哲理意味。作者不详。

---

①②③ 《怒江傈僳族自治州文物志》编纂委员会. 2007. 怒江傈僳族自治州文物志. 昆明：云南大学出版社：105.

第十七章 迪庆藏族自治州楼阁建筑与文学

迪庆藏族自治州，位于云南省西北部，滇、川、藏三省（区）交界处，西与西藏自治区昌都地区左贡县、林芝地区察隅县、云南省怒江傈僳族自治州贡山独龙族怒族自治县相邻，东与四川省甘孜藏族自治州稻城县、凉山彝族自治州木里藏族自治县相接，南与云南省丽江地区玉龙纳西族自治县及怒江傈僳族自治州兰坪白族普米族自治县、福贡县相望，北与西藏自治区昌都地区芒康县及四川省甘孜藏族自治州的巴塘县、得荣县、乡城县相连。

迪庆州境属青藏高原南延、横断山脉西南腹地，地势北高南低，境内呈三山挟两江之势。三山，即云岭雪山脉、中甸雪山脉、梅里雪山脉。两江，即金沙江、澜沧江，自北而南贯穿全境。受地势、地貌及气候因素的影响，形成垂直分布的高寒地区、山区、河谷地区三种生态环境。地形海拔高差大，立体垂直气候明显，差异显著；季风气候，干湿分明；区域性、坡向性，旱涝交错。一山分四季，十里不同天。

迪庆，藏语意为"吉祥如意的地方"，历史悠久，从州境内发掘的戈登新石器文化遗址证明，新石器时代，迪庆就有人类活动的足迹。"汉朝，汉武帝在'西南夷'设置郡县。东汉时，迪庆为牦牛羌地。三国蜀汉时期，属云南郡地。隋时为南宁州总管府地。唐调露二年（680年），吐蕃在今迪庆境内维西塔城一带设'神川都督'。至元六年苍在境内设驿站，属吐蕃诸路宣慰使司都元帅府管辖，南宋宝祐元年（1253年），忽必烈率领的'回回亲军'南下，西路军兀良合台经且当（今中甸，应为香格里拉，作者注。）、罗衰间（今维西）并于境内金沙江上'革囊渡江'，后平大理国。元至元十四年（1277年），设临西县，属丽江路军民宣抚司巨津州。明，永乐四年（1406年），在今维西县设剌和庄长官司，直属云南都司管辖。明嘉靖至万历年间（1522—1620年），丽江军民府土知府木氏染指藏务，经营康区，以迪庆为据点，攻下巴塘、理塘、乡城等康南地区，这一时期，中甸曾称'忠甸'，维西称'你那'，德钦称'阿德酋'。清康熙二十七年（1688年），应达赖喇嘛请求，云贵总督范承勋奏请'准于（应为予，作者注）中甸互市'，'遂设渡通商贸易'。清雍正四年（1726年），清政府将迪庆地区划归云南省，设中甸厅；雍正五年（1727年）设维西厅（辖阿墩子），设通判。……民国元年（1912年），中甸、维西改县，直属云南省腾越道。……7月（1949年，作者注）成立了维西县人民政府。……1950年5月中甸和平解放，成立了县人民政府。……1951年4月建立县一级的德钦藏族自治区，1952年改称德钦县。三县1949—1957年8月归丽江专员公署领导。1957年9月，经中华人民共和国国务院批准，成立云南省迪庆藏族自治州。1973年8月，迪庆成为省直属管理的自治州。"① 迪庆藏族自治州现辖1市2县，即香格里拉市、德钦县、维西傈僳族自治县。

迪庆州境内有藏族、傈僳族、汉族、纳西族、白族、彝族、回族、普米族、苗族等民族聚居、杂居于此。各民族长期以来和睦相处，共同为开发这块宝地，发展各民族文化作出了贡献。现今，这些少数民族都保持了本民族优秀的文化传统。浓郁的民族风情，神秘莫测的雪山、闻名世界的大峡谷，群山环抱的高原湖泊等众多的自然景观和特殊的人文地理、社会历史，州境内独特的人文景观，如中甸中心镇藏公堂大殿楼、维西康普乡康普寿国寺正殿楼、维西三江司令府碉楼、德钦东竹林寺大经堂等这些建筑景观遗存，不仅是迪庆藏族自治州历史发展的见证，同时也是各族同胞寄情抒怀的场所，其传颂至今的篇章佳作，仍让人回味无穷。

第一节 迪庆藏族自治州楼阁建筑遗存

迪庆藏族自治州境内的楼阁建筑遗存，主要按照市、县的区域划分，根

---

① 李春茂主编. 1999. 新编迪庆风物志. 昆明：云南人民出版社：3-5.

据楼阁建筑选址的不同以及存世情况对其楼阁遗存进行梳理和分述。

一、香格里拉市

中心镇藏公堂大殿楼

藏公堂位于中甸县（今香格里拉市）中心镇东南大龟山东麓龟井北侧，"原名'本寨经堂'藏名'独肯瑞巴西康'，建于雍正二年（1724年），后称'藏公堂'，为全城藏民集会、议事、佛事活动的场所。咸丰三年（1853年）重修，同治八年（1869年）兵燹被毁，光绪八年（1882年）民众捐资重建"[①]。公堂"大殿高三层，上层为汉式造型，四周为圆窗环廊支撑瓦屋面，屋面分正脊、垂脊、戗脊、岔脊；屋顶饰有吻兽、宝瓶；檐下有斗拱；殿顶为汉式木构架歇山顶，上铺瓦。四壁彩绘藏式壁画，下层为藏式结构，大殿成正方形，长宽各14米，38根方柱纵横对称排列，其中二根直达3层。四壁筑厚墙，彩绘壁画"[②]，内侧东、南、西三面皆有格扇门。系典型的傣、汉建筑。"1936年，中国工农红军红二、六军团长征经过中甸（今香格里拉市，笔者注），在公堂两厢房设指挥部。贺龙、任弼时、萧克、关向应、王震等红军领导在此召开重要会议。"[③] 该藏公堂现今被当地政府列为云南省爱国主义教育基地。

二、维西县

寿国寺正殿楼

康普寿国寺位于维西县康普乡丁洛巴村内。"始建于清雍正七年（1729年），同治六年（1867年）重修。寺坐东向西，由大门、正殿、侧殿、里神殿、僧房组成。"[④] 寿国寺"正殿三重檐攒尖顶式木结构建筑。通面阔20.32米，进深20.4米。檐下饰斗拱，具清代汉式建筑，内装修又为藏式风格。殿内共计有36棵内柱承托"[⑤]，尽显藏式寺院的藻井殿堂特色。底层为诵经殿，柱头、横梁和柱帽均绘有精美的藏汉图案，内容涉及密宗题材，现存有十幅壁画和一幅隔板画。该正殿楼建筑保存尚完好。

三江司令府碉楼、客厅

维西三江司令府，又称叶枝王氏土司衙署。提及维西厅奔子栏土千总叶

[①②③] 香格里拉市地方志编纂委员会. 2016. 香格里拉县志（1978—2005）. 昆明：云南人民出版社：699.

[④] 邱宣充. 1999. 云南名胜古迹辞典. 昆明：云南科技出版社：432.

[⑤] 邱宣充，张瑛华，等. 1992. 云南文物古迹大全. 昆明：云南人民出版社：712-713.

枝王氏土司情况，《新纂云南通志》曰："维西厅奔子栏土千总王万年。其先夷名神翁，清雍正七年，改土归流，奏准充当土千总世职，防守川、藏隘。递传至三家七里之子，改名王世昌，世昌死、子臣袭。臣死，子万年道光十四年袭。世居奔子栏。东至川、藏地界金沙江边二十里，南至维西界拖顶山二百四十里，西至维西界一家溯一百五十里，北至维西与巴塘交界五百里。"①

维西三江司令府"位于维西傈僳族自治县叶枝乡叶枝村，为纳西族世袭土司王氏官邸，始建于清康熙年间（1662—1722年）。占地面积8.3万平方米，建筑面积5000平方米，坐东向西，由南北两院组成。北为衙署由黑神殿、经堂、监狱、马厩、碉楼等组成；南为府邸，为三坊一照壁式民居"②，其碉楼建筑分布于司署的四角，坐东向西，为砖木结构楼宇，下层用石砌成，粉白石灰墙，局部绘以水墨山水画，檐角下有龙头雕饰，成为司署的防御工事。现今仅存北向两座。而客厅为三开间楼房，抬梁式结构，四屋檐下均有走廊，格扇、窗均有各种雕刻，工艺精细。整座土司衙署建筑呈现出汉族、藏族、白族、纳西族等民族风格融为一体的特色。

三、德钦县

东竹林寺大经堂

东竹林寺位于迪庆"德钦县奔子栏乡书松村，始建于清乾隆二十六年（1761年）。为迪庆州境著名藏传佛教寺院，原由抗萨、支用、书松三寺合并。现老寺仅存经堂一院，内存清代壁画多幅"③。德钦东竹林寺大经堂为四层土木结构建筑，底层是全寺喇嘛的念经处，正面供奉着格鲁派始祖宗喀巴及弟子达玛仁青和一世班禅克珠杰像。第二、三层分别为经堂、佛殿、静室。各层装饰富丽，彩绘纷呈，气氛庄重肃穆。

第二节　与迪庆藏族自治州楼阁相关的文学作品及作者

在迪庆藏族自治州境内，与迪庆藏族自治州楼阁相关的文学作品及作者，根据相关文献及调查，与维西县三江司令府碉楼、客厅，德钦县东竹林寺大经堂相关的文学作品及作者未查实，待查实后再作补充。其余查实的将按市、县划分进行分叙。

---

① 牛鸿斌，文明元，李春龙等点校. 2007. 新纂云南通志七. 昆明：云南人民出版社：676.
② 邱宣充. 1999. 云南名胜古迹辞典. 昆明：云南科技出版社：432.
③ 同②431.

一、香格里拉市

与中心镇藏公堂大殿楼相关的文学作品及作者

1. 佛教故事

这是在堂内的前廊墙壁上具有藏式风格的壁画里的故事，画面讲述的是藏传佛教的护法神，在他们的周围还飞舞着衣带飘逸的仙女，她们艳丽的衣饰带有鲜明的民族特色。

2. 题辞

贺龙题辞。"兴盛番族"，这是"1936年4月29日，贺龙率领的红二军团经过中甸，将中心镇公堂作为总指挥部。……贺龙还在公堂内写下'兴盛番族'的锦幛，赠送给松赞林寺僧众，此锦幛由此成为纪念红军长征、体现藏汉团结安定的历史珍贵文物"①。

萧克题辞。"民族的团结过去是红军长征胜利的因素，现在是社会主义建设的重要条件。"这是20世纪80年代萧克将军为改为"红军长征纪念馆"的公堂题写的题辞。

李贞题辞。"红军万岁"②，此题辞是当年过中甸的女红军李贞将自己的题辞赠送给了由公堂改建为红军长征纪念馆的中甸公堂。

3. 作者生平事迹简介

贺龙（1896—1969），字云卿，原名贺文常。湖南桑植人。伟大的无产阶级革命家、军事家，中国人民解放军的创始人和主要领导者之一。新中国十大元帅之一，曾兼任国家体委主任，是新中国体育事业的开拓者和奠基人。有《贺龙军事文选》传世。

萧克（1907—2008），字子敬，原名武毅。湖南嘉禾泮头小街田村人。黄埔军校四期毕业生，曾历任红六军团长、红二方面军副总指挥、八路军120师副师长、国防部副部长、军政大军校长、军事学院院长等职。中华人民共和国成立后被授予上将军衔。著有《南昌起义》《秋收起义》《朱毛红军侧记》《中华文化通志》《浴血罗霄》《萧克诗稿》等。

李贞（1908—1990），女，湖南浏阳人，中华人民共和国开国少将，1926年参加革命，1927年加入中国共产党。历任浏东游击队士兵委员会委员长、红六军团政治部组织部副部长、八路军妇女学校校长、晋绥军区政治部秘书长、西北野战军政治部秘书长、中国人民志愿军政治部秘书长、最高人民检

---

① 李茂春．1999．新编迪庆风物志．昆明：云南人民出版社：60．
② 同①61．

察院军事检察院副检察长等。

二、维西县

与寿国寺正殿楼相关的文学作品及作者

1. 诗歌

（清）李之琼（李佩珩）《寿国寺题壁诗》："寺名寿国庆千秋，宝殿巍峨气象幽。僧数牟尼珠串串，经翻贝叶语喁喁。鼎光曜日乾坤丽，瓦缝连云雨露周。亿万斯年垂永久，沧江雪岭共传流。"① 首联道出寿国寺寺名乃取祈福国家繁荣昌盛之义，并写出寺庙大殿巍峨雄伟的雄姿。颔联反映当年该佛事兴旺，经幡飘飘，僧侣众多，诵经声不绝于耳的情景。颈联表达作者祝愿寺庙光耀乾坤，人民生活富足。尾联进一步祈盼寺庙亿万长存，与沧江雪岭一道永远传流。

2. 作者生平事迹简介

李之琼，生卒年不详。清代维西文人，"字佩珩，清光绪年间附生。因居住在县城以北色马底村，遂号北山居士。有《北山居士诗钞》，今已佚"②。

---

①② 维西傈僳族自治县志编纂委员会. 1999. 维西傈僳族自治县志. 昆明：云南民族出版社：952.